현대문화론 강의

문화정치학의 영토들

문화정치학의 영토들 — 현대문화론 강의

초판1쇄 펴냄 2007년 04월 25일
초판12쇄 펴냄 2022년 10월 30일

지은이 이진경
펴낸이 유재건
펴낸곳 (주)그린비출판사
주소 서울시 마포구 와우산로 180, 4층
대표전화 02-702-2717 | **팩스** 02-703-0272
홈페이지 www.greenbee.co.kr
원고투고 및 문의 editor@greenbee.co.kr

편집 신효섭, 구세주, 송예진 | **디자인** 권희원, 이은솔
마케팅 육소연 | **물류유통** 유재영, 유연식 | **경영관리** 유수진

ISBN 978-89-7682-976-4 04300 | 978-89-7682-978-8 (세트)

學問思辨行: 배우고 묻고 생각하고 판단하고 행동하고

독자의 학문사변행을 돕는 든든한 가이드 _그린비 출판그룹

그린비 철학, 예술, 고전, 인문교양 브랜드
엑스북스 책읽기, 글쓰기에 대한 거의 모든 것
곰세마리 책으로 크는 아이들, 온가족이 함께 읽는 책

현대문화론 강의

문화정치학의 영토들

이진경 편저

ㅇB
그린비

┊ 일러두기 ┊

1 각 글의 지은이들이 사용한 참고문헌은 책의 말미에 일괄적으로 정리해놓았다. 본문에서는
  괄호 안에 "지은이, 도서명, 쪽수"만을 밝혀놓았다.

2 참고문헌의 경우 본문에서는 읽는이들의 편의를 위해 국외문헌의 경우에도 번역본의 쪽수를
  달았다. 그러나 책의 말미에 수록된「참고문헌」에서는 원래 서지사항까지 모두 표기했다.

3 각 글의 지은이 소개는 각 글의 처음에 각주 형식으로 밝혀놓았다. 단, 편저자가 쓴 글의 경우
  에는 책날개에 편저자의 자세한 소개가 있기 때문에 따로 밝혀놓지 않았다.

4 인명이나 지명, 그리고 작품명은 〈국립국어원〉에서 2002년에 펴낸 '외래어 표기법'에 근거하
  여 표기했다. 단, 이미 관례적으로 쓰이고 있는 표기는 관례를 그대로 따랐으며, 이미 출간된
  책이나 발표된 글의 경우에는 그 제목 표기를 그대로 따랐다.

5 단행본·전집·신문·잡지·정기간행물 등에는 겹낫표(『 』)를 사용했으며, 회화·사진·단편·
  논문·영화·곡명 등에는 낫표(「 」)를 사용했다.

.서 문.

지금 세계를 살면서 피할 수 없는 것 가운데 하나가 '포스트모더니즘' 내지 '포스트모던'이라는 말일 것이다. 그것은 싫어하는 사람들에게도 다가와선 집요하게 달라붙어 따라다니는 말이 되었고, 알든 모르든 어느새 우리가 사는 세계를 지칭하는 명칭 중 하나로 자리 잡은 듯하다. 그리고 원래 그 의미가 무엇이었던 간에, 그 단어는 '근대'(modern)라고 불리던 시대를 이미 지나간 것, 혹은 적어도 어떤 식으로든 지나가야 할 무엇으로 만들어버린 듯하다. 그 결과 아직도 근대의 기획은 끝나지 않았다면서 근대의 완성 내지 완결을 말하는 것은 아주 촌스럽고 시대착오적인 것이 되어버렸다. 다만 안타까운 것은 근대를 넘어선다는 것이, 상품과 미디어의 복제능력에 의해 혁명적 꿈과는 먼 어떤 니힐리즘과 동일시 되어버린 것이다. 그러나 '맑스'라는 이름으로 끊임없이 되살아나는 하나의 사유가 겨냥하고 있었던 것 역시 근대를 넘어서는 것 아니었던가? 그렇다면 '포스트모더니즘'이란 말은 거대한 상품과 미디어의 공세 앞에서 넋을 잃은 니힐리즘과 달리, 새로운 삶의 가능지대를 표시하는 희망의 표지일 수도 있지 않을까?

이 책에서 우리는 포스트모더니즘이나 포스트모던이라는 말로 표상되는 '문화적 사회구성체'의 여러 측면들을 바로 이런 관점에서 검토하고 소개하고자 한다. 그것은 물론 리오타르나 보드리야르 같은 유명한 포스트모던 이론가들의 영토를 피해갈 수 없을 테지만, 그 영토를 오히려 맑스적인 전복의 가능성, 혹은 새로운 긍정적 삶의 가능성을 탐사하는 방식으로 관통하고자 한다. 흔히 '시뮬라크르'나 '복제', '스펙터클' 등의 말로 불리는 지극히 현대적인 문화적 현상들이나 '전자감시' 같은 현상들을 세심히 보면서 탈주의 선을 창안하거나 상상하는 것은 결코 쉬운 일은 아님이 분명하다. 그럼에도 불구하고 마치 수십 년 전에 벤야민이 기술복제가 세계와 예술을 장악해가는 것을 보면서 다른 많은 사람들과 달리 잃어버리게 된 것에 대한 향수와 분노 대신에 어떤 희망을 가졌던 것처럼, 우리 역시 새로운 희망의 요소들을 찾고 집요하게 출구를 찾을 수 있으리라고 믿는다. 물론 그 결과가 성공적이라고는 아직 말하기 힘들다고 해도 말이다.

이러한 시도를 위해서 우리는 현대 문화를 특징짓는 현상 그 자체에 매몰되기보다는 그것의 지반을 형성하는 좀더 넓은 문화적 구성체들에 눈을 돌리고 싶었다. 근대라는 시대와 강력한 친화성을 갖는 시간이나 공간적 형식, 그리고 기억과 역사의 문제, 시선이나 얼굴의 문제 등에 주목하고자 했던 것은 이런 이유에서였다. 그것은 사실 포스트모던이라고 명명되는 지금 시대에조차 우리의 눈과 귀, 감각과 표상, 기억과 삶 전반을 감싸고 있는, 너무 오래되어 피부와 구별하기 힘들게 된 속옷 같은 어떤 것으로 남아 있는 것이다. 더불어 이와 다른 층위에서 개인과 가족을, 남성과 여성을 분리하며 우리의 신체와 욕망에 경계선을 그리는 문화적 구성체 역시 함께 보고자 했다. 내밀성과 프라이버시, 가족적·개체적 재생산, 그리고 성적인 동일성의 재생산 등 동일성의 정치와 관련된 주제 중의 일부가 그것이다.

　마지막으로 근대를 특징짓는 몇몇 이념들, 탈근대의 선언과 더불어 역시 극복되어야 할 대상이 되었지만, 여전히 우리의 감각과 사유를 사로잡은 채 작동하고 있는 몇 가지 이념들에 대해 살펴보면서 새로운 삶의 전망을 적극적으로 찾아보고자 했다. 많은 사람들이 비판했듯이, 계몽주의나 휴머니즘, 오리엔탈리즘이나 식민주의 등은 우리 눈을 잡아 끄는 화려한 그림을 서구 근대의 문화적 구성체 표면에 그렸던 이념적 요소들이다. 물론 지금은 닳고 닳아 페인트는 벗겨졌고, 화려한 광채로 가려졌던 추한 몰골이 여기저기 드러났음은 분명하다. 이 역시 근대라고 불리는, 서구의 지배와 분리할 수 없는 하나의 시대가 저물고 있음을 보여주고 있다. 그러나 그것을 넘어서는 것이 단지 서구 지배 이전의 동양이나, 근대 지배 이전의 공동체 문화로 회귀하는 것으로는 불가능하다는 것 또한 분명하다고 할 것이다. 이 책에서 그러한 요소들이 직조하는 근대의 이념적 경계를 그리면서 그 출구를 찾기 위해 '코뮨주의'가 하나의 이념적 나침반의 역할을 해줄 수 있을 것으로 믿는다. 물론 공산주의와 다른, 그것과 혼동되어선 안 되는 '이념', 또 하나의 총체적 세계관으로서의 거대한 '이념'이 아니라, 그때그때 올바른 삶의 방향을 포착하면서 그 방향들 전체에 하나의 일관성을 부여하는 태도의 집합으로서 이념임을 추가해두어야 하지만 말이다.

　이 책 역시 다루어지는 주제의 선별이나 그 주제를 다루는 방향에서 편집자의 의견이 강하게 반영되어 있다. 이번에도 집필자들은 책 전체의 일관성을 위해서 편집자의 의견을 크게 존중해주었고, 그에 따라 여러 번 거듭해서 수정해주었다. 이 자리를 빌려 다시금 감사의 인사를 전하고 싶다. 다만, 『모더니티의 지층들』에서는 각각의 장들이 가능한 한 주제를 충실하게 소개하는 데 주안점을 두었다면, 이 책『문화정치학의 영토들』에서는 글에 따라 논점들이 부각되는 것을 피하지 않았다. 그것은 다루는 주제 자체가 논점을 우회하기 어려운 것이 많았기 때문이기도 하고, 논점을 형성하며 다루는 게 좀더 쉽게 그 주제에 접근할 수 있다고 보이는 것이 많았기 때문이기도 하다. 하지만 이 책 역시 대학에 들어온 사람이나 문화현상에 관심을 가진 사람이라면 읽기 어렵지 않도록 조정하려고 애를 썼음을 밝혀두는 것이, 이를 위해 여러 번 고쳐쓴 필자들에 대한 예의일 것 같다.

2007년 4월
필자들을 대신하여
이진경

알면 다르게 보이는

일본 문화 3

이경수·강상규·
동아시아 사랑방 포럼 지음

지식의날개

차례

1 교육과 일상에서 만나는 일본 사회 · 15

:: 차 례

제5부 근대의 이념적 경계들

제1부

포스트모던의 조건

.1강. 근대 이후의 근대, 혹은 포스트모던 어드벤처

이진경

1. 문화적 복제, 복제의 문화

현대 문화를 특징짓는 많은 현상들이 있고, 많은 말들이 있다. 인터넷, 이동, 정보화, 자동화, 소비 문화, 복제 등등. 그 모두가 나름대로의 이유와 설득력을 갖고 있다. 이 가운데서도 '복제'라는 현상은 종종 그 모든 다양한 현상들을 하나로 묶어 말할 수 있게 해주는 것으로 이해되며, 그리하여 현대 문화를 특징짓는 가장 대표적인 양상으로 간주된다. 가령 컴퓨터와 인터넷, 그것은 복제기술 없이는 불가능하며, 디지털은 그것의 발달을 유례없이 가속화시켰다. 영화나 음악은 복제기술에 의해 새로운 양상으로 펼쳐지고 있으며, 우리의 일상을 사로잡고 있는 TV나 방송은 책과는 비교할 수 없는 속도로 일상생활의 복제를 가속화하고 있다. 연예인의 패션이나 말투가 어느새 복제되어 또 다른 복제로 이어지고 있다. 복제의 시대.

이런 일반화된 복제를 지칭해서 포스트모더니즘 이론가인 보드리야르는 '시뮬레이션'이라고도 부른다. 심지어 전쟁마저 시뮬레이션 게

임하듯이 치르고, 그걸 TV로 중계하는 시대, 영락없이 시뮬레이션의 시대인 셈이다. 약간 다른 얘기긴 하지만, 1990년대 초 걸프전이 한창일 때 보드리야르는 그 전쟁이 시뮬레이션(simulation)이라고 주장해서 약간의 소란을 야기한 적이 있다. 아마도 그것은 미사일이 날아가고 전투기가 폭격하고 하는 것이 모두 다 모니터 상에 나타난 계기를 통해 컴퓨터로 조작된다는 점에서, 그리고 그런 과정이 CNN TV로 생중계 방송되었다는 점에서 시뮬레이션 게임과 다를 바 없다는 주장처럼 생각되었다. 그것은 마치 실제 전쟁은 없고 상상적인 게임과 같은 전쟁의 모사물만이 있다는 주장처럼 들렸다. 그래서 폭격과 미사일로 죽어가는 이라크 국민을 생각했던 모든 진지한 사람들은 그 '철없는' 발언에 한결같이 분노를 표시했다.

하지만 그의 말을 조금 진지하게 이해해준다면, 이라크 전쟁은 그런 전쟁이 사실은 항상 진행되고 있다는 사실을 은폐하기 위해 유별난 전쟁으로 만들어진 것이라고 말할 수 있을 것이다. 마치 "디즈니랜드가 '실제의' 나라, '실제의' 미국 전체가 디즈니랜드처럼 유치한 세계라는 사실을 감추기 위해서 거기 [따로] 있듯이. 그리고 감옥이, 사회 전체가 감옥이라는 사실을 감추기 위해 거기 [따로] 있듯이"(보드리야르, 『시뮬라시옹』, 40쪽). 그리고 그것을 통해 미국의 지배에 저항하거나 거슬리는 자는 누구나 저렇게 되리라는 것을 믿게 하기 위한 '시뮬레이션'이라는 것으로 이해할 수 있을 것이다.

그 말의 진의야 알 수 없는 것이지만, 이전에는 공격을 하는 전쟁국이 전쟁의 규모와 참상을 은폐하고 감추려 했다면, 이 전쟁은 오히려 광고처럼 선전하고 전쟁의 과정을 중계방송하도록 했다는 점에서 다르다는 것은 사실이다. 이는 제2차 걸프전쟁이라고도 할 수 있는 이라크 전쟁에서 다시 한번 반복되었다. 그리고 그것이 TV나 라디오, 신문 등의 매체가 매일매일 우리의 '영웅'들을 곳곳에서 만들어내는 방식을 그대로 빼닮았다.

이런 점에서 '시뮬레이션'이란 모든 영역에서 일반화된 복제 문화를 지칭하는 것으로 이해해도 좋을 것이다. 하지만 이러한 복제의 문화는 최근 시작된 것이 아니다. 벤야민은 「기술복제시대의 예술 작품」이라는 유명한 글에서 이미 이런 양상을 예견한 바 있다. 사진기술의 발명, 그것이야말로 사실 복제기술의 본격적인 출발이었다. 당시 본격적으로 발전되기 시작한 영화는 그러한 복제기술이 예술 자체를 변형시키리라는 것을 그에게 이미 보여주었던 셈이다. 부분부분 찍어서 편집하는 것이 무대 위에서의 연기나 연출을 대신하게 되고, 편집된 요소들의 '종합'을 통해 이전에는 불가능했던 것도 표현하게 된 것이다. 벤야민이 새로운 가능성을 보았던 이 현상은 그러나 다른 대부분의 사람들로 하여금 경악하고 혐오하게 했던 것이기도 하다. 거기서 그들은 '진정한' 예술, '진정한' 삶이 복제된 것에 의해 밀려나는 끔찍한 사태를 보았던 것이다. 그들이 싫다고 하든 말든 어쨌건 복제는 피할 수 없는 사태가 되었을 뿐 아니라, 말 그대로 '원본'이나 '진실'이 소멸되는 새로운 시대가 시작된 것이다. 아니 복제가 단순한 복제가 아니라 새로운 변형과 창조의 원천이 되는 시대가 시작된 것이다.

진정성의 추구야 서구에서는 이전의 모든 시대에 걸쳐 공통된 것이었지만, 특히나 신이라는 거대한 '허구'에서 벗어나, 과학이 제공하는 말 그대로 '투명한 진정성'을 추구하던 근대에는 더욱더 강력한 문화적 힘을 갖는 것이었다. 기술적 복제가 문화적 복제를 통해 문화 자체를 복제화하는 '복제 문화'의 시대가 시작된 것이다. 이러한 시대의 문화를 흔히들 '탈근대적 문화' 내지 '포스트모더니즘'이라는 말로 지칭한다. 물론 이 말을 사용하는 양상은 사람마다 다르고 그 말에 부여하는 가치도 사람마다 다르지만, 적어도 근대적인 문화가 근본적인 단절과 변형 속에 들어가게 되었다는 것은 부정하기 힘든 상황이 된 듯하다. 그렇다면 그것은 '근대'라고 불리던 한 시대가 저물어가고 있음을 표시하는 하나의 징후라고 할 수 있지 않을까? 이런 이유에서 적지 않은 사람들이 지금의 시대를 탈근대의 시대, 포스트모던한 시대라고 이해한다. 진정성의 틀을 벗어나 무언가 새로운 것을 향해 치달리는 수많은 궤적들로 채워지기 시작한 시대. 새로운 종류의 모험(adventure)이 시작된 것일까? 별다른 위험을 무릅쓰는 것 같지도 않은 이런 모험이 과연 모험인가 반문하는 사람도 여전히 많다. 그러나 그런 반문 속에는 진정성의 소멸 속에서 매우 섬뜩한 어떤 위험을 느끼고 있는 것은 아닐까? 포스트모던 어드벤처.

2. '포스트모더니즘'이란 무엇인가?

그렇다면 '포스트모더니즘'(postmodernism)이란 무엇인가? 포스트모더니즘이란 모더니즘이란 말에다 '뒤'나 '후'(後)를 뜻하는 포스트(post)라는 접두어를 붙여 만든 말이다. 이 말은 1960~70년대 미국에서 문학과 건축 등의 예술 관련 분야에서 만들어진 말인데, 말 그대로 모더니즘 이후에, 모더니즘과 상반되는 특징을 갖는 작품이나 작가, 혹은 취향이나 태도 등을 지칭하기 위해 사용되었다. 그 대립의 양상이 가장 두드러진 것은 건축에서였다.

르 코르뷔지에나 그로피우스, 미스 반 데어 로에를 대표로 하는 모더니즘 건축은 흔히 '기능주의'라고도 불리며, 국제적인 건축운동으로 진행되었기에 '국제주의 양식'이라고도 불린다. 이들은 19세기 후반 서양 건축을 주도한 신고전주의의 지극히 장식적인 건축을 거부하는 것으로 시작했다. 거기서 장식은 부르주아들의 높아진 지위와 과시욕을 표현하는 것으로 보였으며, 따라서 본질적으로 기생적일 뿐 아니라 건축물 자체에 관해서도 반기능적인 것으로 보였다(칼리니쿠스, 『모더니티의 다섯 얼굴』, 345쪽).

그것은 또한 미적으로도 퇴폐적이고 타락한 것으로 보였다. 아돌프 로스의 유명한 말은 이런 맥락에서 나온 것이다. "장식은 죄악이다." 이러한 입장에서 그들은 금욕적이고 유토피아적이며 합리주의적인 건축을 추구했다. 즉 기능적인 연관에 따라 전체적으로 강력한 통일성을 갖는 간결하고 명확한 건축을 하려고 했다. 이를 미스 반 데어 로에는 "더 적은 것이 더 많은 것이다"(Less is more)는 말로 요약했다.

그러나 포스트모더니스트들은 이처럼 엄격한 원칙이 시간이 지나면서 단조롭고 일률적인 건축물을 양산하게 되었다고 본다. 그것은 삶의 복합성을 지극히 단순한 하나의 형태로 환원시켰고, 과거의 양식과 지나치게 절연함으로써 과거와의 모든 연속성을 잃어버렸다는 것이다. 그래서 포스트모던 건축을 대표하는 사람 중 하나인 벤추리는 미스 반 데어 로에의 말을 "더 적은 것은 더 지루한 것이다"(Less is bore)라고 비틀어버렸다(벤추리, 『건축에서 복합성과 대립성』, 33~34쪽).

그들은 이제 과거를 다양한 방식으로 재해석하여 건물의 현재 속으로 끌어들였고, 르네상스 시대 이후 즐겨 사용된 고전적 형태는 물론 리본과 같은 장식도 사용하기 시작했고, 지극히 다양한 내부 공간을 결합시키기도 했다. 이로 인해 상이한 시대의 건축 양식(코드)들이 뒤섞

<모더니즘의 와해?> 포스트모더니즘 건축이론가 찰스 젱크스는 1972년 세인트 루이스의 프루이트 이고에(Pruitt Igoe)라는 아파트 단지의 폭파가 모더니즘의 종말을 알려주는 상징적 사건이었다고 말한 바 있다. 야마사키 미노루(山崎實)에 의해 설계되어 총 33개 동 2700세대의 규모로 지어진 이 건물은 미국 건축가협회의 현상설계에서 당선되어 수많은 찬사를 받으면서 모더니즘 건축을 대표하는 공공주택으로 만들어졌던 것이다. 그렇기에 이 건축물의 실패는 모더니즘 전체의 실패를 보여주는 것이라는 의미였을 것이다.

여 공존하게 된다. 이를 젱크스는 '이중 코드화'라고 부르며, 이것이 현대 포스트모던 건축의 언어를 특징짓는다고 말한다(젱크스,『현대 포스트모던 건축의 언어』, 6쪽). 이로써 그들은 현대적 삶의 '복합성'과 '모순'을 건축물에 반영하고자 했다(벤추리의 유명한 책 이름이 바로 『건축에서 복합성과 모순』*Complexity and Contradiction in Architecture* 이다. 국역본에서는 *Contradiction*을 대립성으로 옮김).

문학에서 포스트모더니즘 역시 모더니즘과 대립한다. 일찍이 (1960년) 비평가 레빈은 그것을 모더니즘의 난해한 지성주의에 반해 반지성주의로 특징지은 바 있으며, 포스트모더니즘이란 말을 정립하고 확산시켰던 핫산이나 피들러는 지식보다는 비전, 논리보다는 환각을 중시하며, 에고에 대해서 이드를 중시하는 것으로 특징짓는다(김욱동,『포스트모더니즘의 이론』, 20~22쪽). 그들은 조이스와 프루스트, 엘리어트, 파운드, 카프카 등으로 대표되는 모더니즘이 그 가능성을 탕진하여 고갈되어 버렸다고 보며, 그것이 애초에 갖고 있던 저항정신이 대학의 제도 안으로 흡수되면서 소진되었다고 본다.

또한 그들은 아방가르드적인 경향을 가지던 유미주의적 태도가 전제하는 미적인 것과 비(非)미적인 것의 구별을 거부하며, 이발소 그림이나 탐정소설, 공상과학소설과 같은 저속한 것(이를 흔히 키취 kitsch라고 부른다)들을 끌어들이며, 다른 사람의 작품을 섞어 쓰는 혼성모방(패스티쉬pastiche)을 이용한다. 보르헤스나 마르케스, 에코, 로브그리예, 베케트, 버로우즈 등이 그런 범주에 드는 작가들이다(칼리니쿠스,『모더니티의 다섯 얼굴』참조). 이는 미술이나 음악에서도 유사하게 나타난다. 매릴린 먼로로 성모나 모나리자 식의 성스러운 여인상을 대체해버린 앤디 워홀이 그런 경우다.

<모더니즘의 지배, 혹은 그 종말> 그러나 모더니즘의 종말을 보여주는 것은 차라리 2001년 9월 11일 뉴욕 세계무역센터의 폭파라고 하는 게 더 나을지도 모른다. 미스 반 데어 로에의 이상을 구현하는 듯 강력하고 팽팽하게 솟아오른 간단명료한 육면체 형태도 그렇지만, 건축 당시 세계에서 가장 높은 건물로 지어졌다는 점에서, 그리고 명실공히 세계를 자본이라는 하나의 원리로 지배하는 중심적 건물이었다는 점에서 근대의 상징이라고 하기에 충분했던 건축물이었다. 그것이 탈중심화된, 어디서 솟아오를지 모를, 그래서 어디서든 불쑥 튀어오를 거라고 생각해야 하는 테러조직에 의해 비행기라는 모던 테크놀로지의 또 다른 정수를 통해서 폭파되었다는 점에서 정말 상징적 사건이기 때문이다. 그런데 이 건물 역시 앞서 말한 프루이트 이고에와 동일하게 야마사키 미노루에 의해 설계되었다는 것은 정말 기연이라 하지 않을 수 없다. 물론 모더니즘 이후의 건축이 그 이전에 이미 시작되었고, 심지어 그마저 저물어가고 있었지만, 한 시대가 시작하고 끝나는 게 어디 그리 간단하던가? 자본주의 이전에 이미 자본주의적 요소들이 여기저기 존재하던 것처럼, 그러나 그것이 또 직접 자본주의를 만들어낸 것도 아니었던 것처럼.

철학적인 포스트모더니즘은 1960년대 프랑스에서 본격화된 철학적 흐름과 관련되어 있다. 구조주의와 포스트구조주의 등으로 흔히 분류되는 이 흐름은 근대 철학이 서 있는 지반을 공격한다. 나중에 다시 말하겠지만, 데카르트 이래 근대 철학이 발딛고 있던 '주체'라는 범주, '진리'라는 범주 등을 비판 내지 해체하며, 세계나 지식이 하나의 단일한 전체일 수 있다는 '총체성' 개념을 비판한다. 이러한 흐름의 문을 연 사람은 역설적이게도 '구조주의'의 창시자였던 사회인류학자 레비-스트로스였다. 구조주의에서 시작했지만 거기에 등을 돌린 라캉, 알튀세르, 혹은 그와 다른 차원에서 새로운 철학적 사유의 문을 연 푸코, 들뢰즈와 가타리, 데리다 등이 이런 흐름을 형성한 사람들이다. 이후 리오타르와 보드리야르는 이런 흐름에서 더 나아가 '포스트모더니즘'이란 말을 철학적인 개념으로 일반화했다. 이후 여러 분야에서 출현한, 어느 정도 유사한 것처럼 보이는 여러 경향들을 하나로 모아 '포스트모더니즘'이란 말로 부르기 시작했다.

그런데 단지 명칭의 문제를 넘어서는, 종종 많은 혼동을 야기하는 문제가 있다. 흔히 철학적 포스트모더니즘으로 분류되는 포스트구조주의는, 근본적으로 근대 철학 내지 근대 사회에 대한 비판적인 문제설정을 공유하고 있다. 예를 들어 철학적인 주체 범주나 '인간'이라는 범주를 비판하거나, 혹은 그러한 주체가 근대에 이르러 나타난 사회적인 '주체'와 연관되어 있다고 보며, 근대적 주체를 만들어내는 일상적인 메커니즘을 드러내고 비판한다. 혹은 근대적 사유방식이나 삶의 방식을 비판하며, 또는 사물을 표상/재현하는 근대적인 방식을 비판한다. 그런데 예를 들면 프루스트나 조이스, 카프카가 그렇듯이, 문학적 모더니스트들 역시 사실주의에서 전형적으로 나타나는 근대적인 표상의 방식과 서술의 방식을 해체하려고 한다. 이 점에서 포스트구조주의의 문제의식은 기묘하게도 문학적 모더니즘과 겹쳐 있다.* 이는 몇몇 포스트구조주의 철학자들이 (베케트나 보르헤스는 물론) 프루스트나 카프카 등에 기대어 작업하고 있다는 점에서도 확인된다(예를 들면 들뢰즈와 가타리, 데리다 등).

그렇지만 포스트구조주의와 포스트모더니즘을 일반적으로 대비하고 대립시키기에는 양자 사이에 있는 문제의식의 공통성이 없지 않다. 더구나 리오타르나 보드리야르는 포스트구조주의의 내부에서 포스트모더니즘으로 명시적으로 이동한 철학자이며, 맑스주의에서 포스트모더니스트로 알려진 라클라우와 무페는 데리다와 라캉에 의존하고 있다. 또 포스트모더니즘이라는 말을 전 세계적으로 확장하는 데 결정적인 역할을 한 리오타르 역시 포스트모던은 모던(근대적인 것)과 대립하는 것이 아니라 그 일부라고 말한다(리오타르, 『포스트모던의 조건』, 177쪽).**

이런 사정 때문에 벨슈는 근대와 근대적 모던, 20세기의 모던, 포스트모던을 구별하자고 제안한다. 그리고 모던과 포스트모던과의 차이가 확연하게 구별되지 않지만, 포스트모던은 20세기 모던에 기초하며, 이 20세기 모던이야말로 모던과의 단절이라고 주장한다(벨슈, 「근

---

* 물론 모더니즘이 갖는 이러한 특징이 건축에서도 동일한 것은 아니다. 거기서는 모더니즘은 확실히 근대적 사고의 특징을 명확히 보여주고 있으며, 따라서 건축에서 모더니즘과 포스트모더니즘 사이의 관계는 문학에서와 동일하다고 보기 어렵다.
** 그러나 이렇게 되면 포스트모더니즘이나 포스트구조주의에서 비판하고자 했던 바가 매우 취약한 것이 되어버리고, 그것의 고유한 내용이 역사적으로 무화(無化)된다. 이제 포스트모던의 '기원'은 근대의 낭만주의로, 중세의 아우구스티누스로, 급기야 고대의 아리스토텔레스로까지 소급되기에 이른다.

대, 모던, 포스트모던』, 427쪽). 그렇지만 이 경우 문학이나 미술에서 진행된 포스트모더니즘의 모더니즘 비판은 설 자리를 잃게 되며, 건축에서는 적절하지 않게 된다. 그래서인지 혹자는 현실적으로 철학이나 사회이론에서 근대성 비판으로 특징지어지는 흐름을, 문학이나 예술·문화에서 포스트모더니즘과 구별해 '포스트모더니티'라는 말로 따로 부르자는 제안(김욱동, 『포스트모더니즘의 이론』, 38쪽)을 하기도 한다. 양자의 문제설정이 포괄하는 폭과 수준이 다르고, 직접적으로 겨냥하는 대상이 다르기 때문이다. 이는, 그것이 문제를 해결하는 것은 아니지만, 나름대로 유용한 면이 없지 않다.

분명한 것은 포스트모더니즘을 단지 모더니즘의 스타일이나 특징에 대한 비판으로 제한한다면, 그것은 문학이나 예술에 한정된 타당성을 가질 뿐이라는 것이다. 그것으로 포스트모더니즘 전체를 포괄하는 것은 그것을 통해 제기할 수 있는 문제의 폭을 지나치게 제한하는 결과를 낳을 수 있다. 오히려 그것을 "다양한 형태로 구현된 근대성에 관해 질문을 던질 수 있게 해주는 어떤 관점"(칼리니스쿠, 『모더니티의 다섯 얼굴』, 342쪽)으로 확장하여 정의할 수 있다면, 포스트모더니즘이란 용어를 계속하여 사용하는 것은 나름의 새로운 적실성을 획득할 수 있을 것이다. 물론 그 경우 예컨대 문학에서 모더니즘과 포스트모더니즘은 이러한 공통된 관점 위에서 만들어지는 어떤 경계로 이해되어야 한다.

3. 포스트모던 문화

현대 사회에서 나타나는 탈근대적인 모습은 여러 다양한 양상으로 펼쳐진다. 생산의 자동화와 정보화, 혹은 생산이나 활동의 전 지구화

(globalization), 전 지구적 차원에서의 새로운 주권권력의 탄생, 그리고 전 지구적 차원에서 새로운 저항주체의 탄생 등등. 그러나 여기서는 편의상 근대 사회에서 강조되던 생산과 다른 차원에서 소비가 새로이 부상하게 되는 양상과, 가장 흔하게 포스트모던한 현상으로 지적되는 복제의 문화에 대한 것으로 제한해서 살펴보겠다.

1) 문화로서의 소비

상식에 따르면, 혹은 정치경제학에 따르면 상품에는 사용가치와 교환가치가 있다. 예를 들어 전화기는 전화를 하는 데 사용될 수 있어야 한다. 이것이 사용가치다. 반면 흔히 값이 매겨져 표시되는 가치가 있다. 3만 원, 5만 원, 20만 원 ……. 이것이 교환가치다. 사용가치는 교환가치와 독립적이어서, 3만 원짜리든, 5만 원짜리든 별 차이없이 비슷하다. 그렇다면 왜 어떤 사람은 3만 원이면 충분한 물건을 20만 원이나 주고 살까? 좀더 명확한 예를 들면, 같은 속옷도 어떤 사람은 한 벌에 1만 원하는 것이면 충분한데, 다른 사람은 1백만 원짜리를 찾는다. 마찬가지 자동차인데, 누구는 5백만 원하는 티코를 사고, 누구는 5천만 원이 넘는 벤츠를 산다.

사용가치만 놓고 보자면, 이는 이해할 수 없는 일이다. 이미 1920년대에 미국의 사회학자 베블런은 이를 유한 계급의 '과시적 소비'라고 부른 바 있다. 즉 비싼 값은 자신의 신분과 위광을 과시하기 위해 지불하는 비용이라는 것이다. 보드리야르는 여기서 더 나아간다. 즉 상품의 사용가치가 아니라 입은 옷이 어떤 상표인지, 신은 신발이 얼마짜리인지가 실제로 상품을 소비하는 사람에게는 중요한 문제라는 것이다. 그것을 통해 남과 어떻게 다른지, 혹은 자신이 어떤 집단의 사람들과 같은지를 드러낸다. 이는 단지 유한 계급에만 해당되는 것이 아니라, 소비가 자극되고 소비가 흘러넘치는 현대 사회에서는 언제 어디서나 모두에게 해당되는 것이라고 한다. 이것이 소비된 상품의 의미를 구성하고, 따라서 상품은 이제 사용가치가 아니라 의미를 낳는 기호적 가치를 가진다는 것이다. 따라서 그는 상품을 기호로 다루는 기호의 정치경제학이 필요하다고 역설한다(보드리야르, 『기호의 정치경제학 비판』).

이런 관점에서 보면, 이제 상품들은 서로 간에 종횡으로 짜여진 의미들의 그물을 짠다. 마치 기호들이 의미들의 그물을 짜듯이. 이는 사람들 자신이 짜는 것이 아니라 상품들 자체 간에 짜여지는 것이다. 벤츠는 보통 자동차와는 비교할 수 없는 부와 지위를 의미하고, 고급 향수는 평범한 로션 냄새로는 쫓아갈 수 없는 격조있는 유혹을 표시하며, 바흐의 음반은 품위있는 음악적 취미를 뜻한다. 그것은 이미 사람의 의지 외부에 있는, 자기 발로 서 있는 그물이며, 소비자는 단지 그에 적절한 어떤 것을 '선택'할 수 있을 뿐이다. 그리고 그 선택은 사회적으로 훈련되고 때로는 강제되기도 한다. 검푸른 작업복을 입고 피아노를 사는 사람이나, 평범한 월급쟁이 주제에 벤츠를 사는 사람은 별종이거나 '미친 놈'이다. 이런 훈련은 농촌인구를 산업노동에 적응시키기 위해 19세기 내내 이루어진 훈련의 20세기 판(版)이다. "소비 사회, 그 것은 또한 소비를 학습하는 사회, 소비에 대해 사회적 훈련을 하는 사회기도 하다"(보드리야르, 『소비의 사회』, 106쪽).

이러한 소비를 통해 사람들은 기호화된 상품들의 그물망에 내장된 사고와 행동 방식을 수용한다. 그리고 소비되는 다른 상품들을 보고서 그 의미를 읽을 수 있는 코드를 받아들인다. 이제 이런 방식의 소비와 향유는 의무가 되었다. "소비인(消費人)은 자신의 향유를 의무로 삼는 존재로, 향유와 만족을 꾀하는 존재로 간주된다"(보드리야르, 『소비의 사회』, 104쪽).

더 나아가 이런 소비 대상의 중심에 이제 육체가 들어선다. 건강함과 아름다움은 개인의 절대적인 지상명령이 된다. 건강한 육체를 위해 건강식품·의약품·의료 자체가 일상사가 되며, 아름다운 육체를 위해 화장품과 의복이 삶의 울타리를 치게 되고, 날씬한 몸매를 위해 육체를 배려하고 억압하게 된다. 모델은 이러한 육체를 위한 코드화된 '모델'을 보여준다. 성과 섹스는 소비되는 상품의 중심에 선다. 이젠 성 자체가 소비의 대상이 된다.

이처럼 코드화되고 의무화된 소비는, 소비하는 사람을 개별화한다. "노동력의 박탈에 의한 착취는 사회적 노동이라고 하는 집단적 영역에 관계되기 때문에 어느 정도 단계부터는 사람들을 연대(連帶)하게 한다. …… 소비자인 한에서 사람들은 다시 고립되고 뿔뿔이 떨어져서 기껏해야 **서로 무관심한** 군중이 될 뿐이다(가정에 텔레비전을 보는 사람들, 경기장 및 영화관의 관중 등)"(보드리야르, 『소비의 사회』, 113쪽). 즉 소비는 개인적으로 행해지기에, 개인적인 만족이나 불만으로 끝나버린다. TV 프로그램에 대해 집단적으로 항의하는 사태를 생각하기 힘들다는 것이다.

소비의 사회와 상품의 기호화는 대략 전후의 서구 사회를 통해 관찰된 현대 사회의 초상화다. 그것은 생산이 지배하던 사회에서 소비가 지배하는 사회로, 상품의 사용가치에서 기호적 가치로의 전환이라는 점에서, 근대(modern) 사회와 다른 특징을 보여준다.

이는 아마도 1929년에 시작된 세계적인 대공황과 결부된 것이 아닐까? 이전에 자본주의는 베버가 잘 보여준 것처럼, 프로테스탄티즘

윤리가 요구하는 욕망의 억제와 절약, 금욕 등을 요구했었다(베버,『프로테스탄티즘의 윤리와 자본주의 정신』). 그것을 통해 자본의 축적이 실제로 일어난 것이든 아니든, 그것을 통해 노동자가 자신의 고통스러운 처지를 하늘이 내리신 소명으로 알고 살아갔는지 아닌지는 분명하지 않다. 하지만 프로테스탄트가 지배적이었던 북부 독일은 물론, 그들의 종교개혁에 대항하여 새로이 개편된 가톨릭의 유럽에서 금욕적 생활은 삶의 규범이었음에 틀림없다. 이런 태도는 프로테스탄트의 이주로 역사를 '새로' 시작한 미국에선 더욱더 그랬다. 그들은 1920년대 들어오면 금주법(禁酒法)까지 만들어 금욕을 강제했다(김진균, 「육체노동, 그 자본주의적 의미」).

반면 알다시피 1920년대는 이미 포드주의적인 대량생산이 본격적으로 시작된 시기이기도 하다. 이는 상품이 엄청난 양으로 시장에 쏟아져 나오는 것을 뜻하는데, 바로 그 시기에 금주법까지 만들어 금욕과 절약, 절제를 강제했던 것이다. 당연하게도 쏟아져 나온 엄청난 상품은 팔리지 않고 쌓이게 되었고, 이로 인해 전례 없는 대공황이 발생하게 된다.

이런 사태의 문제를 포착한 부르주아지는 이제 욕망의 배치 ——쉽게 말하면 욕망의 조절방식 ——를 다른 방향으로 돌리게 된다. 그리고 소비를 창출하기 위한 조치가 다양하게 취해진다. 뉴딜(New Deal) 정책과 케인즈주의는 이런 변화를 단적으로 보여주는 것이었다. 뉴딜은 단지 국가 재정을 다루는(deal) 새로운(new) 방식이었을 뿐만 아니라, 근본적으로는 사람들의 욕망을 다루는 새로운 방식이었던 것이다.

이제는 절약이나 금욕이 미덕이 아니라 소비가 미덕 내지 의무가 된다. 보드리야르는 이와 관련해 매우 시사적인 글을 인용하고 있다.

국고로부터 90억 달러를 돌려받은 소비자들은 200만 개의 소매점으로 풍부함을 구하여 쇄도하였다. …… 그들은 선풍기를 에어컨으로 바꾸는 것이 자신들의 힘으로 경제를 성장시키는 것임을 이해하였다. 500만 대의 소형 텔레비전과 150만 대의 전기육절기(電氣肉切機) 등을 구입함으로써 그들은 1954년의 호황(boom)을 보증하였다.(『타임』지의 기사, 보드리야르, 『소비의 사회』, 109쪽에서 재인용)

유사한 발언이 아이젠하워 대통령의 입에서 나왔으며, 급기야 "절약은 반(反)미국적이다"는 말도 나오게 된다(보드리야르, 『소비의 사회』, 109쪽). 소비 사회라는 현상은 이렇듯 변화된 욕망의 배치 안에서 이해될 수 있을 것이다.

2) 시뮬레이션

매스미디어 연구의 선구자인 마셜 맥루언은 "매체가 메시지다"라는 유명한 말을 남겼다. 매체에 담겨 있는 어떤 내용이 아니라 매체라는 형식 그 자체가 곧 메시지라는 것인데, 이는 매체 자체가 갖는 특성이 메시지를 이미 선결정한다는 것을 뜻한다. 크로넨버그는 자주 언급되는 컬트 영화 중 하나인 「비디오드롬」(Videodrome)에서, "화면이 망막이다"라는 말로 변형하여 사용한 바 있다. 이 영화 역시 TV나 매체에 깊숙히 침윤된 현대의 삶을, TV와 현실의 뒤섞임을 통해서 묘사하고 있는데, 이는 포스트모던한 사회의 중요한 특징 중 하나로 간주된다.

보드리야르는 맥루언의 명제를 더 멀리 밀고 간다. 그는 매체는 자신의 형식에 따라 작용하는 작동체라고 본다. 상품 생산이 지배적인 사회에서 교환가치의 작용 그 자체가 사람들의 관계를 돈과 계산이 지배하는 냉혹한 관계로 만들어버리듯이, 매체의 작용 그 자체는 결코 중립적이지도, 혁명적이지도 않다고 말한다(보드리야르, 『기호의 정치경제학 비판』, 191쪽). 따라서 매체가 작동하는 방식이 그에게는 중요한 문제가 된다.

대중매체는 응답을 거부하며, 응답이 이루어질 수 없는 일방적인 방식으로 말하고 행한다. 메시지가 교환되는 것이 아니라 일방적으로 전달된다. 신문이나 TV를 보면서 때론 어이없어 하고 때론 욕을 하지만, 그런 생각이나 말은 종이나 브라운관에 부딪혀 흩어지고, 침묵 속으로 빨려 들어간다. 오직 가능한 것은 매체를 거부하거나 아니면 받아들이는 것이다.

그리고 그 메시지는 매체가 내장하는 일정한 코드에 따라 언제나 모델화된다. 아름다운 얼굴의 모델이 그 안에서 나오고, 바람직한 말투의 모델이 거기서 나오며, 관심을 주어야 할 상품의 모델이 거기서 나온다. 그 모델에 따라 사람들은 상품을 사고, 소비되는 상품의 의미를 읽는다.

또한 어떤 사건(청소년 범죄, 노동조합의 파업, 재벌 기업의 부도)이든 모두 매체의 코드에 따라 상투적인 모델로 변형된다. 그래서 우리는 말만 들어도 그 내용을 안다. 청소년 범죄는 결손 가정이나 문제 있는 가족의 탓이거나, 저질 만화나 성과 폭력으로 넘치는 못된 영화 등 유해환경의 탓이다. 지하철 노동조합의 파업은 당사자가 아닌 많은 사람의 불편을 야기하는 노동자의 항의다. 재벌 기업의 부도는 취약한 재무구조와 무리한 확장으로 인한 것으로 국민들에게 피해가 전가된다 등등. 여기서 각 사건이 갖는 그때그때의 특이성은 사라지고, 반복되는 동일한 모델만 남는다. 이러한 절차를 따라 실재계(實在界)는 정해진 코드가 된다(보드리야르, 『소비의 사회』, 183쪽).

한편 이전에는 그다지 대수롭지 않았던, 그래서 그냥 흘려 보내던 일들이 이 매체를 통해 때론 정치적 의미를 갖는, 때론 사회적 파장을 갖는 '이벤트'(event)가 된다(보드리야르, 『소비의 사회』, 185쪽). 잘 나가는 야구선수의 귀국은, 야구에 아무런 관심도 없는 나도 어느새 알게 되는 큰 이벤트가 된다. 이처럼 매체는 모든 일들을 하나의 이벤트로, 스펙터클(spectacle, 구경거리)로 만들어버린다. 그리고 그것은 또 다른 구경거리로 새끼를 친다. 야구선수의 가족과 생활을 알려주는 잡지, 그가 출연하는 쇼, 그가 나와서 컴퓨터를 파는 광고, 그를 앞세운 사인회, 이런 행사들의 문제점을 다룬 신문 등등……. 하나의 스펙터클이 또 다른 스펙터클을 낳고, 하나의 기호가 다른 기호를 복제한다(드보르, 『스펙타클의 사회』 참조).

매체의 코드에 따라 사건화되고 뻔한 모델에 따라 증식되는 이러한 복제 속에서, 이젠 무엇이 실재고 무엇이 복제인지가 모호해진다. 더불어 무엇이 진짜고 무엇이 가짜인지도 모호해진다. 그 복제물과 스펙터클 밑에 정말 무언가가 있다고 믿는가? 스포츠 영웅을 다루는 저 요란한 스펙터클들에서 원본이 대체 어떤지는 아무도 관심을 갖지 않는다. 그것은 스펙터클에 상응하는 원본이 없음을 감춘다. 그렇지만 그것은 원본보다 훨씬 더 생생한 영웅을 만들어낸다. 그리고 그 스펙터클이 이제는 현실의 사람들을 움직인다. 사실 그 기호 뒤에 정말 훌륭한 영웅이 있는지 없는지는 아무도 관심을 갖지 않는다. 시간이 지나서 그저 잊고 말면 그만인 것이다.

보드리야르에 의하면, 현대의 시뮬레이션은 이처럼 다른 스펙터클로부터 복제하는 복제를 통해, 원본보다도 훌륭한 저 원본 없는 복제를 통해 특징지어진다. 그것은 모델을 가지고, 그 모델에 따라 스펙터클을 만드는 것이다. 이렇게 만들어진, 원본보다 더 생생하고 실재보다 더 실재적인 스펙터클을 '과잉실재'(hyper-reality)라고 부른다(보드리야르, 『시뮬라시옹』, 12~13쪽, 26~27쪽). 그것은 실재 '저편으로 벗어나 있'(hyper)지만, 그래서 실재가 아니지만, 실재보다 더 실재적이란 점에서 '과잉된'(hyper) 실재고, 없는 것을 대신한다는 점에서 '지나친'(hyper) 실재다.

전통적인 기호나 복제물은 무언가를 지시하고 무언가를 재현한다. 그러나 시뮬레이션이 만들어내는 과잉실재는 원본이 없다는 점에서, 더 나아가 시뮬레이션된 모델에 실재를 맞추려 한다는 점에서, 전통적인 기호와 근본적인 단절을 이룬다. 이런 점에서 보드리야르는 시뮬레이션과 그에 따라 만들어진 과잉실재가 흔히 말하는 포스트모던한 사회의 특징을 이룬다고 보는 셈이다.

4. 포스트모더니즘과 예술

포스트모더니즘이 예술과 관련해 다루어진 것은 대개 스타일이나 방법 등을 통해서다. 예를 들면 다른 사람들의 작품을, 풍자적인 의도 없이 빌려다 쓰는 혼성모방(패스티쉬), 저속한 싸구려 그림이나 물건(키취)을 작품에 적극 사용하는 것, 과거의 것을 되살려 사용하는 것, 전위주의에 반대하여 평이하게 만드는 것 등등이 그것이다. 하지만 이 문제는 한편으로는 숭고함이나 깊이, '진정성'의 소멸과 결부되어 있고, 다른 한편으로는 예술의 창조성과 독창성의 원천이 되는 '저자'라는 개념과 결부되어 있다. 이를 위해 먼저 근대 예술 내지 모더니즘에서 재현이라는 관념이 어떤 것인지 이해해야 한다. 그리고 그것과 갈라지는 지점이 어떤 식으로 만들어졌는지를 보자.

1) 근대성과 재현

르네상스기 이후의 서구의 그림을 제외한다면, 지구상의 어떤 곳에서도 대상을 정확하게 재현하는 방식으로 그림을 그리지 않았다. 새의 부리처럼 생긴 입을 가진 아프리카의 조각이나 뱀과 동물들이 뒤엉킨 마야나 아스테카의 그림들, 혹은 쉽게 중국이나 한국의 그림들('동양화')이 그렇다. 그러나 반대로 서양 근대 미술은 정확성에 대한 강박증마저 느끼게 할 정도로 그림은 물론 예술 전반을 재현을 향해 몰고 갔다. 가령 레오나르도 다빈치나 미켈란젤로는 해부에 지대한 관심을 갖고 있었고, 해부된 인체의 그림을 많이 남겼다. 지금도 그렇지만 르네상스 이후 해부학은 의학도만이 아니라 화가들의 필수과목이었다. 해부학에 대한 지식이 없이는 근육의 비틀림을 정확하게 표현할 수 없었기 때문이다.

여기에는 르네상스기 피렌체에서 발명된 투시법(perspective)이 결정적인 영향을 미쳤다. 투시법이란 알다시피 하나의 소실점으로 소실선들이 모이고, 그 소실선들을 척도로 사물들의 크기를 배분하는 기술이다. 그 선들을 통해 작동하는 투시법은 단지 먼 것은 작게 그리고 가까운 것은 크게 그리는 원근감의 표현에 머물지 않고, 먼 것의 크기가 줄어드는 정확한 비율을 정확하게 묘사하게 해주었다. 알베르티는 건축가 브루넬레스키가 대중실험을 해서 그 '과학성'을 보여주었던 그 기술이 사물의 비례를 정확하게(진리!) 재현하는 방법임을 수학적으로 증명했다. 물론 그것은 간단한 유클리드 기하학을 이용한 것이었지만,

그 효과는 매우 커서 그것은 이후 사물의 진실(진리)를 회화적으로 재현하는 방법으로 간주되게 된다. 일단 이렇게 정확한 재현이 미술의 지고한 덕목으로 자리잡게 되자, 이제 정확한 재현을 향한 의지나 욕망은 투시법에 제한되지 않게 된다. 앞서 말했듯이 미술을 하기 위해 해부학부터 공부하게 되었던 것이다.

이런 현상은 단지 미술에 머물지 않았다. 미술에서 별로 멀리 떨어져 있지 않았던 건축 역시 투시법의 영향 아래 포섭되었다. 그래서 가령 건물들은 직선과 평행선, 그리고 직각이라는 획일적인 방식으로 배열되었다. 그렇지 않으면 소실선이 한 점에 보기 좋게 모이지 않게 되기 때문이었다. 비스듬히 놓인 것은 '삐뚤어진' 것으로 간주되게 된다. '옳은 것', '정확한 것', 혹은 '참된 것'에 반하는 것이란 의미다. 심지어 카피톨리네 언덕 주변 공간을 고려해 일부러 사다리꼴로 배치했던 미켈란젤로의 세 건축물들은, 건축가들의 투시도로 그려지면서 직각으로 정확하게(!) 펴져 다시 그려지기도 했다. 이런 점에서 건축에서 지금도 여전한 '직각에의 강박'은 건축에서 보여지는 재현 강박의 한 표현이라고 할 것이다.

문학 역시 그 재현 강박에 강력하게 사로잡혀 있었다. 서구 근대 소설을 특징짓는 이른바 '리얼리즘'은 허구적 구성물인 소설조차 세계의 진실을 재현하는 것을 핵심적인 특징으로 한다. 그래서 가령 소설의 등장인물들은 각자가 볼 수 있는 것과 볼 수 없는 것, 다시 말해 알 수 있는 것과 알 수 없는 것이 명확해야 했으며, 그에 따라 알 수 있는 것의 한계 안에서만 행동해야 했다. 인물들이 알 수 없는 것으로 인해 서로의 행동이 꼬이고 뒤얽히는 것이 소설의 전개에서 매우 중요했다. 이런 방법은 추리소설이라는 장르에서 가장 극단적으로 구현되었다. 종종 '전망'이라는 말로 잘못 번역되기도 하는 perspective라는 말은 문학에서 투시법이 매우 강한 의미로 사용되고 작동되고 있었음을 보여준다. 미술만큼이나 문학 역시 자신이 '진리'를 다룬다고 믿었던 것은 이런 이유에서였다. 그러나 예술이 '미'가 아니라, 혹은 '미'에 머물지 않고 '진리'를 추구해야 한다는 생각이 과연 적절한 것인지는 근본적으로 다시 생각해봐야 할 문제일 것이다.

한동안, 즉 서구 문명의 우월성에 대한 믿음을 우리 또한 공유하고 있던 시절에는 대부분의 사람들이 서구의 재현적인 예술을 받아들였고, 재현의 기술을 배우려 애썼을 뿐 아니라 그것을 척도로 삼아 우리의 과거를 '평가'하기도 했다. 그리고 투시법은 사물을 보는 한 가지 특정한 방법이 아니라 사물을 보는 과학적 방법으로 간주되었다. 그러나 그 재현의 기술이나 재현의 강박은 사실 재현의 강박 자체로 인해, 서구가 본격적으로 우리 세계를 침략하기 시작하기 이전에 와해되고 해체되게 된다. 인상주의가 그 계기였다. 정확하게 재현하려는 강박이 빛을 고려하기 시작하면서 형태적 정확성에서 이탈하기 시작했고, 나중에 피카소나 마티스는 이를 '오해'하면서 재현적 그림에서 벗어난 그림을 그리기 시작했다.

사실 '재현'이란 매우 근본적인 역설을 포함하고 있었다. 가령 있지 않은 천사를 정확하게 재현한 그림은 '진실'을 보여주고 있는 것인가? 없는 복도를 있는 것처럼 정확하게 재현해서 사람들의 눈을 속인다면, 그것은 진리를 구현한 것인가 아니면 거짓을 구현한 것인가? 여기서 재현은 정확하게 이루어질수록 진리 아닌 거짓을 만들어내게 된다. 이는 재현의 근본적 불가능성을 보여주는 것이 아닐까?

사실 서구의 리얼리즘적 그림이나 조각이 단지 대상을 재현해서 보여주는 데 머물렀다고 한다면 그것은 서구 미술을 너무 과소평가하는 것이다. 렘브란트의 자화상들에서 중요한 것은 거기 재현된 인물이 얼마나 정확하게 그려진 것인가 하는 것이 아니기 때문이다. 정작 중요한 것은 거기에 그려진 인물을 통해 아름답고 시원스레 뻗어나갈 듯한 청년의 기상이나 그 인물이 살아온 삶의 흔적, 혹은 그 얼굴에 깃든 영혼의 '장대함'이나 누추함 등이다. 이는 사실 보이지 않는 것이다. 이를 미학에선 '숭고함'(sublimity)이라고 부른다. 결국 근대 미술에서 중요한 것은 보이지 않는 어떤 것을 보이게 하는 것이고, 재현/표상될 수 없는 것을 재현/표상하게 하는 것인 셈이다. 이런 점에서 근대 미술은 차라리 재현불가능한 것을 재현하려는 의지를 갖고 있었다고 말해야 할지도 모른다. 여기서 다시 묻자. 재현불가능한 것을 재현하는 데 성공했다는 것은 예술이 진리를 체현하고 있음을 뜻할까, 아니면 그 반대를 뜻할까?

2) 숭고와 재현

리오타르는 포스트모더니즘의 문제를 '숭고'라는 문제와 관련시킨다. 그가 말하는 이 '숭고'라는 개념은 칸트의 『판단력 비판』에서 나온 것인데, 어떤 개념에 적합한 대상을 표상하지 못하는 경우에 일어나는 미적 현상이다. 이는 매우 강력하지만 동시에 모호한 감정이고, 즐거운 동시에 고통을 수반하는 감정이다(리오타르, 『포스트모던의 조건』, 174쪽). 조국을 침략한 제국주의에 항거하여 싸우다 잡혀서 처형당하는 전사의 죽음, 죽은 아들 예수를 안고 비통해하는 어머니 마리아의 눈물, 꿈과 희망에 가득차 인생을 향해 질주하려는 젊은 렘브란트의 기상, 혹은 압도할 듯이 감싸며 둘러친 저 거대한 봉우리들 등은 이런 장

엄 내지 숭고한 감정을 일으킨다. 그것은 때론 눈물을 흘릴 정도로 강한 감정이지만, 그것이 무엇 때문인지는 꼭 집어 말하기 힘들다.

리오타르는 숭고라는 개념으로써 근대(모던) 예술을 정의한다. 즉 "표상할 수 없는 것이 존재하고 있다는 사실을 보여주고자 하는 예술을 가리켜 '모던'이라고" 부르겠다는 것이다(리오타르, 『포스트모던의 조건』, 175쪽). 예를 들어 레오나르도 다빈치의 「모나리자」는 단지 한 여자의 얼굴이 아니라, 그 얼굴에 스며든 어떤 성스러움이 존재함을 보여주고자 하는 것이며, 그 얼굴의 미소로 신비하고 영원한 그 무엇을 상기시키려 한다. 바흐의 「마태수난곡」이나 「c단조 미사」 역시 음들의 배열과 혼합을 통해 신비하고 성스러운 무언가를 상기시키려고 하며, 베토벤의 5번 교향곡 「운명」이나 「에그몬트 서곡」은 신이 아니라 인간의 말할 수 없는 어떤 것을 매우 강렬하게 드러내며, 반 고흐의 불타는 벌판은 인간의 내면에 있는 불타는 그 무엇을 표현한다.

포스트모더니즘은 이런 내면의 빛이나 말할 수 없는 어떤 본질을 떠올리려는 시도에서 벗어난다. 앤디 워홀로 대표되는 팝아트(pop art)는 그런 숭고함 대신에 일상사 속에서 발견되는 평범함의 주변을 돈다. 성스럽거나 고상한 어떤 색조도 배제한 채, 코카 콜라병과 매릴린 먼로의 핀업 사진, 햄버거, 만화 등이 입체감마저 상실한 채 작품이 된다. 앤디 워홀은 말한다. "현실은 매개물을 필요로 하지 않는다. 현실을 환경으로부터 떼어내어 캔버스 위에 놓기만 하면 된다." 올덴부르크의 말은 매우 시사적이다. "마치 미술관에 들어가 있는 것처럼, 나는 온갖 종류의 상점들 사이를 돌아다녔다. 쇼윈도와 판매대에 진열되어 있는 상품들이 귀중한 미술품처럼 보였다." 혹은 백남준처럼 부처마저도 공사장의 포크레인과 함께 TV 속에 들어앉힘으로써 숭고한 분위기를 제거해버린다.

　더불어 그들은 20세기 전반기의 모더니즘 예술처럼 상품화된 세계에 대한 전복을 꿈꾸지 않으며, 통속적 세계로부터 저주받는 것을 자처하지도 않는다. 그것은 이미 모더니즘이 제도 속에 자리 잡은 이래 하나의 위선처럼 보였다. 반대로 그들은 저주받은 서명 대신에 서명 자체를 상품화하려고 하며, 그 상품화된 세계 속에 전적으로 편입되고자 한다. 따라서 그들은 모더니즘의 아방가르드주의를 벗어나며, 반대로 싸구려 복제물들(키취)을 동원하며 그것을 또 다시 복제한다. 즉 아름다움과 독창성의 미학에 대항하여 '시뮬레이션 미학'을 만든다(보드리야르, 『소비의 사회』, 157쪽).

　"팝이 의미하는 것은 투시법과 이미지에 의한 상기(想起)작용의 종언, 증언으로서 예술의 종언, 창조적 행위의 종언, 그리고 역시 중요한 것으로서 예술에 의한 세계의 전복 및 저주의 종언이다"(보드리야르, 『소비의 사회』, 165~166쪽). 확실히 이런 점에서 최근의 예술은 숭고함이라는 개념을 명시적으로 포기하고 대신 일상성과 평범성을 택했다. 여기서 모더니즘과 그것은 확연하게 구분된다. 그러나 이에 대해 보드리야르는 "그들이 주장하는 '평범함'이 숭고함이라는 범주의 현대판이 아니라면 대체 무엇일 수 있겠는가"고 질문한다(보드리야르, 『소비의 사회』, 169쪽). 반대로 그것은 어쩌면 평범하고 일상적인 것마저 예술의 신성한 과정 속으로, 또 다른 숭고함 속으로 밀어넣는 역설에 빠지고 만다는 것이다.

　이런 맥락에서 리오타르는 모더니즘과 포스트모더니즘의 관계에서 미묘한 긴장을 읽어낸다. 포스트모더니즘 역시 표상할 수 없는 것, 보여줄 수 없는 것을 보여주려는 한에서 그것은 분명 모더니즘의 일부

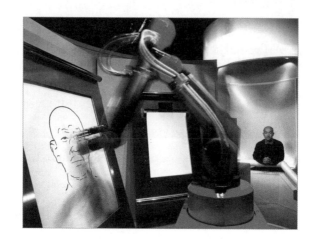

<예술-기계, 혹은 기계화된 예술> 기계가 육체노동을 대신하던 것은 산업 혁명 이후의 사태였다. 컴퓨터와 자동기계들은 기계가 정신노동 또한 대체하는 과정 이 시작되었음을 보여주었다. 그런데 이 기계는 이제 예술활동마저 기계가 대신 할 수 있음을 보여주려는 것일까? 하지만 잘 따져보면 기계가 예술 자체의 구성 원리 속으로 침투하기 시작한 것은 사진과 영화를 통해 이미 오래전에 시작된 셈 이다. 그러나 이 기계가 예술가를 대신하려면 복제 이상의 복제, 차이를 포함하는 복제를 수행할 수 있을 때일 것이다. 그 정도 되어야 우리는 예술적 능력의 복제 라는 말을 하게 될 것이다. 그런데 그게 과연 불가능할까?

다. 하지만 다른 것이 있다면, 모더니즘이 보여줄 수 없는 것을 보여주려고 했다면, 포스트모더니즘은 보여줄 수 없는 것을 보여주는 것이 불가능하다는 것을 보여주려 했다는 점이다. 알기 쉽게 바꿔 말하면 모더니즘은 감춰져 있는 신성한 어떤 것을 보여주려 했다면, 포스트모더니즘은 그걸 보여줄 수 없음을 보여주려 했다는 것이다. "즐기기 위해서가 아니라 표상 불가능성을 강력히 전달하기 위해서 새로운 표현 방식을 탐색하는 것"(리오타르, 『포스트모던의 조건』, 179~180쪽). 따라서 포스트모더니즘은 '이후'(포스트)와 '이전'(모던)의 역설 속에서 이해되어야 한다(리오타르, 『포스트모던의 조건』).

3) 저자의 죽음

문학이나 예술은 물론 철학이나 각종 인문과학에서 저자라는 관념에 대한 근본적 비판이 포스트모더니즘을 특징짓는다. 이전에 비평은 작품이나 텍스트를 저자와 관련하여 다루었다. 이 작품은 어느 시기에 어떤 사회 역사적 조건을 배경으로 하고 있으며, 그때 저자는 어떤 사상에 영향을 받았고, 이 작품에서 저자의 의도는 무엇이었고 등등. 이를 입증하기 위해 그 당시 정치적 사건과 저자가 읽은 책들, 저자의 편지와 일기, 관련된 친구나 동료의 증언 등이 동원된다. 그리고 그가 쓴 다수의 작품들은 그의 사상이나 태도와 관련하여 통일성을 갖는 것으로 해석된다. 혹은 좀더 유연하게 받아들이면, 현재의 지평에서 작가가 작품에 담은 의미를 해석하고 이해하는 것이다.

　이러한 입장은 그 세부적인 차이가 있지만, 대개는 작품에 메시지를 담아 발신하는 발신자가 있고, 작품은 그 메시지가 담긴 매개체며, 수신자는 당시의 코드나 그것에 현재의 맥락을 섞어서 작품을 해석하고 그에 담긴 메시지를 수신한다는 전통적인 소통(communication) 이론의 모델에 입각해 있다. 즉 작품에서 작가의 메시지를 읽거나 해석해내는 것이 중요하다는 것이다. 이에 대한 비판은 크게 세 가지 정도로 나누어 볼 수 있다. 하나는 레비-스트로스나 중기의 바르트로 대표되는 구조주의의 입장이고, 다른 하나는 데리다의 해체주의적인 입장이며, 마지막은 푸코의 계보학적 비판이다.

구조주의는 작품을 기호들의 구조화된 망으로 본다. 단어나 문장, 음표들, 혹은 색채와 형태는 그것들 간의 내적인 구조로 짜여져 있다는 것이다. 따라서 어떤 문장이나 이미지의 의미나, 어떤 부분의 의미는 작가의 의도와는 아무런 상관이 없으며, 오히려 그것과 관련된 다른 문장들, 다른 이미지들, 그것을 조직하는 전체적인 구조 안에서 결정된다(야콥슨&레비-스트로스, 「보들레르의 '고양이들' 」). 그렇다면 작가라는 어떤 특권적인 주체가, 작품의 의미가 발생하고 그리로 귀결되는 어떤 특권적인 중심일 수 없다. 이제 비평은 작가에 대해 관심을 가질 이유가 없으며, 작품의 내적인 구조를 찾아내는데 주력해야 한다. 마찬가지로 작품을 만드는 데서 중요한 것 역시 각 부분들의 내적인 구조다. 이런 의미에서 '저자의 죽음'이 선포된다(바르트, 「저자의 죽음」). 그것은 철학에서 일어난 주체의 해체와 동형적인 것이었다.

데리다의 비판은 더욱 근본적이고 급진적이다. 그가 보기에 어떤 작품이나 독자를 전제한다. 그렇지만 어떤 독자도 작가가 의도한 대로 읽지만은 않는다. 그렇다고 저 치밀한 구조주의적 분석가들처럼 읽지도 못한다. 그러나 그것은 그들의 무능력 때문만은 아니다. 그것은 무엇보다도 우선 작품 내지 텍스트가 하나의 확고한 통일성을 갖지 못하며, 차라리 이질적인 것들로 분열되어 있기 때문이다. 또한 어떤 텍스트도 여백을 포함하는데, 이 여백은 새로운 독서와 해석이 다양하게 생성될 수 있는 공간이기 때문이다. 나아가 어떤 텍스트도 다른 텍스트를 명시적으로 인용하거나 은밀히 혹은 자기도 모르는 사이에 끌어들이는 방식으로 포함하고 있다. 독창적인 원본은 없으며, 텍스트들이 서로 결합된 텍스트들만이 있다는 것이다(이를 흔히 '상호텍스트성'이라고 부른다).* 따라서 어떤 텍스트에도 읽어내야 할 진정한 의미는 없으며, 차라리 중요한 것은 읽는 사람이 독자적으로 읽어내는 것이고, 더 나아가 특정한 해석을 반복하도록 강요하는 지배적인 해석에서 벗어나는 것이다. 발신자는 없으며, 오직 텍스트와 수신자만이 있을 뿐이다. 저자는 죽고 작품을 읽는 사람만이 남는다.

푸코는 일단 작품 내지 저작의 개념을 문제삼는다. 저자가 쓴 것은 모두 작품인가? 혹은 출판된 것만이 작품인가? 가령 사드가 감옥에 있는 동안 자신의 환상을 끄적거려 놓은 것은 작품인가? 니체의 수첩에 적은 아포리즘의 초안은 분명 작품일 것이다. 그렇지만 그 옆에 약속장소와 주소 등을 적어놓았다면 그것도 작품인가?(푸코, 「저자란 무

---

* 이것은 다른 사람의 작품을 명시적으로, 혹은 암시적으로 끌어다 결합하여 사용하는 패스티쉬를 '정당화'하는 것 같다. 실제로 데리다는 「산포」라는 논문을 소설가인 솔레르스의 글을 이탤릭으로 표시하고, 그 문장들 사이에 자신의 문장을 섞어서 씀으로써, 텍스트의 이질성과 상호텍스트성을 보여준다(Derrida, *La dissémination*). 또 『철학의 여백』 서문을 일부러 둘로 갈라 두 개의 이질적인 텍스트가 공존하는 양상을 보여준다(Derrida, *Marges de la philosophie*). 그렇지만 그의 이런 실험적인 글쓰기가 성공적일 수 있다면, 그것은 그렇게 쓴 글이 나름의 논지와 일관성을 갖고 있기 때문이 아닐까? 그것이 없다면 그것은 그저 횡설수설일 뿐이고, 아마도 화장실에 여러 사람이 낙서해놓은 그 이질적인 글들의 복합체와 구별이 안 되었을지도 모르는 일이다. 에코가 코넌 도일 등을 빌려 만들어낸 소설(『장미의 이름』)에서도 그런 혼성모방과 복제가 그것의 가치를 훼손하지 않는 것은 거기서 흥미롭고 중요한 것을 발견할 수 있기 때문이고, 그 나름의 일관성을 갖기 때문일 것이다. 그렇다면 독창성의 부재가 아니라 독창성의 변형이, 통일성의 부재가 아니라 통일성의 변형이 있다고 해야 하는 게 아닐까?

엇인가」, 244~245쪽) 실제로 프로이트는 레오나르도 다빈치에 대한 글에서 그의 세탁표까지 추적하고 있는데, 이 세탁표 역시 작품인가? 결국 이는 작가나 저자로부터 시작해서 작품을 정의하는 것이 얼마나 곤란한가를 보여준다.

나아가 저자의 개념을 문제삼는데, 여기서 그가 문제삼는 방식은 많이 다르다. 즉 저자의 부재나 죽음을 선언하는 것이 아니라, 차라리 반대로 '저자의 탄생'을 문제삼는다. 즉 저자는 언제 어디서나 있었던 것은 아니며, 또한 언제 어디서나 동일한 위치를 갖지도 않았다는 것이다. 중세의 많은 기사도 문학은 저자가 따로 없으며, 수많은 사람들의 손을 거치면서 수정되었다. 우리의 경우도 유사하여, 저자가 없이도 사람들 사이에 순환되었고, 사람들 사이에서 노래불려졌다. 『아라비안 나이트』도 그렇다. 반대로 서양의 과학적 담론들은 저자의 이름이 표시될 때만 진리의 가치를 가졌다고 한다(푸코, 「저자란 무엇인가」, 251~252쪽). 반면 17~18세기를 거치면서 서양에선 일종의 역전이 발생한다. 과학에선 개인적인 저자의 이름들이 사라져가고, 반대로 문학에서는 익명이 용인되지 않게 된다.

그리고 이때를 지나면서 저자라는 것은 습득하고 소유할 수 있는 권리(저작권)가 된다. 나아가 저자는 이제 자기 나름의 작품세계를 갖는다. 바꿔 말해 그가 쓴 모든 텍스트는 그 작품세계 안에서 이해되고 위치지워진다. 품격있는 시인이 음탕한 도색소설을 썼다는 것은 믿을 수 없으며, 심지어 그게 사실이란 증거가 있어도 그것은 그의 작품에서 배제되어야 한다. 그것은 작품을 형성하는 작품의 기원이자, 그 작품들이 통일성을 갖도록 기능한다. 이를 푸코는 저자 기능이라고 부른다. 이 "저자 기능은 우리가 저자라고 부르는 어떤 이성적 실체를 확립하고자 하는 복잡한 조작의 결과"다(푸코, 「저자란 무엇인가」, 252쪽).*

　　결국 푸코는 어떻게 해서 저자가 존재하고, 어떻게 해서 작품에 대한 배타적 권리를 가지며, 작품의 통일성을 형성하는 중심으로 기능하게 되었는가를 질문하는 것이다. 이로써 저자에 부여된 중심적 권위와 배타적 권리는 비판적으로 극복해야 할 역사적 산물이 된다. 이로써 푸코는 이제 저자를 죽여야 할 때가 되었다고 주장하는 셈이다.

　　보다시피 저자의 죽음이란 주체와 총체적 통일성, 진리의 문제 등이 동시에 응축되어 있는 문제다. 포스트모더니스트들이 내세우는 소설가 보르헤스는, 예컨대 『픽션들』에서 존재하지 않는 저자를 만들어 인용하거나, 어떤 저자가 쓰지도 않은 책을 인용하고, 있지도 않은 잡지를 인용하는 등의 허구(픽션)을 만들어냄으로써 저자 기능을 신랄하게 조롱한다.

5. 포스트모더니즘과 정치

어떠한 철학적 전환도 사람들의 삶에 영향을 미치며, 그것을 새로운 방향으로 이끌어가려고 시도한다. 칸트나 디드로의 계몽주의도 그랬고, 데카르트나 베이컨의 철학도 그랬으며, 에라스무스의 르네상스적 인문주의나, 더 거슬러가 토마스 아퀴나스의 스콜라 철학도 그랬다. 포스트모더니즘 역시 여기서 예외가 아니며, 오히려 그것이 예술에서 철학

---

* 이러한 조작은 기독교적 전통이 정통적인 텍스트를 선별하고 인정하던 방식에서 유래한 것이다. 성 제롬은 네 가지를 제시하는데, 여러 책 가운데 질이 떨어지는 것은 작품 목록에서 제외하고, 많은 작품들과 모순되는 작품이 있으면 제외하며, 다른 문체로 씌어진 작품도 제외해야 하며, 저자 사후의 사건이나 인물을 언급하는 것은 나중에 삽입된 것으로 간주되어야 한다는 것이다(푸코, 「저자란 무엇인가」, 253쪽).

및 이론 전반으로 확장되었던 배경에는 히틀러나 스탈린에 의한, 그리고 그 뒤에도 여전히 남아 있는 전체주의적 경험이 깔려 있다. 총체성에 대한 지나친 거부는 이와 직접적으로 결부되어 있다. 그런 만큼 정치나 운동에 대한 새로운 모색이 포스트모더니즘에서 중요한 주제다.

하지만 여기서도, 포스트모더니즘이란 말에 대한 극히 상이한 태도들 이상으로 각이한 입장들이 있다. 중요한 것 몇 가지를 간추려 보면 다음과 같다.

1) 저지와 내파

보드리야르는 포스트모더니즘을 통해서 나아갈 수 있는 하나의 극한적 지점을 보여준다. 그는 가치가 지배하는 교환, 가치를 소비하는 관계를, 그 이전의 상징적 교환과 대비한다. 상징적 교환은 고대나 이른바 미개 사회에서 벌어지는 교환으로, 받은 것보다 더 많은 것을 주는 포틀래치(potlach)나 경제적 기능과는 분리된 교환/제휴 관계를 가동시키는 쿨라(kula)와 같은 것이다. 이것은 경제적 가치의 냉정한 계산이나 이미 위계적으로 의미화된 소비와는 달리, 사람들의 관계가 무언가를 서로 주고받았다는 것으로 충분한 그런 관계다(보드리야르, 『기호의 정치경제학 비판』). 자본주의는 생산의 거울을 통해 이러한 관계를 모두 생산의 체계 안에서 경제적 기능으로 계산되는 것으로 바꿨다.

그가 주목하는 곳은 이곳이다. 그는 이 생산의 거울을 깨버릴 것을 주장한다. 이를 위해 생산(production)에 반하는 유혹(seduction)의 전략을 제시한다. 유혹은 베일로 가리는 데서 나온다. 그 베일은 상징성이다. 생산의 거울은 이 베일을 벗김으로써 모든 것을 명확한 의미를 갖는 기호로 바꾸어버린다. 유혹의 전략이란 그 의미의 명확성을 가리고, 그 의미를 생산하는 지배적인 코드(기호적 질서)를 변환시키려는 것이다.

그러나 복제가 복제를 시뮬레이션하는 과잉현실의 세계에 이르면 이런 전략은 더 이상 유효하지 않게 된다. TV는 사람들을 개별화시키고, 그들의 시선을 오직 TV만을 향하게 한다. 그리고 TV에서 나오는 정보가 세계에 대한 나의 지식을 구성하고, 대화는 그것을 소재로 하며, 거기서 나온 사건과 영웅을 모르면 무시하거나 바보가 되고, 어떤 말이 참인가 거짓인가는 매체에 나온 것을 기준으로 하게 된다. 이제는 TV가 진실을 만들며, TV가 바로 진실이다(보드리야르, 『시뮬라시옹』, 68쪽). 매체에 의해 프로그램되고, 매체에 의해 시뮬레이션되는 진실. 그것은 분명히 조작적인 진실이다.

> 이 조작적 진실은 …… 탐색하고 질문하는 테스트의 진실이고, 만져 보고 자르는 레이저 광선의 진실이며, 구멍난 삶의 시퀀스를 간직하고 있는 모체들의 진실이고, 당신의 결합들을 명령하는 유전적 코드의 진실이며, 당신의 감각계에 정보를 제공해주는 세포들의 진실이다.(보드리야르, 『시뮬라시옹』, 69~70쪽)

급기야 TV 카메라가 옆에 있어도 마치 없는 것처럼 생활할 수 있게 된다. 이젠 자신 스스로가 과잉실재인 것이다. 이런 점에서 그것은 이제 모든 것이 코드화된 과잉실재의 일부가 된다. 이를 보드리야르는 '저지'의 단계라고 부른다(보드리야르, 『시뮬라시옹』, 71쪽). 그것은 과잉실재가 실재를 대체해버린 상황에서, 혹시라도 이 안에서 프로그램되지 않은 우발적인 사태를 방지하기 위한 전략이다. 여기서 유혹의 전략이, 베일을 씌워 의미를 바꾸고 그로써 코드를 뒤집으려는 전략이 어떻게 가능하겠는가! 이제 남은 것은 우리 모두 코드화하는 권력의 요구대로 그 과잉실재 속으로 달려가는 것이다. 하루에 16시간을 TV를 보는 것. 혹은 TV를 보다 늦게 출근하고, 일하면서도 TV를 보고, 끝나면 그 즉시 TV를 향해 달려가는 것. TV 보는 데 방해되는 일은 아예 찾지도 않는 것. 이로써 생산의 질서는 더 이상 유지되지 못하고 내부로부터 함몰하리라고 보드리야르는 말한다. 밖으로부터의 공격에 의해 폭파(explosion)되는 것이 아니라, 안으로 몰려 들어감으로써 내파(implosion)되는 것이다(보드리야르, 『시뮬라시옹』, 130쪽).

　　이는 사람들의 삶을 생산과 상품, 소비로 한없이 흡수하는 자본주의와 권력에 대한 보드리야르의 반어적인 냉소요 섬뜩한 저주다. 그것은 이제 적극적으로 바꾸려는 어떤 노력도 소용없다는 결론에서 나오는 허무주의적 전략이다. 그는 이런 식으로 포스트모더니즘 논리의 한쪽 끝에는 저주스런 허무주의가 있음을 보여주려는 것일까?

2) 등가와 접합

서구에서 포스트모더니즘이 운동이론으로 적극 나아가는 것은 여성운동, 동성애자운동, 반인종주의운동, 환경운동, 문화운동 등의 적극적 대두와 관련이 있다. 이전에는 이러한 운동은 노동운동에 비해 부차적인 위치만을 부여받았고, 노동운동에 의해 지도되어야 한다고 생각했으며, 좌익정당을 중심으로 하나의 총체적인 운동으로 결합해야 한다고 생각했다. 그리고 노동운동과 상충하거나 갈등하는 사태가 생기면 당연히 노동운동에 그것이 맞춰져야 했다. 그러나 1960년대 말 이래 이 운동은 노동운동이나 좌파정당의 실질적 무관심이나 위계화된 관계에서 벗어나 독자적 행보를 갖기 시작했다. 전통적 노동운동이나 좌익정당은 이 운동을 이끌거나 포섭할 능력이 없는 것으로 간주됐다.

이처럼 전통적인 사회운동의 배치에서 벗어난 이 운동들을, 이전의 노동운동 중심의 사회운동과 구별하여 흔히 '새로운 사회운동'이라고 부른다. 이들은 자신들의 운동이 갖는 고유성을 인정해줄 것을 주장했다. 그것은 모든 운동이 노동운동을 중심으로 하나의 전체를 이루어야 한다는 총체성의 관점과 맞서는 것을 뜻했다.

이전에 맑스주의자였던 라클라우와 무페는 이러한 입장을 라캉과 데리다의 이론을 이용해 이론화하였고, 사람들은 이들을 포스트맑스주의(post-Marxism)라고 불렀다. 그들은 전통적인 의미에서 사회란 불가능하다고 주장했고, 담론 속으로 현실을 끌어들였으며, 이미 주어진 것으로 고정된 것은 없다고 했으며, 총체성이란 범주에 대해서는 적대적인 태도를 보여주었다(라클라우&무페, 『사회변혁과 헤게모니』). 그것은 맑스주의에서 포스트모더니즘을 뜻하는 것으로 간주되었고, 맑스주의에서 이미 벗어난 것으로 간주되었다.

그들은 모든 사회적 실천이 담론(구성체) 안에서 일어난다고 본다. 의사나 환자의 실천은 의학적 담론 안에서 정의되고 진행되며, 여성과 남성의 행동은 가족적 담론 안에서 이루어지며, 노동자의 계급투쟁은 사회주의적 담론 안에서, 민족운동은 민족주의적 담론 안에서 이루어진다는 것이다. 담론 안에서 이루어지는 이러한 실천은, 그에 고유한 사회적 관계를 구성하는 담론적 실천이다. 잠정적인 고정점 역할을 하는 적대를 통해 이러한 담론적 실천들 사이에 적대적인 분할이 발생하고, 그것을 축으로 하여 등가적인 접합이 이루어져야 한다고 한다. 이 경우 이전에는 적대를 두고 연대했던 어떤 세력은 연대에 별 관심을 보이지 않을 수 있으며, 다른 집단은 오히려 큰 관심을 보이며 접합에 관여하게 된다. 물론 이 모든 과정은 우연에 의해 이루어진다.

예를 들어 어떤 조건에서는 환경문제를 둘러싸고 개발주의자와의 적대를 통해 노동운동과 환경운동의 접합이 이루어지는 반면, 다른 조건에서는 남성적 가부장주의에 대한 여성운동과 동성애운동의 접합이 이루어진다. 여기서 이 접합된 운동에 언제나 노동운동이 있었던 것은 아니고, 또 그래야 하는 것도 아니다. 또한 다른 운동이 노동운동의 입장에 종속되어선 안 되며, 한 운동이 다른 운동에 종속되어서도 안 된다. 이러한 접합에서 각각의 운동은 서로 동등한(등가적인) 위치를 가져야 한다는 것이다. 그것은 등가화됨으로써 각자의 고유성이 서로 간에 결합될 수 있다는 것을 뜻한다.

요컨대 라클라우와 무페는 등가와 접합이라는 개념을 통해서 새로운 사회운동에 서로 동등한 위치를 부여하려 했고, 그것을 통해 각 운동이 갖고 있는 고유성과 차이를 부각시키려 했으며, 동시에 그것을 종속시키는 어떤 특권적인 어떤 중심을 제거하려고 했다. 그러한 등가화된 운동들의, 시기마다 고유한 연대와 접합이 그들이 제시하는 민주주의 운동의 전략이다. 이로써 포스트모더니즘은 새로운 민주주의를 위한 이념이 될 수 있다고 말하는 셈이다. 자본과 노동이라는 특권적 적대와 노동운동이라는 특권적 운동이 사라지고, '등가'의 원리에 따라 모든 운동이 평등한 시민권을 획득한 민주주의.* 따라서 포스트모더니즘에서 기이하고 극단적인 태도를 예상하고 우려하는 사람들은 이제 안심할 필요가 있다. 그것은 앤디 워홀 말대로 '평범함'을 추구하는 것이고, 다만 그 평범함에 '새로움'의 단장을 하는 것에 불과하기 때문이다.

3) 횡단과 유목

포스트모더니즘이란 평에 대해 가장 못마땅해 하며 거부하는, 하지만 대개 그렇게 사람들이 분류하는 사람이 있다면 그것은 아마도 들뢰즈와 가타리일 것이다. 사실 그들은 포스트모던하다고 간주되는 새로운 현상이나 예술에 대해 어떤 특별한 시선을 주지 않으며, 별달리 그것을 다루지도 않는다. 그들이 베케트 같은 이른바 '포스트모더니스트'들을 다루는 것은 카프카나 프루스트, 불레즈, 클레와 같은 이른바 '모더니스트'를 다루는 방식과 그리 다르지 않으며, 차라리 그들의 관심은 후자에 더 가까이 있다.

그렇다고 그들을 모더니스트라고 할 수 없는 것은, 그들이 근대성에 대한, 근대 사회와 근대적 권력에 대한 근본적인 비판을 수행하고 있으며, 그것을 전복하려고 꿈꾸고 있다는 점 때문이다. 하지만 이 점역시 "시로써 혁명을 하겠다"던 랭보의 말처럼, 이른바 문학적 '모더니스트'들의 꿈 역시 그렇다고 할 때, '20세기 모더니즘'과 포스트모더니즘의 근친성을 주장한 벨슈의 말은 이 경우 특히 설득력이 있다. 즉 다양한 형태로 제시되는 근대성에 대해 다시 질문할 수 있는 어떤 관점을 가지고 있다는 것으로 '포스트모더니즘'을 재정의한다면, 이러한 흐름과 연관하여 그들을 다루는 것이 불가능한 것만은 아니다.

---

* 이는 하나의 중심적인 운동으로 모든 운동을 환원하던 태도에 대한 적절한 비판을 담고 있으며, 각각의 고유성을 인정한 위에서 어떻게 연대가 가능한가를 이론적으로 보여주고 있다. 그러나 여기서는 고정성과 총체성에 대한 비판이 단지 등가화와 연대 방식의 변화에 머물고 있으며, 각각의 운동이 어떻게 변화되어야 하는지, 특히 그토록 문제가 많은 노동운동은 대체 어떻게 변화되어야 하는지에 대한 새로운 제안을 포함하지는 못하고 있다. 더불어 접합의 문제를 전적으로 우연에 맡겨버림으로써, 연대의 문제 또한 수동적인 것으로 남겨두고 있다. 기존의 틀과 경계를 적극적으로 넘어서는 능동적 개념의 부재는, 아마도 현존하는 경계를 고정하려는 권력의 작동을 누락하고 있다는 이론적 공백 때문인 것처럼 보인다.

그들은 푸코와 유사하게 근대 사회에서 작동하고 있는 미시적 권력의 작용점을 다양한 영역에서 ── 기호는 물론 심지어 리듬과 얼굴에서도 ── 찾아낸다(들뢰즈&가타리, 『천의 고원』). 그 권력은 욕망 내지 삶의 흐름이 갖고 있는, 무엇으로도 환원할 수 없는 고유한 특이성을 어떤 도식에 맞추어 통제가능한 질서로 바꾸며, 그것에 욕망이나 흐름을 고정하려 한다. 그것은 생산적인 힘(능력)과 의지(욕망)를 특정한 형태로 코드화하거나, 특정한 영역으로 영토화한다. 예컨대 공부하고 싶다는 의지(욕망)는 기존 대학이란 제도 안에서는 정치학·경제학·사회학·철학 등의 분과(discipline)가 정의하는 주제와 연구방법, 논문 스타일에 이르기까지 코드화되고, 직업에 의해 영토화된다. 그러나 공부하려는 의지는 그러한 권력에 앞서는 것이고, 그에 선행하는 것이며, 따라서 그런 코드화하고 영토화하려는 힘에 안주하려 하지 않는 한 거기서 벗어난다(탈주). 그것은 새로운 연구의 주제를 찾아내고, 그것을 위해 기존의 분과를 가로지르면서(횡단) 화학과 분자생물학·철학·음악 등을 '접속'하여 새로운 연구의 영역을 창출해낸다.

이런 과정을 기존의 코드와 영토에서 벗어난다는 점에서 탈코드화하고 탈영토화하는 운동이라고 부른다. 물론 이것은 또 다시 권력에 의해 재코드화되고 재영토화된다. 하지만 또 다시 탈코드화하고 탈영토화하는 운동이 시작되고 …… 결국 인류의 역사에서 만들어진 모든 가치의 영역은 이처럼 탈영토화하고 재영토화하는 반복적인 운동에 의해 만들어진 것이다. 그것은 반복이지만, 새로운 것이 끊임없이 만들어지는 반복이란 점에서 동일한 것의 반복이 아니라 차이의 반복이다. 이를 그들은 니체를 따라 '영원회귀'라고 부른다.

이처럼 탈코드화하고 탈영토화하는 운동을, 특정한 코드와 영토에 '정착'시키고 고정시키려는 권력의 지대(地帶)를 횡단하면서 끊임없이 이동하며 새로운 영토를 생성해낸다는 점에서 '유목'(nomad)이라고 부른다. 그것은 단번에 전체를 해방시키는 혁명이 아니라, 권력이 작동하는 모든 지대, 그리하여 모든 것을 고식적인 형태로 고착시키려는 지배적 경향에서 벗어나 언제나 새로운 것을 창조하고 생산하는 긍정적 생성이다. 그것을 통해 권력에 길든 삶의 방식, 권력에 의해 코드화되고 영토화된 개인에서 벗어나, 횡단하며 접속하여 이루어지는 새로운 삶의 방식을 만들고자 하는 것이며, 그것을 통해 개개인을 새로운 주체로 만들어내려는 것이다. 언제나 스스로를 넘어서는 사람. 그것은 각자가 '다른 것'이 되는 것이다. 니체는 그것을 '넘어서는 자' ─ '초인' ─ 라고 불렀다.

하지만 그것은 결코 쉬운 일도 아니며, 사소한 일도 아니다. 언제나 정착을 요구하고 언제나 정형화를 요구하는, 그것이 바로 나를 위하는 것이라는 친근한 유혹을 거절해야 하기 때문이다. 횡단이라는 전략이 기존의 제도화된 권력의 눈에 심히 거슬리는 위험한 발상이라면, 유목의 전략은 그 친근한 유혹을 뿌리친다는 점에서 황당하고 어이없는 발상으로 보일 것이다. 그것은 이미 정착을 유혹하는 권력의 눈이다.

결국 횡단과 유목은 포스트모더니즘 역시 정착할 영토가 아니라 벗어날 영토임을 주장한다는 점에서 포스트모더니즘을 벗어난 포스트모더니즘이다.

4) 아우토노미아

나중에 들뢰즈의 동료였던 가타리와 함께 책을 내기도 했던 네그리는 이탈리아의 아우토노미아 운동과 긴밀히 관련되었던 맑스주의자다.

<새로운 신경망, 혹은 새로운 지성의 네트워크?> 사실 이 사진은 인터넷이나 무슨 통신망이 아니라 입자가속기다. 다만 그 모습이 정말 기계 속의 신경망처럼 뻗어 있어서 붙잡은 것이다. 인터넷이나 통신망은 이 사진보다 훨씬 더 복잡하고 치밀하고 섬세하게 연결되어 있으며, 그것과 접속함으로써 우리는 거기에 접속된 다른 누군가와 연결되어 지식이나 정보를 주고받는다. 여기서 네그리는 인간의 뇌를 대신하는 새로운 신경망, 새로운 지성의 출현을 본다. 이를 통해 대중 자신이 그 거대한 집합적 지성의 일부가 되는 것이다. '나'라는 주체가 모든 것을 사유하고 판단하던 근대적 지성을 대신하는 새로운 지성은 근대와 다른 삶을 가능하게 할 것이란 점에서 탈근대적 지성이라고 해야 할지도 모른다.

그는 포스트모더니즘이 자본과 노동 간의 적대가 없는 것처럼 함으로써 현대 자본주의를 신비화하고 있다고 비판하지만, 그것이 제기하는 현대 사회의 새 면모에 대해서는 적극 수용하면서, 새로운 정치학을 발전시켰다. 그는 자신의 입장을 '포스트모던한 세계에서 계급 적대의 관점'이라고 요약하는데, 데리다의 해체주의와 네그리의 아우토노미아를 '접합'하려고 하는 라이언은 이 역시 포스트모던 정치학의 하나로 보고 있다(라이언, 『포스트모더니즘 이후의 정치와 문화』).

　네그리는 매체의 발달에 따른 정보 통신 혁명이, 공장 자동화와 더불어 생산과 노동은 물론 착취의 양상마저 바꾸고 있다고 본다. 정보 통신의 발달에 따라 이젠 공장의 벽을 넘어서 노동과 소통이 이루어질 수 있게 되는데, 자본은 이를 이용해 생산을 재조직화한다. 이제는 그 자체로 가치를 갖게 된 정보와 소통을 직접 착취한다는 것이다. 예전에는 직접적인 생산영역인 공장이 착취의 영역이었다면, 이제는 그것이 유통마저 포함하는 전 사회적 영역으로 확장된다. 다시 말해 사회 전체가 공장이 된다. 이를 네그리는 '사회적 공장'이라고 부른다. 더불어 자본 역시 '사회적 자본'이 된다(네그리, 『전복의 정치학』).

　이는 노동자의 개념에 커다란 변화를 가져온다. 자본의 착취가 생산은 물론 유통까지 포섭하게 되었기 때문에, 착취되는 노동자 역시 공장을 벗어나 유통은 물론 가사노동을 하는 가정주부로까지 확장된다. 이를 네그리는 '사회적 노동자'라고 부른다. 결국 사회적 노동이란 다양한 소통의 연결망을 통해 하나로 결합되는 사람들의 집단을 통해 이루어진다는 것을 뜻한다. 이는 착취의 영역의 확장이기 이전에, 노동이 생산적인 힘으로 전환되는 집합적 영역의 확장이고, 노동이 갖는 그 집합적 잠재력의 확장이다. 자본의 새로운 착취는 바로 이 새로운 잠재력의 착취인 것이다(윤수종, 「안또니오 네그리의 정치경제학 비판」)

공장 자동화나 소통적 노동의 새로운 집합적 단위로 인해 만들어지는 자율적이고 다양한 삶의 영역은 이렇듯 사회적 자본의 포섭과 착취로 인해 다시 단일한 적대로 환원된다. 포스트모더니즘이 적대의 차원을 제거함으로써 신비화한다는 것은 이런 맥락에서다. 즉 총체화되지 않는 자율성과 다양성의 가능성을 포스트모더니즘은 그 자체로 절대화하며, 그것을 다시금 착취의 대상으로 '총체화'하는 자본의 적대를 보지 못하고 있다는 것이다.

따라서 네그리의 전략은 각각의 집합적 노동자, 사회적 노동자가 자본의 포섭에서 벗어나 자율적인(아우토노미아는 이탈리아어로 '자율'이란 뜻이다) 집합적 주체로 스스로를 새로이 구성해야 하며, 자본의 실질적 포섭이 작동되는 다양한 분절을 횡단하면서 서로 접속하는 것이고, 자본의 가치증식이 아니라 집합적 주체 자신의 가치증식을 해야 한다는 것이다. 그것은 자본에 의한 노동, 화폐로 변환되는 노동의 외부에서 스스로 노동하는 것이고, 이런 점에서 노동이기를 그친 노동이다(네그리, 『맑스를 넘어선 맑스』).

흔히 아우토노미아로 지칭되는 네그리의 이러한 전략은 포스트모던한 조건 위에서 나오는 것이지만, 보통의 포스트모더니스트와는 어쩌면 매우 상반되는 방향을 지시하고 있다. 그것은 동시에 포스트모더니즘이 맑스주의에 대해 긋고 있는 부정의 경계선을 제거하면서, 양자의 피가 서로 섞이는 혼혈 내지 합금을 시도하고 있는 셈이다.

현대 자본주의와
현대 문화

.2강. 생산의 사회에서 소비의 사회로?

권용선

1. 생산의 사회 : 생산은 나의 힘, 혹은 다다익선(多多益善)

장면 하나. 이른 새벽, 두껍게 내려앉은 안개를 뚫고 노동자들이 하나 둘 공장 안으로 몰려든다. 출근부에 출근 기록을 하고 작업복으로 갈아 입은 노동자들은 거대한 생산라인의 곳곳에 배치된다. 업무시작을 알 리는 벨이 울리면, 노동자들은 각자 자기 앞에 놓인 부품들을 닦고, 조 이고, 기름치기 시작한다. 반복되는 동작 속에서 한 노동자의 작은 몸 은 어느 틈엔지 거대한 기계 속으로 빨려 들어가 기계와 함께 돌기 시 작한다. 또 그의 너트는 생산라인을 벗어났을 때에도 끊임없이 이것저 것을 조이고 다닌다. 동료의 코를 조이고, 작업복의 단추를 조이고, 식 판에 있는 음식을 흐트러뜨린다. 하지만, 그는 멈출 수 없다.

철저한 분업, 거대한 컨베이어 벨트의 한 부분이 되어 작동하는

권용선(kys2019@hanmail.net) | 대학에서 한국문학을 공부했고, 지금은 문학을 포함한 문화 적 표현들 전반에 관심을 두고 있다. '연구공간 수유+너머'에서 친구들과 함께 공부하며 『들 뢰즈와 문학-기계』(공저), 『이성은 신화다, 계몽의 변증법』 등의 책을 썼다.

<자동화된 생산라인 앞에 서 있는 노동자> 적은 노동량을 투여하여 높은 생산성 추구했던 포드주의 시스템은 인간의 노동을 탈숙련화 시키는 대신 신체 자체를 거대한 기계장치의 일부로 기능하도록 만들었다.

인간의 신체, 언제나 누구로든 대체 가능한 작업공정, 식사시간마저도 자유로울 수 없는 생산체계 등. 찰리 채플린의 영화 「모던 타임즈」에는 이 모든 것들에 대한 이야기가 다 들어 있다.

영국에서 산업 혁명이 일어난 후, 자본주의적 생산 시스템이 보편적인 것으로 자리를 잡기까지는 제법 시간이 걸렸지만, 포드주의라 불리는 영화 속의 체제 덕분에 유럽과 아메리카 대륙의 일부 선진국들은 1차 세계대전 후의 불황으로부터 빠르게 경제를 성장시켜 나갈 수 있었다. 20세기의 대표적인 자본주의 생산 시스템인 포드주의의 목표는 저비용, 고생산성에 있었다. 이것을 위해 각 공장에서는 경제적 효율성의 정도를 극대화할 수 있도록 제조에 필요한 모든 자원과 재료들을 한 장소에 집중시켰고, 노동자들의 작업을 최대한 단순화 표준화함으로써 노동시간을 단축하고자 했다. 노동의 철저한 분업과 관리, 컨베이어 벨트로 대표되는 기계적 생산 시스템의 결합을 특징으로 하는 포드주의는 무엇보다도 인간의 노동을 기계화했다는 데 그 이전의 노동방식과 차이가 있다.

노동자의 신체를 기계화함으로써 생산성을 높이고자 했던 포드주의의 밑바탕에는 이미 19세기부터 시도되었던 테일러주의적 생산방식이 전제되어 있다. 하나의 노동과정을 구성하는 각각의 부분적 조작에 드는 시간을 측정한 테일러의 시간연구와 신체의 여러 동작을 표준적으로 조사·분류한 길브레스의 동작연구가 결합된 테일러주의는 과학적 방법으로 생산성을 높이고자 한 시도였다. 테일러주의적 방식이 효과를 거두게 된 것은 단지 생산방식과 그것에 대한 관리 시스템 때문만은 아니었다. 여기에는 보다 근본적인 문제가 결합되어 있는데 그것이 바로 '프로테스탄트 윤리'이다. 그것은, "자본가들에게는 절욕과 절약

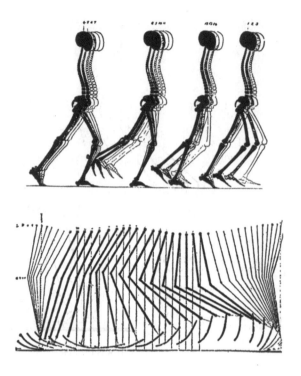

<머레이, 신체동작에 관한 연구> 테일러주의는 노동과정에 투여되는 시간과 동작을 과학적으로 계산하여 효율적인 생산 시스템을 만들고자 했다. 19세기부터 시도된 테일러주의적 방법은 20세기의 포드주의적 시스템의 기반이 된다.

을 통해 축적 그 자체를 추구하도록 했으며, 노동자들에게는 주어진 직업을 천직으로 삼도록 요구했고, 자신의 욕구와 욕망을 억제하고 고된 노동을 견뎌내는 습속을 만들어냈다. 20세기에 들어와 이러한 금욕주의는 생활 전반에 대해서도 강요되었다"(이진경, 『필로시네마 혹은 영화의 친구들』).

자본주의적 생산방식과 특정한 종교의식의 결합에 대해서 누구보다 예민하게 알아차렸던 것은 막스 베버였다. 막스 베버는 『프로테스탄트 윤리와 자본주의정신』에서 자본주의 정신은 프로테스탄트적 윤리, 특히 칼뱅주의적 금욕주의와 결합되어 있다고 말한다. 즉 프로테스탄트들의 자본주의 정신은 구원에 대한 불안을 세속적 소명(직업의식)에 대한 노력과 이에 따른 이윤의 절약이라는 금욕주의적 태도 속에서 발견할 수 있다는 것이다. 프로테스탄트들은 자신이 신에게 선택된 자라는 믿음을 성실한 직업 활동을 통해 보여주고자 하며, 근검저축하고 금욕적인 생활을 함으로써 자본주의적 환경을 발전시켜 나가는 것을 자신들에게 부여된 소명으로 여긴다. 이런 과정 속에서 "금욕주의는 수도원의 닫힌 벽을 걸어나와 일상생활의 직업으로 옮겨왔고 현세의 도덕을 지배하기 시작했다. 그 결과 금욕주의는 기계제 생산의 기술적 경제적 조건으로 자리 잡으면서 근대적 경제 질서라는 강력한 우주를 형성하는 데 그 역할을 수행했다"(베버, 『프로테스탄트 윤리와 자본주의 정신』).

'프로테스탄트 윤리와 자본주의 정신'의 결합에 힘입어 자리 잡기 시작한 19세기 자본주의는 1920년대에 들어서면서 포드주의적 생산 시스템의 작동에 힘입어 한때 경제적 호황을 구가하기도 했지만, 시간이 지남에 따라 한계에 부딪히게 된다. 그 직접적인 결과가 1929년의

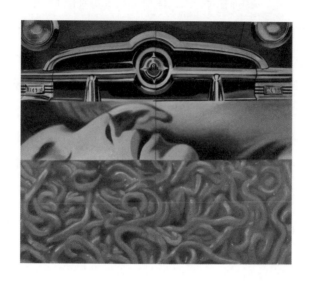

<로젠퀴스트, 「나는 너를 내 포드자동차와 더불어 사랑한다」, 1961년> 대공황 이후에도 포드주의 시스템의 대표물인 포드자동차는 변함없이 미국인들의 사랑을 받았다. 포스트-포드주의는 소품종 대량생산에서 다품종 소량생산으로 상품의 가짓수를 늘렸을 뿐, 생산 시스템에서 포드주의를 포기한 것은 아니었다. 포드주의가 자본주의적 생산 시스템의 대표적인 작동방식이라면, 포드자동차는 자본주의 사회의 대표적인 소비 문화적 아이콘이라 할 만하다.

대공황이다. 생산성은 향상되었고 노동자들의 실질임금도 올랐지만, 수요와 공급의 불균형은 갈수록 심화되었고 그것의 누적이 1929년 뉴욕 증권거래소의 주식폭락으로 가시화된 것이다. 소비보다는 생산을 미덕으로 삼는 사회적 의식이 여전히 지배적이었고, 제도적으로 1920년에 발표된 금주법과 같은 법령의 작동이 소비의 발목을 잡고 있었기 때문이다. 포드자동차 공장 안에서 시행되었던 '작업장 내 주류판매 금지'나 '성적문란금지' 등의 규칙은 여전히 19세기적인 프로테스탄트적 윤리가 생산성과 결합되어 강하게 작동되고 있었음을 보여주는 실례이다.

미국에서 시작된 대공황은 곧 유럽과 다른 대륙으로 확산되었고, 그 여파는 2차 세계대전으로까지 연결되면서 1930년대 후반까지 계속되었다. 결국 미국은 뉴딜정책을, 유럽은 케인즈주의적인 체제를 도입하여 국가가 금융과 자본의 흐름을 적극 통제함으로써 전 세계가 공황상태로부터 벗어나려는 시도를 하지 않을 수 없었다. 하지만 이러한 변화가 생산체계 자체의 변화를 의미하는 것은 아니다. 단순하게 말하자면, 그것은 단지 생산을 둘러싼 관리와 통제, 즉 조절의 주체가 시장이냐 국가냐의 문제일 뿐이다. "좀더 근본적인 의미를 갖는 것은 이러한 변화가 이후 욕망에 대한 통제/조절방식에 변화를 가져왔다는 것이다. 이제 자본주의는 이전처럼 욕망을 억제하는 것이 아니라, 반대로 그것을 자극하는 방식으로 전환된다. 이제 욕망은 억압과 금지의 대상이 아니라 소비의 극대화를 위해 자극해야 할 대상이 된다"(이진경, 『필로시네마 혹은 영화의 친구들』)는 점에 있다. 따라서 1950년대 이후로는 금욕주의적 윤리보다는 개인의 행복과 쾌락, 소비가 미덕이라는 의식이 사회 저변에 확산되기 시작한다.

한국의 경우, 한국전쟁 이후 '근대화'가 본격화되었다고 한다면, 1960년대부터 1980년대 중반까지는 '생산력 향상'과 자본주의적 축적에 모든 사회적 활동이 총집중되어 있었다고 할 만하다. 서구지역과 다른 점이라면, 자본주의적 경제발전과 관련된 모든 시도들이 군사독재 정권 하에서 이루어졌다는 점에 있다. 국가와 자본의 강력한 결탁과 사회적 통제 속에서 한국의 근대화는 진행되어온 것이다. 그러던 것이 1987년 6월 항쟁 이후 전 사회를 사로잡은 '민주화 열기'와 88올림픽을 통한 제반 효과들 속에서 한국 사회 역시 소비 사회로의 진입이 시작되었다.

2. 소비 사회 : 나는 소비한다, 고로 존재한다

1) 소비 사회 이전의 소비

대공황의 경험은 생산성 향상에 욕망의 포커스를 맞추는 것만으로는 자본주의가 안정적으로 발전할 수 없다는 것을 알려주었다. 이제는 생산성의 향상뿐만 아니라, 그것과 연동되는 소비의 욕망을 발견하고 부추기는 것이 자본주의 경제의 중요한 문제가 된다. 소비가 미덕인 시대가 된 것이다. 물론, 이 말이 생산의 사회가 끝나고 소비의 사회가 시작되었다는 것을 의미하는 것은 아니다. 소비는 처음부터 자본주의적 경제를 구성하는 중요한 행위의 일부였다. 단지, 대공황의 경험 이후 대량생산된 상품의 원활한 소비, 각기 상이한 욕구를 충족할 수 있는 다양한 소비재의 개발, 그리고 끊임없이 소비의 욕망을 부추기는 소비에 관한 교육이 이전 시대보다 확연하게 중요해졌다는 점에서 소비 중심의 사회가 되었다고 말할 수 있을 것이다.

비현실적이거나 환상적인 이미지를 제공함으로써 소비의 욕망을 부추기는 자본주의의 상품판매 전략은 19세기 초반 무렵부터 나타났던 현상이다. 벤야민은 『아케이드 프로젝트』에서 현대 자본주의 소비 사회의 기원이 되는 19세기 파리의 경우를 예로 들어, 계급적 차이에 근거한 상품의 소비가 일정하게 문화적 계급을 형성하고, 그것이 보편적인 삶의 형태로 자리 잡기 시작했다는 것을 보여준다. 19세기 파리에서 생산과 소비의 경제학적 욕망은 반복되는 정치적 혁명과 반동화의 경험 속에서 구성되었다. 일례로 루이-나폴레옹의 제2제정기는 정치적으로는 후퇴한 시기였고 독재와 부패의 시기였지만, 이 시대에 파리의 아케이드는 새로운 유행상품들을 속도감 있게 유통시켜 나갔으며, 오스망에 의해 실행된 중앙집권적 도로망에 힘입어 전국적으로 문화상품과 자본들을 확산시켜 나갔다. 이 시기의 오페라 하우스는 부르주아들의 문화적 콤플렉스와 허위의식을 거침없이 드러냈고, 만국박람회는 노동자들을 소비자로 받아들이기 위해 환상적인 스펙터클을 준비하고 있었다.

19세기의 정치적 혁명들 속에서 만들어진 '평등'의 이념은 자본주의가 진행되어감에 따라 소비의 영역에서 누구나가 다 규격화된 상품을 선택하고 구매할 수 있는 형식 민주주의적 평등을 의미하는 것으로 대체되었다. 상품은, 그가 지불능력이 있는 사람이라면 그의 계급과 성별, 사회적 지위나 학력, 국적 등을 차별하지 않는다는 의미이다. 하지만 사회적으로 존재하는 불평등과 산업화가 진행될수록 깊어지는 빈부의 차이, 착취와 전쟁은 상품의 풍부함과 소비의 평등 속에서 은폐될 수밖에 없었다.

<공연을 관람하기 위해 오페라 하우스로 몰려드는 부르주아들> 19세기 중반의 파리는 자본주의적 소비 문화가 만개한 장소였다. 루이-나폴레옹의 반동적 정치 체제에도 불구하고, 경제는 대체로 안정적이었다. 부르주아들은 아케이드와 백화점, 오페라 극장과 만국박람회장을 중심으로 유행과 취향에 따라 소비를 학습할 수 있었다.

2) 차별화 전략으로서의 소비

근대 이전에, 소비는 소수의 특정한 신분에 속한 사람들에게만 허락된 특권적인 것이었다. 생산 활동에 전혀 참여하지 않는 왕족과 귀족들은 사치와 소비를 일삼음으로써 자신들의 존재를 과시했다. 궁중이나 귀족들의 성에서 열리는 파티나 모임은 그 자체로 향유되고 낭비되기 위해서 마련된 것이었다.

특권층의 신분표시적 기능을 했던 '낭비'라는 관념은 자본주의 시대의 지배층이 된 부르주아들에게 특정한 방식으로 전유되는데 그것이 바로 '과시적 소비'이다. 베블런은 『유한 계급』에서 과거 특권층의 신분과 위광을 위한 낭비가 자본주의 시대가 되면서 유한 계급 부르주아지들의 과시적 소비로 변화하게 된다고 말한다. 명품 자동차가 즐비하게 서 있는 특급호텔에서 값비싼 명품 옷을 차려 입고 하룻밤에 기천만 원 이상을 들여 호화로운 파티를 여는 부르주아들의 모습은 호사스러운 치장과 낭비로 자신의 존재를 증명하고 싶어 했던 귀족들의 모습과 어딘지 모르게 닮아 있다. 남들과 다르다는 것을 과시하고 싶어 하는 부르주아들의 욕망은 경기가 좋지 않을 때일수록 값비싼 명품을 소비하게 하고, 해외 여행을 부추긴다.

이른바 '베블런 효과'라고 하는 욕망의 실천을 통해 부르주아 계급은 특별한 것을 소비할 권리를 갖고 있다는 것을 과시함으로써 자신이 다른 사람들과 다른 계급임을 확인하고자 한다. 이태리제 욕조와 프랑스제 샹들리에, 첨단 네트워크와 장식들로 둘러싸인 명품 아파트와 외제 승용차는 그들이 자신들을 특권적 계급으로 구별짓기 위해 행하는 일종의 투자이다. 하지만 이러한 과시적 소비가 '이윤의 축적'이라고 하는 부르주아들의 본래적 의무를 폐기하는 것은 아니다. 낭비에 가

<19세기에 부르주아 여성들 사이에서 유행했던 크리놀린 스커트> 19세기에 여
성들의 크리놀린 스커트와 실크햇을 쓴 남성들의 정장은 명백히 계급표시적인
의상이었다. 부르주아들 사이에서 유행했던 이 복장은 이전 시대의 귀족이나 동
시대의 프롤레타리아와 철저히 구별되고자 하는 의식의 산물이기도 했다. 아시
아로부터 원사나 섬유의 수입이 늘어나면서 의류의 가격이 하락한 19세기 후반
에는 프롤레타리아 계급의 여인들도 크리놀린 풍의 스커트를 입을 수 있었다. 유
행은 일정한 시간이 지나면 하위 계층으로 이동한다.

까운 사치와 과시적 소비는 그 자체로 부의 과시이기 때문에 사업의 필수적인 요소가 되기 때문이다. 이런 측면에서 과시적 소비는 오히려 이윤의 축적을 강화한다고도 볼 수 있다. 그러므로 "자본가의 낭비에는 봉건 영주의 손 큰 낭비가 보여주는 솔직한 성격이 전혀 없으며, 그 이면에는 항상 가장 더러운 탐욕과 세심한 타산이 잠재해" 있다(맑스, 『자본론』 1권, 809쪽).

때때로 특정한 계급이나 사회적 지위를 표시하는 것으로서의 소비는 상위 계급을 욕망하는 하위 계급의 모방과 허위의식의 도전을 받기도 한다. 자신의 지불능력을 초과하는 '명품'을 사 모으는 사람들의 심리 속에는 구매한 상품을 통해 자신의 현실적 계급과 사회적 지위를 뛰어넘고자 하는, 혹은 망각하고자 하는 욕망이 숨어 있다. 그들은 명품 브랜드 속에 자신의 욕망을 투사함으로써 현실적으로 도달할 수 없는 어떤 계급 혹은 계층에 대한 욕망을 상상 속에서 해소한다. 그들이 명품을 구입하는 데 지불하는 금액은 상품 그 자체에 대한 것이 아니라, 자신의 신체를 장식하고 있는 브랜드에 시선을 주는 익명의 타자들의 선망을 이끌어내는 데 대한 대가로 지불하는 것이다. 이러한 욕망의 메커니즘 속에서 부르주아들의 과시적 소비는 혼란을 겪게 된다.

다른 계급에 의해 모방되는 과시적 소비의 형태로부터 자신들의 계급적 표시를 보호하기 위해 부르주아들이 취하는 태도는 역설적으로 '비과시적 소비'를 통해서 드러나기도 한다. 과거의 프로테스탄티즘과 강하게 연결되어 있는 것처럼 보이는 비과시적 소비 혹은 과소소비는 흔히 남의 눈에 띄지 않는 태도와 검소함, 겸손함으로 자신을 나타내는 태도 속에서 발견된다. 하지만, 이런 행동들은 결국 한층 더 한 사치 혹은 과시의 증거이자 보다 교묘한 계급적 차별에 다름 아니다.

왜냐하면 그러한 과소소비는, 덜 소비하는 것이 아니라 가격에 대한 흔적을 지우는 것이 때문이다. 과소소비 혹은 비과시적 소비에서 중요한 것은 일반인들은 그것의 가치를 알아차릴 수 없게 한다는 것, 때문에 모방할 수 없게 한다는 데에 의미가 있는 것이다. 상품은 비싸게 지불된 것임에도 불구하고 '명품' 표시를 겉으로 드러내지 않는다. '세계에서 머리를 가장 잘 흐트러뜨려 주는 미장원' '고급의상실이 주는 느낌을 없애주는 심플한 디자인' 등이 비과시적 소비를 통해 소비된다. 이러한 소비는 결국 메타소비에 다름 아니며 계급의 문화지수로서의 역할을 한다.

3) 기호의 소비 혹은 차이화의 기술

'소비'는 상품을 중심으로 이루어지지만, 우리는 상품 그 자체만을 소비하지는 않는다. 소비되는 것은 물질성을 지닌 상품 그 이상이다. 우리가 소비하는 모든 상품들 속에는 계급과 취향과 위계가 있으며, 소비한다는 것은 그것들 모두를 하나의 '기호'로서 드러내고 과시하면서 소비한다는 것을 의미한다. 보드리야르의 말처럼 상품의 소비란 사용가치의 소비를 포함하면서도 그것을 훨씬 넘어선다.

사람들은 어떤 상품의 구입과 동시에 그것을 구입함으로써 자신을 사회적으로 구별짓고 싶어 한다. 인간의 욕구가 대체로 사물 그 자체에 있는 것이 아니라 '차이화'(사회적 의미화)에 있기 때문이다. 이런 점에서 부르디외는 소비를 포함한 한 개인의 문화적 실천 전반이 타인과 자신을 구별짓기 위한 행위라고 말한다. 이때 한 개인이 어떤 문화적 실천(상품의 선택을 포함하여)을 하는가는 단순히 그의 성격이나 취향을 표시하는 차원에 머무는 것이 아니다. 부르디외에 의하면, 하나의 선택 속에는 한 개인의 출신배경이나 계급, 교육수준이 고스란히 표현되기 때문이다. 즉, '취향'이 계급의 지표로 작동하는 것이다. 클래식음악을 좋아하는 사람과 대중음악을 좋아하는 사람, 와인을 좋아하는 사람과 소주를 좋아하는 사람, 골프를 좋아하는 사람과 배드민턴을 좋아하는 사람은 각각 자신이 좋아하는 것을 통해 자신의 계급과 사회적 위치를 드러내고 있는 셈이다.

'문화상품'의 경우, '취향'에 의한 대표적인 차이 표시적 기호물로 기능한다. 누가 클래식음악회의 VIP석이나 R석을 선택하는가 하는 것은 단지 화폐지불능력이 있고 없음의 차이 이상의 내용을 담고 있으며, 재즈클럽에 자주 출입한다는 것 역시 마찬가지이다. 재즈라는 음악의 발생학적 기원이나 저항성에 동의하는가의 문제와는 별개로, 그것을 특정한 공간 속에서 특정한 부류의 사람들과 교제하는 문화의 일부로 소비하는 사람들에게 그것은 자신을 차이화해주는 잘 만들어진 문화상품인 것이다.

소비재의 내용 역시 그것을 구매하는 소비자의 계급적이고 계층적인 차이를 드러내주는 역할을 한다. 의식주와 관련된 기본 소비재들, 즉 대량으로 생산된 획일적인 생활용품, 주택, 가공식품들이 계급적이고 계층적인 차이를 초월해서 공급된다면, 어떤 '희소재'는 특정한 계급, 계층 속에서만 소비된다. 공기, 물, 자연식품, 값비싼 레저상품 등 이른바 웰빙과 관련된 소비재들의 소비는 더 이상 소비에 있어서의 풍부함이나 평등함과는 무관한, 차별화된 소비방식이다.

소비는 사회 전체를 균등화하지 않는다. 소비는 오히려 사회 내의 차이를 두드러지게 나타낸다. 오늘날 거의 대부분의 사람들은 글을 읽고 쓸 줄 알며, 똑같은 스니커즈를 신고 똑같은 책을 구입할 수 있다.

<아트 록 밴드 「cervello」의 앨범 재킷> 사람들은 자신의 취향과 수준에 따라 무엇인가를 선택하고 그것을 통해 자신을 타인과 구별짓고자 하지만, 그것은 환상에 지나지 않는다. 상품의 구매를 통한 '개성화'는 자본에 의한 '강제된 차이화'에 다름 아니다. 신선한 계절과일과 유통기한이 있는 통조림 속의 과일이 다른 것처럼, '개성화'는 가짜 개성에 불과하다.

하지만 이러한 평등은 형식적이고 추상적인 것에 불과하다. 어떤 경우에도 소비에서 개인의 욕구가 선차적이고 이어서 이 욕구가 권위 내지 순응의 요청에 따라서 집단 혹은 계급 위에 등기되는 것이 아니다. 먼저 차별화의 논리가 있으며, 이 논리에 따라 섬세하게 제공되는 상품들에 의해 개인들의 개성과 취향, 욕구가 만들어지는 것이다. "옛날에는 출생, 혈통, 종교의 차이는 교환되는 것이 아니었다. 그것들은 유행의 차이가 아니라 본질적인 것과 관련되어 있었다. 그것은 '소비되는' 것이 아니었다. 현대에서의 차이, 복장, 이데올로기 및 성(性)의 차이조차도 소비의 거대한 연합체 속에서 서로 교환된다"(보드리야르, 『소비의 사회』, 126쪽).

사람들은 자기가 원하는 대로 자신의 선택에 따라 타인과 다른 행동을 하는 것으로 자신을 구별지음으로써 차이화하고자 하지만, 그것은 사실 '차이화의 강제' 혹은 어느 한 코드에의 복종에 불과하다. 즉 사람들은 문화산업의 시스템에 의해 조사되고 분류되고 목록화된 질서에 따라 만들어진 상품 중에서 자신에게 '적합한' 것을 소비할 수 있을 뿐이다. 그러므로 문화산업의 생산자들이 가장 먼저 하는 일은 자기가 판매하는 상품의 잠재적 소비자를 세심하게 파악하는 것이다. 잠재적 소비자들의 취향, 경제적 능력, 사회적 지위 등을 구별하고 그것에 따라 적합한 상품을 제시한다. 때문에 모든 사람들은 미리 자신에게 주어진 수준에 맞게 '자발적으로' 행동하며 자기와 같은 유형을 겨냥해 제조된 대량생산물을 고른다. 아무도 이 촘촘한 문화산업의 그물망으로부터 빠져나갈 수 없다.

그러므로 진정한 의미에서의 개성은 존재하지 않는다. 체계에 의해 만들어지고 제공되는 상품들에 의해 '개성화'하는 것이 있을 뿐이

<리처드 해밀턴, 「징벌하는 런던」, 1967~1968년> 스타 연예인의 차림새와 행동은 대중들에게 쉽게 감염된다. 1960년대 후반의 스타 밴드였던 롤링스톤즈는 반항하고 싶은 그 시대의 젊은이들에게는 위험하고도 매력적인 대상이었다. 언론은 상습적인 마약복용으로 법정소환되는 밴드 멤버들의 차림새를 상세하게 보도함으로써 센세이셔널을 불러일으키고자 했다. 밴드의 위법적 행위 이상으로 그들의 차림새, 태도, 장신구 등은 대중들에게 커다란 관심거리였던 것이다.

다. 개성화하는 차이는 개인들을 서로 구별지우고 대립시키는 것이 아니라, 어떤 척도 위에서 서열화하며 특정한 모델들 속으로 수렴한다. 그러므로 자기와 타자를 구별하는 것은 어느 한 모델과 일체가 되는 것, 어떤 하나의 추상적 모델 및 양식의 결합 형태에 근거해서 이루어지는 것이며, 바로 그러한 방법으로 개인들은 실제적인 모든 차이와 특이성을 포기하게 되는 것이다. 현대의 스타 연예인이나 유명인사는 대중들에게 대표적인 차이화의 모델로 기능한다. 사람들은 자신이 좋아하는 연예인 혹은 유명인사의 외양과 그들의 생활방식 등을 개성적인 것으로 이해하고 모방한다. 혹은 TV나 잡지 등을 통해 제공되는 계급 표시적인 주택과 인테리어, 자동차, 의류 등이 하나의 모델로 모방된다. 이런 모방을 통해 대중들은 개성화하고자 하며, 스스로를 타자로부터 구별짓고자 한다.

이런 관점에서 '유행' 역시 이해될 수 있다. 차이화와 유행은 얼핏 서로 상반되는 것처럼 보이지만, 소비 사회에서 이 둘은 좋은 커플이다. 짐멜에 의하면, 유행은 한편으로 그것이 모방이라는 점에서 사회에 대한 의존 욕구를 충족시킨다. 다른 한편 유행은 차별화 욕구를 만족시킨다. 즉 유행은 그 내용이 변화되면서 현재의 유행이 과거나 미래의 유행과 다른 개별적 특징을 갖는다는 사실뿐 아니라, 언제나 계층적으로 분화한다는 사실에 의해서도 차별화 욕구를 만족시킨다. 상류층의 유행은 그보다 낮은 계층의 유행과 구분되고 낮은 신분에 의해 동화되는 순간 소멸된다는 사실도 이를 입증해준다. "유행이란 사회적 균등화 경향과 개인적 차별화 경향 사이에 타협을 이루려고 시도하는 삶의 형식들 가운데 특별한 것이다"(짐멜, 『짐멜의 모더니티 읽기』, 57쪽). 스타 연예인들(그들은 하나의 상품이자 예능노동자이면서 동시에 유한 계

<미국의 여성 5인조 펑크밴드 GoGo's의 1982년도 앨범 「beauty and the beat」 재킷> 여성의 육체는 오래전부터 다양한 방식으로 상품화되어왔다. 이전에는 그것이 특정한 직업을 가진 여성들의 문제로 한정될 수 있었지만, 오늘날 많은 수의 여성들은 자신의 육체를 가꾸고 변형시키는 행위에 자본을 투여함으로써 그것을 스스로 정당화한다. 성형과 다이어트, 미용, 차림새 등을 통해 자신을 과시하고자 하는 욕망은 어느새 '삶에 대한 긍정적 태도'라는 이름으로 추구되고 있다.

급이기도 하다)의 복장과 장신구, 머리스타일은 오늘날 가장 민감한 유행의 소재이다. 연예인을 모방하고 그것을 통해 하나의 유행을 만들어 냄으로써 대중들은 스스로를 차이화하고자 한다. '유행에 민감하다'는 것 자체가 하나의 개성 혹은 차이화에 대한 표시로 기능하는 것이다.

4) 육체 소비의 논리

오늘날 육체는 광고, 모드, 대중문화 등 모든 곳에서 범람하고 있다. 육체를 둘러싼 위생관념 및 영양 그리고 의료의 숭배, 젊음, 우아함, 남자다움, 아름다움 등에 대한 강박관념, 미용, 날씬해지기 위한 식이요법, 그리고 육체에 따라다니는 쾌락의 신화. 이것들은 모두 오늘날 육체가 가장 강력한 소비의 대상이 되었다는 것을 의미한다. 상품으로서의 육체는 의도적으로 투자되는 동시에 물신숭배 되고 있는 것이다.

　이러한 현상을 '육체의 해방'이라고 이해해서는 안 된다. 이때의 육체의 해방이란 사물=기호로서의 해방에 불과하다. 육체는 그것이 에로티시즘의 형태를 띠건, 스포츠나 건강 및 위생의 형태를 띠건 어떤 경우에라도 관리되고 검열되는 과정 속에서 소비된다. 때문에 표현되는 육체의 욕망은 언제나 제한적이다. 관리와 검열은 때때로 배려, 즉 '억압적 배려'의 형태로 이루어진다. 소독, 살균, 예방의 차원에서뿐만 아니라 접촉, 감염, 오염 등의 부정적 환각을 수반하는 모든 형태의 위생관념이 국가적 차원의 배려를 통해 이루어진다.

　소비 사회에서 건강은 경쟁의 논리 속에 들어가며 의료 및 약에 대한 무한한 요구의 형태로 표현된다. 이런 태도는 '건강권'과는 무관하다. 오늘날 건강은 기본적 가치라기보다는 '과시'이다. 의료의 실제 효과보다 의료(서비스)를 받는다고 하는 의식적인 소비가 문제이다.

하층 계급에게서는 의약품에 대한 강박 관념적 수요가, 유복한 계급에게서는 의사에 대한 수요가 존재한다. "의사가 고통을 경감시키는 사람으로서 알코올이나 쇼핑, 수집(소비자는 의사와 약품을 소비한다) 등의 모든 종류의 퇴행과정과도 대체될 수 있다는 점에서 이 수요는 '소비'로 통한다. 전기세탁기가 안락한 생활에 대한 기호로 소비되듯 의사도 다른 여러 것들 중 하나의 기호로서 소비된다"(보드리야르, 『소비의 사회』, 184쪽 13번 각주).

한편, 다이어트는 사물화된 육체에 대한 관념의 전형적인 사례이다. 특정한 상업적 미의식과 병의 예방이라는 의학적 관념의 결합으로 만들어진 날씬한 몸매에 대한 환상은 개별 신체의 특성을 무시한 채 다양한 방식으로 소비를 조장한다. 스포츠센터, 병원, 약국, 의료기구, 약품, 식품, 요가 명상원, 방송매체 등이 다이어트와 날씬한 육체를 위해 단합한다. 이러한 단합체들은 자신들이 생산한 상품을 판매하고 소비를 부추기기 위해 특정한 육체를 모델화하며 그것을 갖지 못한 대다수의 육체들을 게으르고 무능력하며 질병에 노출된 '비도덕적'인 것으로 매도한다.

다이어트와 운동을 통해 잘 다듬어진 몸매가 미디어를 장악하면서 그것에 대한 모방욕구가 확산된다. 모델들은 자신들의 육체에 투자한 자본을 회수하기 위해 경쟁적으로 육체를 과시하고 선전한다. 상품의 광고에서 사물화된 육체를 에로틱한 방식으로 전시함으로써 상품의 소비를 부추기는 방식은 오랫동안 계속되어왔던 관행이다. 소비자들은 미디어를 통해 보여지는 육체의 환상적인 미적 상태에 도취되면서 자신의 육체에 대한 환상을 키워 나간다. 이제 소비자들은 잘 가꾸어진 육체를 그 자체로 특정한 계급이나 계층의 표시로서 받아들인다.

5) 소비의 주체 혹은 전략

부르주아 계급만을 소비의 주체라고 생각해서는 곤란하다. 소비의 타깃은 '지불능력이 있는 유효수효' 전반이기 때문이다. 여기서 주목해야 할 점은 생산활동의 주체인 프롤레타리아 계급이 자신들의 노동시간과 교환한 임금을 어떻게 상품의 소비에 사용함으로써 그들의 전 시간을 착취당하게 되는가이다.

소비의 일상화 혹은 일상적 소비가 가능하려면, 무엇보다도 일상생활의 재조직이 필요하다. 노동하지 않는 시간 전체가 소비를 위한 시간으로 고려되어야 한다. 먹고 자고 노는 모든 종류의 활동이 상품을 소비하는 행위 속에서 이루어지며, 휴식조차도 소비와 재생산을 위한 것으로만 존재해야 한다. 개인의 기호나 욕망이 고려되지 않은 채 자본에 의해 미리 계획되고 조작되어 대량 생산된 규격품이 사적인 생활공간을 채우고, 휴식과 여가시간조차 문화산업에 의해 만들어진 오락과 유흥을 소비함으로써만 누릴 수 있는 것이 된다. 이런 과정을 통해 현실에 대한 비판과 불화의 힘은 상실되고 노동계급의 정치성은 박탈된다. "우리들은 일상생활의 전면적인 조직화, 균질화로서의 소비의 중심에 있다. 그곳에서는 '행복'은 긴장의 해소라고 추상적으로 정의되고 있으며, 모든 것이 쉽게 그리고 반 무의식적으로 소비되고 있다"(보드리야르, 『소비의 사회』, 20쪽).

문제는 흩어져 있는 소비에 대한 욕망을 특정한 방향으로 조작·학습시킬 수 있는가, 그래서 소비를 의무화하고 소비에 대한 윤리를 만들어낼 수 있는가, 즉 소비 그 자체를 새로운 착취의 형태로 부상시킬 수 있는가에 집중된다.

신문과 잡지, 텔레비전을 통해서 등장하는 광고와 선전은 소비의

<벤슨 앤드 헤지스 담배회사의 광고, 1983년> 초현실주의적 기법으로 상품을
선전하는 광고. 담배가 비처럼 쏟아지다.

교과서이다. 섬세하게 조작되고 환상적인 이미지로 만들어진 광고와 선전을 통해 대중들은 자신들의 욕망이 아닌, 자본이 그들로 하여금 욕망하도록 부추긴 조작된 욕망을 욕망하게 된다. 광고와 선전은 현재 소유하지 못한 것에 대한 욕구의 자극을 통해, 즉 결여를 생산하는 방식으로 소비자를 착취한다. 혹은 이미 소유하고 있는 물건을 유행이라는 이름으로 혹은 차이화라는 명목으로 교체할 것을 부추긴다.

이런 측면에서, 경제체제에서 힘을 행사하는 것은 개인이 아니라 기업, 소비가 아니라 소비를 예측하고 분류하고 견인하는 생산이다. 소비자의 자유와 주권은 하나의 신화에 불과하다. 그들에게는 상품에 대한 선택의 자유가 주어지는 것이 아니라 강요된다. 결국 소비와 욕구는 '생산력의 조직적인 확대'에 다름 아니다. 소비는 사회적으로 학습되고 훈련된다. "대중을 노동력으로 사회화한 산업체계는 그들을 소비력으로 사회화한다. …… 생산과 소비는 생산력과 그 통제의 확대재생산이라고 하는 단 하나의 똑같은 거대한 과정이다. …… 지출, 향유, 무계산적 구매라고 하는 주제가 절약, 노동, 유산이라고 하는 청교도적 주제를 교대하였다"(보드리야르, 『소비의 사회』, 107쪽).

3. 소비 사회를 넘어설 수 없는가? : 용법을 바꾸거나 출구를 찾거나

전문화되고 과학화되는 생산 시스템, 그에 걸맞게 고도의 세련미를 더해가는 소비 시스템이 작동하는 이 사회는 진정으로 풍부한 사회 혹은 '진보'된 사회일까. '소비할 것보다 더 많이 생산한다'는 관념을 몰랐던 원시부족들이 잘 꾸며진 위생적인 작업장에서 효율적으로 분업화된 노동을 하면서도 최소노동시간과 최저생계비 확보를 위해 싸워야

<바바라 크루거, 「우리는 더 이상 보지도, 듣지도 않겠다」, 1985년> '풍부함'
에 대한 신화를 버리고, 사물과의 새로운 관계를 맺기 위해선 소비를 조장하는
모든 유혹과 단호히 결별해야만 한다. 그림에서 보여주고 있는 것처럼, 구매를
부추기는 광고와 선전, 그리고 미디어를 통해 제공되는 유명인들의 차림새와
유행하는 상품들에 대한 각종 감언이설을 '보지도, 듣지도 않겠다'는 의지가
필요하다.

하는 우리 시대의 노동자들보다 더 불행했을까. 클라스트르나 레비-스트로스 등을 참고하자면, 그렇지 않았던 것 같다. 그들은 필요한 만큼의 것 이상을 생산한다는 관념을 갖지 않았다. 어떤 원시부족이 사는 곳에 들어간 '문명인'들은 그 마을에 사는 부족들이 무딘 도끼로 하루에 몇 그루의 나무밖에는 벌목하지 못하는 것을 보았다. 그들은 높은 생산성을 가져다 줄 것이라고 믿어 의심치 않은 편리한 도구(전기톱)를 부족민들에게 주었다. 그들의 계산대로라면 적은 노동량을 투여해 이전보다 몇 배 이상의 높은 생산성을 보여야 마땅했다. 하지만, 자본주의적 경제관념을 갖고 있지 않았던 부족민들은 이전과 똑같은 양의 나무만 베어내고 나머지 시간에는 일을 하지 않았다. 소비에 대한 관념 역시 우리와 다르다. 그들은 필요한 만큼만 생산하며 경제적 계산도 저장도 하지 않고 모든 것을 단번에 소비한다. 반면 부르주아가 발명한 호모-에코노미쿠스는 인간이 쓸 수 있는 수단의 불충분함을 직면한 데서 나오는 절망에 의해, 시장경제와 보편화된 경쟁의 심각한 결과인 근원적이고 파국적인 극도의 불안에 의해 특징지어진다. "미개 사회의 특징인 집단 전체로서의 '장래를 생각하지 않음'과 '낭비성'은 진정한 풍부함의 표시이다. 우리는 풍부함의 기호만 갖고 있다."

지금 우리는 지나치게 풍부한 사회, 정확히 풍부함의 기호가 충만한 사회에 살고 있다. 하지만, 우리는 항상 무엇인가에 결핍을 느낀다. 유행에 따라 혹은 취향에 따라 여전히 '쓸 만한' 사물들을 냉정히 팽개쳐버리면서. 계절이 바뀔 때마다 유행에 맞는 옷을 새롭게 장만하고, 핸드폰과 노트북을 끊임없이 업-그레이드 한다. 자동차는 할부기간이 끝나기가 무섭게 신형모델로 갈아탄다. 모두 소비의 교육을 철저하게 받은 탓이다. 시대에 뒤떨어지지 않기 위해, 혹은 앞서 나가기 위해 끊임없이 무엇인가를 사고 그것으로 자신을 포장한다. 하지만 늘 무엇인가가 부족하다.

우리는 이제 소비의 마법으로부터 벗어나야 한다. 풍요의 이름으로 결핍을 생산하는 과잉 소비와 단호히 결별하고 새로운 소비에 대한 윤리를 실천해야 한다. 소비는, 돈을 주고 상품을 구입하는 것에만 있는 것이 아니다. 오히려 진정한 소비는 모든 사물들을 그 용도가 다하는 마지막 순간까지, 더 이상 쓸 수 없는 최후의 순간까지 소중히 다루고 끝까지 쓰는 것, 그것을 통해 모든 사물들이 자신의 역할을 다할 수 있도록 하는 것, 그것이 진정한 소비의 윤리이며, '사물에 대한 예의'가 아닐까.

.3강. 미디어와 스펙터클

권용선

0. 9·11 혹은 스펙터클한 미디어가 보내는 메시지

맑은 가을하늘을 가로질러 비행기 한 대가 유유히 날아와 마천루의 상층 부분에 부딪쳤다. 잠시 후, 또 다른 한 대의 비행기가 날아와서 똑같은 모양의 옆 건물에 부딪쳤다. 불길과 연기는 형형색색으로 치솟아 오르고, 건물은 천천히 흘러내리기 시작했다. 거대한 폭파 장면을 유려하게 잡고 있던 카메라의 렌즈는 이제 지상으로 향한다. 울부짖는 사람들, 공포에 질린 채 코와 입을 틀어막고 도망치는 사람들, 엉켜버린 자동차들, 어느새 거리를 가득 메운 분진들. 아비규환. 2001년 9월 11일, 뉴욕에 있는 세계무역센터(WTC) 건물이 무너졌다. 현장을 실시간으로 보도(!)했던 CNN의 카메라에 잡힌 사건의 현장은 우리가 익숙하게 보아온 초절정 엽기 호러 할리우드 블록버스터의 한 장면, 바로 그 자체였다. 텔레비전을 보고 있던 전 세계의 시청자들은 순간 이렇게 생각했다. "어, 어, 어? 저게 뭐지? …… 영화인가?" 너무나 비현실적인 현실의 한 장면은 이렇게 '사실을 보도'한다고 알려진 미디어의 카메라

<로이 리크텐스타인, 「꽝!」, 1963년 > 미디어를 통해서 제공되는 스펙터클은 '사실보도'의 성격을 지닐 때 더욱 강렬한 효과를 생산한다. 하지만, 미디어가 생산하는 스펙터클은 언제나 '특정한 관점' 속에서 만들어지는 것이다. 9·11참 사가 벌어졌을 때, 각종 미디어의 초점은 미국을 '선량한 희생자'로 만드는 것 에 맞추어져 있었다. 그것은 중동지역에 대한 미국의 선제공격, 혹은 잔인한 복 수전을 정당하고도 정의로운 정당방위로 만들어주었다.

렌즈를 통해서 '극히 사실적으로' 전 세계 텔레비전 시청자들에게로 전달되었다.

이 놀라운 사건이 사람들에게 충격을 주었던 것은 그것이 폭력이나 전쟁, 혹은 죽음과 연관된 것이어서가 아니다. 미국이라고 하는 절대강자가 속수무책으로 당해버렸기 때문도 아니다. 사람들이 충격을 받은 것은 그것이 스펙터클한 것이었기 때문이다. 스펙터클, 특히 미디어가 만들어내는 스펙터클은 사실적인 것일 수는 있지만, 사실 그 자체는 아니다. 현란한 시각적 충격을 통해 사람들은 감탄하고 감동한다. 그리고 안심한다. 그것이 사실이 아니기 때문이다. 하지만, 9·11의 충격은 그것이 실제로 벌어진 사실 그 자체에서 만들어진 스펙터클이었다. 사실 그 자체가 사실적인 것의 스펙터클을 넘어서는 순간, 사람들은 경악한다.

9·11이 의미하는 바는 여기서 그치지 않는다. 많은 사람들이 예측했던 바대로, 미국은 그것을 빌미삼아, 그동안 억눌러왔던 자신의 욕망을 마음껏 발산하기 시작했다. 테러의 위협을 핑계 삼아 국내에 있던 유색인들을 내쫓기 시작했고, 안보를 핑계 삼아 맘에 들지 않는 나라들에 대한 경제 제재를 강화했고, 테러와의 전쟁을 선포하면서 이라크와 중동을 불바다로 만들어버렸다. 도대체, 9·11이 아니었다면 무슨 핑계로 그런 일들을 태연히 벌일 수 있었을까. 이쯤에서 9·11 자작극 설은 강한 신뢰를 얻게 된다. 미디어가 없었더라면, 그 현란한 스펙터클의 장관이 아니었다면, 그 짧은 순간의 아비규환을 전 세계가 목격하지 않았더라면 아무리 무뢰한의 미국이라도 쉽게 저지를 수 있는 일은 아니다. 미디어와 권력은 공범관계, 아니 미디어 자체가 권력의 웃는 얼굴이다.

1. 미디어는 인간의 확장인가?

미디어(media)란 무엇인가. 사전적 정의에 따르면 미디어 혹은 매체(媒體)란, 어떤 하나의 작용이나 내용을 다른 한쪽으로 전달하는 수단이나 물체를 뜻한다. 오늘날 이 말은 대체로 '대중매체'(mess-media)와 동일한 의미로 사용된다. 즉 신문, 잡지, 라디오, 텔레비전, 인터넷 등 활자, 전기, 전자, 전신 등을 기술적으로 활용함으로써 원하는 정보를 주고받을 수 있는 장치들을 우리는 '미디어'라고 이해한다.

'대중매체'라는 측면에서 미디어를 생각해볼 때, 그것은 무엇보다 15세기의 인쇄술, 그리고 19세기 말의 전기기술과 연관된다. 인쇄술의 발명으로 신문과 책이 대중적인 유통망을 확보하면서 지식이 보급되었고 종교개혁과 과학기술 발전에 진보를 가져왔다면, 전기의 발견은 전신·전화·텔레비전·컴퓨터 등의 발명으로 연결되고, 그것이 오늘날의 매스미디어를 구성하게 된 것이다. 20세기 후반에 들어서면서 전자의 역할은 미디어의 발달에 혁신적인 역할을 하게 된다. 컴퓨터를 통한 인터넷 통신은 물론이고, 음성·문자의 다중방송, 위성으로부터의 직접방송(DMB), 대화형(對話型) 방송매체, 뷰데이터(view data) 또는 비디오텍스(videotex), 비디오디스크, 가정용 팩시밀리 장치 등 다양한 커뮤니케이션 매체의 발달을 가져왔다.

컴퓨터의 경우, 개발 초기에는 단지 연산장치나 워드프로세서 정도로만 생각되었지만, 이제는 이미지를 만들어내고 사진을 가공하고 화상회의를 처리하고 영화나 텔레비전의 애니메이션과 특수효과를 제공하는 기능까지 도맡아하고 있다. 현재 우리의 생활 속에서 컴퓨터와 가장 깊은 관계를 맺고 있는 인터넷은 어떨까. 인터넷은 내 눈으로 확인할 수 있는 가시적인 영역의 한계를 돌파한다. 그것은 텔레비전이나 영화의 한계도 넘어선다. 인터넷은 무한히 확장된 공간을 의미한다. 내 방에 앉아서 구글(Google) 프로그램을 통해 미국의 백악관을 볼 수도 있고, 지구 바깥을 볼 수도 있다. 그것도 동시에. 그러나 인터넷이 제공하는 공간은 언제나 제한적이다. 유저는 알려진 정보, 기존의 사이트, 확립된 코드와만 접속한다. 탐색에 필요한 이러한 매개 변수들을 벗어나면 아무것도 존재하지 않는다. 모든 물음에는 예상된 대답이 정해져 있는 것이다.

마셜 맥루언은 우리가 알고 있는 미디어에 대한 사전적 의미를 좀 더 구체화시켰다. 그는 미디어를 '인간의 신체가 확장된 것'으로 이해했다. 맥루언에 따르면, 의복은 피부의 확장이고 자전거와 자동차·비행기는 발의 확장이며 타자기와 인쇄기·무기는 손의 확장, 전화기와 축음기는 귀의 확장, 사진과 텔레비전·영화는 눈의 확장이다. 과학기술의 진보가 미디어의 발달을 가져왔고 그것을 통해 인간은 유기체적인 신체 감각의 한계를 벗어날 수 있게 되었다는 것이다.

하지만 맥루언 식의 미디어에 대한 이해, 즉 이성의 힘과 과학기술의 발달이 인간의 신체와 감성의 제한을 무한히 확장시켜 줄 수 있다는 생각은 진보에 대한 맹목적 신화에 불과하다. 반성적 사유가 결여된 진보에 대한 믿음은 '보다 나은 것'이라고 하는 목적론에 부합하지 않는 것을 용인하지 않으며, 그 과정 속에서 폭력과 배제가 발생한다. 기계와 기술의 도구적 사용은 부정적 결과의 가능성 또한 내포하고 있는 것이다. 이를테면, 발의 확장으로서의 자동차는 이동에 속도를 부여하고 편리함을 가져오기도 했지만, 교통사고·대기오염·과소비 등의 문제를 양산하고 있는 것이다.

<존 런드, 「회로도시」, 1999년> 위에서 내려다 본 메트로폴리스의 모습과 전자
회로를 합성해서 만든 이 한 장의 사진은, 우리 시대의 도시적 삶이 전자미디어
와 긴밀하게 연결되어 있다는 것을 알려준다.

맥루언은 미디어가 인간신체의 확장이라는 전제를 통해 매스미디어를 '인간들 사이의 관계의 확장'이라고 정의 내린다. "매스미디어는 그 수용자의 규모가 크기 때문에 매스미디어인 것은 아니다. 모든 사람들이 거기에 동시에 관여되기 때문에 매스미디어인 것이다"라고 그는 말한다. 하지만 인간관계의 수평성과 미디어의 가치중립성이 전제된 이 말은 현실적이지 못하다. 인간들 사이에서 맺어지는 사회적 관계는 자율적이거나 수평적이기 이전에 계급적 적대를 기반으로 하고 있기 때문이며, 그런 한 미디어는 결코 투명한 가치중립적 매체가 될 수 없기 때문이다. 미디어는 오히려 사람들 사이의 의사소통의 직접성을 차단하고, 그들을 미디어의 수동적인 소비자로 위치시킴으로써 존재하는 것이다. 그러므로 '모든 사람들이 거기에 동시에 관여한다'는 환상을 만들어내는 것이 미디어의 임무이다. 하나의 콘텐츠를 생산하는 미디어 관계자들은 조직의 위계적 관계를 최대한 포장한 전문성이라는 이름의 분업을 통해서만 그것의 생산과정에 참여할 수 있고, 수용자들에게는 수동적으로 만들어진 콘텐츠를 소비하는 것만 허용된다.

이러한 관계망 속에서 미디어는 권력의 명령어를 방사하고 이데올로기를 유포시키며 교육자로서의 역할을 자처한다. 하지만, 모든 것은 '사실의 전달'이라는 신화속에서 은폐된다. 사람들은 스스로의 관점에 의해서가 아니라 미디어의 시선으로 세상을 보고 해석한다. 미디어를 통해 유포되는 어떤 사안들에 대한 견해는 '사실의 신화'에 가려져 무비판적으로 받아들여지고, 미디어를 통해 제시되는 어떤 삶의 양식들은 '유행' 혹은 '보편적'이라는 이름으로 급속도로 모방된다. 이때, 그 모방의 대열에 동참하지 않거나 동참할 수 없는 사람들은 시대착오적인 존재로 전락한다.

<록 밴드 RUSH의 앨범 「power windows」 재킷> 시청자의 눈과 귀를 잡지 못한 미디어는 외면당한다. 텔레비전을 통해 세상과 소통하는 데 익숙한 사람은 자신의 방을 떠나지 못한다. 그는 방 안에 앉아서 현실조차 리모콘으로 선택하고 싶어 한다. 그의 유일한 사회적 활동은 무엇인가를 구경하는 것이다.

맥루언은 미디어가 인간들 사이의 소통을 매개하고 있다고 생각하지만("미디어는 메시지다"라고 하는 고전적 명제!) 미디어가 전달하는 메시지는 객관적으로 존재하는 현실들, 혹은 현실에서 벌어지는 사건들의 질적인 차이를 존중하지 않는다. 미디어의 기술은 현실을 전달하는 데 있는 것이 아니라, '현실을 등가기호의 연쇄로 분해'하여 그 가치를 동질적인 것으로 추상화하는 데 있기 때문이다. 텔레비전 뉴스는 중동에서 벌어지고 있는 전쟁과 국립현대미술관에서 열리고 있는 유럽 거장들의 전시, 그리고 유명인사의 결혼을 등가적인 것으로 다룬다. 그것은 세계를 잘라내고 스펙터클화 하면서 부인하는 것이기도 하다.

또한 "미디어가 전달하는 내용은 대부분 미디어의 실제기능을 은폐한다. 이 내용은 메시지인 척하지만 진짜 메시지는 인간관계의 깊은 곳에서 일어나는 구조적 변화에 있다. …… 텔레비전의 메시지는 그것에 의해 전달되는 이미지가 아니라 텔레비전에 의해 강요되는 관계 및 지각의 새로운 양식이며 가족 및 집단의 전통적 구조의 변화 속에 있는 것이다"(보드리야르, 『소비 사회』, 179쪽). 텔레비전은 세계에서 벌어지고 있는 사건을 전달하는 데 그치는 것이 아니라, 광고를 통해 소비를 명령하고, 시사프로그램을 통해 특정한 정책이나 이데올로기를 강요하며, 드라마를 통해 인간들 사이의 관계나 구조의 해체를 조장한다. 이러한 미디어의 활동은 궁극적으로 세계를 허구화하고, 현실세계를 이미지화 하는 데 기여한다(9·11의 경험!).

맥루언과는 달리 움베르토 에코는 대중매체가 인간들 사이의 관계를 확장하는 기능을 하지 않는다고 말한다. 오히려 대중매체의 특징은 자기들끼리만 상호 참조하고 경쟁하는 데 있다고 그는 말한다. 이때의 참조와 경쟁은 말할 것도 없이 시청률과 광고 수입을 중심에 두고

<로나 심프슨, 「감시된 상태」, 1989년> 19세기에 만들어진 감시의 시선은 이제 사람들의 신체 속에 깊이 새겨져 스스로 자신의 행동을 감시하고 통제하며, 타인들까지 감시자의 눈길로 바라본다. 특히, 사회적 소수자들을 향한 차별과 배제의 시선은 그 자체로 하나의 폭력으로 작동한다. 그림은 유색인종과 여성에 대한 공격적 시선이 하나의 감시체계 속에서 작동한다는 것을 고발하고 있다.

이루어진다. 라디오나 텔레비전의 경우 시청자들의 눈과 귀를 잡아두기 위해 보다 상식적 수준의 교양과 감각적인 오락 프로그램에 치중하게 되고, 내용 그 자체보다는 인기 연예인이나 유명 인사를 섭외하여 그럴듯한 형식으로 포장하는 데 주력한다. 라디오와 텔레비전이 가장 두려워하는 것은 시청자들의 눈과 귀가 다른 채널로 넘어가는 것(channel zapping), 그들의 손에 쥐어져 있는 리모컨이 다른 채널의 버튼을 누르는 것이다.

　멀티미디어가 상호미디어가 되었을 때, 가치중립적 정보의 전달이라고 하는 미디어의 기능 또한 기만당한다. 여기에는 저널리즘의 자율성의 상실도 한몫을 차지한다. 오늘날 신문이나 라디오·텔레비전은 구조적으로 정치적이고 경제적인 논리에 종속되어 있다. 부르디외에 의하면, 이러한 구조는 기자들의 시각과 표현을 구속하며, 문화생산의 장과 사회 전체에 영향을 끼치게 된다. 미디어는 정보의 독점과 조종, 왜곡, 검열을 통해 탈정치적이거나 대중 선동적인 정치의 메시지를 생산하는 장소가 된다. 그럼에도 불구하고 사람들은 끊임없이 미디어 혹은 매스미디어가 가치중립적이라는 환상에 사로잡힌다. 그들은 자신들이 미디어를 통해 무엇인가를 명령받고 학습당하고 있다는 사실을 자주 망각한다. 미디어를 통해 발산되는 명령의 내용은 소비이고, 학습의 목표는 권력의 이데올로기이다.

2. 미디어의 스펙터클화, 혹은 '보는 자'의 탄생

미디어, 특히 텔레비전·영화·인터넷 등의 매스미디어는 무엇보다도 시각 감각과 긴밀히 연결되며, 그런 점에서 스펙터클한 미디어이다. 스펙터클 혹은 '구경거리'라고 하는 관념이 생겨난 것은 19세기에 들어서였다. 회화에서의 원근법이 '보는 자'로서의 인간 주체와 그를 중심으로 한 세계의 재편이라고 하는 인식론적 전환을 가져왔다면, 그것은 인간의 감각 중에서 시각이 특권적 지위를 차지하게 되었다는 것을 의미한다. 이러한 현상은 과학기술의 진보와 더불어 미디어의 스펙터클화로 연결된다.

시각의 특권화는 '구경거리'를 보는 자로서의 구경꾼, 관찰자, 그리고 산책자의 탄생과 연결된다. 관찰자는 "미리 규정된 가능성들의 체계 안에서 보는 사람이며 관습과 제한의 체제에 박혀 있는 사람이다". 그는 있는 그대로의 사물을 자신의 의지에 따라 본다고 생각하지만 사실상 그가 보는 것은 사회적인 제도나 관습, 기술에 의해 만들어진 사물들의 배치이며, 그것을 그는 그 시대의 담론(혹은 이데올로기)이 요구하는 방식대로만 보게 된다. 이런 점에서 조너선 크레리는 관찰자가 담론적·사회적·기술적·제도적 관계의 효과로서만 존재한다고 말한다. "특정한 역사적 순간에 시각을 결정하는 것은 어떤 경제적 기반이나 세계관이 아니라 단일한 사회 표면 위에 있는 본질적으로 다른 부분들의 집합적 배치의 기능에 의해서이다. 관찰자는 19세기의 새로운 종류의 개인 혹은 주체구성의 한 효과일 뿐이다. 푸코의 분석에서 드러나듯이 19세기의 감옥, 학교, 병영과 같은 훈육적 제도들을 통해서 주체는 가시적인 것이 되었다"(조너선 크레리, 『관찰자의 기술』). 주체란, 자율적인 자기 의지에 의해 사물을 보고 행동하는 자가 아니라, 권력이 작동하는 공간들, 학교나 감옥, 병영 등의 배치 속에서 훈육을 통해 권력을 내면화함으로써 탄생하는 것이다. 관찰자는 그런 방식으로 만들어진 주체가 갖게 되는 시각적 태도이다.

벤야민이 보들레르를 통해 개념화한 산책자는 시장을 관찰하는 자이다. "그는 소비자의 왕국으로 파견된 자본가의 스파이다"(벤야민, 『아케이드 프로젝트』)라고 벤야민은 말한다. 산책자는 상품을 구매함으로써 소비하는 자가 아니라 상품들의 신전인 미술관, 아케이드, 식물원, 카지노, 철도역, 백화점 사이를 순례하는 자이며, 그곳에서 상품과 거래가 어떻게 이루어지는지 어떤 환상이 그곳에서 만들어지는지를 관찰하는 자이다. 그런 점에서 벤야민의 산책자는 단순한 구경꾼과는 다르다. "순수한 산책자는 항상 자기 개성을 충분히 확보하고 있다. 반대로 구경꾼은 외부세계에 열광하고 도취되기 때문에 그들의 개성은 외부세계에 흡수되어 사라지고 만다. 구경거리에 정신을 빼앗긴 구경꾼은 비인격적인 존재가 된다. 그는 더 이상 하나의 인격이 아니다. 그는 공중, 군중이다"(벤야민, 『아케이드 프로젝트』).

'보는 자'로서의 관찰자와 산책자는 매스미디어의 제도적·기술적 발달, 도시주의의 등장, 나치의 대중매체 사용 등과 더불어 스펙터클 사회로의 진입을 알리는 징후가 된다. 스펙터클의 사회는 관찰자와 산책자를 상품을 소비할 수 있도록 훈련된 시각을 가진 자로 만들어주는 공간이다. 매스미디어라는 매개를 통해서 세계를 이해하도록 훈련받은 사람들은 더 이상 현실을 직접적으로 인식할 수 없다. 스펙터클의 역할은 이러한 상황을 만드는 것, 시각적인 이미지를 생산함으로써 사람들로 하여금 그것을 통해서만 현실을 이해하도록 조장하는 것이다. 스펙터클에 의한 인간의 지배, '관조되는 대상을 위한 구경꾼의 소외'를 현대 사회의 가장 큰 특징으로 생각했던 기 드보르는 스펙터클의 기능을 "문화 내에서 역사(혹은 현실)를 망각하게 하는 것"이라고 말했다. "관조하는 것이 많으면 많을수록 그의 삶은 더욱 하찮아지며, 그가

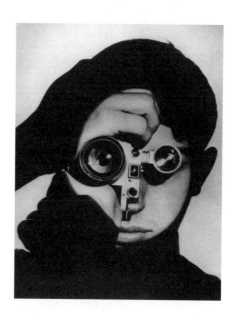

<안드레아스 파이닝거, 「보도 사진작가」, 1955년> 본다는 것은 인간의 감각기관인 눈을 통해서 사물을 인식하는 행위를 뜻하지만, 우리는 대체로 사물을 있는 그대로 인식하지 못한다. 보는 행위 속에는 언제나 특정한 관점이 개입한다. 특히 미디어가 생산하는 스펙터클을 보는 것에 익숙한 현대인은 그 볼거리가 만들어내는 감각적인 효과 속으로 점점 더 심각하게 구속되어 간다.

지배적인 욕구의 이미지 속에서 자신을 인지하기를 승인할수록 자신의 실존과 욕구에 대한 그의 이해는 더욱 축소된다"(드보르, 『스펙타클의 사회』, 23쪽)는 것이다.

미디어가 제도적·기술적으로 발달할수록 점점 더 감각적이고 스펙터클한 이미지가 생산된다. 그 결과 현실은 더욱더 직접적으로 인식할 수 없는 것, 오로지 스펙터클한 미디어를 통해서만 파편적으로 인식할 수 있는 것으로 되어버린다. 사람들은 자신들의 눈에 비친 이미지와 사물들을 현실 그 자체라고 믿지만 그것은 미디어를 통해 매개된 현실, 스펙터클에 의해 이미지화된 가상현실에 불과하다. 스펙터클은 현실이 아닌 것을 현실로 오인하게 하는 기술이며, 그 목표는 소비이다. 스펙터클의 사회는 소비 사회의 다른 이름인 것이다. 자본주의의 목표는 스펙터클을 통한 사이비 욕구의 창출로 소비를 증대시키는 데 있다.

때문에 스펙터클이 지배하는 사회에서는 사람들의 눈에 보이는 모든 것이 상품이 된다. 스펙터클의 대상, 즉 상품이 되지 않는 것은 아무것도 없다. 미디어 기술을 통해 만들어지는 화려한 볼거리들뿐만 아니라 가공되지 않은 풍경으로서의 자연조차 그것이 상품이 되는 순간 낯설고 신기한 볼거리(관광상품)로 전락한다. 자연의 스펙터클화. 나아가 볼거리의 최후단계에는 '보는 자 자신' 즉 인간의 육체가 있다. 그것은 한편으로는 자연의 스펙터클화이지만, 미디어를 통해서 발견되고 확산된다는 점에서 스펙터클의 인공적 기술과도 깊이 연루된다.

스펙터클은 단지 개별 상품이나 매스미디어를 통해서만 작동하는 것이 아니다. 상품으로서의 스펙터클은 미디어를 통해 상품의 소비를 매개하고 부추기고 관리하면서 사람들의 비판적 의식과 주체성을 분열시키는 제도적 장치이기도 하다. 미디어가 상품의 소비를 매개하는 방식은 광고와 선전을 통해 직접적으로 진행되기도 하지만, 드라마나 토크쇼, 뉴스나 시사교양프로그램에 나오는 인기 연예인이나 유명 인사들을 통해서도 매개된다. 시청자들은 연예인이나 유명인사의 현실적인 삶이나 그들의 성격이 아니라 외양이나 말 몇 마디를 모방하고 유행시킴으로써 소비를 실천한다. 하지만 시청자들이 모방하고 영향받으면서 자기 식으로 소비하는 것은 미디어를 통해 만들어진 가상적 이미지에 불과하다. 그런 점에서 유명인사와 인기 연예인은 "살아 있는 인간의 스펙터클적 표상"이다.

결국 스펙터클이 만들어내는 것은 '삶의 사이비 사용'이다. 그러므로 "스펙터클을 시각세계의 남용이나 이미지들의 대량유포 기술의 산물이라고 이해해서는 안 된다. 오히려 그것은 현실적인 것이 되고 물질적으로 번역된 세계관, 대상화된 세계관이다. …… 스펙터클이란 외양의 지배를 선언하는 것이며 모든 인간적 삶, 즉 사회적 삶이 한갓 외양에 불과한 것이라고 단언하는 것이다"(드보르, 『스펙터클의 사회』, 11쪽, 13쪽). 이런 점에서 드보르는 스펙터클을 "이미지들의 집합이 아니라, 이미지들에 의해 매개된, 사람들 간의 사회적 관계"라고 정의한다. 눈에 보이는 모든 것이 상품이고 그것이 상품인 한 사고파는 상거래를 통해서만 관계 맺을 수 있는 것이라면 스펙터클은 그것을 통해 모든 사회적 관계를 화폐적인 교환관계로 치환시킨다.

스펙터클이 지배하는 사회에서 인간들의 자율적이고 독자적인 활동과 작업은 인정되지 않는다. 그것은 현실을 파편화시키고 환상적으로 조작하는 것만큼 인간 간 관계의 직접성에도 개입하여 의사소통 구조를 차단하면서 관계를 해체한다. 모든 사람들이, 모든 사회적 관계가 오로지 스펙터클만을 보기를 원한다. 스펙터클은 "현실세계의 부록,

덧붙여진 장식물이 아니다. 그것은 현실사회의 비현실성의 심장이다. 그것은 어떤 특정한 형태를 취하든지 간에, 즉 그것이 정보든 선전이든 혹은 광고든 직접적인 오락이든 소비든지를 불문하고, 사회적으로 지배적인 삶의 현존하는 모델이다"(드보르, 『스펙타클의 사회』, 11쪽).

3. 통치기술로서의 스펙터클

근대 이전의 통치 권력은 스스로의 존재를 과시하는 방식으로 작동하였다. 그것은 권력이 자신의 권위를 유지하고 피통치자들을 복종하는 신체로 만들고자 하는 목적을 지닌 특정한 '볼거리들' 속에서 확인된다. 이를테면, 전승 퍼레이드는 통치자의 힘을 과시하는 대표적인 스펙터클이다. 전쟁에서 승리하여 개선하는 군대의 모습을 피통치자들에게 보여줌으로써 통치자들은 자신의 힘을 과시했다. 전쟁을 초법적인 상태에서 자행되는 살육의 정당화라고 한다면, 피통치자들에게 보여지는 전승 퍼레이드는 그들이 통치자를 적으로 돌렸을 때 가해질 잔인한 살육에 대한 예고 내지는 예방교육의 의미를 담고 있는 것이기도 했다. 죄를 지은 자들의 신체를 전시하거나 구경거리로 만드는 행위 역시 마찬가지였다. 사람들은 법을 어기거나 통치자의 권위에 반하는 행위를 저질렀을 때 어떤 결과를 초래하게 될지 전승 퍼레이드와 죄인들의 전시를 통해 충분히 학습할 수 있었다. 그것은 때때로 너무나 지나쳤기 때문에 역효과를 불러일으킬 정도였다.

　　매스미디어가 일반화되기 이전 시기에는 출판 인쇄 미디어가 통치의 이데올로기를 유포하고 보급하는 역할을 담당하기도 했다. 이를테면, 조선시대 초기부터 중기까지의 가장 대중적인 출판물이었던 『소

<프랑스 제2제정기 때의 군대 열병식> 이러한 장면을 통해 통치권력은 자신의
능력을 과시하고 싶어했다.

2부_ 현대 자본주의와 현대 문화

학』과 『삼강행실도』는 성리학(이데올로기)을 통한 신체의 지배를 광범위하게 확산시켰다. 이데올로기는 그것이 투여되기 시작할 때에는 추상적, 인식론적 차원에서 작동되지만, 일정한 시간이 경과한 후에는 존재론적 차원으로 전이된다. 『소학』과 『삼강행실도』의 효과는 임진왜란이나 병자호란 등의 큰 전쟁 이후, 수많은 효자와 열녀, 그리고 충신들을 양산해냈다.

　　근대 이후에는 전신과 전화·방송국 등 매스미디어를 지배하는 자가 국가를 소유한다. 권력은 매스미디어를 통해 '공익' 혹은 '국가의 안녕'이라는 이름으로 특정한 이데올로기를 국민들에게 주입하며, 국민들의 활동을 특정한 방향으로 유도하고 통제한다. 하지만, 이러한 사태는 일면적인 것이다. 오늘날 '커뮤니케이션을 지배하는 자가 국가를 소유한다'는 말의 의미는 단순히 경제권력이나 정치권력이 매스미디어의 배후에 존재한다는 의미가 아니다. 오히려 매스미디어의 배후에 존재하며 미디어를 특정한 방향으로 움직이게 하는 힘은 각기 다른 나이와 성별, 사회 계급과 교육 수준 등등을 지닌 광범위한 독자를 모두 만족시켜야 한다는 매스미디어 자체의 자기 목적이다. 움베르토 에코에 의하면, 언론은 다양한 취향과 상이한 사회계급과 교육수준의 광범위한 독자를 모두 만족시켜야 한다는, 기술적-사회학적 규정요소에 의해 좌우된다. 그런 점에서 "매스미디어는 이데올로기를 전달하는 것이 아니라 자체가 이데올로기이다. 그것의 채널로 무슨 내용이 전달되는가는 전혀 중요하지 않다. 정보가 끊임없이 동일한 형태로 폭격처럼 퍼부어질 뿐이다. 이 과정에서 상이한 내용들은 평준화되고 모든 차이점도 사라진다"(에코, 『철학의 위안』, 13쪽).

　　미디어가 발달함에 따라, 그리고 근대적 정치제도가 일반화됨에 따라 구경거리를 준비하는 자로서의 통치자 혹은 권력은 은폐된다. 권력은 저 높은 곳에 따로 존재하는 것이 아니라 이제 사람들의 내면에 개별적으로 존재하게 되며, 나의 행위를 감시하는 누군가의 시선 속에 있게 된다. 아무도 보는 사람이 없을 때조차 사람들은 스스로 법규(혹은 명령)를 지키고 타인들의 행위를 감시자의 시선으로 바라본다. 익명으로 존재하는 인터넷 상에서조차 우리는 상호감시의 체제를 늦추지 않는다. 이 공간은 때때로 비관습적, 비도덕적 행위에 대한 익명의 재판소 역할을 한다. 교통법규를 위반하고, 공중도덕을 지키지 않고, 타인의 삶에 불편을 주는 각종 사태들, 공권력의 힘이 미치지 않는 미시적인 공간에서 벌어지는 각종 탈법적 상황들에 대해 사람들은 서로 고발하고 비판함으로써 스스로가 권력자의 시선을 내면화한다. 나의 행위를 감시하는 타인의 시선은 어디에나 있다. 엘리베이터, 은행, 백화점, 병원, 공공기관, 지하철 역 등에 설치된 카메라는 그 자체로 탈법적 행위를 금지하는 권력의 시선이다.

　　푸코가 『감시와 처벌』에서 "우리의 사회는 스펙터클한 것이 아니라 감시의 사회이다. …… 우리가 있는 곳은 원형극장의 계단 좌석 위나 무대 위가 아니라 팬옵티콘 장치 안이다"라고 말했을 때, 그것은 스펙터클의 존재를 부정하기 위한 것이 아니라, 권력의 스펙터클화 혹은 스펙터클화된 권력의 작동방식을 강조하기 위한 것이었다. 푸코의 말처럼 투명하고 가치중립적인 스펙터클은 어디에도 없다. 미디어와 스펙터클은 그것이 태어날 때부터 이미 권력과 연결되어 있었으며, 권력이 작동하고 힘을 행사하는 장소에서 만들어진다. 이런 관점에서 에코역시 오늘날의 미디어, 특히 매스미디어에 대해 비판적으로 접근했다. 그는 다음과 같이 말한다. "오늘날 무엇이 매스미디어인가. 매스미디어는 어디에 있나. 누가 메시지를 보내는가. 이데올로기는 누가 생산하는가. …… 권력은 어느 곳에서도 붙잡을 수 없으며, 더 이상 누구도 이러저러한 계획이 어디서 나오는지 알 수 없다. 그러한 계획이 존재하는 것은 사실이지만 이러한 계획은 더 이상 의도적인 것이 아니다. …… 권력은 결코 최고위층의 자의적인 결정에서 나오는 것이 아니라 토대에서의 무수히 많은 형태의 미시적 또는 분자적 동의를 먹고 산다"(에코, 『철학의 위안』, 31~38쪽).

4. 진화된 구경꾼, 혹은 호모-모벤스를 넘어서

21세기를 살고 있는 우리는 이제 더 이상 신체의 이동만을 이동이라고 생각하지 않는다. 모바일 폰을 들고 다니며 때와 장소를 가리지 않고 음악을 듣거나 TV를 보거나 인터넷에 접속하거나 누군가와 통화한다. 노트북과 디카를 들고 다니며 마음에 드는 풍경을 찍거나 필요한 글을 써서 내 블로그나 미니홈피에 올리기도 한다. 우리의 신체는 이제 유기체이길 그치고 하나의 거대한 일인 미디어, 걸어 다니는 숨 쉬는 미디어가 되어버린 것 같다. 호모-모벤스(homo-movence)의 출현.

하지만 이런 과장된 수사는 어쩐지 의심스럽다. 모바일 폰과 노트북, 디카 등의 소유자를 호모-모벤스라고 부르는 것이라면, 그것은 어떤 상품의 구매자 혹은 문화자본의 소비자를 지칭하는 것 이상의 의미가 아닌 것처럼 느껴지기 때문이다. 확실히, 최근에 회자되고 있는 '호모-모벤스'와 관련된 이야기들 속에는 간접광고의 혐의를 지우기 힘든 것들이 적지 않다.

'호모-모벤스'의 의미를 상업적 용도로 활용되는 수동적인 소비

<프랑스의 프로그래시브 록 밴드 Arachnoid의 앨범 재킷> 호모-모벤스는 제
자리에 앉아서 세계를 긁어모은다. 디지털 테크놀로지의 힘에 기대어 그는 자
신이 원하는 정보를 '소유'할 수 있다. 하지만 여기에도 자본은 개입한다. 자본
이나 권력의 개입으로부터 벗어난 진정 자유로운 이동이 가능해지기 위해서는
보다 현실적인 관계들을 네트워킹할 수 있는 능력이 필요하다.

자의 위치에서 구출하기 위해서는 그것의 개념을 '이동'의 차원에서 '능력'의 차원으로 전이시켜 재정의할 필요가 있다. 우리는 '호모-모벤스'를 신체적인 이동의 차원을 넘어 시공간의 제약을 받지 않으며 가상 공간과 접속할 수 있는 기계장치를 소유한 사람, 그것을 통해 정보를 수집, 활용할 수 있는 능력을 가진 자로 이해한다. 이러한 이해 속에도 여전히 맥루언 식의 미디어관이 투사되어 있다. 인간이 운동이나 존재의 중심으로 자리 잡을 때, 인간이 아닌 것들은 언제나 도구화되고 대상화된다. 혹은 그것들이 지닌 고유한 가치나 잠재성은 무시된 채 인간화된 방식으로만 이해되고 활용된다.

이러한 의식의 확대는 더 많은 이성(혹은 과학적 지식)과 재화를 소유한 자가 언제나 중심이 되고 권력이 되는 메커니즘을 생산한다. 이런 점에서, 인간 신체의 확장이란 '사적 소유의 확장'과 그로 인한 권력의 생산에 연결된다. 기계를 소유하고, 편의를 누리고, 정보를 점유하고 활용할 수 있는 자는, 최소한 만들어진 상품들에 대한 지불능력을 갖고 있어야 한다. 미디어를 인간 신체의 확장으로 이해하는 관점이나, 시공간을 초월하여 정보를 수집하고 교류할 수 있는 능력을 가진 자로 호모-모벤스를 바라보는 태도는, 상품자본 혹은 문화자본이 만들어낸 환상적 이데올로기에 가깝다. 상품을 소유하고 특정한 문화적 환경 속에서 활동한다는 것이 누군가를 능동적이고 중심적인 인물로 만들어주는 것은 아니다. 그들이 얻을 수 있는 것은 상품에 대한 것, 그리고 대가를 지불하고 자신의 소유물로 만든 그것을 조작함으로써 얻을 수 있는 정보와 활용에 한정된다. 미디어를, 기계를, 장치들을 생산하고 운영하며 사람들로 하여금 스스로를 주체로 느끼게 하는 환상을 부여하는 진짜 주체는 시스템 그 자체이다. 배후에 있는 것은 특정한 누군가가 아니다.

우리는 지금 '비신체적인 이동'이라는 환상에 빠져 있다. 나의 몸은 '지금-여기'에 정지해 있지만, 내 신체의 확장인 노트북은 몇 달 전에 벌어졌던 사건과 접속하고, 지구 반대편의 누군가를 엿보며, 박물관과 행정부와 도서관을 누비고 다닌다. 이동하는 것은 내가 아니고, 기계적 작동에 의한 효과이다. 기계들이 운동하고 기계들이 서로 접속하며 상호작용한다. 우리는 기계들의 속도 속에, 그것들이 만들어내는 어떤 효과 속에 시선을 투사함으로써 그것들을 자기화한다. 시선을 투여한다는 것이 활동의 대부분을 차지한다. 듣거나 말하거나 키보드를 두드리는 일들은 모두 부차적이다. 기계들이 제공하는 어떤 장소에 시선을 머무르게 함으로써, 제공된 정보를 수집하고 각색하고 인용하고 가공된 또 하나의 정보를 생산할 때, 하나의 '정보'를 중심으로 '이동'은 의미화 된다.

다른 측면에서 보자면, 이동은 '자본'을 통해서만 이루어진다. 자본의 이동은 실질적이다. 자본의 이동은 국민국가의 경계를 넘어 최소한의 고용비용과 최대한의 이윤을 창출할 수 있는 장소를 찾아 매끄럽게 진행된다. 자본의 이동 앞에서 국민국가의 경계나 정치적 이데올로기는 무기력해진다. 국가는 자본의 이동을 위해 길을 열어주거나 대신 협상한다(대표적인 사례가 FTA이다). 자본의 흐름은 언제나 실질적이고 효과적이다. 언제나 무엇인가를 생산하고, 이윤을 창출한다는 점에서 자본의 이동은 가장 현실적이다. 자본의 흐름에 따라 '노동'도 이동한다. 근대 초 산업화가 진행됨에 따라 농업에 투여되었던 노동력의 상당수가 공장으로 흘러들어갔던 것처럼, 자본이 흘러 다니는 길을 따라 이민자들이 생겨난다. 그들은 더 이상 한곳에 정착하지 않는다. 현대판

유목민은 웹서퍼들이 아니라, 노동자들이다. 웹서퍼들은 혹은 모바일 유저들은 자기가 사는 곳을 떠나지 않는다. 그들은 떠날 이유를 알지 못한다. 제자리에 앉아서 세계를 긁어모을 수 있기 때문이다. 그들의 방안이 혹은 그들이 이동하는 길 위가, 자동차나 기차 안이 그들의 세계이다. 그들은 정착민이다.

이런 이분법은 사실 절반의 진실만 담고 있다. 들뢰즈 식으로 말하자면, 유목과 정착은 물리적인 이동의 문제와 무관하다. 들뢰즈가 말하는 유목민 혹은 노마드는 제도적인 질서와 관행들, 권력과 위계의 문법을 거스르며 새로운 규칙을 창안하는 자들이다. 그들의 신체가 현실적으로 공간이동을 한다거나, 가상공간을 통해 시공간을 넘나든다거나 하는 외적인 사항들은 여기서 오히려 부차적이다. 중요한 것은, 태도이고 실천이다. 고정된 자아의 정체성 혹은 계급적 범주에 얽매이지 않으며, 자본의 욕망을 나의 욕망이라고 착각하지 않고, 끊임없이 다른 존재가 되기 위해 사유하고 운동하며 스스로를 실험할 수 있는가. 그렇게 함으로써 새로운 관계의 배치를 만들어낼 수 있는가. 유목민과 노마드는 이러한 문제의식을 실천하는 자들이다. 때문에 들뢰즈는, 유목은 차라리 '앉아서 하는 것'이라고 말한다.

유목은 하나의 실험이고 실천이다. 지금 우리 앞에는 어떤 '기계적' 관계가 놓여 있다. 그것들을 통해 우리는 지식과 정보와 기술을 가치화한다. 문제는 기계 자체나 그것의 소유가 아니다. 오히려 문제는, 누구에게로도 귀속되지 않으면서도 공동의 가치를 생산할 수 있는 용법을 발견하는 것이고, 그것을 효과적으로 활용하는 것이다.

20세기 초반, 기술복제가, 혹은 자본의 능력이 예술의 아우라를 망친다고 대다수의 지식인과 예술가들이 한탄했을 때, 벤야민은 그것의 가능성을 홀로 낙관했다. 그는 기술의 활용이 혁명적인 무기가 될 수 있음을 민감하게 알아차렸던 것이다. 마찬가지로 이 시대의 디지털 테크놀로지에 대해서도 우리는 긍정한다. 자본의 상품을 선전하고, 정보를 사유화하고(일반적 수준의 지식은 공유되지만 자본화될 수 있는 지식은 언제나 접근이 불가능하다. 혹은 로열티를 지불함으로써만 사용가능하다) 현실을 망각하게 하는 오락과 위안을 제공하는 것으로서의 기계의 활용을 긍정하는 것이 아니라, 누구의 것으로도 귀속되지 않는 정보를 공동으로 생산하고 나누며, 자본과 권력의 부정적 활약을 감시하고 비판하며, 계층과 계급, 인종과 학벌, 나이, 성별에 따라 고착된 모든 사회적 관계들의 경계를 지우며, 새로운 관계들을 창안하는 활동적 동기를 부여하는 것으로서의 디지털 테크놀로지를 우리는 긍정한다. 멕시코의 정글에서 제국적 자본과 싸웠던 사파티스타의 무기는 '말'〔言〕이었고, 그들을 세계에 알린 것은 인터넷 미디어였다. 같은 날 같은 장소에서 깜짝 퍼포먼스를 벌이다가 순식간에 흩어지는 플래쉬 몹의 연출자들은 모바일 폰으로 연결되어 있는 인터넷 동호회 출신들이었다. 그들 자신이 그것을 무의미한 놀이로 규정하든, 정치적 실천으로 의식하든 어쨌든 그들은 아주 짧은 순간에 만들어지는 하나의 사건을 위해 공들여 계획하고 준비하고 실천한다. 그것은 미디어에 의해서 만들어지고 조작된 스펙터클이 아니라, 스스로 창안하는 스펙터클, 자본과 소비의 스펙터클을 균열내는 스펙터클이다. 그것은 차이 없이 반복되는 일상과 무의미한 명령어들이 난무하는 관계들 사이를 균열낸다. 디지털 테크놀로지의 힘은 또한 농촌의 들판과 도시의 식탁을 연결하고, 예술가와 감상자를 제집 안방에서 서로 만나게 하며, 나에게는 없는 능력들이 내 안으로 흘러들어오게 한다.

그러므로 중요한 것은 '용법'이며, 관계의 구성이다. 인간학적 관점이나 기계에 대한 물신숭배적 태도, 속도에 대한 강박으로부터 자유로워질 때 우리는 무엇인가를 소유하지 않고서도 누릴 수 있다. 나와 타자 혹은 인간과 기계, 기계와 생명이 서로 소외되지 않으면서도 디지털세계를 살 수 있는 방법은 이미 우리 안에 있다. 새로운 공동공간을 창안하는 것, 그것을 통해 현실적 관계들을 입체적인 그물로 짜 넣어가는 것, 이것이 바로 소통과 협력, 정동적 관계에 기초를 두는 네트-워커(net-worker)들의 사회적 형태이다.

.4강. 문화복제와 생명복제

변성찬

과학기술, 그것 자체가 생명의 연장이다.
—린 마굴리스

1. 복제시대의 멜랑콜리

우리는 복제의 시대, 좀더 엄밀하게 말하자면, '기술복제시대'를 살고
있다. 광학적이고 기계적인 복제기술의 산물인 사진과 영화, 그리고 전
자적이고 코드적인 복제기술의 산물인 TV와 컴퓨터. 이러한 것들 없
이는, 문화생활은커녕 일상생활조차 정상적으로 영위하기 힘들어진
시대가 되었다. 대량생산과 신속한 전파, 이것이 현대적 '대중문화' 현
상의 주요한 특징이라면, 그 반복적인 대량생산과 광속도에 가까운 빠
른 전파를 가능케 한 것이 바로 복제기술이다. 현대 문화의 '현대성'은

변성찬(ibs0407@hanmail.net) | 영화평론가. '연구공간 수유+너머' 연구원. 들뢰즈가 『시네
마』를 통해 드러내고자 했던 '영화의 존재론적 능력'의 의미를 당대의 한국영화와의 대화 속
에서 구체화하는 것, 이것이 현재의 최대 관심사이자 화두이다. 연구소에서 '우연히' 시작하
게 된 자연과학 공부의 새로운 매력에도 푹 빠져 있다.

바로 '기술복제 가능성'에 그 뿌리를 두고 있는 것이다.

　　현대는 문화복제의 시대일 뿐만 아니라 복제문화의 시대이기도 하다. 즉, 대량복제된 무엇인가를 문화적으로 향유하게 되었을 뿐만 아니라, 복제 행위 그 자체가 중요한 문화적 활동의 일부가 된 것이다. 최근 급속도로 확산되어 가고 있는 UCC 문화가 그 단적인 예라 할 수 있다. 첨단화된 현대의 복제기술의 하드웨어적 산물이라 할 수 있는 디지털 카메라는 누구나 쉽게 작품을 창작할 수 있게 했고, 복제기술의 소프트웨어적 산물이라 할 수 있는 인터넷은 수많은 네티즌들의 복제행위를 통해 그 작품을 전파시킨다. 재미있는 동영상을 열심히 이곳저곳에 '퍼나르는' 네티즌에게는, 자신이 새로운 '스타'와 '유행'을 만들어내는 데 일조하고 있다는 은밀한 즐거움이 있다.

　　단순히 수동적으로 감상하는 데 머무는 것이 아니라, 능동적으로 무엇인가를 만들고 있다는 즐거움. 복제 행위는 이제 주요한 현대적 문화활동의 하나가 된 것이다. 이것은 문화-예술의 창작자(생산자)와 수용자(소비자) 사이의 전통적인 위계가 무너지고 있음을, 대중이 문화-예술의 능동적 주체로 부상하고 있음을 의미하는 것일 수 있다. '기술복제 가능성'의 출현은 문화-예술의 '민주화 가능성'을 낳았다. 하지만 동시에 '대중문화'는 '획일화'의 위험성에서 자유롭지 못하며, 점점 첨단화되는 복제기술은 보다 강력하고 치밀한 조작과 통제의 무기가 될 수도 있다.

　　다른 한편, 점점 정교해지고 첨단화되고 있는 인류의 복제기술은 이제 생명 그 자체를 대상으로 하고 있다. 복제양 돌리의 탄생과 함께 '인간복제'의 현실적 가능성은 분명해졌다. 인간 그 자신을 대상으로 삼게 된 복제기술을 둘러싸고 벌어지는 새로운 논쟁 속에는, 인간의 영

<알브레히트 뒤러, 「멜랑콜리아」, 1514년> 기술발달이 야기하는 딜레마와 멜
랑콜리가, 복제시대만의 문제는 아니다. 근대가 막 시작될 무렵, 아직 '신'으로
부터 자유롭지 못했던 '근대인'은, 지금 보면 별 것도 아닌 몇몇 측량 도구들을
앞에 놓고도 근심과 우려에 싸여 있다. 복제시대의 멜랑콜리는 아직 우리가 '인
간'에서 자유롭지 못하기 때문인 것은 아닐까? 기술복제가 야기한 '원본'의 위
기, 그리고 그 위기 앞에서 강화되고 있는 '원본'에 대한 미련과 향수, 이것이
그 멜랑콜리의 진짜 정체인 것은 아닐까?

생이라는 기적에 대한 희망과 기대 그리고 인간 존엄성의 파괴에 대한 두려움과 우려가 공존하고 있다.

문화복제이든 생명복제이든, 기술복제 가능성은 야누스의 얼굴을 하고 있다. 우리는 놀라운 속도로 발전해가고 있는 복제기술을 앞에 두고 '희망'과 '절망' 사이에서 동요하고 있다. 생명복제의 미래를 줄곧 비극적 디스토피아로만 그려내고 있는 많은 공상과학 소설이나 영화들의 상상력은, 기술복제에 대해 긍정도 부정도 할 수 없는 딜레마와 그로 인한 깊은 멜랑콜리의 징후들일 것이다. 기술복제 가능성으로 인해 생긴 이 딜레마와 멜랑콜리는 피할 수 없는 '인간의 숙명'일까? 과연 복제기술은 우리에게 '희망'과 '절망'의 양자택일적인 선택만을 강요하고 있는 것일까? 언제나 그렇듯이, '희망이냐 절망이냐'라는 이 양자택일적인 질문은, '문화-예술'과 '생명'에 대한 기존의 개념 안에서 던져지는 것은 아닐까?

문화 '복제(reproduction)'와 생명 '복제(cloning)'에서의 '복제'가 동일한 의미를 갖는 것은 아니다. 양자에 공통점이 있다면, 그것이 '원본'을 전제로 한다는 것, 그리고 그 원본에 비해 2차적인 것, 또는 원본의 지위를 위협하는 것이라는 부정적 함의를 담고 있다는 점일 것이다. 그러나 그 원본에 부여된 '원본성'의 위기는 새로운 가능성을 의미하는 것인 것은 아닐까? 복제시대를 살아가는 우리에게 가장 필요한 것은, '문화-예술'과 '생명'에 대한 기존의 가치관에 대해 새롭게 질문하고 탐색하는 일일 것이다. 마굴리스의 말처럼, '과학기술 그 자체는 생명의 연장'일 뿐이다.

2. 문화복제와 '예술'

1) 기술복제와 '예술'

문화-예술에서 복제가 근대에 이르러 처음으로 나타난 현상은 아니다. 벤야민의 말처럼, "예술 작품은 원칙적으로 언제나 복제 가능하였다." 그러나 전통적인 예술 작품의 복제는 수공업적인 숙련을 통해 이루어졌고, 그 숫자도 제한적이었다. 무엇보다도 그것은 '원본의 모방'이라는 지위를 갖고 있었다. 그러나 근대적인 복제기술(사진과 영화)의 출현은, 문화 산물의 생산과 분배와 수용의 모든 측면에서 '혁명적'인 변화를 가져왔다. 대량으로 반복적인 복제가 가능한 사진과 영화에서는, 원본의 개념이 무의미해진다.

　　기술복제 가능성의 출현은, 문화-예술의 '통속화'에 대한 우려를 낳았다. 헉슬리의 다음과 같은 진술은 그러한 우려를 잘 보여주고 있다. "기술복제 가능성과 윤전기는 글자와 그림의 끝없는 복제를 가능하게 하였다. 학교교육의 일반화와 비교적 높은 임금은 책을 읽을 줄 알고 또 읽을거리나 그림책 등을 살 수 있는 엄청난 규모의 대중을 만들어내었다. 이들의 수요를 충족시키기 위하여 거대한 산업이 태어났다. 그런데 예술적 재능이란 매우 희귀한 현상이다. …… 따라서 모든 예술 분야에서, 상대적으로 보나 절대적으로 보나 조악한 예술 작품의 생산은 예전보다 훨씬 증가하였다. 그리고 사람들이 오늘날과 같이 과도할 정도로 읽을거리, 볼거리, 들을거리의 소비를 계속하는 한 이러한 상황은 그대로 지속될 것이다"(벤야민, 「기술복제시대의 예술 작품」, 218쪽에서 재인용). 헉슬리의 보수적인 반응의 바탕에는 '예술적 재능의 희소성'이라는 근본적인 전제가 깔려 있다. 전통적인 예술 개념은 '창조성, 천재성, 영원한 가치와 비밀' 등의 개념들을 그 전제로 하고 있다. 그리고 천재성(말 그대로 하늘이 선사한 재능)의 산물인 예술 작품은, 근본적으로 복제 불가능하며 접근 불가능한 신비함을 지니고 있는 것으로, 즉 '침잠'과 '숭배'의 대상으로 간주되었다. 말하자면, 예술은 어디까지나 '예술의 자율성'이라는 아름다운 가상 속에 남아 있어야 했다. 많은 사람들에게 근대적 기술복제의 출현은 이러한 예술의 자율성을 위협하고 파괴하는 것으로 받아들여졌다. '예술을 위한 예술'을 기치로 내세운 예술지상주의는, 그런 위협에 대한 전통적인 예술의 반응 중 하나였다. 사진과 영화가 처음 등장했을 때, 그것들은 그 생산자들에 의해서조차 '예술'로 여겨지지 않았다. 사진은 초상화의 보조수단 정도로 취급되었고, 영화는 값싼 '시장의 오락' 정도로 여겨졌다. 영화는 스스로가 '예술'이 될 수 있음을 입증하기 위하여, 이미 '예술'로 인정받고 있는 문학작품을 각색하는 데 열중하기도 했다.

벤야민은 전통적인 예술 개념이 고수하고자 했던 '복제 불가능하며 접근 불가능한 신비함'을 '아우라'(Aura)라고 부르고, 그것은 예술이 종교적 숭배의 대상이었던 시절의 흔적일 뿐이라고 말한다. 예술 작품에 그러한 주술적이고 신비적인 성격이 생기는 가장 중요한 원인은, 그 작품이 갖는 진품성, 즉 시간적·공간적 현재성과 일회성이다. 그러나 반복적인 복제를 가능하게 하는 근대적인 기술복제는 전통적인 예술 작품이 지니고 있던 그 원본성, 즉 진품성과 아우라를 훼손하고 붕괴시킨다. 벤야민은 이것을 예술 작품의 '의식가치'에서 '전시가치'로의 전환이라고 부르며, 이것에 적극적 의미를 부여한다. "기술복제 가능성이 역사상 처음으로 종교적 의식 속에서 살아온 기생적 삶의 방식에서 작품을 해방"시켜주었으며, "예술 작품에서 진품성을 평가하는

<외젠 앗제, 「파리의 무프타르가」, 1926년> 벤야민은 앗제의 사진을 두고, '최근의 사진술이 이룩한 의심할 나위 없이 분명한 공적이라고 할 수 있는, 대상을 분위기로부터 해방시키는 일을 제일 먼저 도입하고 있는 것'이라고 평가하고 있다. 앗제는 보수가 주어지는 초상사진을 찍지도, 쉽게 사람들의 주의나 관심을 끄는 거창한 광경이나 상징적 기념물을 찍지도 않았다. 그는 '이국적이고 화려하고 낭만적으로 들리는 도시 이름들과는 어울리는 것'들이 아니라, '긴 구두가 길게 늘어서 있는 광경, 아침부터 저녁까지 손수레가 줄지어 늘어서 있는 집 마당의 광경' 등, 도시의 일상 속에 늘 있되 누구의 눈길도 끌지 않을 것들을 주로 카메라에 담았다. 벤야민은 그의 사진을 두고, '한결같이 공허하다'고도 말한다. 공허함이란 분위기의 사라짐과 같은 말일 것이다. 그렇다면 벤야민에게 분위기란 대상이 원래 갖추고 있던 어떤 신성함이라기보다는, 인간의 습관적인 지각 및 표상체계에 의해 대상에 덧씌워져 있던 것(환영)이라고 생각했던 것은 아닐까? 벤야민이 원래 종교적 의미를 갖고 있던 '아우라'를 세속화시킴으로써 새로운 예술 개념을 창안하듯, 앗제는 카메라의 시선을 통해 사람들의 관심에서 벗어나 있던 '익숙한' 대상들의 '새로운' 모습을 드러냄으로써 사진을 새로운 예술로 만든다.

척도가 그 효력을 잃게 되는 순간, 예술의 모든 사회적 기능 또한 변혁"을 겪는다는 것이다. 예술은 전통적인 마술적-종교적 기능에서 벗어나 학문적-정치적 기능을 가질 수 있게 되었다. 벤야민은 그 새로운 사회적 기능의 변화를 영화 속에서 찾는다. 그는 카메라가 지닌 인간적 지각을 뛰어넘는 '뛰어난 사물 파악 능력'에서 영화의 학문적 기능의 가능성을 발견하고, 영화 특유의 파편성에서 대중의 비판적 정치적 각성의 가능성을 발견한다.

> 캔버스는 보는 사람을 관조의 세계로 초대한다. 그는 그 앞에서 자신을 연상의 흐름에 내맡길 수 있다. 그러나 영사막 앞에서는 그렇게 할 수가 없다. 영화의 장면은 눈에 들어오자마자 곧 다른 장면으로 바뀌어 버린다. 그것은 고정될 수 없는 것이다. …… 영화는, 관중으로 하여금 비단 비평적 태도를 갖게 함으로써만이 아니라 그와 아울러 이러한 영화관에서의 관중의 비평적 태도가 주의력을 포함하지 않음으로 인해서 종교 의식적 가치를 뒷면으로 밀어내고 있는 것이다. 관중은 시험관과 같은 역할을 하지만, 그러나 그는 정신이 산만한 시험관인 것이다.(벤야민, 「기술복제시대의 예술 작품」, 226~229쪽)

벤야민 이후 영화의 역사를 잘 알고 있는 우리에게 위와 같은 벤야민의 영화에 대한 평가는 지나치게 순진한 낙관주의처럼 보인다. 그러나 벤야민은 영화의 파시즘적 또는 자본주의적 이용의 위험성을 잘 알고 있었다. 벤야민은 이미 파시즘이 영화를 강력한 정치 선동의 무기로 사용하고 있는 시대, 그리고 자본이 "영화에서의 (예술적) 아우라의 위축에 대항하기 위해 스튜디오 밖에서 '유명인물'이라는 인위적 스타를 만들어내던" 시대를 살고 있었다. 벤야민의 문제설정은, 새로운 복제기술이 한편으로는 경멸적으로 거부되면서, 다른 한편으로는 파시즘에 의해 오용되고 있는 상황에서, 그 잠재된 해방적 힘의 가능성을 찾고자 한 것이었다. 벤야민이 보기에 기술복제에 대한 '거부'와 '이용'이라는 이 모순적인 반응은, 그것이 모두 예술에 대한 전통적인 개념에 의존하고 있는 것이라는 점에서, 결국 '동전의 양면'이었던 것이다. 예술 작품은 소수의 선택된 천재에 의해서만 창조될 수 있으며, 따라서 관조와 숭배의 대상이어야 하는 전통적인 예술관은, 파시즘의 정치 원리와 친화성을 갖는다. 벤야민은 파시즘에 의한 예술의 이용을 '정치의 예술화'라고, 그리고 파시즘에 의한 제국주의 전쟁을 '예술지상주의의 마지막 완성'이라고 말한다.

벤야민이 파시즘이 행하는 '정치의 예술화'에 대해 공산주의에 의한 '예술의 정치화'를 대립시킬 때, 그가 러시아 혁명 초기의 다양한 영화적 실험들을 염두에 두고 있었음에 틀림없다. 그러나 벤야민이 말하는 '예술의 정치화'가 단지 영화를 효과적인 '선전-선동의 수단'으로 이용할 수 있다는 것을 의미하는 것이 아니다. 벤야민에게 대중은 그렇게 수동적인 대상이 아니었다. "대중은, 예술 작품을 대하는 일체의 전통적 태도가 새로운 모습을 하고 다시 태어나는 모태이다. ……예술에 참여하는 대중의 수적 증가는 참여하는 방식의 변화를 초래하였다"(벤야민, 「기술복제시대의 예술 작품」, 226쪽). 그는 기술복제의 산물인 영화에서, 대중의 예술의 수용 및 참여 방식에 변화를 가져옴으로써 '자신을 재현, 연출해 보려는 정당한 요구'에 부응할 수 있는 가능성에 주목하고 있다. 벤야민이 전통적인 예술 개념을 고수하는 사람들에게 예술의 위기와 죽음의 징후로 보이는 것('정신분산적인 오락') 속에서 새로운 예술의 탄생을 말할 때, 그 바탕에는 이러한 대중에 대한 믿음이 있었다. 변해야 할 것은 오히려 '예술'에 대한 전통적인 개념이었다.

2) 대중문화와 '예술'

벤야민이 영화에서 기대했던 혁명적 가능성은 실현되지 않았지만, 복제기술의 급속한 발전은 전통적인 '순수예술'과 그 예술관이 바뀌어야한다는 그의 주장을 매우 역설적인 방식으로 실현시켰다. 벤야민이 '인위적인 아우라의 부활 시도'라고 평가했던 복제기술의 자본주의적 이용은, 강력한 대중문화를 형성시켰다. 문화의 헤게모니는 대중문화와 문화산업 쪽으로 넘어갔으며, 그 과정에서 전통적인 '순수'와 '통속'의 경계를 무너뜨리는 '새로운 예술'이 탄생했다. 세계자본주의체제의 중심인 미국을 중심으로 1960~70년대 전성기를 누렸던 '팝아트'(pop Art)가 바로 그것이다.

> 팝아트는 소비 사회와 대중문화의 이미저리와 기술들을 활용했던 20세기 예술운동이다. 팝아트는 1950년대 후반 추상표현주의에 대한 반동으로 일어났으며, 60년대와 70년대에 전성기를 누렸다. 팝아트는 형상을 주로 하는 이미저리와 캠벨 수프 깡통, 4단 만화, 광고처럼 우리가 일상에서 보는 오브제들의 재생을 선호한다. 이 운동은 순수예술과 상업예술을 '좋은' 취향과 '나쁜' 취향이라고 구분 짓는 경계선을 지워냈다.(웹 사이트 비딩턴[biddingtons.com], 니콜슨, 『30분에 읽는 앤디 워홀』, 44쪽에서 재인용)

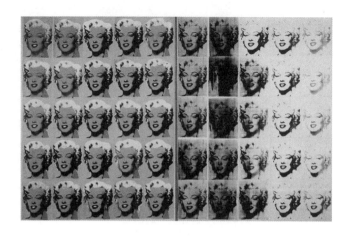

<앤디 워홀, 「매릴린 딥티크」(diptych), 1962년> 워홀은 매릴린 먼로가 죽은 다음에야 그녀의 이미지를 이용할 수 있었다. 다시 말해서, 이 작품은 살아 있는 매릴린 먼로가 아니라 그녀에 대해 대중문화가 만들어놓은 '이미지'를 대상으로 '창작'된 것이다. 그 것은 사진이라는 광학 기계에 의해 복제된 '이미지'이자, 대중문화에 의해 인위적으로 '아우라'가 덧씌워진 '이미지'이기도 하다. 워홀은 그 '이미지'에 매혹되었고, 그 이미 지를 대상으로 평생에 걸쳐 여러 번 작업을 한다(「매릴린의 입술」, 「반전」 연작). 그는 손 으로 '그리는' 것이 아니라 '실크스크린'이라는 복제기술을 이용해 '대량생산된 상품' 처럼 작품들을 만들어낸다. 하지만 그의 작품은 '의도'(색상의 선택)와 반복복제과정에 서 기술적으로 나타나는 '우연'에 의해 다양하게 변형되고 변주된 이미지들이기도 하 다. 때로 그것은 '기괴하고 소름이 끼치는' 효과를 나타낸다.

팝아트는 영국의 예술비평가 로렌스 앨러웨이가 1950년대에 만들어낸 용어인데, 그것은 처음에는 대량생산된 상품과 관련된 예술 작품이 아니라 실제로 '대량생산된 상품 그 자체'를 가리켰던 말이다. '상품'에서 '예술'로의 변화 또는 승격. '팝아트'라는 용어의 이러한 의미 변화는, 팝아트의 성격을 단적으로 나타내주고 있다. 앤디 워홀은 전형적인 '팝아티스트'다. 그는 상업 디자이너로 시작해서 철저히 상업주의 원칙 아래 작업했지만, '미'(美)의 개념에 혁신적인 변화를 가져온 예술가로 평가받았고, 사후에 그의 작품은 경매시장에서 정기적으로 최고 기록을 깨곤 했다.

워홀은 이중적인 의미에서 '복제'의 예술가라고 할 수 있다. 첫째, 그는 주로 매스미디어가 제공하는 이미지들을 '재료'로 작업을 했다. 캠벨 수프 깡통과 코카 콜라와 같은 유명 상품, 엘비스 프레슬리와 매릴린 먼로와 같은 유명 스타, 자동차 충돌과 원자 폭탄의 폭발과 케네디의 암살과 같은 유명한 사건이 그의 작업 대상이었다. 정말이지 워홀은 "명성을 사랑" 했다. 심지어 1964년 세계 박람회에서 전시되어 논란을 일으켰던 「주요 지명 수배자 13인」의 경우에도, 그가 그들을 작업 대상으로 삼았던 이유는 그들이 당대에 '가장 유명한 최고의 범법자'들이었기 때문이었다. 그는 대중문화와 매스미디어가 제공하는 이미지(이미 한 번 복제된 이미지)에 매혹되었으며, 그것을 자신의 예술적 작업의 대상으로 삼았던 것이다. 둘째, 워홀은 예술적 작업의 방법으로 반복('복제')을 선호했다. 그는 재생 가능한 이미지들을 끌어들여 그 이미지들을 끝없이 재생시키는 방식으로 작업을 했다. 수프 깡통을 반복해서(그러나 미묘하게 변형시킨) 그린 그림들로 자신의 첫 전시회를 열었으며, 1974년 파리 전시회에서는 2,000개의 마오쩌둥 변형들을 발표하기도 했다. "워홀은 1962년부터 실크스크린 기법을 이용하기 시작했다. 실크스크린은 값이 싸고 기술적으로 복잡하지 않은 프린트 기법이었다. …… 워홀이 실크스크린을 만들기 시작한 것은 많은 상품을 아주 빠르게 만들어내고 싶어서였을 것이다"(니콜슨, 『30분에 읽는 앤디 워홀』, 120~121쪽).

　워홀은 대중들에게 우상화된 대량생산(복제)된 이미지들을 '가지고 놀기도 하고 파괴하는 걸 즐겼지만' 그럼으로 해서 그 자신이 또 하나의 우상이 되었다. 그는 살았을 때 명예와 부를 누린 '성공한 예술가'이자, 사후에 자신의 전용 박물관을 갖는 '위대한 예술가'가 되었다. 복제문화시대에 '복제'와 반복을 자신의 주요한 예술적 수단으로 삼았던 워홀이 예술에서 새로운 '창조성'을 보여준 예술가로 평가받게 되었다는 것은, 하나의 아이러니다. 이러한 아이러니는, 문화-예술에서 '원본'과 '복제' 사이의 구별이 단지 그 물리적 속성의 차이 때문에 생기는 게 아니라는 점을 보여준다. 문화-예술에서 '원본'과 '복제'의 구별은, 언제나 척도를 세우고자 하는 의도와 가치화시키고자 하는 시장의 논리와 무관하지 않다. 그러나 세상이 그에게 부여한 아우라와는 상관없이, 그는 세상이 만들어놓은 아우라에 폭력을 가하고 변형시킴으로써 아우라를 파괴시키고 있다는 점에서, 벤야민의 계승자인 셈이다.

3. 생명복제와 '인간'

1) 돌리 탄생의 의미

1996년 7월 5일, 영국의 로슬린 연구소에서 이언 윌멋과 키스 캠벨 등의 과학자들이 복제양 돌리를 탄생시켰다. 그러나 그러한 사실이 공식

발표된 것은 수개월 뒤인 1997년 2월 24일이었다. 발표가 지연된 이유는 연구를 지원한 PPL 세러퓨틱스 사(社)가 복제기술에 대한 특허를 획득하기 위해 필요한 시간 때문이다. 그 기술을 인간에게도 적용할 수 있다는 사실은 분명했으며, '인간복제'의 현실적 가능성은 전 세계적으로 뜨거운 찬반 논쟁을 불러일으켰고, 그 어느 때보다 신속한 각국 정부의 대응을 야기했다. 그러나 생명복제는 이미 오래 전에 시작되었으며, 그것을 둘러싼 찬반 논쟁의 역사도 오래된 것이다. 1953년 왓슨과 크릭에 의해 DNA 이중나선구조가 밝혀지기도 전인 1952년, 미국의 존 그리그는 수정란 세포를 떼어내 난자에 이식하는 방법으로 개구리를 복제함으로써 최초의 동물복제에 성공했다. 그리고 의약품을 만들기 위해, 멸종된 생물의 복원과 멸종 위기에 처한 동물의 보호를 위해, 그리고 품종 개량을 위해 수많은 생물들이 인공적으로 복제되어왔으며, 그 기술도 점차 발달해왔다. 생명에 적용된 이러한 복제기술에 대해, 한편으로는 자연과 인류 자신의 삶을 파국으로 몰고 갈 수도 있다는 '경고'의 목소리가 없는 것은 아니었지만, 주로 기아와 질병으로부터 자유로운 인류의 새로운 삶을 가능하게 할 '희망'(좀더 정확하게 말하자면 '생명 공학'을 통한 자본의 새로운 증식 기회에 대한 희망)으로 여겨져왔다. 인간복제가 가능한 미래에 제기될 문제에 대한 질문과 탐색(주로 우울한 전망)은 대중적인 공상과학소설과 영화의 몫이었으며, 과학자들과 정책 입안자들은 그것을 기술적으로 요원한 미래의 일로 여기고 있었다. 그러나 돌리의 탄생은 인간 개체의 복제 실현이 먼 미래의 일만은 아님을 의미했고, 전 세계적인 논쟁(사실은 압도적인 반대의 목소리)을 불러일으킨 것이다.

생물학적으로 복제(cloning)란 '유전적으로 동일한 생물(또는 기

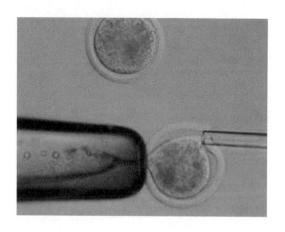

<체세포 핵 이식 과정을 보여주는 그 '유명한 이미지'> 위에 있는 이미지는 소위 '황우석 사태' 때, 매스미디어에 수없이 등장하곤 해서 우리의 뇌리 속에 각인되다시피 한, 바로 그 이미지이다. 한때 우리 신체의 뗄 수 없는 일부분이었던 것이 따로 떨어져 '재조합' 되고 있는 이 이미지 앞에서, 누군가는 미래의 희망의 싹을, 또 다른 누군가는 재앙의 징조를 보았을 것이다. 아니, 대부분은 희망과 재앙이 뒤섞인 복잡한 감정을 느꼈을 것이다. 그런데 재조합되고 있는 것이 단지 인간이 아닌 어떤 동물의 정자와 난자일 뿐일 때도, 그 느낌이 그렇게까지 복잡했을까? 최소한 격렬한 '도덕 논쟁' 을 불러일으키지는 않았을 것이다. 이 이미지는 견고하게 유지되어 오던 '인간의 존엄성' 과 '개체의 자기동일성' 에 새로운 물음을 제기하고 있다. 하지만 그 이미지는 자연이 이미 오래전에 행하던 실험의 인위적인 재현에 불과한 것이기도 하다. 이 이미지가 단지 '무성생식으로의 퇴행' 으로 읽혀야만 하는 것일까? 이미 분화된 한 개체의 성체 세포의 핵이 다른 개체의 난자의 세포질을 만나면 잃어버린 전능성을 회복한다. 기존의 '정체성' 을 벗어나 새로운 존재로 거듭나고 있는 것이다.

관)을 인공적으로 만들어내는 것'으로 정의될 수 있지만, 사실 복제는 매우 다의적인 용어이기도 하다. 그것은 유전자복제, 배아복제, 체세포 핵 이식(SCNT) 등을 의미한다. 주로 의약품 개발에 이용되어온 **유전자 복제**는, 의학적으로 유용한 어떤 물질을 만들어내도록 명령하는 유전자를 찾아내어 그 유전자들을 함유한 DNA의 끈을 숙주 박테리아 안에서 복제함으로써 이루어진다. 이러한 복제 의약품은 생물학적 제제(살아 있는 생물에서 나온 성분을 잘 정제해서 만든 의약품)에 비해 항상 성분이 똑같고, 무한히 복제 가능하며, 감염의 위험이 없다는 점에서 의사들에 의해 더 선호되고 있다. **배아복제**는 수정란을 임의로 분할해서 일종의 쌍둥이를 만들어내는 것이다. 수정된 세포는 둘에서 넷으로, 넷에서 여덟으로 분열되는데, 이 8세포기까지의 세포들은 하나하나가 전능성, 즉 완전한 개체로 발생할 수 있는 능력을 가지고 있다(이 8세포기 이후 세포들은 분화되기 시작하며 따라서 전능성을 상실한다). 이 세포들을 인위적으로 분리해서 같은 종의 동물 자궁에 착상하면 유전적으로 똑같은 쌍둥이가 태어나게 된다. **체세포 핵 이식**은 한 성체 세포의 핵을 분리해서 핵이 제거된 난자에 이식하는 것을 말한다. 이 과정(방법)의 일종으로 '융합'(fusion)이라는 것이 있는데, 돌리는 바로 이 기술을 통해 만들어졌다.

월멋과 캠벨은 난자에서 n개의 염색체를 가진 핵을 제거한 후, 그 자리에 성체 세포(젖샘 세포)로부터 추출한 2n개의 염색체를 가진 핵을 삽입했다. 그러자 인위적으로 2n개의 염색체를 갖게 된 난자가 수정된 배아와 마찬가지로 세포분열을 시작했다. 성체 세포의 핵은 유전 정보를 모두 가지고 있지만, 이미 분화된 상태이기 때문에 단백질 합성 능력이 상당히 제한되어 있다. 돌리 탄생 이전까지 과학자들은 이 제한

이 결정적이며, 성체 세포의 핵이 그 능력을 다시 회복하는 것은 불가능하다고 생각하고 있었다. 돌리의 탄생이 일종의 충격이었던 것은, 난자가 성체 세포의 핵이 상실한 단백질 합성 능력을 모두 되살려 전능성을 회복해준다는 사실 때문이었다.

2) 인간복제 논쟁

돌리 탄생 이후 불붙은 인간복제에 대한 논쟁은 압도적인 반대와 그 반대 논리에 대한 문제 제기의 형태로 이루어지고 있다. 인간복제에 대한 신속하고 압도적인 반대에는 인간의 교만이 초래할 결과에 대한 보편적인 두려움(또는 혐오감)과 인간의 개체 복제에 대한 몇 가지 오해(또는 혼동)가 개입되어 있다. 유전자 환원주의에 대한 강력한 비판가인 미국의 유전학자 르원틴은 「복제에 관한 혼동」이라는 자신의 글에서, 빌 클린턴 대통령의 요청에 의해서 작성된 미국의 '국가생명윤리자문위원회'에서 제기한 네 가지 윤리적 문제(개별성과 자율성, 가족의 통합, 자녀를 대상으로 다루는 것, 그리고 안전)에 담겨 있는 '혼동'을 조목조목 지적하고 비판한다. 르원틴이 제기하고 있는 문제 제기와 비판의 주요 논점은, 위원회(그리고 많은 반대자들)가 제기하는 문제가 사실은 인간복제로 인해 새롭게 발생하게 될 문제라기보다는 이미 존재하는 사회 문제를 미래의 복제인간에게 투사하고 있는 것에 불과하다는 것이다.

하나의 예로서 위원회가 첫번째로 제기한 '고유한 질적 정체성' (unique qualitative identity)의 문제를 자세히 살펴보자. 위원회는 '유전자가 운명을 결정한다는 유전자 결정론을 믿는 것이 잘못'일 수 있음을 인정하면서도, 인간복제가 개별 인간의 '고유한 질적 정체성'을 침해할 수도 있음을 집요하게 질문(주장)하고 있다. 그러나 '유전자'는 '개인'(person)과 동일한 것이 아니다. "개체는 수정에서부터 죽음에 이를 때까지 지속적인 발생 과정을 겪으며, 이러한 발생은 세포 내에서 일어나는 유전자 상호작용의 독특한 결과이자 개체가 겪게 되는 일련의 환경 변화의 결과이며, 삶과 죽음 그리고 세포의 변형을 결정하는 무작위적인 세포적 과정의 결과"이다(르윈틴, 「복제에 관한 혼동」, 227쪽). 결과적으로 일란성 쌍둥이들의 지문은 동일하지 않으며, 그들의 심리적 정체성을 보다 직접적으로 결정하는 뇌의 시냅스 구조는 동일할 수가 없을 것이다. 게다가 복제된 개체와 그 공여자의 관계는 일란성 쌍둥이들보다 유전적으로 더 거리가 멀다. 굴드의 말처럼, "일란성 쌍둥이들은 돌리와 그 어미 양이 공유하고 있지 않은 적어도 네 가지 부가적인(그리고 중요한) 속성들(동일한 미토콘드리아 유전자, 동일한 난자 내 모계 유전자 산물, 동일한 자궁, 동일한 시간과 문화)을 서로 공유하고 있다"(굴드, 「돌리의 유행, 루이의 비애」, 183~184쪽). 그럼에도 불구하고, 복제인간보다 더 유전적으로 유사한 일란성 쌍둥이들의 인간성 또는 개체성에 대해서는 전혀 의심하지 않으면서, 복제인간에 대해서는 그가 영혼을 가질 수 있는지 또는 독립적인 삶을 가지는지에 대해서 의문을 제기하는 것인가? 위원회는 생명윤리학자들이 제기한 소위 '무지에 대한 권리'(right to ignorance) 또는 '열린 미래에 대한 권리'(right to an open future)를 들어 이에 답변한다. 동시에 태어나는 쌍둥이들은 동일한 유전적 자산을 가지고 그들의 삶을 시작하지만 자신의 미래의 삶에 대해서는 모르는 상태에서 삶을 시작하는 데 반해, 복제인간은 이미 완성되고 정형화된 성인을 자신의 모델로 삼게 되기 때문에 심각한 정체성의 문제에 직면하게 될 것이라는 것이다. 이에 대해 르원틴은, 복제인간의 정체성 문제는 유전적 동일성 때문이 아니라, 그 유전적 동일성 때문에 결국 동일한 '개인'이 될 것이라고 하는 사람들의 기대(잘못된 이해) 때문에 발생할 것이라고 응답한다. 르원틴은 비슷한 논거로 현재 이루어지고 있는 쌍둥이 대회도 일종의 병적 강박이며 아동 학대일 수 있다고 암시하며, 이 문제를 해결하기 위해 필요한 것은 복제 금지가 아니라 "유전자가 우리 인생을 결정한다고 하는 광범위한 대중적 몰이해를 교정하기 위한 교육 프로그램"이라고 주장한다(르원틴, 「복제에 관한 혼동」, 229쪽).

르원틴은 위원회가 제기하는 '가족 통합성'(family integrity)의 문제 역시 인간복제에서 새롭게 제기되는 것이 아니라, "입양이나 익명의 정자 기증자로부터의 인공 수정이라는 오래된 생식 기술에 의해 이미 나타났던" 것이라고 지적한다. '인간의 대상화' 문제 역시, "부모의 욕구 충족을 위한 도구라는 점에서 복제는 다른 형태의 생식 기술에 비해 크게 두드러진 것이 아니며", 대상화라는 문제는 근본적으로 '사회적 관계'에 의해 발생하는 것이라고 지적한다. 우리는 이미 '공원'이나 '인간 자본' 등 대상으로서의 인간 개념화를 하고 있으며, "그 누구도 경제생활 중에 제기되는 인간의 대상화로부터 벗어날 수 있는 사람은 없다"는 것이다. 마지막으로 위원회가 제기한 '안전'의 문제에 대해서는 그 심각성을 인정하지만, 그것이 인간복제기술의 고유한 문제는 아니라고 지적한다. "가장 무난하고 널리 행해지는 산전 검사인 양수천자의 경우에도 태아에게 손상을 줄 가능성은 무시할 수 없을 정도"인데, 위원회는 인간복제 문제에만 집중함으로써 "훨씬 폭넓은 주제들을 교묘하게 처리"하고 있다는 것이다.

사실, 르원틴뿐만 아니라, '인간복제 논쟁'에서 '찬성' 쪽으로 분류할 수 있는 대부분의 과학자들의 입장은, 인간복제에 대한 적극적인 찬성이라기보다는, 인간복제 반대 진영이 펼치고 있는 과도한 두려움과 흥분, 그리고 그 전제가 되고 있는 '유전자 환원주의'적 가정에 대한 비판이라고 할 수 있다. 그만큼 대중들의 복제인간에 대한 오해와 그에 기반하고 있는 두려움은 광범위하게 퍼져 있다.

가장 끈질기고 전투적인 복제반대론자인 레온 카스는 "사람들은 인간복제의 많은 측면들에 대해 반발하고" 있으며, "혐오감은 논란거리가 안 된다"고 선언한다(카스, 「혐오감의 지혜」, 47쪽). 사실, 카스의 복제 반대는, 인간복제가 가져올 가족과 성 그리고 인간에 대한 전통적인 관념이 혼란과 위기에 빠질 가능성에 대한 반대에 가까운 것이다. 그는 자신이 25년 전, 인간 생식의 새로운 기술(시험관 수정)과 거기에 뒤따르는 혼란스러운 친족관계가, 생물학적 부모성이 "일부일처제 결혼에 부여하는 지지와 정당성을 약화시킬 것"이라고 서슴없이 주장할 수 있었던 반면, 지금은 그럴 수 없게 된 것에 대한 우려로 글을 시작한다. 더욱 넓어진 문화상의 변화(낙태, 성 혁명, 동성애 등)가 성, 생식, 어린 생명, 가족, 그리고 모성과 부성의 의미, 세대간의 연결에 대한 보편적이고 귀중한 이해를 어렵게 만들고, 한때 주어졌던 자연적 경계가 기술적 변화에 의해 희미해지고 도덕적 경계선이 아무렇게나 되어버린 세계에서, 인간복제를 반대하는 주장을 설득력 있게 전개하는 것은 훨씬 어렵게 되었다는 것이다. 그는 돌리의 탄생에서 새로운 계몽의 기회를 포착하기라도 한 듯, 돌리를 둘러싼 논의들 속에 있는 '도덕적 불감증'에 대해 질타한다.

카스는 복제된 아이에 대한 부모('제작자')의 '전제적 지배'의 문제를 가장 크게 우려하고 있다. 자신이 원하는 '유전자형'에 대한 '의

도와 계획'에 따라 아이를 갖는 부모는 태어날 아이에 대해 과도한 기대를 갖게 되기 때문에, 아이들은 부모들의 이루지 못한 꿈을 강요받게 될 것이라는 것이다. 그러나 이러한 문제는, 르원틴이 위원회의 우려에 대해 지적했던 것처럼, 부모들이 '유전자 환원주의'적 가정을 갖게 됨으로써 발생하는 문제이며, 어떤 의미에서는 인간복제에 의해 새로이 생겨날 위험이 아니라, 현재의 '가족 제도' 안에서도 이미 나타나고 있는 낡은 문제일 것이다. 현재의 가족 제도 하에서, 이미 많은 부모들은 '자연스럽고 성스러운 이성애적 유성생식'에 의해 태어난 아이들이 자신이 원하는 '의도와 계획'에 따른 '복제물'을 만들고자 전력을 다하고 있으며(복제기술을 제외한 모든 사회적, 물질적 자원을 총동원하여), 그것이 소위 '청소년 문제'의 가장 주요한 원인 중 하나일 것이다. 또한 그가 미래의 복제인간의 '인권'에 대해서 우려하는 것은, '자연스럽고 성스러운 혈통'에 대한 신화적인 믿음 위에서 이루어지는 현재의 편견과 차별이 변할 수 없는 것이라는 가정 속에서 이루어진다. 혈통 또는 출생의 기원 및 방식에 따른 다양한 편견과 차별 그리고 권리의 제한은 인간복제 때문에 새롭게 생기게 될 문제가 아니라 이미 존재하고 있는 문제이다. 문제는 인간복제 가능성이라는 새로운 기술의 출현에 있는 것이 아니라, 그 기술을 특정한 방식으로만 사용할 것을 강요하는 기존의 관념과 제도 속에 있는 것은 아닐까?

3) 복제의 원조, 자연

인간복제에 대한 두려움과 불안(또는 '혐오감')은, '복제'가 '동일한'(identical) 개체를 낳음으로써 개체의 '정체성'(identity)을 혼란에 빠뜨릴 것이라는 가정에서 비롯된다. 그러나 많은 과학자들이 지적하고 있듯이, 이러한 가정은 '유전자 환원주의라는 신화'에서만 정당화될 수 있다. 인간에 의한 인공복제는 근본적으로 자연복제 과정에의 인위적 개입이며, 그것의 이용이다. 즉 자연의 복제 능력을 대체하는 것이라기보다는, 근본적으로 자연의 복제 능력에 의존하고 있는 것이다. 그런데 자연 상태에서의 복제는, '동일성'의 메커니즘이라기보다는 '변이'의 메커니즘이다. 자연 상태에서 생명의 발생은 곧 복제이다. 복제 기술의 창안은 생명의 역사에서 이루어진 기념비적인 사건이다. 생명은 화학물질이고, 유전의 물질적 기초는 DNA이다. DNA 이중나선구조는 분자들이 어떻게 자신을 복제하는지 명확하게 보여준다. 그 복제 과정은 그야말로 경이로운 역동적인 안정성을 보여준다.

> 교정과 수선이라는 정교한 과정을 지니고도 유전 안정성은 절대적이지 않으며, 또 그래서 다행이다. 만일 유전자가 정말로 불멸이고, 복제가 완벽하게 이루어진다면, 새로운 유전 구조들의 진화는 결코 이루어질 수 없었을 것이다. …… 이제 유전 안정성과 가변성이 그것들을 통제하는 특정한 메커니즘의 앞뒷면임이 증명되고 있다. 둘 다 효소가 관여하는 과정이며, 똑같아 보인다. 더구나 안정성과 가변성을 통제하는 메커니즘은 미묘한 균형상태에 있을 뿐 아니라, 그 균형 자체가 세포의 조절을 받고 있으며, 그 세포가 처한 특정한 환경에 반응하여 이동한다.(켈러, 『유전자의 세기는 끝났다』, 43~48쪽)

유전자의 복제(reproduction) 능력과 세포의 대사 능력, 이것은 생명을 정의하는 두 요소이다. 유전자의 복제는 '동일성'의 메커니즘이 아니라 '변이'의 메커니즘이며, 세포 또는 개체복제의 '안정성'은

<DNA복제의 수선 메커니즘> DNA는 그 자체만으로는 스스로를 복제할 수 없다. DNA복제는 그 과정을 수행하는 데 필요한 효소들이 없으면 수행되지 않는다. 게다가 DNA는 본래 안정되어 있는 것이 아니다. DNA의 통합성은 복제 과정에서 일어나는 복제 오류, 자발적 파손, 그 밖의 다른 손상들을 예방하거나 수선하는 단백질 갑옷을 통해 유지된다. 이런 정교한 감시, 교정, 수선 체제가 없다면, 설령 복제가 진행된다고 해도, 유전 현상에서 관찰된 안정성과 일치하지 않을 정도로 너무 많은 오류가 축적되면서 엉성하게 진행될 것이다.

유전자와 단백질 사이의 복잡하고 정교한 '분자적 대화'에 의해서 유지된다. 프리먼 다이슨은 『생명의 기원』이라는 책에서, 생명은 "독립적으로 진화한 두 하위체계(하나는 자기복제를 하면서도 오류를 내재하고 있는 핵산 분자들의 급속히 변화하는 체계이고, 다른 하나는 자가유지 특징을 지닌 더 보존적인 자가촉매 대사체계)가 공생적 융합을 한 결과로 출현할 수 있었다"고 주장한다. 인간복제가 근본적으로 자연의 이러한 복제 능력에 의존하고 그것을 이용하는 것인 한, 그것은 '코드에 의한 동일자의 암적인 무한 증식'과는 거리가 멀다. 두려움과 혐오감은, 복제기술 그 자체에서 비롯되는 것이 아니라, 복제에 대한 잘못된 이미지에서 비롯된다.

4. 복제시대의 새로운 윤리

벤야민이 근대적인 기술복제 가능성의 출현을 통해서 전통적인 '예술' 개념의 극복을 사유했던 것처럼, 인간(생명)복제 가능성의 출현을, 기존의 '성, 가족, 인간'에 대한 지배적인 표상과 제도들을 극복할 수 있는 새로운 가능성으로 사유할 수는 없을까? 인간의 복제 가능성의 출현은 '신성화된 인간중심주의'에 일정한 균열이 생기고 있음을 의미하며, 그 인간중심주의에 뿌리를 두고 있는 전통적인 가치관과 제도에 위협이 되고 있다. 그 균열과 위협은 지배적인 가치관 속에서 바라볼 때는 두려움의 대상이겠지만, 오히려 자연-인간-기계의 근본적인 연속성에 바탕을 둔 새로운 존재론과 윤리학을 사유할 수 있는 조건이기도 하다.

물론, 예술에서의 기술복제 가능성이 파시즘의 무기로 사용되었

<린 랜돌프, 「사이보그」, 1989년> 해러웨이는 사이보그의 세계는 '철저한 통제의 쇠창살'이 될 수도 있지만, '인간이 동물과 기계와 친척이 되는 것을 두려워하지 않는 그런 사회적·육체적 실재'에 관한 것일 수도 있으며, '정치적 투쟁은 이 양자의 관점을 동시에 보는 것'이고, '현재의 정치적 상황에서 저항과 재결속의 신화 이상으로 더 절실한 희망은 없다'라고 말한다. 어쩌면 우리에게 필요한 것은 생명공학이라는 괴물의 눈을 빌려 자신의 신체와 정체성과 관계들을 재조합하며 대담하게 그 가능성의 영역으로 도약할 상상력인 것은 아닐까? 그러한 도약은 오로지 인간에 부여된 특권(인간이 인간 스스로에게 부여한 '아우라')을 포기할 때, 비로소 가능할 것이다.

듯이, 생명복제 가능성은 자본주의적으로 이용될 수 있고 또 실제로 이용되고 있다. 난자와 유전자라는 생물학적 자원들이 상품화되고 이윤 창출을 위한 특허권의 대상이 되고 있다. 그리고 광범위하게 퍼져 있는 '유전자 환원주의의 신화'는 이미 세계 도처에서 유전적 특성 때문에 비싼 보험료를 내도록 강요당하거나, 건강보험 가입이나 취업을 거부 당하는 사태를 발생시키고 있다. '유전적 환원주의'는 유전공학 시대에 과학자들 사이에서 자연스럽게 발생한 하나의 편리한 작업가설이자 신화일 뿐 아니라, 기존의 전통적인 가치관들과의 타협의 산물이자 그것을 강화시키고 있는 새로운 세계관이기도 하다. 즉 그것은 전통적인 '도덕'과의 타협의 산물이자 그것을 강화시키는 무기이기도 한 것이다. 생명복제 시대에 절실히 요청되는 것은, 새로운 기술의 출현을 새로운 '윤리적 가능성'의 출현으로 새롭게 질문하고 사유하는 것이다. 마굴리스의 말처럼, '과학기술 그 자체는 생명의 연장'일 뿐이다. 마굴리스의 말처럼, 현 '인류'는 과학기술의 발달과 함께 새로운 존재 종(種)으로 진화(진화가 반드시 진보를 의미하는 것은 아니다)해가고 있는 것인지도 모른다.

.5강. 전자감시의 시대, 혹은 통제 사회의 도래

정정훈

1. '구글어스'와 '에너미 오브 스테이트'

'조선 민주주의 인민공화국'의 수도, 평양은 우리에게 뉴욕보다도 더 낯선 곳이다. 요즘은 그래도 몇몇 민간단체의 인사들이 평양을 종종 방문하곤 하지만 대부분의 일반인들에게 평양은 오로지 TV프로그램의 이미지만을 통해서 알게 되는 곳이다. 미디어의 이미지가 제공해주지 않는 평양의 모습을 우리는 도통 알 방법이 없는 것이다. 그런데 아직도 이런 소리를 하고 있다면 그것은 시대에 한참 뒤처진 이야기이다. 지금 당장 인터넷을 통해 '구글어스'(Google Earth)에 접속해서 프로그램을 다운받아보라. 그리고 검색창에 평양을 치면 당신은 평양 시내 곳곳을 위성사진을 통해서 눈으로 확인할 수 있다. 말로만 듣던 평양

정정훈(leftity@freechal.com) | '연구공간 수유+너머' 연구원. 자칭 연구실의 '도서관장'이다. 연세대 문화학협동과정에서 '탈국가적 정치주체에 관한 연구'로 석사학위를 받았다. 현재는 이주노동자운동과 연구실을 잇는 활동을 하고 있다. 요즘 관심사는 문화정치의 문제를 '횡단'(trans)의 관점에서 다시 사유하는 것이다.

주석궁이나 소년궁전 같은 곳의 지붕 위에서 벌어지는 일까지 볼 수 있는 것이다.

바레인에서는 이 '구글어스' 때문에 웃지 못할 해프닝이 벌어지기도 하였다. 바레인 국민들이 구글어스를 통해서 왕궁에서 이루어지는 왕족들의 호화판 생활을 눈으로 보게 되었고, 이로 인해 왕족에 대한 비판적 여론이 바레인 국민들 사이에서 형성되었다. 이렇게 되자 바레인 왕실은 구글에 강력하게 항의를 하였고, 결국 바레인 정부는 구글어스를 차단해버렸다. 이제 주소만 알고 있으면 당신의 책상에 앉아서 할리우드 스타가 사는 집의 정원도 볼 수 있고, 아랍 왕실의 화원도 구경할 수 있는 세상이 되었다.

하지만 이러한 사실은 역으로 당신의 앞마당 역시 불특정 다수에게 언제든지 노출될 수 있는 상황이 되었음을 의미하는 것이기도 하다. 무료로 제공되는 구글어스의 서비스만 사용하여도 내가 사는 아파트의 주차장에 주차된 자동차의 대수를 파악할 정도이고, 유료서비스를 사용하면 더욱 높은 해상도의 이미지를 제공받을 수 있다고 한다. 민간 기업에서 제공하는 위성 이미지가 이 정도로 자세하다면 정부에서 사용하는 군사용, 안보용 위성사진을 통해서 얻을 수 있는 이미지가 얼마나 구체적 정보를 제공할 수 있을지는 그리 어렵지 않게 상상할 수 있을 것이다. 해상도 높은 위성 카메라를 사용하는 누군가가 마음만 먹는다면 당신의 내밀한 사생활까지 들여다볼 수 있는 조건은 이미 갖추어져 있는 것이다.

윌 스미스가 주연한 「에너미 오브 스테이트」라는 영화는 바로 이러한 상상을 스크린에 옮겨놓은 영화이다. 미국 국가안보국(NSA)의 비리를 담은 디스켓을 어느날 우연하게 소지하게 된 주인공은 NSA에

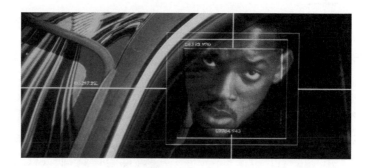

<권력은 당신을 지켜보고 있다> "당신이 어디에 있든지, 누굴 만나서 무엇을 하든지, 당신 몸에 부착된 전자장치는 당신의 일거수 일투족을 포착할 수 있다." 이것이 단지 할리우드의 스릴러적 상상세계에서나 가능한 것일까? 거리에 설치된 무수한 CCTV, 당신의 위치를 정확히 알려주는 핸드폰의 GPS, 정부와 기업의 데이터베이스에 입력된 당신의 신상정보는 단지 우리의 안전을 지켜주기 위해서 사용되기만 할까?

게 쫓기는 신세가 된다. 그가 어디를 가든 CCTV, 도청장치, GPS 등에 의해서 그의 위치는 발각된다. 자신을 죄어오는 NSA의 감시망으로부터 완전히 숨을 수 있는 방법은 그가 착용하고 있던 모든 전자장비를 버리는 것이었다. 생활의 편리를 도왔던 디지털 전자장비가 바로 그의 위치 정보를 감시자에게 송신하는 장치가 되었던 것이다.

「에너미 오브 스테이트」는 현대의 디지털기술이 개인의 사생활을 언제 어디서나 추적하고 감시할 수 있는 시스템을 구축하고 있음을 보여준다. 그것이 단지 영화 속의 허구만이 아니라는 것은 '구글어스'처럼 우리가 일상생활 속에서 경험하는 전자기술이 증명하고 있다. 그리고 현대의 많은 사회이론가들은 이런 전자감시가 현대 사회의 권력이 우리의 삶을 통제하고 관리하는 핵심적 방식이 되었다고 이야기하고 있다.

2. 팬옵티콘—근대인의 조건

「에너미 오브 스테이트」에서 권력이 개인의 생활을 추적하고 감시하는 양상은 위성카메라, 도청장치, CCTV와 같은 최첨단 디지털기술에 기초하고 있다. 이는 감시라는 권력의 기술은 전자기술이 고도로 발전한 현대 정보사회에서나 가능한 것이라고 생각하기 쉽게 만든다. 그러나 미셸 푸코는 감시가 전자기술이 출현하기 이전부터 작동하여온 권력의 기술임을 보여준다. 그에 따르면 감시는 근대적 주체가 만들어지는 기본 조건의 역할을 하였다.

푸코는 이를 감옥의 역사에 대한 연구를 통하여 보여주고 있다(푸코, 『감시와 처벌』). 푸코는 18세기의 공리주의 철학자 벤담이 이상적인

<감시탑은 수용소에만 있지 않다> 이탈리아의 철학자 조르조 아감벤은 오늘날 우리가 살고 있는 곳은 도시가 아니라 수용소(camp)라고 했다. 단지 권력의 감시에 적나라하게 노출된 수인의 삶이라는 의미만이 아니라 우리의 행위, 판단, 감각이 권력의 시선에 의해서 주조되는 세계에 살고 있다는 것이다. 그렇다면 유태인의 일상을 감시하고자 했던 저 아우슈비츠의 감시탑은 아우슈비츠 수용소에만 있는 것이 아니라, 바로 우리의 일상에도 존재하는 것이 아닐까? 범죄와 일탈행위를 처벌하기 위한 감시가 아니라 건전한 삶의 방식을 규정하는 장치로서의 감시탑!

감옥 형태로 구상했다는 팬옵티콘(panopticon)이라는 감옥 설계도에서 근대적 감시체제의 기본적인 모델을 발견했다. 팬옵티콘은 '모두'를 뜻하는 'pan'과 '본다'는 뜻의 'opticon'이 결합되어 만들어진 용어이다. 즉 팬옵티콘이라는 용어는 '모두 다 본다'는 뜻을 담고 있다. 팬옵티콘은 원형으로 된 건물과 그 중앙에 세워진 원형 감시탑으로 이루어져 있다. 그리고 중앙 감시탑에서는 바깥의 원형 건물들을 볼 수 있는 큰 창문들이 뚫려 있다. 죄수들의 방은 원형 건물 안에 독방 형태로 만들어져 있고 감시탑에서는 언제나 이 방들을 볼 수 있다. 죄수들의 방에서는 중앙 감시탑 안을 볼 수 없게 되어 있다. 죄수들은 자신을 감시하는 중앙 감시탑의 시선을 알 수 없지만 중앙 감시탑에서는 죄수들의 일거수 일투족을 바라볼 수 있는 것이다. 혹시 감시의 시선이 자신을 바라보지 않겠지 하고 규칙을 어기다가 그것이 발각되었을 때는 신체적 처벌을 받게 된다. 이런 과정이 반복되면 죄수들은 자신의 행동을 주시하는 감시자의 시선을 항상 의식하면서 행동할 수밖에 없게 된다. 결국 팬옵티콘의 구조를 통해서 죄수들은 중앙의 탑에서 나오는 감시의 시선을 내면화하게 되어 스스로를 감시하게 되며 그는 감옥의 규칙에 순응하는 순종적인 주체로 만들어진다는 것이다.

푸코는 이 과정을 훈육(discipline)이라고 개념화했다. 감시와 처벌의 메커니즘을 통해서 개인들을 특정한 행위양식과 사고방식을 자신의 신체에 깊이 내면화한 주체로 만드는 방식이 푸코가 말하는 훈육이다. 푸코에 따르면 근대적 주체는 바로 이러한 훈육의 기술에 의해서 만들어진 것이다. 팬옵티콘 구조를 통해서 행해지는 훈육은 단지 감옥에 국한된 것이 아니다. 사실 팬옵티콘형의 감옥은 단 한 번도 실제로 건설된 적이 없다. 그러나 그것은 근대적 주체를 생산하는 기본적인 형태를 권력에게 제공했다. 감옥뿐만이 아니라 학교, 병원, 공장, 교회, 군대 등에서 공간을 용도에 맞게 분할하고 각 공간에 걸맞는 행위양식과 사고방식을 감시와 처벌이라는 메커니즘을 통해서 개인의 신체에 각인시킴으로써 개인을 특정한 주체로 만들어간다. 다시 말해 팬옵티콘은 근대적 주체가 생산되는 가장 기본적인 과정을 보여주는 모델인 것이다.

이는 우리의 일상적인 경험에 비추어 쉽게 알 수 있는 것이다. 어린 아이 시절부터 지금에 이르기까지 가족, 학교, 군대, 회사 등의 여러 공간을 거치면서 우리는 그에 걸맞는 사회적 주체가 되어왔다. 자녀, 학생, 군인, 회사원 등에 적합한 사고방식과 행위양식을 우리의 몸에 익히는 과정은 가정, 학교, 군대, 회사 등의 공간에서 감시와 처벌이라는 과정을 통해서 이루어졌다. 부모의 시선은 아이가 해도 될 것과 해서는 안 될 것을 주시하며, 만약 아이가 해서는 안 될 일을 한다면 벌을 가한다. 이러한 감시와 처벌의 메커니즘은 학교에서 더욱 분명하게 드러난다. 학생이 되면 번호를 부여받고 열과 오에 따라 배열된 의자에 앉아서 교사의 감시의 시선을 받으며 규칙을 따르는 삶을 배운다. 규칙을 위반할 경우 교사의 재량이나 학칙에 따라서 다양한 징계를 받게 된다. 이러한 과정은 군대나 회사에서도 동일하게 진행된다. 근대적 주체를 생산하는 역할을 맡고 있는 다양한 기구들은 감시체제를 기반으로 그 기능을 수행한다. 이런 의미에서 감시는 근대적 주체의 가능조건이라고 할 수 있을 것이다.

팬옵티콘이 가정, 학교, 군대, 회사, 병원 등의 다양한 근대적 주체 생산의 장소에서 동일하게 나타나는 권력의 모델이라고 할지라도 이 모든 주체생산의 장소는 각자의 고유한 내적 논리에 의해 분절되어 있다. 아이가 학교에 들어가면 "여기가 집인 줄 알아? 넌 이제 학생이야. 학생답게 굴어야지"라는 말을 듣게 되고, 학교를 졸업하고 회사에 들어가면 "여기가 학교인 줄 알아요? 당신은 이제 사회인이야!"라는 말을 듣게 된다. 학교는 학생이라는 형태로, 군대는 군인이라는 형태로, 회사는 노동자라는 형태로 각각의 장소에 고유한 주체를 생산한다. 다시 말해 가정, 학교, 군대가 주체를 생산하는 구체적 방식은 각 장소 마다 고유한 차이를 가지고 있는 것이다.

3. 전자 팬옵티콘—탈장소적 감시

그러나 이렇게 특정 장소에 기초하여 개인들을 감시하는 권력의 기술은 현재 급속하게 변화되는 중이다. 이제 감시는 특정한 장소 내부에서만 이루어지지 않는다. 현대 사회의 감시는 장소적 경계를 가로질러 주민들의 삶 전체를 아우르고 있다. 가정, 학교, 군대, 병원, 기업 등과 같은 특정한 장소에 국한된 감시, 즉 장소화된 감시가 아니라 무차별적 대중을 향한 탈장소적 감시로 변화되고 있는 것이다. 이러한 감시의 탈장소화 현상은 전자기술의 급속한 발전으로 인해 가능해졌다. 인터넷으로 대표되는 디지털 네트워크, 위성 시스템, CCTV 등과 같은 다양한 전자장비들은 주민의 삶을 추적하고 기록하며 관리하는 감시 권력의 패러다임이 변화되는 주요한 계기였다.

2000년대 초반 전 세계를 떠들썩하게 했던 애셜론(Echelon) 사건은 전자기술에 기반한 탈장소적 감시 시스템을 잘 보여주고 있다. 애셜론이란 전 세계의 전자통신을 실시간으로 모니터링하는 도감청 시스템이다. 이 시스템은 미국, 영국, 캐나다, 호주, 뉴질랜드 등 앵글로색

슨족의 국가들이 맺은 1947년 비밀협정의 일부로 창설되었다. 애셜론은 미국의 국가안보부(NSA)가 관장하며 각 국가의 정보기관들이 수행하는 도청의 성과들은 공유된다. 그 도청 내용은 영국의 노스 요크셔 멘위드 힐(Menwith Hill) 지역에 소재한 미군기지와 콘월 모웬스토우(Morwenstow) 지역에 있는 영국 총사령부(GCHQ) 감청기지 등을 포함한 지상중계소로 집중되어 분석된다. 120여 개가 넘는 위성의 감시망을 사용하여 애셜론은 시간당 2백만 건, 한 달에 1억 건의 이메일, 전화, 팩스, 텔렉스의 내용을 도청할 수 있다. 이 시스템은 '핵무기', '납치', '폭파', '미사일', '각국의 국가원수 이름' 등과 같은 특정 키워드들이 담긴 통신내용을 자동적으로 검색하고 분석하며, 필요에 따라서 키워드는 변경이 가능하다. 9·11 직후 제정된 반테러법은 CIA나 FBI와 같은 안보조직이 애셜론을 이용하여 개인의 은행계좌 거래내역, 신용카드 사용내역 등과 같은 신상정보를 수집하는 것을 허용하고 있다(홍성욱, 『파놉티콘 : 전자사회 정보감옥』, 82쪽).

'핵무기', '납치', '폭파' 등과 같은 키워드는 애셜론이 테러나 범죄와 관련된 특수한 영역에서 도청활동을 수행한다고 생각하기 쉽게 만든다. 하지만 애셜론의 존재를 폭로한 유럽연합의회는 이 시스템의 가장 중요한 목적이 "군사목적의 통신이 아닌 민간기업 및 상업적 통신에 대한 도청"에 있다고 주장했다. 유럽연합의회에서 작성된 애셜론 관련 보고서는 유럽의 시민과 기업들은 모든 전자통신 작업을 암호화하여 실행하도록 권고하고 있기도 하다. 캐나다 정보국(CSE)의 한 전직 요원에 따르면 어느 여성이 그녀의 친구에게 테러나 범죄와 관련하여 아무런 혐의점도 없는 단순한 내용의 전화통화를 하면서 애매한 단어를 썼다 하여 그녀의 이름, 전화번호 등이 잠재적 테러리스트 혐의자명단에 기재된 적이 있다고 폭로하기도 하였다(문성호, 「개인 프라이버시 침해하는 '애설론'」, 하니리포트, 2001년 5월 28일자). 이러한 사실은 애설론의 활동이 테러나 국제범죄와 같은 안보관련 영역에서만 도청 같은 감시활동을 전개하는 데 그치는 것이 아니라 민간기업의 활동이나 시민들의 일상생활까지 감시하고 있음을 강력하게 시사하고 있다.

이러한 탈장소적 감시를 잘 보여주는 또 다른 사례는 CCTV이다. 우리는 이제 어느 곳을 가든지 CCTV를 만날 수 있다. 엘리베이터, 편의점, 은행, 관공서 등은 물론이고 도로와 골목에도 CCTV가 설치되어 있다. 최근에는 서울 지역에 집중되어 있던 CCTV 감시체계가 지방의 소도시로까지 확대되며 전국화되고 있다. 방범용 CCTV 도입의 선구적 역할을 했던 서울 강남구는 2007년에 방범용 CCTV를 더욱 확대할 계획을 가지고 있으며, 강남구에서만 80억 원에 달하는 CCTV수요가 있을 것으로 예측되고 있다. 또한 대전, 충남, 경북, 제주 등 거의 모든 지방자치단체에서 지역에 CCTV를 도입하거나 확대하는 정책을 취하고 있다. 이진복 CCTV산업협동조합 이사장은 "지자체와 정부부처의 수요가 크게 확산되고 있어 올해 CCTV 시장 규모는 작년보다 두 배 늘어난 800억 원대에 이를 것"이라고 시장 확대의 전망을 밝히기도 하였다(『전자신문』, 2007년 1월 8일자). 대한민국의 모든 거리에 CCTV가 설치되기 시작하고 있는 것이다.

CCTV에 의한 감시체제가 가장 발달한 나라 중 하나가 영국이다. 영국에는 5백 개 이상의 도시에 200만 대가 넘는 CCTV가 설치되어 있다. 특히 CCTV가 디지털기술과 연결되면서 감시 능력은 더욱 강화되고 있다. 영국의 CCTV 감시기술은 런던의 중심가를 지나는 차량의 번호판을 CCTV를 통해 디지털화하고 정보를 검색하여 도난 차량이나

<이동하는 감시-기계> 전 근대적 감시의 이미지를 신이 표상했고, 근대적 감시의
이미지를 팬옵티콘이 재현했다면, 현대적 감시의 이미지는 인공위성이 상징하고
있다. 인공위성에 의한 전 지구적 감시는 신적 감시와 팬옵티콘적 감시의 종합이
다. 신적 감시는 인간이 살아가는 세계를 초월한 감시이고, 팬옵티콘적 감시는 인
간에 의한 인간의 생활세계 내부에서의 감시이다. 그러나 우주의 공간에서 지구를
감시하는 인공위성의 감시는 어떤 성격의 것일까? 그것이 인간에 의한 감시라는
점에서 팬옵티콘과 닮았다면, 인간의 일상적 생활세계를 초월한 영역에서 감시가
이루어지고 있다는 점에서는 신적 감시와 닮지 않았는가!

범죄에 사용된 차량을 적발할 수 있을 정도로 발달해 있다. 미국 역시 CCTV와 디지털기술의 융합을 통한 전자감시 시스템을 계속 발전시키고 있다. 2001년 수퍼볼이 개최된 경기장에서는 10만에 달하는 관람객의 얼굴을 비디오 카메라로 찍어 위험인물 리스트에 올라 있는 인물의 얼굴과 비교하는 기술을 선보였고, 이후 이 기술은 플로리다 주 탬파(Tampa) 시에 의해 치안용으로 도입되었다. 탬파 시는 36대의 CCTV를 유흥가에 설치하여 하루 최대 15만 명 정도를 촬영하고 이렇게 입수한 얼굴 정보를 중앙컴퓨터에 입력된 수배자의 얼굴과 비교하는 작업을 수행하고 있다(홍성욱, 『파놉티콘 : 전자사회 정보감옥』, 80쪽). 미시시피 주의 빌럭시(Biloxi) 시에서는 시내의 모든 공립학교 학생을 CCTV를 통해서 감시할 계획을 진행 중이다. 400대의 카메라가 교실, 강당, 화장실, 심지어는 여학생용 탈의실에도 설치가 되고, 교칙에 위배되는 행위를 하는 학생을 카메라가 추적하게 된다. 학교 관리자들은 인터넷을 이용하여 CCTV에 입수된 정보를 확인할 수 있다(젠슨&드래펀, 『웰컴 투 머신』, 59쪽).

이와 같은 탈장소화된 감시는 국가기관이나 학교당국과 같은 공공의 권력기관에서만 수행하는 것이 아니다. 민간기업이 소비자 정보의 축적을 위해 개발한 다양한 기술들은 탈장소적 감시에 사용될 여지를 다분히 가지고 있다. 미국의 '슈퍼마켓 프라이버시 침해와 번호부여를 반대하는 소비자 모임'(CASPIN)의 설립자, 캐서린 알브레히트가 『덴버 대학 법학평론』지에 소비자의 프라이버시를 침해할 수 있는 기술인 RFID(일종의 전자태그)의 문제점을 비판한 글은 전자기술을 통한 탈장소적 감시가 민간기업 차원에서 충분히 가능함을 보여주고 있다. 알브레히트는 이렇게 쓰고 있다.

RFID(Radio Frequency Identification)라는 새로운 제품 추적 시스템이 우리의 생활 전반에 침투해 프라이버시에 심각한 영향을 미치고 있다. 초소형 컴퓨터의 무선주파수(Radio Frequency) 인식기술로 이루어진 자동 ID 덕분에 전 세계 모든 공급체인에서 제품을 확인하고 추적할 수 있다. 이 시스템은 볼펜부터 치약에 이르기까지 거의 모든 물리적 품목에 적용이 가능하며, 삽입된 다른 제품들에 신호를 보낸다. 칩은 판독기나 유사한 칩이 삽입된 다른 제품들에 신호를 보낸다. 분석가들은 이 시스템을 이용하여 지구상의 모든 물품의 확인과 추적이 가능한 시기를 점치고 있다. 자동 ID는 ePC(전자제품 코드)라는 숫자 배열을 전개한다. ePC는 전 세계 모든 물건에 고유한 ID를 부여할 수 있다.(젠슨&드래편, 『웰컴 투 머신』, 19~20쪽에서 재인용)

RFID 시스템은 담배 갑, 음료수 캔, 면도날 한 박스에까지 고유번호를 부여하고 그 물건들의 이동을 추적할 수 있다. 이러한 과정을 통해 기업은 자신들이 생산한 제품이 어디의 누구에 의해 소비되는지에 대한 정보를 획득할 수 있게 된다. 그러나 동시에 이는 RFID 태그가 부착된 제품을 구매한 구매자의 위치정보가 기업에 의해 입수될 수 있다는 것을 뜻하기도 한다. 당신이 RFID 태그가 부착된 담배를 사서 이틀 동안 가지고 다녔다면 그 이틀 동안의 당신의 이동경로 모두가 기록되는 것이다.

전자기술을 통해 위치정보를 획득하는 기술은 미국과 같은 먼 나라의 일만이 아니다. 이미 한국 사회에 널리 보급되어 있는 휴대폰에 탑재된 GPS기술은 RFID 태그처럼 휴대폰 소지자의 위치정보를 기업의 중앙컴퓨터에 송신하고 있다. 각 이동통신사들이 제공하는 '친구찾기'나 '엔젤아이' 같은 서비스들은 GPS를 이용하여 위치정보를 입수하는 기술에 의해 가능한 것이다. 상황이 이쯤 되면 「에너미 오브 스테이트」에서 등장하는 각종 감시기술이 영화인들의 상상력이 만들어낸 허구라고 단정짓기 어려워진다. 이미 지금까지 언급한 사례들만으로도 우리의 일상생활 깊숙이 전자감시기술이 침투해 있음을 쉽게 알 수 있다.

현대 사회의 전자감시체제는 팬옵티콘을 모델로 한 근대적 감시체제와는 뚜렷한 차이를 가지고 있다. 다시 말해 근대적 감시체제가 장소화된 감시를 그 특징으로 한다면, 현대적 전자감시체제는 탈장소화된 감시가 특징적인 것이다. 앞에서도 논의했듯이 훈육이라는 형태로 실현되는 근대적 감시는 특정한 장소에 국한된 것이었다. 하지만 우리가 살펴본 전자감시시스템들은 특정한 장소에 고유한 규칙들에 위배되는 행동들만을 감시하는 것이 아니다. 애셜론은 전 지구적 규모에서 벌어지는 불특정한 통신행위를 감시하며, 거리의 CCTV는 그 거리를 지나는 불특정 다수의 인구를 감시한다. RFID나 GPS는 한 장소에서 다른 장소로 이동 중인 자들의 위치를 추적할 수 있다. 이런 모든 전자감시기술들은 특정한 장소의 경계를 넘어서는 것을 그 특징으로 한다. 다시 말해 현대 사회의 전자감시시스템은 가정, 학교, 회사 등과 같은 특정한 장소 내부에 국한되지 않는다. 그것은 다양한 장소적 경계를 가로지르는 탈장소적 감시인 것이다.

그러나 현대의 감시체제가 전자적이고 탈장소적이라는 특징을 가지고 있다고 하여 근대적 감시의 모델인 팬옵티콘과 근본적으로 단절하고 있는 것은 아니다. 현대 사회의 감시시스템 역시 감시하는 권력의 시선을 피감시자에게 내면화하려 하고 피감시자를 특정한 삶의 방식에 묶어둔다는 측면에서 팬옵티콘의 모델과 연속적인 성격을 가지고 있다. 이러한 측면에서 현대의 전자화된 탈장소적 감시체제를 전자 팬옵티콘이라고 부를 수 있을 것이다.

4. 통제 사회

현대 사회의 곳곳에서 변화와 혁신이라는 말이 널리 유행하고 있다. 학교, 군대, 병원, 공장 등 근대적 훈육이 이루어지던 제도적 장소들은 "변화해야만 살아남을 수 있다"고 외치며 부단한 혁신을 단행하고 있다. 학교에서만 이루어지던 교육이 평생교육으로 전환되고 있고, 대학은 순수한 학문연구 기관에서 이제 기업에 필요한 맞춤형 인재를 양성하는 기관으로 변화되고 있다. 이러한 변화의 물결에서 가장 엄격한 규율에 의해서 작동하는 군대라고 예외는 아니다. 군대에도 사병들 간의 각종 가혹행위들이 금지되고, 학생출신의 군인들은 복무 중에도 학점을 이수할 수 있게 되었다. 기업 역시 노동자와 단체협상을 통하여 임금을 책정하지 않고 개인별로 협상하여 연봉제와 성과급제 등 다양한 차등임금제를 도입하고 있다.

근대적 주체생산의 장소들이 이러한 변화와 혁신을 단행하고 있다는 것은 이 장소들과 제도들이 변화하지 않으면 안 되는 이유를 가지고 있다는 것을 보여준다. 전통적 방식으로는 자신의 목적을 달성하기 어려운 상황, 즉 위기에 처해 있음을 드러내고 있는 것이다. 대학과 기업의 경우를 살펴보자. 기업은 대학을 졸업하고 입사한 신입사원들을 즉시 업무에 투입하지 못하고 막대한 시간과 예산을 들여 재교육해야 하는 비용의 낭비를 감수하여 왔다. 이런 비용의 낭비를 막기 위해서 기업은 대학에 기업에 적합한 지식과 능력을 학생들이 갖출 수 있도록 요구한다. 국가기관의 지원이 줄어드는 상황에서 대학은 자원의 조달을 위해 기업의 지원을 더 많이 받아야 살아남을 수 있는 처지이기 때문에 기업의 요구를 받아들일 수밖에 없다. 대학은 이러한 상황을 타개하기 위하여 기업의 이윤추구 활동에 별다른 유용성을 제공하지 못하는 인문학 분야에 대한 지원을 줄이고, 학제를 기업에 필요한 지식과 능력을 배양할 수 있는 시스템으로 재배치한다. 대학의 총장으로 CEO 출신의 기업인이 부임하고 기업의 프로젝트를 많이 수주하는 교수가 각광받고 있으며, 아예 연구실 자체가 기업이 되는 상황이 도래하고 있다. 대학이 기업의 인력 양성소로 변화되며 대학의 연구기능은 기업의 R&D 센터로 전환되고 있는 것이다.

이러한 현상을 대학의 기업화라고 한다면, 이와는 반대되는 현상도 출현하고 있다. 기업이 교육기관으로 변모하고 있는 것이다. 기업은 사원에 대한 지속적인 교육을 강조한다. 소위 평생교육(life long education)이 그것이다. 경제적 패러다임이 소위 지식기반경제로 변화하면서 노동자들이 새로운 지식을 지속적으로 습득할 수 있고, 또 새로운 지식을 개발할 수 있는 자원이 되는 것이 중요해지고 있다. 이에 따라 기업은 사원들이 계속하여 새로운 지식을 학습할 수 있는 기회를 다양한 방법으로 제공하고 있다. 사원들의 외국어 학습을 비롯한 금융, 회계, 기술 관련 자격증 취득을 위한 학원수강을 경제적으로 지원하고 있고, 필요에 따라서는 국내 대학원 진학이나 유학을 지원하기도 한다. 기업의 교육기관화라고 할 만한 현상이 나타나고 있는 것이다.

대학의 기업화와 기업의 교육기관화 등과 같은 상황은 교육과 기업이라는 뚜렷하게 변별되던 제도적 영역의 경계가 흐려지고 뒤섞이

<전자팔찌, 탈장소화된 감시> 현대 사회의 감시는 이제 더 이상 특정한 장소에 고착되지 않는다. 전자통신기술에 기반 한 감시는 삶이 영위되는 모든 장소로 떠돌며 퍼져나간다. 이동성이 현대 사회 전자감시의 특징이 되고 있는 것이다. 지구 위를 순회하는 인공위성의 전자신호와 공명하는 전자팔찌는 이러한 이동하는 감시를 잘 보여준다. 권력이 부과한 '올바른' 삶의 방식으로부터 일탈할 수 있는 가능성을 추적하며 방지하고자 하는 전자감시는 감시의 외부란 없다는 것을 주민들의 신체와 무의식에 각인시키고자 한다. 중요한 것은 전자팔찌 그 자체가 아니라 '선량한' 우리도 권력에 의해 규정된 삶의 방식으로부터 벗어나고자 할 때 그 팔찌를 찰 수 있다는 가능성이다. 이때 전자팔찌는 그것을 착용하지 않은 자에게까지 감시의 효과를 미치게 되는 것이다.

고 있음을 보여준다. 그리고 이러한 제도들의 탈경계화와 혼합은 동시에 각각의 제도적 경계 내부에서 그에 걸맞는 주체를 생산하던 고유한 방식 역시 달라지고 있음을 의미하는 것이다. 더 이상 학생과 노동자는 명백하게 구분되는 주체가 아니다. 대학이 기업화되고 기업이 교육기관화되는 상황에서는 학생 역시 잠재적 노동자이며 노동자 역시 잠재적 학생이다. 그러므로 더 이상 훈육을 통하여 학생이란 주체를 생산하는 학교의 고유한 주체생산방식도, 노동자란 주체를 생산하는 기업의 고유한 주체생산방식도 적절한 주체생산방식일 수 없다.

이러한 변화는 대학과 기업의 경우뿐만이 아니라 사회 전반에서 나타나고 있다. 들뢰즈에 의하면 권력이 훈육의 기술을 통하여 근대적 주체를 생산하던 감옥, 병원, 공장, 학교, 가정 등의 다양한 제도와 장소들은 위기에 처해 있다. 대신 권력은 주민을 관리하는 새로운 기술을 도입하고 있는데 그것이 바로 통제(control)이다. 들뢰즈는 이런 맥락에서 우리가 살아가는 사회가 훈육 사회에서 통제 사회로 변화하고 있는 중이라고 하였다(들뢰즈, 『대담』, 199쪽).

훈육이 일정한 규격화된 상품을 생산하는 주형(module)을 모델로 하고 있다면, 통제는 순간순간 스스로 변하는 주형, 혹은 이리저리 변형될 수 있는 그물과 같은 모듈레이션(modulation)을 그 모델로 하고 있다. 다시 말해, 훈육의 과정을 통해 생산되는 학생이라는 주체는 동일한 시간표를 따라 학습하며 동일한 공간 안에 자리를 할당받고 동일한 교육과정을 학습함으로서 규격화된 주체가 된다. 그러나 평생교육의 과정 속에 놓인 현대 기업의 노동자는 업무와 학습이라는 상이한 활동을 알아서 조절하며 각 상황에 적합한 주체로 자신을 스스로 변형하는 주체이다. 그럼에도 업무와 학습이라는 상이한 활동을 통합하는 하나의 원리가 그 안에서 작동한다. 그것은 기업이 필요로 하는 인력이 되어야 한다는 것이다. 이 원리가 업무의 상황과 학습의 상황에서 다르게 변조(modulation)되어 실행되는 것이고, 이것이 바로 통제가 작동하는 방식이다.

그러므로 통제는 특정한 제도와 장소에 국한되는 권력의 작동방식이 아니다. 그것은 다양한 제도와 장소들로 이루어진 사회 전체를 가로지르는 탈경계적이며 탈장소적인 주체생산의 기술인 것이다. 훈육이 학교, 공장, 병원, 가정, 감옥 등과 같은 분절된 제도와 장소를 통해서 개인의 신체에 작동했다면, 통제는 그러한 제도와 장소들을 가로질러 사회 전체를 동일한 코드로 관리하는 권력의 작동방식이다. 모든 훈육적 장소는 동일한 통제의 논리에 의해서 초코드화된다. 통제의 핵심은 이 탈장소적이고 초코드화된 권력의 명령이 주체들에게 내면화되어 있다는데 있다. 통제 사회의 주체들은 사회를 분절하는 각각의 제도에 고유한 명령에 의해 움직이지 않으며 그 제도들을 관통하는 하나의 명령을 자기 내부의 목소리로 듣고 있는 것이다(네그리 & 하트, 『제국』 참조).

여기서 훈육 사회와 통제 사회의 특징에 부합하는 기계의 유형에 대한 들뢰즈의 구별은 우리에게 시사하는 바가 크다. 훈육 사회에는 거대 공장의 생산라인을 이루고 있는 컨베이어 벨트나 건설기기와 같은 역학적 기계들이 부합한다면 통제 사회에는 정보기기와 컴퓨터 등이 부합한다. 통제 사회의 기계인 각종 정보기기와 컴퓨터 등과 같은 전자 기계들은 다양한 "요소를 열린 환경 속에 매순간 위치시키고자 하는 통제 기구"의 역할을 한다. 이러한 통제 기구들이 하는 일은 "합법 혹은 불법적인 각자의 위치를 알아내고 만인 공통의 변조를 시행하는 것"이다(들뢰즈, 『대담』, 203쪽). 이러한 기계들은 근대적 주체를 훈육해온 각종 제도들의 성격을 변화시킨다. 앞에서 논의한 학교와 기업의 변화와 더불어 감옥이나 병원 역시 변화되고 있다. 감옥 제도는 유죄 선고를 받은 자를 감옥에 가두는 대신 그에게 전자팔찌를 채워서 정해진 시간 동안 자기 집에 묶어두는 방식을 사용하게 되고, 병원 제도의 경우에는 '의사도 환자도 없는' 새로운 의학이 출현하여 잠재적 환자들과 병리학적으로 위험한 사람들을 골라내는 일이 중요한 과제가 되고 있다.

우리는 여기서 전자 팬옵티콘이라고 할 수 있는 현대의 탈장소적 감시체제와 통제 사회가 매우 긴밀하게 연관되어 있음을 알 수 있다. 감시의 방식이 특정한 장소를 중심으로 진행되던 것에서 탈장소적으로 변화하게 된 것은 근대적 주체생산의 제도적 경계가 흐려지고 혼합되는 상황으로 인한 것이다. 학교의 학생과 기업의 노동자가 더 이상 구분되지 않는 현재의 상황은 회사와 학교라는 특정한 장소에서 이루어지는 감시를 불충분한 것으로 만들고 있다. 다양한 업무들을 직면하며 그때그때마다 그에 필요한 행동과 판단을 하나의 원리를 변조하며 실행할 수 있는 주체들을 생산하는 방식이 통제이고, 그 주체들이 그러한 원리에서 이탈하여 통제를 벗어나는 것을 방지하기 위한 감시의 방식이 바로 탈장소적 감시체제이다. 그리고 이러한 통제 사회를 위한 감시가 통제 사회의 고유한 기계 유형인 정보기기와 컴퓨터를 통해서 작동하고 있는 것이다. 이러한 맥락에서 우리는 전자 팬옵티콘이라는 탈장소적 감시체제가 통제 사회의 감시방식이라는 것을 어렵지 않게 이해할 수 있다.

5. 출구 : 통제에서 창조로

위성과 전자 네트워크를 통한 도감청이나 위치추적, 방대한 디지털 파일을 통한 개인신상정보의 데이터베이스화, 그리고 이러한 데이터베이스와 연결된 CCTV에 의한 전 사회적 감시체제는 우리가 살고 있는 이 세계가 민주주의 사회라기보다는 빅브라더가 지배하는 사회가 아닌가 하는 의심을 하게 만든다. 무차별적 대중에 대한 전 사회적 감시를 가능케 하는 전자 팬옵티콘과 현대 사회의 주체들에게 권력의 원리를 내면화시키는 통제 사회는 이런 빅브라더의 지배를 벗어날 수 있는 가능성, 혹은 권력에 대한 민주적 제어의 가능성을 회의하게 만든다.

그러나 통제 사회가 훈육 사회보다 더 억압적이라거나 혹은 덜 나쁜 것이라고 볼 필요는 없다. 통제 사회에 대해서 두려워하거나 공허한 희망을 가질 필요는 없는 것이다. 필요한 것은 통제 사회에 대항할 새로운 무기를 찾는 일이다(들뢰즈, 『대담』, 199쪽). 푸코의 말대로 권력이 있는 곳에는 늘 저항이 존재하며, 우리 사회에 촘촘히 퍼져 있는 권력의 그물에는 언제나 누수가 일어나고 있는 것이다. 문제는 권력의 새로운 기술에 저항하는 새로운 방식이며, 새로운 무기이다. 그렇다면 우리는 통제 사회에 대항하는 새로운 무기를 어떻게 찾을 수 있을까?

현대 사회에서 권력에 의한 대중의 감시가 강화되고 치밀해지는 것만은 아니다. 이에 대해 저항하는 활동과 역으로 대중에 의한 권력의 감시 역시 이루어지고 있다. 한국에서도 1995년부터 전자주민카드 도입이 정부에 의해서 추진되었다. 전자주민카드에는 주민등록증, 주민등록 등초본, 인감, 지문, 운전면허증, 의료보험증, 국민연금 등의 7개 증명과 41개 항목의 정보가 통합되어 수록될 예정이었다. 그러나 인터넷을 비롯한 전자 네트워크의 민주화를 위해서 활동하는 진보넷을 필두로 한 여러 시민사회단체들의 지속적인 비판과 저항, 그리고 대중적인 반대 여론으로 인하여 전자주민카드 도입은 좌절되었다. 감시의 도구들이 확장되는 것을 막는 활동이 필요한 것이다.

또한 권력이 대중을 감시하기 위해 사용하는 전자기술은 권력을 감시하고 권력에 저항하는 활동의 도구가 되기도 한다. 전자기술을 사용하여 권력을 감시하는 대중들의 자발적 노력은 황우석 사건에서도 명백하게 나타난다. 정부와 언론 그리고 기업과 대학 같은 막강한 권력 집단의 지지와 지원에 힘입어 국민적 스타가 된 황우석의 논문이 조작된 것임을 밝히는 데 젊은 생명과학자들의 자발적 온라인 커뮤니티인 생물학정보연구센터(BRIC)의 역할이 매우 컸다. BRIC은 황우석의 논문이 가진 문제점을 지속적으로 제기하였고, 여기서 제기된 문제들이 인터넷을 통하여 대중들에게 유포되면서 결국 언론의 보도로까지 이어지게 되었다.

이와 비슷한 사례들은 세계 곳곳에서 발견된다. 미국 정부가 운영하는 생물학과 의학 연구기관인 미국국립보건원(National Institute of Health)이 파푸아뉴기니의 원주민들에게서 채취한 혈청에 특허를 낸 사건이 있었다. 이 사건에 대해서 미국의 시민단체인 RAFI가 2년여간 반대운동을 전개하여 결국 미국국립보건원이 그 특허를 포기하게 만들었다. 이 반대운동 과정에서 인터넷 사이트와 메일링 리스트와 같은 전자 네트워크의 역할이 매우 컸다(홍성욱, 『파놉티콘 : 정보사회 정보감옥』, 121쪽).

권력을 감시하기 위해 인터넷과 같은 전자기술을 무기로 사용하는 경우를 가장 선명하게 보여주는 사례 가운데 하나는 사파티스타의

<"지각 불가능하게-되기"> 워쇼스키 형제가 제작한 「브이 포 벤데타」(위 사진)는 첨단 디지털기술과 통행금지와 같은 전근대적 감시의 방식이 결합되어 주민들의 일상을 통제하는 디스토피아를 보여준다. 그러나 이 영화는 단지 빅 브라더가 지배하는 감시와 통제의 사회를 우울하게 전망하는 것으로 그치지 않고 그러한 권력에 대해 반란을 일으키는 대중의 이미지를 또한 보여준다. 그것은 얼굴을 지우는 것이다. 권력이 감시의 대상을 지각불가능하게 만들어버리는 것. 「브이 포 벤데타」는 그러한 저항과 반란이 집단적 과정임을 보여준다. 무수한 개체로 이루어져있지만 개체로 분리 불가능하고, 구별 불가능하게 구성된 무리. 이것이 단지 영화적 상상에 불과한 것일까? 목총을 들고 전 지구적 신자유주의체제에 전쟁을 선포한 '사파티스타 민족해방군'(아래 사진)은 이러한 반란을 스크린 밖의 현실 세계에서 개시하였다. 네그리와 하트라면 이러한 무리들에게서 다중의 형상을 발견했을 것이고, 들뢰즈와 가타리라면 이러한 반란의 방식을 대중의 '지각불가능하게-되기'라고 부르지 않았을까?

투쟁과 이를 지지하는 운동일 것이다. 멕시코 치아파스 지역의 원주민들이 전 지구적 신자유주의화에 반대하며 구식무기를 들고 봉기하여 반정부 무장투쟁을 벌였다. 그러나 정부군은 이전의 반란세력에 대해서 그래왔던 것처럼 강력한 화기로 이들을 학살할 수 없었다. 그 이유는 인터넷을 통해 사파티스타의 투쟁과 정부의 대응에 관한 정보가 전 세계 곳곳의 민주주의자들에게 소통되었고, 이들이 멕시코 정부에 항의하면서 그들의 행동을 감시하였기 때문이다(다이어-위데포드, 『사이버-맑스』, 315쪽). 이러한 사례들은 일일이 열거하기가 어려울 정도로 도처에서 발견된다. 이처럼 전자 네트워크는 권력의 도구이기도 하지만 때로는 대중에 의한 역감시의 무기가 되기도 한다. 그러므로 필요한 것은 권력의 감시도구로 사용되는 전자기술 자체를 무조건 거부하는 것이 아니라 그 기술이 사용되는 배치를 바꾸는 것이다. 감시의 배치에서 투쟁의 배치로.

그러나 통제 사회의 탈장소적 감시체제로부터 벗어나기 위해서는 감시의 도구들이 확산되는 것에 저항하고, 권력을 역으로 감시하는 활동들 못지않게 중요한 것이 있다. 그것은 감시의 본질적 목적을 무효화시키는 것이다. 현대 사회의 감시체제는 주민들을 권력의 통치에 순응하는 특정한 주체로 생산하는 것을 그 목적으로 한다. 이는 근대적 감시체제에서도 마찬가지이다. 통제 권력이건 훈육 권력이건 권력은 언제나 특정한 주체를 주민들에게 제시하고, 그런 주체에 주민들을 동일화시키고자 한다. 이런 권력의 감시방식들은 감시자의 시선을 내면화하여 스스로를 권력의 시선으로 감시하는 주체를 생산하려는 기획의 양태들이다. 다시 말해, 이러한 감시의 권력은 곧 주체생산의 권력이기도 한 것이다. 그러므로 감시체제와 싸운다는 것은 곧 주체생산 권력과 싸운다는 것이며, 그 권력의 근본적 의도를 무력화시키는 것을 의미한다. 이는 결국 감시자의 시선을 내면화하는 것과 권력이 제시하는 주체에 대한 동일시를 거부하는 것, 권력의 시선으로부터 얼굴을 돌리는 것이다.

들뢰즈는 네그리와 행한 한 인터뷰에서 통제에서 벗어나기 위해서 필요한 것은 통제를 벗어나는 작은 사건을 일으키는 것이라고 말했다. 그러한 사건을 그는 창조이며 생성이라고, 다시 말해 '새로운 시공간을 탄생시키는 것'이라고 한다(들뢰즈&네그리, 『대담』, 196쪽). 바로 권력의 시선으로부터, 권력이 제시하는 주체로부터 얼굴을 돌리는 것이 '통제를 벗어나는 작은 사건'을 일으키는 출발일 것이다. 그리고 권력으로부터 얼굴을 돌린 이들이 새로운 주체를 구성해가는 활동이 '새로운 시공간을 탄생시키는' 창조와 생성의 출발점일 것이다. 권력에 종속적인 주체성을 생산하는 배치가 아니라 권력을 거부하는 자들의 주체성을 생산하는 배치가 필요한 것이다. 그것이 우리에게 필요한 무기이다.

제3부

근대성의
문화적 요소들

.6강. 근대적 시간 : 시계, 화폐, 속도

최진석

1. 시간—자연의 문법인가, 사회의 문법인가?

현대인의 일상생활에서 시간이 차지하는 위상은 어느 정도일까? 특별한 이유가 없다면 그 누구도 매 순간을 의식적으로 지각하며 살아가지 않을 것이다. 아침 해가 떠오르며 시작되는 하루 일과는 학교와 직장, 가정에서의 주어진 과제를 수행하는 가운데 '흘러가' 버리고, 그런 일상은 매일 기계적으로 반복된다. 일상의 반복과 순환에 대한 기계적 이미지는 세상의 시초 이래 변한 것 없이 무한히 계속되어온 것 같다. 해가 뜨고 지는 자연 현상처럼, 그것은 너무나도 당연해 보이고 따라서 거역할 수 없는 거대한 질서이기 때문에 우리가 의식하든 안 하든 지속된다는 것이다. 이렇게 자연의 시간 혹은 시간의 자연성은 시간이 어떤

최진석(vizario@hanmail.net) | '연구공간 수유+너머' 연구원. 현재는 러시아 국립 인문대학교에서 문화학 박사과정에 있다. 애초 문학 연구가 '공식적' 학업이었으나, 수유의 친구들을 만나고부터 '전공'을 잃어버렸다. 이후 이것저것 잡다한 '비공식적' 영역들에 흥미를 느끼고 꽤 오래 주유하다가, 지금은 문화와 반문화의 역동성을 주제로 박사 논문을 준비 중이다. 현대 철학, 문화연구, 러시아 근현대 지성사, 문화사가 현재의 관심 분야다.

특정인이나 특정 기관에 의해 임의적으로 축소되거나 증대되지 않으며, 기술적·제도적 조작을 초월해서 존재한다고 믿으며 살게 하는 일상성의 토대이다.

반면, 우리의 일상이 가장 첨예한 시간 감각 위에서 진행되는 것도 사실이다. 연·월·일 그리고 매 시간, 매 분, 각각의 초 단위를 다투며 우리는 살아가고 있다. 1년 365일, 하루 24시간, 1시간 60분, 1분 60초라는 식의 시간 분절은 삶을 기획하는 기본 계수가 되고, 때로 더 세분화된 단위수들이 동원되어야 전쟁터 같은 일상은 겨우 메워진다. 물론, 소수점 이하를 다투는 극도로 세밀한 시간 분할은, 고도의 기술 공학이나 대륙을 넘나드는 국제간 금융 거래에서 더욱 중요하고도 빈번하게 쓰이겠지만, '시(時)테크'니 '초(秒)테크'니 하는 말이 있듯 일상인의 시간 감각도 그에 못지않다.

가령 초등교육의 기초적인 목표 가운데 하나는, 삶을 시간적으로 구획하고 계산하는 능력을 확보하는 데 있으며, 시간표 작성—시간의 효과적인 계획과 활용에 인생의 성패가 달려 있다고 우리는 믿어 의심치 않는다. "시간이 돈"이라는 벤저민 프랭클린의 저 유명한 격언은 삶이 시간성에 단단하게 결부되어 있다는 현대성(Modernity)의 증표가 아니겠는가? 그렇게 시간은 사회적인 의미에서 항상-이미 작동하고 있다.

'인생 시간표 작성.' 어떤 식으로든 삶을 시간적으로 단단히 결박할 수 있는 능력의 확보에 삶의 성패가 달려 있다는 생각에는 시간에 대한 모종의 표상이 있다. 그것은 시간이 마치 객관적인 사물처럼 우리의 외부에 존재한다는 믿음의 이미지이다. "당신이 잠들어 있는 순간에도 친구들의 공부 시간은 계속 흐르고 있습니다"라고 말하는 학습지 선전 문구는 그런 시간 관념을 여실이 보여주지 않는가? 이에 따르면 시간은 과거-현재-미래의 일방향으로 흐르며, 동일한 길이로 무한히 나누어져 있고, 우리의 활동들로 채워지는 빈 공간의 연속이다.

예를 들어, 시간에 대한 가장 흔한 비유 가운데 하나인 달리기 경주를 떠올려보자. 누구나 인생의 출발점에서 공평하게 뛰기 시작한다는 것, 누가 더 지치지 않고 열심히 달려 나가느냐에 따라 삶의 영광과 좌절이 결정된다는 것이 이 비유의 요체이다. 여기서 인생의 트랙은 시간의 직선으로, 즉 연·월·일·시·분·초로 나뉘어 개인들 각자에게 공평하게 분배되어 있는 경주 거리로 이미지화된다.

이 비유에서 강조점은, 너의 일 분이 나의 일 분과 다르지 않고, 우리는 모두 동일한 시간 속에서 살아간다는 믿음에 있다. 사회적·개인적 자질의 차이에 무관하게, 초월적으로 주어져 있는 시간이란 얼마나 공평한가? 만일 시간 단위가 각자에게 다르고 사회마다 다르다면, 자본주의 세계가 역설하는 전 지구적인 자유 경쟁의 논리가 어떻게 타당성을 갖겠는가? 이렇게 시간 단위의 유일성과 보편성에 대한 관념은 현대인의 무/의식적 시간 감각의 공통 지평을 형성한다.

따지고 보면, 앞서 이야기한 시간에 대한 무관심 내지 무감각 역시 시간의 유일성과 보편성에 대한 무/의식적 믿음에 근거해 있다. 너와 나, 우리 사회에서 모든 시계 바늘이 동일한 방향과 속도로 회전하고 있다면, 매 시간, 매 분, 매 초 따위를 구태여 항상 지각하며 살아갈 이유가 없는 까닭이다. 시간은 멈춤 없이 동일한 속도로, 일직선으로 우리 삶을 관통해 나간다. 이렇게 드러나는 시간의 평균성과 비가역성은 현대적 시간 감각의 또다른 양태다. 그렇다면 시간이란 자연적인 동시에 사회적이기도 한, 일종의 초월적인 척도인가?

< '부활절 계산표', 피렌체, 1461년> 문자와 숫자가 네 겹의 동그라미를 중심으로 얽혀 있는 이 도표는, 1461년 4월 5일을 기점으로 이후 돌아올 부활절 날짜를 '영원히' 그리고 '정확히' 찾아낼 수 있도록 고안된 일종의 '시간-기계'라 할 수 있다. 정중앙에 그려진 이는 무덤에서 부활하여 죽음을 극복한 예수 그리스도이며, 네 귀퉁이에는 4대 복음서의 저자들이 그려져 있다. 중세 기독교의 가장 큰 축일을 계산하는 이 시간-기계는 교회의 시간이 공식적이고 규범적인 제도로서 그 시대를 지배했음을 반증한다. 종교적 의례의 부과와 준수를 통해 성직자와 귀족 계급은 피지배층의 시간 리듬을 장악하고 통제하고자 했기 때문이다. '정확히' 계산되고 '영원히' 지켜지는 부활절이란 권력의 영원성에 대한 상징이기도 하다.

하지만 이 모든 시간의 속성들──유일성과 보편성, 평균성과 비가역성 등은 역사 이래로 언제나 동일하게 지각되고 파악된 시간의 이미지들이 아니다. 역사 인류학적 연구들이 보여주듯, 인류사 전체에 걸쳐 시간에 대한 무수히 많은 지각과 이해 방식들이 있었다.

예컨대 고대 및 중세 사회의 지배적 시간관은 자연 순환에 의거해 있었다. 해와 달의 주기나 낮과 밤의 길이 등이 모든 사회적 시간을 결정하는 척도였으며, 자연 순환의 반복성은 일상에 규칙을 부여하는 중요한 기제였던 것이다. 그에 반해 과거에서 미래로, 돌이킬 수 없는 시간의 흐름으로 표상되는 '진보로서의 역사' 관념은 비교적 최근의 산물이었다. 천년왕국을 꿈꾸는 기독교적 종말론이나 사회 혁명에 의한 유토피아를 선망하던 모든 이념적 지향들의 윤곽은 근대에 이르러서야 뚜렷한 윤곽을 드러낼 수 있었기 때문이다.

오늘날 우리에게 익숙한 시간의 측정 방법과 산술 방식은 서구 근대의 합리주의에 원형을 두고 성립한 일종의 제도(institution)이다. 바꿔 말해 사회는 특정하게 규정된 시간의 구성체인 것이다. 앞서 말한 현대의 시간 이미지들 역시 '모던'(modern)이라는 역사 사회적인 맥락에서 구성된 결과물에 다르지 않다. 하지만 그것은 하나의 일반적 준거틀로서 사회 구성원들의 사고와 행동 구조에 지배적인 영향력을 행사한다.

미셸 푸코는 시간의 이런 유사 초월적 기능을 '역사적 선험성'(a priori historique)이라 불렀다. 그것은 특정한 시대를 관류하는 지식이자 무/의식적 믿음으로서, 해당 사회에서 개인들이 특정한 상황에 대해 공통된 사고와 행동을 나타내도록 만드는 무/의식적 구조를 뜻한다. 요컨대 역사적 선험성으로서의 시간은 사회적 삶을 조직하고 생산하는 내적 형식, 리듬인 셈이다. 그렇다면 '모더니티'로서 시간은 어떤 양상으로 어떻게 기능하고 있을까?

2. '근대적 시간'이란 어떤 것인가?—시간적 모더니티의 전사(前史)

한국어로 '근/현대'로 번역되는 '모던'(modern)의 특성을 나타내는 지표가 '근(/현)대성' 혹은 '모더니티'이다. 여기에 '이후'의 의미를 갖는 접두사 '포스트'를 붙여 '포스트모던'(postmodern)이라는 용어가 20세기 후반을 풍미한 사실에서 알 수 있듯, 모더니티는 우선적으로 시대 개념으로서 정의되어왔다. 하지만 이 용어의 개념에 대한 줄기찬 논쟁에도 불구하고, 정작 '모던 시대'의 시작과 끝을 확정짓는 문제는 여전히 끝나지 않았고, 사실 끝날 수도 없는 것처럼 보인다.

지금 우리의 과제가 시대 확정의 논쟁 속으로 뛰어드는 데 있는 것은 아니며, 또 개념사적 정의가 늘 실증적으로 검증되어야 할 문제는 아니다. '모던'이라는 용어가 언제 어느 문헌에 처음 소개되고 논의되었는가를 따지는 논쟁의 소모성이 보여주듯, 개념의 가치와 의미는 그 용법에 달려 있는 것이지 문헌학적 증명에 달려 있지 않기 때문이다. 모더니티의 경우, 용어의 등장에 대한 수많은 이견들을 접어두고 이 개념이 어떤 맥락에서 어떻게 사용되었는가를 짚어봄으로써 근대의 시대사적 분기점을 추정해볼 수 있다. 문제는 어떤 개념이 다른 개념과 어떻게 변별되며 사용되는지를 파악하는 데 있다.

근대적 시간 또는 시간의 근대성에 대한 우리의 논의도 그러하다. 시간과 근대성의 연관관계는 그 이전과 어떻게 구분되는가? 어떠한 시간 의식과 시간 감각이 '근대적'이라 말할 수 있는가? 그때 시간에 대한 관념과 용법은 어떤 양상을 보이는가? 다시 푸코 식으로 묻는다면, 근대적 시간이 역사적 선험성을 획득할 수 있었던 조건들은 무엇이었는가?

가장 범박하게는, 시계·화폐·속도의 이미지를 통해 근대적 시간의 특이성이 발견된다. 즉 시계로 계산되는 시간, 화폐로 가치 환산되는 시간, 속도에 의해 극한화되는 시간이 근대적 시간의 주요 이미지들이다. '모던' 시대에 시간은 이 세 가지 프리즘을 통과해야만 '근대적'인 것으로서 또한 비로소 '시간'으로서 인지되고 개념화될 수 있었다.

논의를 간편화하기 위해 근대 이전의 시간 관념에 대해 잠깐 살펴보도록 하자.

주지하다시피, 고대에서 중세까지 대개 시간이란 직선이 아니라, 언제나 돌고 도는 것, 원형의 반복과 순환으로 표상되었다. 순환적 시간관의 주요한 근거는 인간의 삶이 자연의 순환 주기를 따라가며 진행된다는 점이다. 그런데 이는 자연에 대한 인간의 개입 가능성이 현저히 낮았다는 사실을 반증한다.

예컨대 농업 사회에서 삶의 중요한 과업은 계절적 주기에 맞춰 씨를 뿌리고 거두는 일이었으며, 이는 인간의 '노력', 즉 시간의 경쟁과는 무관히 자연의 흐름에 전적으로 맡겨진 일이었기 때문이다. 경작법과 토질의 개량, 품종의 차이 등에 관심을 갖지 않았던 시대에 농업은 시간의 흐름을 뒤따르는 일이었지, 시간을 선도해야 할 인간 고유의 과업이 아니었다. 기술적으로나 의식적으로나 생산의 잉여나 목표에 대한 관념이 그다지 강하지 않았던 중세의 농민들에게는 '시간 의식'이라는 말 자체가 무척 생소하게 들렸을 것이다. 마르크 블로크는 근대 이전 농민들이 갖고 있던 이런 시간 감각을 '시간에 대한 거대한 무관

<15세기 말~16세기 초엽 피렌체의 일상> 성자 축일에 맞춰 매 달 무엇을 해야 하는지가 상세히 명시된 달력이다. 예컨대 1월에 는 축제, 2월에는 밭갈이, 3월에는 포도나무 가지치기 등등. 교회 의 시간은 노동과 휴식, 축제 등의 일상 전반을 빈틈없이 주목했 고, 사소한 일과에도 시시콜콜 간섭하고 싶어 했다. 시간의 구멍은 곧 지배력의 위기로 인식된 것이다. 민중들은 나름대로 '비공식 적' 시간을 발견하기도 즐기기도 했으나, 점차 '공식적' 시간의 위 압에 복속되어 갔다.

심'이라고 표현한 바 있다.

물론 하루 일과를 기도, 식사, 노동, 전례의 준수 등 상당히 '규칙적인' 활동들로 채워넣어야 했던 수도사들의 시간 감각은 농민들보다 훨씬 엄격하고 의식적이었다. 특히 성직자의 권위가 지배적이던 서구 중세 사회에서 교회의 시간은 사회적 시간 일반을 대표했다고 말해도 과언이 아니다. 시간을 측정하고 구분할 도구도 관심도 결여되어 있던 농민들과 달리, 교회는 하루와 일주일, 한 해를 각종 성무성사와 종교적 축일들로 나누었고, 사회적 규범으로서 민중들에게 부과했다. 교회의 시간은 성직자와 권력자들에게 위탁된 '신의 시간'이었던 것이다.

중세 사회에서 시간을 계산하고 측정하는 능력에 대한 독점은 곧 사회에 대한 지배 능력과 동일했다. 도량형에 대한 기초적인 이해조차 일반 농민들에겐 거리가 먼 일이었다. 그들에게 시간에 대한 이해는 대략 하루 해가 제일 높이 떠 있는 시점이 정오라는 사실 정도에 국한되어 있었다. 그런데 이토록 불분명한 시간의 리듬이 삶을 불편하게 하지 않았다는 점이 중요하다. 해가 뜨고 지는, 계절이 바뀌는 자연 주기를 뒤따르는 것만도 일상을 꾸리기엔 충분했고, 그 나머지에 관한 한 교회의 시간에 일임하는 편이었기 때문이다. 물론, 교회가 관장하는 '공식적' 시간은 갖가지 의례와 규칙, 질서를 강요함으로써 삶의 리듬을 경직화시키곤 했다.

작은 촌락 단위의 공동체 생활에서 민중들이 교회의 시간 바깥의 삶을 살아갈 만한 여지는 그리 크지 않았다. 교회의 시간은 일상을 에워쌌고, 태어나서 죽을 때까지 뒤따라야 할 인생의 공식적 시간표를 제시했다. 결국 시간에 대한 중세 민중들의 무관심은, 그들의 삶이 권력의 리듬에 예속되는 것을 '방조했다'고도 말할 법하다. "시간과 공간

<랭부르 형제, 「12천계도」 중 ˊ6월도ˋ, 1412~1416년> 여하한의 노
동 형태도 반복성과 규칙성을 고유한 리듬으로 갖는다. 문제는 이러
한 자연 주기성이 점차 권력과 지배의 구도 속으로 포획되는 과정이
라는 점에 있다. 농민들의 힘겨운 쟁이질 뒤로 웅대한 성채가 버티
고 있고, 그 위로 계절력과 노동 일과표가 정연하게 배열되어 있다.
여기서 귀족이든 성직자든 성 안 주민이 눈에 띄지 않는다는 사실은
지배의 본질이 비인칭적 시간-기계에 의해 주도됨을 상징한다.

계측은 매우 중요한 사회적 지배 수단이었다. 그러한 수단을 관장하고 있던 사람들은 사회에 대한 특별한 지배력을 향유했다. …… 글을 쓰는 능력처럼, 시간 계측도 중세의 대부분 동안 유력자들의 전유물이자 그들의 권력을 이루는 한 요소였다. 대중들은 그들 자신의 고유한 시간을 갖지도 못했고 그것을 계측할 능력도 없었다. 그들은 종소리며 나팔 소리며 각적 소리 등의 강요된 시간에 순종했다." 자크 르 고프의 설명이다.

반면, 교회의 시간이 자연의 시간-흐름과 전적으로 다른 것은 아니었다. 고대 세계로부터 이어져 내려온 농업 사회를 지탱하려면 농민들이 몸에 익힌 이교적 자연관과 시간 감각을 어느 정도 수용해야만 했던 탓이다. 대단히 점진적이고 타협적인 방식으로 교회의 시간은 민중의 자연적 시간을 종교적 범례에 따라 절단하고 새롭게 의미 부여하는 방식으로 포획해 나갔다. 가령 성탄절이나 성령 강림절 등은 이교적 민중 축일을 기독교적 전례에 맞춰 변형한 대표적 사례였다.

이러한 변형의 의미는 두 가지로 나누어볼 수 있다. 먼저 그것은 표면적으로 교회의 시간, 곧 중세 사회의 공식적 시간이 민중의 시간 감각('거대한 무관심')을 전유해 나가던 역사적 과정을 보여준다. 하지만 심층적으로는 민중의 무의식 깊숙이 내장된 이교적이고 자연적 시간 감각, '비공식적' 시간 의식이 결코 손쉽게 포획될 수 없었음을 반증한다. 미하일 바흐친 같은 경우, 이런 사실로부터 민중들의 비공식적 시간 의식이 카니발과 같은 반(半/反)종교적 의례들을 통해 혁명적으로 분출되어 나왔던 사례들을 지적하기도 했다.

일반적으로, 교회의 시간은 신에게 속해 있다고 믿어졌기 때문에 시간을 어느 개인이 사적으로 전용할 수 있다는 생각은 아주 불경스럽게 여겨졌다. 자크 르 고프에 의하면, 중세에 고리 대금업에 종사하던 유대인들이 증오의 대상이 되었던 것은 대단히 종교적인 이유에서였는데, 돈을 빌려주고 대부 기간에 따라 이자를 얹어 받는 행위 자체가 신의 시간을 사적으로 훔치는 행위라고 간주되었던 까닭이다. 돈은 개인에게 속한 것일지라도, 대부된 시간은 온전히 신에게 속해 있는 것인데 그런 시간을 명목 삼아 이자를 갈취하다니! 그러나 이런 상인의 시간이야말로 진정한 근대성의 기원을 보여주는 것이었다. 왜 그런가?

처음도 끝도 없이 그저 두루뭉실하게 '저 세계'에 속한다고 믿어진 신의 시간과는 달리, 상인의 시간은 철저하게 계산되고 계획되어야하는 추상적 양(量)으로서의 시간이다. 장사를 통해 이윤을 남기기 위해서는 물자의 생산과 수송, 가치의 비교 및 가격의 차이를 정확히 셈할 수 있어야 하는데, 이 모든 활동은 시간이 '이 세계'의 것이며, 더하고 뺄 수 있는 양적 단위라는 관념 없이는 불가능했다. 특히 12세기 이후 도시 간 원격지 교역에 종사하던 상인들의 시간 의식은 주목할 만한데, 장거리 무역의 특성상 발생하는 시간의 낙차야말로 상업적 이윤 발생의 결정적 요소였기 때문이다. 작은 도시 내부에서의 거래라면 상품 이동의 시간 차가 그다지 중요하지 않겠지만, 원거리 이동이 관건이라면 시간적 격차는 상품 가격을 올릴 수 있는 가장 주요한 동기가 될 것이다.

이렇게 12세기 이후 상인들에 의해 주도된 세속의 시간이 점차 교회의 시간을 대체해감에 따라 소위 '근대 세계'의 모습이 서서히 드러나게 된다. 여기엔 합리화된 부기법의 고안과 정밀화된 계산기의 발명 등 기술적 요인도 보태어질 수 있겠으나, 무엇보다도 중요한 사실은 '모더니티'의 시간성이 '모던' 세계의 무/의식적 시간 감각을 잠식해

갔다는 점이다. 이 '새로운' 시대에서 시간은 곧 돈[화폐]이요, 시간의 흐름[속도]도 돈의 문제로 인식되었다.

3. 근대적 시간의 이미지들 : 시계, 화폐, 속도

1) 시계적 시간—계산 가능성으로서의 시간

기술적 조작을 통해서 시간을 알기 시작한 것은 벌써 기원전 3세기부터의 일이다. 천체의 움직임과 밤낮의 주기, 태양과 달의 운행 등을 기초로 시간의 흐름을 짚어내던 도구들을 통해서였는데, 이 모두는 원리상 자연 순환에 의존해 있었을 뿐더러 종교적 의례에 목적을 두었기 때문에 근대적인 의미에서의 '계산 가능한' 시간 관념과는 거리가 멀었다. 사정은 중세에도 크게 달라지지 않았다. '거대한 무관심'은 차치하고, 그나마 시간 계율이 엄격히 준수되었다는 수도원에서조차 일과 중 기도하는 시간만이 주된 관심사를 이루었고, 나머지는 기도 시간의 '여분'으로서 적당히 배분되고 조정되는 정도였던 탓이다. 상업과 교통이 비교적 원활했던 르네상스기에 접어들면서 연, 월, 일 등을 다루는 계획 관념이 뚜렷해지고, 시간 단위를 정확하게 계측할 필요가 대두되었다.

　태엽과 진자의 원리를 응용하여 정밀도를 높여간 시계 제작기술은 17세기에 이르러서야 비로소 계측기로서의 의미를 온전히 획득했다. 13세기 이후 진보를 거듭한 시계 제작기술은, 처음엔 1일 24시간의 시간 단위를 정립했으며, 차차 1시간 60분의 세분화된 시간 단위에도 도달했다. 이때는 교회의 시간에 대해 상인 및 도시의 시간이 이미 승리를 거머쥐었을 뿐만 아니라, 원격지 교역을 통해 거대한 상업적 이

<프랑스의 실내용 시계, 15세기> 초기의 기계식 시계는 복잡한 내부 장치가 장착되었음에도 불구하고 시간 측정기로서는 별로 실용적이지 못했다. 오히려 당시 시계는 값비싼 귀금속으로 만들어졌기 때문에 장식품 내지 귀중품의 목록에 속해 있었다. 현대의 손목 시계처럼 기능적 측면만이 강조되었더라면, 그다지 매력적인 기계로 주목받지도, 진화하지 못했을 것이다.

윤이 축적되어 가던 시기이기도 했다. 때문에 가장 시급했던 사회적 요청은 보다 정확한 시간 공정, 즉 사회적 리듬을 계획하고 실행하는 시간표의 작성에 집중되었다. 학교와 군대 등에서 하루 일과와 연중행사를 조직하고 실천하기 시작한 것도 이때부터이며, 18세기 이후 유럽 국가들 사이에서 경쟁적으로 모방된 국가 사회적 의례들 대부분이 시계 같은 정확성과 반복성에 큰 의미를 두었다.

다른 한편, 자연력을 빌리지 않은 순수한 인공물로서 등장한 기계 시계는 '자기 스스로 움직이는 기관'이라는 자동성의 이미지로 인해 식자층의 지대한 관심을 얻었다. 그들에게 시계는 마치 세계가 운행하는 법칙성의 상징처럼 보였던 것이다. 시계반을 빼곡히 채우고 있는 시침과 분침의 간격들은 어느 하나도 균일하지 않은 것이 없으며, 시계 바늘은 항상 동일한 속도와 방향으로 회전한다. 중세적 믿음을 잃어버린 근대인들에게 기계 시계의 이미지가 어느 정도 신성한 감흥의 대상이었던 사정을 이해할 만하지 않은가? 17세기가 수학의 시대였던 만큼, 세계를 수학적으로 이해하고자 하는 열망이 남다르게 컸고, 이때 기계 시계의 자동성과 균일성, 반복성과 같은 특성들이 세속적 조화경으로 부각되었음은 우연이 아니었다.

알다시피 중세의 시간 관념은 정확한 분절성이나 주기성에 기초하지 않았다. 시간은 오직 신에게만 속해 있기 때문에, 시간을 늘리거나 줄이는 처분권 역시 온전히 신의 것이었다. 또한 기도와 노동, 일상의 잡스러운 일들에 바쳐지는 시간들이 서로 질적으로 같을 수도 없었다. 독신(瀆神)과 불경에 빠지지 않는 한, 성스러운 시간과 세속적인 시간은 본질적으로 다른 것이었다. 그런데 기계 시계가 도입되면서 생겨난 시간의 이미지는 종래의 시간 감각을 완전히 뒤집어놓았다. 시침과

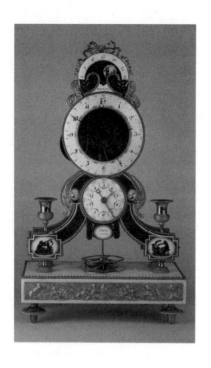

<프랑스의 '10진법 진자 시계', 1795년경> 시간을 측정하는 두 체제, 10진법
과 12진법이 나란히 붙어 있는 보기 드문 시계이다. 대혁명 이후 프랑스 공화국
은 1793년 10진법의 새로운 시간 체제를 공포한다. 이후 13년간 지켜진 이 체
제는 시간 측정의 새로운 단위가 역사적으로 추가되었음을 의미하지는 않는다.
혁명 정부가 고안했던 것은 '새로운 세계를 통치할 새로운 시간의 리듬'이었
고, 혁명 지도자들은 이 새로운 시간 감각을 시민들에게 부여함으로써 낡은 세
계를 근본적으로 전복시킬 수 있다고 믿었다. 하지만 시간의 두 체제를 동시에
가리키는 시계가 존재했다는 사실은, 구세계가 생각만큼 쉽사리 허물어지지도
않았고 오히려 완고하게 저항했음을 역설적으로 반증하고 있다. 결국 전통적인
12진법 체제로의 회귀는 '혁명의 몰락'에 다름 아니었다.

분침의 간격들을 통과하는 시계 바늘의 등속성은 시간 간격의 등위성으로 변위되고, 이로써 시간은 일정한 간격-거리를 가진 선분들로 이어 붙여진 무한한 직선이라고 인식되었던 것이다.

시간의 선분들은 아무런 질적 차이 없이 다만 거리와 위치를 통해서 표시된다. 그전까지 거리와 위치는 다만 공간의 속성으로 이해되었고, 시간을 측정하기 위해 동원된 경우가 드물었다. 그러나 공간 속성을 통해 시간을 취급함으로써, 시간은 등질적이고 수학적인 양의 문제로 인지되기 시작한다. 재미있는 점은, 새로운 시간관이 역사에 대한 서로 다른 상상력으로 이어졌다는 사실이다.

가령 진보 사관은 시간이 과거에서 미래로 한 방향으로만 움직인다고 주장한다. 즉 시간은 비가역적이라는 것이다. 반면, 시간에는 질적 차이가 없으며 단위를 이용해 앞으로도 뒤로도 움직여볼 수 있다는 재기발랄한 상상력은 문학에서 나타났다. 허버트 조지 웰즈의 소설 『타임머신』은 시간을 더하고 뺄 수 있다는 아주 단순한 '계산기적' 발상으로 과거와 미래를 오간다는 모험 이야기인데, 이것이야말로 근대적 시간관의 진수이자 허상이 아니고 무엇일까?

아무튼 기계 시계는 시간을 계산 가능한 양으로 변환시키는 장치로 등장했으며, 그와 더불어 나타난 시간 의식은 산업 혁명 이후 가속화된 근대 산업 사회에서 '제국주의적 통일화'의 동력원 역할을 했다. 국가 단위의 산업 체제는 상품의 생산과 판매 경로를 조절하기 위한 통일적 시간대를 요구했고, 균일하게 계산되는 시계적 시간은 그러한 공통 시간을 형성하는 기술적 바탕이었다. 또한 자본주의의 급속한 성장은 공통 시간을 세계적 지평에서 실현시킬 것을 요구하기에 이른다.

예컨대, 19세기 영국의 그리니치 천문대를 기점으로 시작된 시계

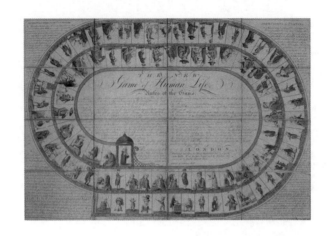

<월리스&뉴베리, 「새로운 인생 게임」, 1790년> 게임 형식으로 도덕을 가르칠 수 있게 고안된 시간-기계. 어린이가 부모와 함께 '즐길 수 있는' 이 게임은, 각 칸마다 인생의 서로 다른 길을 걷는 인물들이 배치되고 그들의 삶이 지닌 의미와 목적에 대해 부모가 교훈을 내려줄 수 있도록 고안되었다. 근대는 인생 시간표의 작성이 학교와 가정 교육의 주요한 목표로 설정된 시대였다. 우리 삶은 시기별로 칸칸이 나누어져 무엇을 해야 하는지 혹은 해서는 안 되는지 엄밀하게 구분되고 지시되기 시작했던 것이다. 아이들이 이런 게임을 얼마나 '즐길 수' 있었는지는 알 수 없는 일이다.

표준(기준) 시간은 1850년 미국 및 유럽의 여러 나라들을 거쳐 1911년 프랑스에 이르기까지 오랜 논란 끝에 세계사의 통일적 시간축이 되었다. 공통 시간이 전통이나 이데올로기의 울타리도 훌쩍 뛰어넘은 다른 예를 들 수도 있다. 오늘날 서양의 표준력인 그레고리력의 확산 과정이 그것이다. 서유럽에서 지난한 시간을 두고 일반화된 이래, 19세기 말에서 20세기 초에 이르자 그레고리력은 세계사를 관통하는 공통 시간력의 지위를 순식간에 차지했다. 가령 1912년 중국, 1918년 소련 그리고 1927년 터키에서도 공식적으로 채택됨으로써 근대적 시간의 보편성이 완수되었던 것이다. 이런 식으로 근대적 시간 의식이 세계사적 의미를 얻게 되었을 때, 그것은 합의를 통해 만들어진 인공 관념이 아니라 역사적 선험성으로서 근대인의 삶의 리듬을 통제하는 핵심적인 지위를 획득하게 되었다.

시계적 시간의 의미는 그것이 삶의 리듬 속에 양적 시간 의식을 무/의식적으로 각인했다는 사실에 있다. 빠르게는 중세 말부터 확립되기 시작한 일상의 규칙적인 분절은 근대 산업 생산이 본격화되자 노동의 시작과 휴지, 종료와 재가동을 명확하게 표시하고 강제하는 통제 기구의 관장 아래로 들어갔으며, 공장과 학교·가정 생활 등을 복속해버렸다. 계산 가능성으로서 대표되는 근대적 시간은 인간이 자기 삶을 기획하는 능력을 전폭적으로 확장했다는 점에서 공로가 크다. 하지만 그로 인해 우리 삶의 리듬이 자연의 흐름으로부터 탈구되고 '합리화된' 시간의 폭력에 속수무책으로 노출된 것도 사실이다. 작업 능률의 향상이라는 미명하에 노동자의 시간과 동작의 세목들을 관리하고 통제하려 했던 테일러주의는 근대적 시간 의식의 정점이자 퇴행을 극적으로 보여주었다.

2) 화폐적 시간—교환 가능성으로서의 시간

시간이 생산 활동과 연계됨으로써 부와 잉여 창출의 직접적 원천으로 기능한다는 사실은 근대적 시간 의식의 고유한 몫이다. 시간이 돈의 증식 과정에서 결정적 역할을 맡는다는 점은 앞서 자크 르 고프의 연구에서 드러났듯 중세에도 알려진 사실이었다. 종교적 독신과 불경에 대한 혐오감을 일종의 직업 윤리로 전환시킨 계기에는, 대부업을 포함한 여하한의 노동 활동도 신에 대한 경외심의 표현이었다는 막스 베버의 설명도 한몫을 했다. 그러나 시간=돈이라는 등식이 단순히 신앙심의 상이한 포석을 통해 성립하지만은 않는다. 이를 위해선 시간과 화폐의 관계에 대한 새로운 의식이 전제되어야 하며, 모든 노동 활동에 무/의식적으로 깔려 있어야 한다.

애덤 스미스는 서로 다른 두 상품이 어떻게 교환될 수 있는지에 관해 의문을 제기했고, 결국 두 상품이 생산되는 데 걸리는 시간의 등가성이 교환가치의 등가성으로 전위된다는 사실을 발견했다. 어떤 상품을 생산하는 데 투하되는 노동 시간이 그 상품의 가치요, 다른 상품과 교환될 수 있게 해주는 원천이라는 것이다.

이에 덧붙여 데이비드 리카도는 모든 가치는 결국 인간의 노동이 만들어내고, 오직 인간의 노동만이 가치를 생산한다고 주장했다. 고전 정치경제학에서 제시된 '노동가치론'은 이렇게 인간의 노동이 시간 단위에 의해 특정 가치로 환산되는 과정을 이론적으로 확립한 정식이다. 인간 활동을 절대적 우위에 두었기 때문에 노동가치론은 노동의 인간학(휴머니즘)이자 세속의 신학이라고 불리기도 했는데, 그 요지는 인간의 노동 활동은 계산 가능한 시간으로 측정되고, 이는 곧 화폐적 가치로 환산된다는 사실에 있다. 다시 말해, "시간은 돈이 된다!"

하지만 이 과정을 더 꼼꼼히 따져볼 필요가 있다. 시간은 어떻게 화폐가치로 환산되는가? 수공업이나 선대제와는 달리, 공장제는 자본가가 노동력을 노동 시장에서 구매하여 상품 생산에 투입하는 과정이다. 일당이든 월급이든 임금은 시간 단위로 지불되고, 자본가는 노동력을 구입한 기간 만큼만 노동력을 사용할 수 있다. 만일 그 기간 동안 전혀 공장을 돌리지 않는다 해도, 자본가는 시간을 사용했기 때문에 임금이 지불되어야 한다. 그러므로 자본가의 입장에서 볼 때, 지불된 노동 시간 동안 최대한의 노동력 사용(착취?)이 지상 과제로 대두된다. 그에게 시간 낭비란 곧 지불된 임금의 낭비와 다름 없기 때문이다. 이렇게 임금이 시간적 계수로 정식화됨에 따라 시간은 말 그대로 화폐화되어 현대 자본주의 사회의 무/의식을 잠식하게 되었다. 더 나가보자.

돈을 더 많이 벌기 위해서는 시간을 더 많이 투자하면 되겠지만, 단위 품목의 생산에 드는 시간이 무한정 늘어난다면 그처럼 비능률적인 일도 없다. 때문에 필요한 노동시간을 늘리고 불필요한 시간은 없애버려야 효율적인 생산체계라 부를 수 있다. 그래서 자본가들은 산업 생산 초기부터 필요 노동시간만 집중적으로 확보하고 나머지는 소거해버리는 방법을 찾는 데 심혈을 기울였다. 물론 그들의 '해결책'은, 당연히 노동자의 신체와 무/의식에 대한 가차 없는 폭력으로 이어진다.

가령 1844년 엥겔스가 보고한 맨체스터 어느 공장의 운영 규칙은 기가 질릴 만큼 혹독하다. 노동자들은 작업종이 울리기 전까지 무조건 공장에 들어와야 하는데, 단 1분의 지각도 전혀 허락되지 않았다. 만일 조금이라도 늦는다면 그는 점심 시간까지 기다려야 하는데, 이때 지각한 만큼 유실된 노동 시간은 당연히 임금에서 "까인다". 또, 작업 중에 기계를 비운다든가 옆자리 동료와 잡담을 나누는 경우 벌금을 내야 하

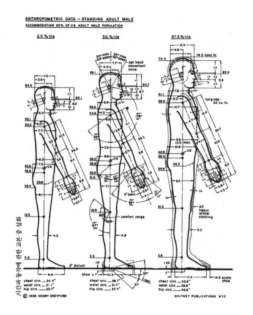

<동작 연구와 지배의 과학> 사진술의 발달과 함께 호기심의 대상으로 출발했던 동작 연구는 차츰 자본주의 체제의 발전에 제일 중요한 기술적 요인으로 자리잡게 된다. 테일러주의에서 볼 수 있듯, 노동자의 동작 하나하나를 세심하게 분절해서 효율적으로 연결하는 방식의 개발은 더 많은 이윤 수취를 위해서는 필연적인 선택이었다. 이른바 '과학적 노동 관리법'의 발견은 시간에 대한 자본의 지배가 가장 사소하고도 정밀한 차원으로까지 끌어당겨진 대표적인 케이스인 셈이다.

고, 몸이 아파 결근할 경우에도 벌금으로 자본가가 '손해본' 노동 시간을 변상해야 한다. 놀라운 사실은, 노동의 정밀한 구획과 벌금('까인' 임금)의 관계가 시간적으로 조밀하게 체계화되어 있다는 점이다. "3분을 늦게 온 노동자는 15분에 해당하는 임금을 벌금으로 물어야 하고 20분을 늦게 온 노동자는 하루 일당의 1/4를 벌금으로 물어야 한다. 아침식사 시간까지 공장에 오지 않는 노동자는 월요일의 경우 1실링, 다른 날에는 6펜스의 벌금을 물어야 한다."

시간의 강제는 언제나 규칙의 부과로 나타났고, 보상/처벌로 계열화되면서 실현되었다(물론 훈육의 주요한 기제는 주로 처벌이었다). 이런 시간의 강제는 노동 현실이 보다 유연하게 바뀐 20세기에도 거의 달라지지 않았다. 시간이 곧 돈이라는 테제가 근대적 시간관의 기본 구도인 이상, 그것은 자본가의 뇌수에 선험적으로 작동하는 무의식적 욕망을 끊임없이 충동질했기 때문이다. 자본의 욕망은 '과학'의 미명하에 노동자의 작업 동선과 시간 소모를 엄밀히 측정 계량하고, '효율성'을 기치로 노동자의 일거수 일투족을 엄격히 통제하고자 했다.

예를 들어, 프레더릭 테일러가 고안한 작업 관리 시스템(1911)은 작업장에서 요구되는 일련의 동작들을 하나하나 분석하고 연결시키는 동시에 불필요한 동작을 제거하는 '시간의 과학적 관리 방법'으로 널리 보급되었다. 사진술의 발달로 시간의 흐름을 눈으로 직접 볼 수 있게 되자, 시간은 분절 가능한 공간적 연속체로 간주되었고, 따라서 시간적 단위들을 '합리적으로' 연결시키는 과제가 주요하게 부각되었던 것이다. 이런 자본가의 사정에 관해 에릭 홉스봄은 명쾌하게 단언한다. "최대한의 이윤을 남기는 기업을 만들기 위해서는 통제, 감시, 작업 프로그램에 대한 보다 합리적 혹은 '과학적' 방식이 필요했다. 테일러주의가 직접적으로 노력을 집중했던 것은, 그리고 '과학적 경영'이 공공 부문과 공감대를 형성하게 된 것은 어떻게 하면 노동자들에게서 더 많은 작업량(노동 시간)을 뺏을 것인가 하는 것이었다."

'과학적 관리의 원칙'이 시간-노동-화폐의 삼항관계로 이루어졌고, 이 관계 자체가 곧 근대성의 일반적 구조였음은 테일러주의가 공산주의 산업 시스템에서도 합리적 생산과 운영의 기본 원리로 채택된 사실에서 극명하게 드러난다. 1920년 모스크바에 설립되었던 중앙노동연구소는 소련 식 테일러주의의 본산지로, 근대적 시간-노동-화폐의 연관체계가 이데올로기적 차이와는 무관하게 보편화됐음을 보여준다. 자본주의든 공산주의든, 노동과 시간, 화폐의 '불운한' 트리오는 노동자의 신체와 무/의식 위로 '피와 불의 문자로서' 아로새겨진 것이다.

시간의 근대성이 낳은 역사적 결과는 지극히 파국적이다. 흔히 말하듯 "사람을 사람으로 보지 않고 돈으로 보는" 반(反)휴머니즘적 사태가 도래한 것이다. 하지만 애초에 노동가치설은 오로지 인간 자신의 노동만이 가치의 유일한 원천이라는, 휴머니즘의 극한점에서 추출된 정식이 아니었는가? 시간-노동-화폐의 삼항관계를 고수하는 한, 우리는 영원히 이 '악의 축'으로부터 벗어나지 못할 성싶다. 더욱이 모든 생산 활동과 그 산물들이 전부 화폐적 가치로 환산되고 교환, 분배되는 현대 사회에서 화폐적 시간 개념이 삶의 리듬 전반을 지배하는 일반 형식으로 작동하고 있다면 더욱 그러하다.

화폐적으로 척도화된 시간을 넘어서기 위해서는 시간-노동-화폐의 삼항 모두에 걸려 있는 근대적 성분들을 탈각하는 데서부터 출발해야 한다. 예컨대 양적 함수로서의 시간성, 인간 중심적인 노동관, 일반화된 교환가치로서의 화폐 따위 말이다. 그러나 우리가 살펴보아야 할 근대적 시간의 이미지가 하나 더 남아 있다. 이 마지막 이미지는 근대성을 가장 극단에 이르도록 추동하는 시간의 한계점이자 임계점으로 드러난다.

3) 속도적 시간—극한으로서의 시간

속도란 삶이 이행해 나가는 리듬감을 뜻하며, 그런 의미에서 속도로서의 시간은 삶 본연의 형식이다. 마감 시간을 앞두고 바쁘게 일에 매달려야 할 때와 음악을 듣고 차를 마시며 시간의 흐름 자체를 태연하게 즐기는 때의 시간 감각은 전혀 다르다. 비록 시계로 측정하고 계산할 수 있음에도, 이 두 경우에 우리의 무의식과 신체가 받아들이는 시간의 리듬은 본질적으로 상이하기 때문이다. 문제는 이 두 경우뿐만 아니라, 다른 여러 가지 리듬감들이 복합적으로 얽혀 흘러가는 게 우리의 삶이라는 사실이다. 삶을 관통하는 리듬감은 매 경우 우리의 무/의식적 지각과 신체 상태, 주변 환경(context)과의 교통에 따라 판이하게 달라질 수 있다. 시계적이고, 화폐로 환산되는 시간만이 전부는 아닌 것이다.

그러나 근대성과 관련하여, 우리는 보다 보편화된 시간 의식으로서의 속도를 발견하게 된다. 자본주의 사회에서 속도는 삶의 다층적 차원을 깡그리 무시한 채 유일한 빠르기를 명령하고 강요한다. 여기서 관건은 빠르기의 여러 강도(intensity)가 아니라 오직 '빠름' 그 자체에 놓여 있다. "죽거나 혹은 더 빠르거나"를 강제하는 모더니티. 실제로 자본주의 사회의 격류 속에서 우리 모두는 언제 어디서나 '빨리 빨리' 증후군을 피할 수 없지 않은가?

"빠른 것이 좋은 것"이라는 속도의 극단화된 사용은 자본주의적 근대의 고유한 특성 가운데 하나이다. 시간이 계산 가능한 양적 단위로

<카지미르 말레비치, 「칼 가는 사람」, 1912년> 입체파 이후 운동의 시간적 공간적 분절이 현대 회화의 주된 관심을 끌었다. 이로써 풍경은 보는 각도와 시간에 따라 여러 가지 장면들로 쪼개어졌고, 어느 한 시점도 전일적인 특권을 차지할 수 없었다. 르네상스 원근법에서 유일하게 고정된 시점, 즉 소실점의 독재를 타파했다는 점에서 이는 분명 해방적인 의미를 지닌다. 하지만 이런 현대의 혁신이 동시에 '과학'의 이름으로 포획되어 억압적으로 전용되었음도 기억해둘 일이다.

인식되고, 가치와 시간이 하나의 함수 아래 묶이게 되자 시간을 늘리거나 줄이는 압축도, 즉 속도는 가치 증식의 중요 성분이 되었기 때문이다. 이 과정을 잠시 살펴보자.

『자본론』에서 맑스는 화폐가 단지 교환의 도구로서만 기능하는지 또는 자본으로서 기능하는지에 따라 화폐의 개념을 구분한 바 있다. 그에 따르면 서로 다른 두 상품의 교환에 사용되는 화폐는 여하한의 잉여가치를 발생시키지 않는다. 물물교환은 서로 다른 재화에 대한 교환자들의 욕구가 반영된 것일 뿐, 새로운 교환에 투자될 추가적 잉여를 노정하지 않는다. 자본으로서의 화폐는 잉여가치의 생산을 위해 투자되며, 그런 한에서만 비로소 '자본'이 된다. 이러한 자본의 증식 과정을 나타내는 공식이 바로 그 유명한 M-C-M′ (M=화폐[money], C=상품[commodity], M′ = 증식된 화폐, M′ = M+ΔM에서 ΔM은 초기 화폐 M의 증식분)이다. 그런데 이 과정 자체는 현실상에서 자본의 회전 시간으로 나타난다. 화폐가 일정량의 가치를 추가하기 위해서는 일정한 시간을 거쳐야 하는 것이다.

만일 이자를 받는 경우라면 자본의 회전 시간이 길면 길수록 유리하다. 돈을 빌린 기간이 길어야 한푼이라도 더 이자를 받아낼 수 있기 때문이다. 약간 극단적인 비유이긴 해도, 어제 빌린 사채돈을 오늘 갚으려 해도, 사채업자들이 안 받으려고 기를 쓰고 피해 다니는 이유가 어디에 있겠는가? 그와는 반대로, 시간을 극도로 압축함으로써 이윤 발생을 양적으로 극대화시키는 방법도 있다. 즉 '더 빨리' 상품을 만듦으로써 '더 많은' 상품을 판매하는 전략이 그것이다.

근대 산업 자본주의의 성장기에 이 전략을 달성하는 수단으로 주로 공장 규율의 강화나 노동일 연장 등이 동원되었다. 생산 기간을 단

<시간 기록 홍보용 카탈로그, 1914년> 명령-기계로서의 시계. 노동은 시간적으로 정밀하게 분절되고 엄격히 계수화된다. 출근 카드를 시간 기록기에 꽂는 순간, 노동자의 시간은 스스로의 처분권을 상실하고 자본가에게 팔려버린다. "시간은 곧 돈이다!" 한푼도 손해볼 수 없다는 자본가의 열정은 한치의 오차도 없이 사들인 시간을 관리하고 통제하도록 재촉한다.

축하고 집약하자는 것이다. 그에 비해, 고도화된 현대 자본주의는 생산 기간뿐만 아니라 유통 기간의 단축에도 관심을 갖는다. 이 과정에서 대두되는 주요한 특징은, '더욱 빠른'이라는 속도의 강압이 공장에만 국한되지 않고 전 사회적 차원으로 확산되어 실행된다는 점이다. 다시 말해, 생산과 유통, 소비의 각 부문들이 사회의 모든 과정 및 장소에서 총체적으로 실행되는 것이다. 기계류가 가득한 공장을 떠나, 이제 사회 전체가 잉여가치의 생산을 향해 달음박질치는 총체적 공장으로 변모했다. 말 그대로 '공장으로서의 사회'가 실현된 것이다!

이제 사회 성원들 모두가 노동자로서 가치 생산에 뛰어든다. 대형 마켓에서 물건 하나를 사는 개인적 소비 활동을 예로 들어 보자. 소비자가 구매하는 상품이 바코드 인식기를 통과하는 순간, 전자 입력 시스템으로 파악된 상품 판매 동향은 공장의 재고 물품을 조절하고 다시 새로운 상품 생산을 주문 생산하는 과정으로 이어진다. 나의 소비는 곧 생산이다! 이 과정에서는 고전적 의미의 '공장'과 '사회'의 구분이 전혀 효력을 발휘하지 못한다. '공장 사회.' 이제 새로운 사회의 도덕률은 금욕적 절약 또는 생산이 아니라 소비의 무한 연쇄──생산으로서의 소비, '더욱 빠른' 소비로서의 생산에 다름 아니다.

'속도에 대한 강박'은 이렇게 근대 사회의 편집증이나 다름 없었다. 삶의 리듬에 맞춰 빠르기를 제어할 수 있는 능력 대신, 빠름 그 자체──무한 경쟁의 현실에서 남보다 앞서 나갈 수 있는 속도가 모더니티의 미덕으로 군림했던 것이다. 속도에의 갈망을 미학적으로 전유하고자 했던 20세기 초 미래주의자들은 속도야말로 미래 사회의 종교가 되리라 믿어 의심치 않았다. "우리는 선언하노라, 새로운 미(美), 속도라는 미가 세계의 장려함을 더욱 풍부하게 해줄 것이라고. …… 이 미

<로버트 라우션버그, 「소비에트 아메리칸 배열 III」, 1988~1990년> 과학과 기술, 능률과 생산의 이름으로 달성된 시간-노동-화폐의 연관체계는 이데올로기의 장벽도 거뜬히 타넘었다. '자본가의 나라'도 '노동자의 나라'도 시간의 근대적 이미지들을 자신들의 필연적인 운명으로 받아들인 것이다. 뉴욕의 타임스퀘어 광장에서든 모스크바의 붉은 광장에서든 시간은 더 빠른 생산/소비를 독촉하는 '빅브라더'로 내면화되기에 이른다.

래파의 해에 위대한 해방 전쟁으로부터 속도라는 새로운 종교-도덕이 태어났다." 모더니티의 증표로서 속도는 현대인의 욕망을 무의식 깊숙이 사로잡았다.

'질주정'(dromocratie)은 속도에 대한 '위험한' 욕망이 투사된 사회 체제를 일컫는 폴 비릴리오의 용어이다. 이는 모더니티가 극단적으로 육화된 사회적 형태로서 상품뿐만 아니라 국민과 민족 혹은 국가 자체를 무한히 빠른 속도로 재생산하는 체제를 말한다. 모든 사회적 생산은 오직 가속화된 속도를 낳기 위해 복무하며, 이를 위해서는 여하한의 삶의 자연적 리듬도 수정되고 통제되며 제거될 수 있어야 한다. 속도를 위해서라면 전쟁도 얼마든지 아름답게 바라보는 도취경이 질주정의 미학이다. 구태의연한 예술의 아카데미즘을 비웃으며 '새로운 사회'의 '새로운 예술가'를 자임하던 미래주의자들이 정치적으로는 파시즘의 나팔수로 기꺼이 복무했던 이유도 여기에 있다. 예컨대 필리포 마리네티는 조국 이탈리아의 세계대전 참전을 선동하며, 전쟁이야말로 '구세계를 청산하는 위생학'이라고 부르짖었던 것이다.

제1차 세계대전은 속도의 사회 기술적 발전이 세계사적 차원으로 이행하는 극적인 계기를 보여준다. 당시 레닌은 제국주의 전쟁에 맞서 노동자 계급이 일치단결하여 전 세계적 파업에 동참할 것을 호소했다. 그의 예견에 따르면, 파업은 무기의 생산과 수송을 정지시키고 급기야 전쟁 종식과 프롤레타리아 해방의 도화선에 불을 붙일 것이었다. 하지만 제국주의 열강의 총동원령이 떨어지자 각국의 노동자들은 '국가와 민족을 위해' 전쟁에 자발적으로 뛰어들기에 여념이 없었다. 노동자들은 국민/민족의 일원으로서 '더 빨리' 생산하기 위해 분투했고, 국가의 성패는 얼마나 '더 빨리' 국민/민족을 재생산하느냐에 달려 있었다. 제

2차 세계대전으로 표면화된 '총력전 체제'는 국가 간 경쟁의 속도전을 의미했다. 속도에 대한 열망은 마침내 파시즘의 정치로 영유되었다.

"좀더 빨리!"라는 구호가 일상적으로 강력한 호소력을 발휘하듯, 속도에 대한 강박은 우리의 욕망과 무의식을 전부 차지해버렸다. 그러고 보면 우리의 삶 전체가 남보다 앞서가는 '지름길'을 찾으려는 노력으로 채워져 있는 것 같다. 외국어는 어려서부터 배워야 하고, 대학에 입학하자마자 취업 전선에 뛰어들어야 하며, '더 빨리' 퇴직하지 않으려면 '더 빨리' 살 길을 모색해야 한다! 퇴근 후나 휴가를 쪼개가며 학원에 다니고 자기 계발에 열중하는 것도 따지고 보면 모두 세상살이를 '더 빨리' 헤쳐나가기 위함이 아니던가? 극한의 모더니티로서 속도는 현대 자본주의 사회에서 가장 강력한 힘의 원천을 얻는 듯하다. 이렇게 현대의 모든 문제는 속도의 문제로 비화되었고, 속도의 폭력과 손을 잡지 않으면 안 될 지경에 이르렀다.

비릴리오의 암울한 진단처럼 자본주의, 국가 사회, 파시즘의 정치는 인민을 끊임없이 동원하고 착취하기 위해 속도의 극한을 시험한다. 개인적 집합적 정체성을 부여하면서 동시에 총동원령을 내려 일상화된 전시 체제로 내모는 것이다. 이런 현실에서 "삶은 전쟁터다" 내지 '일상의 전쟁'이라는 말이 설득력을 얻는 것도 무리는 아니다.

하지만 속도에 대한 강박은 외견상 그러하듯 결코 자발적인 욕망으로부터 나온 게 아니다. 어쩐지 더 빨리 달려야 할 것만 같은 강박 관념은 자본주의 사회가 체제의 '정상적'이고 '원활한' 작동을 위해 무/의식에 기입한 명령어일 뿐이다. 맹목적인 무한 질주가 우리의 무/의식과 신체에 끼치는 파괴적 영향력이 엄연히 드러나는 현실 가운데도 여전히 속도를 갈망하는 마조히스트가 우리의 본성이 아니듯이 말이다. 국민/민족으로서 우리에게 강요되는 억압에는 속도에 대한 강박이 포함되어 있으며, 우리가 마치 자발적인 것인 양 속도를 원할 때 속도의 파시즘은 성공한다. 여기서 문맹률이 떨어지고 교육 수준이 높아지며 시민 의식이 성장했다는 외형적 지표는 별다른 의미가 없다. 우리가 속도의 정치에 휘둘릴 수밖에 없는 이유는 속도의 모더니티가 무/의식을 단단히 장악하고 있는 까닭이다. 다시 말해, 속도의 모더니티는 '역사적 선험성'으로서 욕망과 무/의식을 뿌리에서부터 틀짓고 있다.

시계, 화폐, 속도로 대변되는 시간의 근대성을 현대적 삶의 불가피한 조건으로 받아들인다면, 속도의 파시즘은 결코 벗어날 수 없는 최후의 운명일지도 모른다. 따라서 근대성의 문턱을 넘기 위해서는 무엇보다도 우선 탈근대적 시간의 이미지를 그릴 수 있어야 한다. 그러나 시간의 새로운 이미지를 그리는 일은 결코 쉽지 않다. 그것은 우리의 무/의식을 끊임없이 침범하고 사로잡으려 드는, 근대적 시간성의 굴레를 빠져나가는 탈주 능력을 절실하게 요청하는 까닭이다.

4. 탈근대적 시간을 어떻게 창조할 것인가?

다시 역사적 선험성의 문제로 돌아가자. 푸코가 이런 유사 칸트적인 문제 의식으로 되돌아간 이유는, 역사에는 영원불변의 초월적 척도가 존재하지 않음에도 불구하고, 그것처럼 작동하는 모종의 무/의식적 지대가 있기 때문이었다. 르네상스 이래의 지성사를 면밀히 분석하며 그가 찾아낸 것은 '근대성'이라고 명명할 수 있는 어떤 집합적인 심성구조(mentality)가 지속적으로 관찰되고 작동하고 있다는 사실이었다. 우리가 논의한 바로, 시간 의식에 있어서 근대성의 주요 성분들은 시계,

<살바도르 달리, 「부드러운 시계의 폭발」, 1954년> 시계 시간의 지배는 삶의 리듬에 대한 강압이자 폭력이다. 우리 신체의 욕망과 리듬에는 무관히, 척도로서 부과된 시간이란 무/의식 전반을 장악하고 통제하는 '절대 명령'인 까닭이다. 때문에 또다른 어떤 시간의 체제가 대안으로 주어진다 해도, 그것이 다시금 척도화된다면 우리는 시간의 압제를 영영 벗어나지 못할 성싶다. 강요된 시간의 타도는 새로운 시간의 창조, 척도화의 유혹으로부터 벗어날 수 있는 시간의 창안 능력을 길러냄으로써만 가능할 것이다. 우선 지금-여기 주어진 시간을 구부러뜨리고 이탈시키라. 얼마든지 빨라질 수 있지만 또한 얼마든지 느려질 수도 있는 속도를 만들라!

화폐, 속도의 이미지였다.

근대적 삶, 주요하게는 자본주의 사회에서 시간은 분명 이전과는 전혀 다른 모양새를 보여준다. 자연의 리듬과 어울리며 움직이던 삶은 인위적이고 부정적인 형태로 왜곡됐고, 그 결과는 우리 삶이 부자연스럽게 비틀어진 채 근대적 시간성에 정신없이 끌려다니며 소모되고 있다는 사실이다. 매 순간 째깍대는 시계 소리에 쫓겨 다닌다는 정신병자의 절규는 의료 다큐멘터리에만 나오는 불행한 이야기가 아니다. 지금이 순간에도 손목시계는 한치의 오차도 없이 시간의 경과를 가리키고 있으며, 우리는 목적지를 향해 무한정 질주해야 한다. 자본주의 사회에서 시간을 잃는 것은 돈을 낭비하는 것이며, 그만큼 우리의 생존 가능성도 희박해질 것이다! '더 정확하게' '더 빠르게' 추구된 시간은 우리를 행복하게 해주었는가? 어떤 시간이 정녕 우리에게 '좋은' 것인가?

'자연의 리듬'을 이해하기 위해 자연 도감을 참고할 필요는 없다. 그것은 우리의 신체가 먼저 알려주는 생체적 리듬에서도 잘 표현되는 까닭이다. 개개인마다 다르고 주어진 환경에 따라 달라지는 우리 신체는 모든 생명체가 공유하는 생체 시계인 동시에 어느 누구도 동일하지 않은, 각자에게 고유한 삶의 리듬을 만들어내는 기계이다. 신체라는 기계가 보여주는 시간을 따를 때, 너와 나의 시간이 다르고 우리는 모두 서로 다른 시간대를 체험하며 살아간다는 사실을 알기란 어려운 일이 아니다. 시간은 존재하는 삶/생명만큼이나 무수하고 다양한 형태로 나타나는 것이다. 이 무한한 시간 '들' 앞에 지극히 '인간적인' 속도의 경쟁이 무슨 의미가 있겠는가?

우리에게 '좋은' 시간은 자본주의적 근대가 '옳다'고 인증한, 척도화된 시간이 아니다. 시간이 무조건 따라야 할 지상 명령이 되고 강압이 될 때 그것은 삶의 자연스러운 리듬을 탈구시키고, 신체를 파괴하며, 나아가 너와 나의 서로 다른 시간 감각이 함께 만드는 새로운 신체적 리듬의 가능성마저 부정하고 만다. 느림과 한가로움, 여유라는 각기 다른 시간의 지속과 쓰임새는 자본주의적 심판의 도마 위에 올려지고 게으름과 나태, 무절제한 낭비로서 도덕적 지탄을 면치 못하게 된다. 이 서로 다른 시간 감각들은 사회적으로 도태되어야 하며, 종내에는 단 하나의 속도만이 유일하고 보편적인 삶의 리듬으로서 획일적으로 주어질지도 모른다. 아니, 어쩌면 지금 이미 우리가 그렇게 살고 있지 않은가?

자본주의적 근대와는 '다른' 시간——그것은 어딘가 비밀스럽게 묻혀 있기에 '발견되어야 할' 시간도, 근대 이전에 있었다는 '돌아가야만 할' 시간도 아니다. 새로운 시간에의 지향을 '지금-여기'서가 아니라 다른 시대, 다른 장소에서 찾으려들 때 우리는 척도화된 시간의 덫에 빠져들게 마련이다. 근대를 거부하고 중세를 그리워하던 낭만주의자들의 목가에 '과거'라는 척도가 이미 작동하고 있던 것처럼 말이다.

또한 '자연의 리듬'을 회복한다고 무조건 문명과 역사를 거부하는 태도 또한 탈근대적 시간을 노정한다고 볼 수 없다. 자연의 흐름을 뒤따르던 삶이 지닌 조화로운 측면도 인정해야겠지만, 다른 한편 자연의 순환과 주기를 그대로 뒤쫓을 수밖에 없었던 삶에는 자연 자체를 하나의 불가피한 척도로서 받아들인 측면이 없지 않기 때문이다. 그러므로 '다른' 시간에 대한 요청은 어떠한 시간의 '발견' 또는 '회귀'가 아니라 새로운 시간의 '창조'에 대한 질문으로 돌려져야 한다.

척도를 벗어난 시간——그것은 우리의 신체와 욕망을 잡아끄는 사회적 관성으로부터 벗어날 수 있는 능력(puissance)에 달려 있다. 이

능력은 자본주의적 근대가 강요하는 '무조건 빨리'의 속도 강박을 이 탈하는 힘이다. 더 빠르게도 더 느리게도 얼마든지 변이할 수 있는 '이 탈 능력'으로서의 속도. 다큐멘터리를 즐겨 본 사람이라면, 꿀을 따먹 기 위해 꽃봉우리 위에 정지해 있는 벌새를 본 적이 있을 것이다. 그러 나 실상 벌새의 '정지'는 안정된 자세로 꽃술에 부리를 꽂기 위한 극한 의 '빠름'이다. 벌새는 자신의 삶/생명을 유지하기 위해 자신의 신체에 고유한 리듬을 만들었고, 이 리듬은 운동과 정지의 극한을 오고가는 고 유한 속도의 능력에서 나오는 것이다. 그렇다면 이 작은 새는 자신의 삶/생명의 리듬에 가장 부합하는 일종의 '절대적인 것'으로서의 속도 를 창조해낸 게 아닐까?

근대를 비껴나가는 시간은 양화되지 않고, 화폐로 바꾸어지지 않 으며, 가속도의 극단을 질주해야 할 아무런 운명도 타고나지 않는다. 때문에 근대적 관점에서 볼 때, 근대의 외부를 여는 '다른' 시간은 가 장 '비근대적'인 동시에 가장 '비시간적'일 수밖에 없다. 따라서 삶의 낡은 형식을 떨쳐내고 새로운 리듬을 창안해내는 변이와 지속의 능 력 — 그것이 탈근대적 시간의 이미지라 할 수 있다. 이제 우리는 삶이 욕망하는 시간의 리듬을 창조할 것인가, 무한 폭주하는 시간의 강박에 삶의 리듬을 맞출 것인가?

최진석

1. 공간의 모더니티?

시간이 그러하듯이 공간도 우리 삶의 가장 기본적인 조건 가운데 하나
이다. 바로 여기, 발딛고 있는 '이' 공간에 대한 우리의 지각, 공간 감각
은 자명한 현실의 일부를 구성하며, 우리의 일상이 온전히 영위될 수
있도록 지탱해주는 토대가 된다. 만일 누군가의 '실존'에 관해서 말할
수 있으려면, 쉬운 말로 "그가 살아 있다"라고 말할 수 있으려면, 어떤
조건이 충족되어야 할까? 먼저 이론적인 답변. 그는 공간적으로 일정
한 위치를 차지해야 하고 시간적으로 그것을 유지할 수 있어야 한다.
실존으로서 어떤 개체가 정체성/동일성(identity)을 보존하고 있다는
말은, 일정한 시간과 공간에서 그의 삶/생명의 리듬이 지속되고 있음
을 뜻한다. 그럼, 아주 쉽고 상식적으로 대답한다면? 그가 지금-여기
내 눈앞에 버티고 서 있는 것, 즉 일정한 공간을 물리적으로 차지하고
있는 것. 눈에 보이고 손으로 만질 수 있다는 사실처럼 확실한 것이 또
있을까?

직관적으로, 공간의 경험이란 시각적으로 확인 가능하고 촉각적으로 검증할 수 있는 물리적 확실성을 일컫는 듯하다. 이는 대개 현실의 실재성(reality)에 대한 우리의 경험 및 확신과 등치된다. 길거리를 걷거나 자동차를 운전하는 것, 방에 들어가고 나오는 것, 친구와 만나 악수를 하고 의자에 앉는 것, 찻잔을 들었다가 내려놓는 것 등등. 크건 작건 이 모두는 공간 '속에서' 이루어지는 행위요, 공간을 '통해' 가능해지는 삶의 풍경들이다. 공간은 현실의 모든 것이 실재하기 위한 최소한의 조건인 셈이다.

우리 현대인들은 공간을 텅 비어 있는 3차원적 입방체로 연상하는데 너무 익숙해져 있어서 공간의 다른 이미지를 떠올려보기가 쉽지 않다. 공간이 마치 투명한 유리 상자처럼 존재하는 게 아니라면, 도대체 사물은 '어디에' 놓일 수 있단 말인가? 또 우리의 활동은 '어디서' 이루어질 수 있는가? 순수하고 균질적인 투명 상자, 인간적 관심과는 무관하게 초월적으로 존속하는 장소가 바로 공간에 대한 현대의 상식 내지 통념이다. 모든 경험의 가능 조건으로서, 사물이 '담겨지고' 활동이 '벌어지는' 공간이 현대 과학의 '합리적인 세계상'을 대변한다고 우리는 믿는다. 이런 '상식'과 '통념'에의 거부는 곧 '현대'와 '과학'에 대한 포기를 의미하지 않을까?

하지만 공간의 모더니티(modernity)란 '모던'이라는 표현이 그대로 말해주듯 우리 시대에 일반적으로 인지되고 통용되는 공간의 특정한 이미지를 일컫는다. 앞서 근대적 시간의 선험성에 대해 이야기했던 것처럼, 공간의 지각 및 그에 대한 관념 역시 특정한 시대와 사회 내에서 역사적으로 구성되고 무/의식적으로 구조화된 사고와 행동의 기대지평에 속해 있기 때문이다. 우리의 공간관이 근대성의 지평 위에서 구축된 것이라면, 공간에 관한 우리의 이미지와 관념 역시 당연히 근대성의 경계에 한정된 것일 수밖에 없다.

2. 공간의 사회성과 근대적 배치

벤야민은 근대적 시간에 관해 매우 흥미로운 비유를 한 적이 있다. 근대적 시간은 '동질적이고 텅 비어'(homogeneous and empty) 있는 것처럼 표상된다는 것이다. 이런 시간 관념에서 나란히 연이어 있는 시간들 사이에는 아무런 위계적 차이가 없다. 매 순간은 질이 아닌 양으로, 즉 시계 바늘이 이동한 거리만큼으로 측정되고 환산된다. 시간의 이미지는 동일한 크기로 순서대로 놓여 있는 상자와도 같기에, 우리의 삶은 그 상자 속에 차곡차곡 물건을 채워넣듯, 비어 있는 시간을 다양한 활동들로 채우는 일에 비견된다.

애초에 양(量)으로서의 시간 개념 자체가 공간적 범주를 시간 위에 덧씌운 지적 조작의 결과였음을 상기한다면, 벤야민의 비유는 차라리 '자연스런' 결과로 보인다. 더하고 빼며, 나눌 수 있다는 시간의 계산 가능성이야말로 공간의 속성을 시간에 도입하여 얻어낸 모더니티의 근본 기조가 아니던가? 이렇게 근대적 세계상은 온통 공간의 이미지로 둘러싸여 있다.

그러나 삶은 빈 상자의 비유마냥 '텅 비어 있는' 공간들의 연속체가 아니다. 현실은 과학 실험이 가정하듯 균질적인 입방체들의 연쇄로 간단하게 투영되지 않는다. 오히려 현실은 여러 가지 수준에서 다양하게 분절되어 있으며, 언제나 '어떤' 공간으로서 또 특정한 '이름'을 갖고 나타난다. 가령 가정, 학교, 공장 등은 푸코가 사회적 장소들로서 근대 사회의 공간을 분류한 이름들이다. 공간은 항상 '사회적'으로, '어떤' 공간으로서만 유의미하고 그 논리가 읽힐 수 있다는 것이다.

각각의 사회적 장소들——특정하게 규정된 공간은 그 자체의 고유한 규칙과 리듬을 통해 작동한다. 예를 들어 우리는 학교와 가정 혹은 군대라는 공간에서 우리에게 기대되는 행동방식들이 상이하다는 것을 잘 안다. 집에서야 옷가지나 소지품 따위는 아무렇게나 던져놓아도 괜찮겠지만, 학교에서 그렇게 한다면 교사의 책망을 감수해야 할 것이며, 군대에서라면 엄한 처벌의 대상이 될 수도 있다. 공간이 우리 사고와 행동 양식, 심지어 습관과 같은 무의식적 과정까지도 지배하고 있음을 확인하기란 어려운 일이 아니다. 학생 시절 교무실에 불려가 느꼈던 긴장감과 위압감은 두근거림과 식은땀 같은 신체적 반응 기제를 통해 우리 몸에 각인되고 직장 상사의 사무실에서 다시금 재생되지 않는가?

그러므로 사회적 공간의 구축과 구획, 곧 배치(agencement)의 문제는 공간에 대한 개인의 훈련과 밀접히 관련되어 있다. 근대 공간의 배치가 갖는 특징 중 하나는 전 사회가 '교육의 현장'이 되었다는 사실인데, 임의의 어떤 장소에서나 우리는 그 공간에 적합한 사고와 행동을 실행하도록 강제되어 있는 것이다.

가령 어릴 적부터 제도적으로 배우는 것들이 그러하다. 수업 시간엔 교실을 돌아다니면 안 되고, 매표소 앞에선 줄을 서야 하며, 작업장에서는 사적인 용무를 봐서는 안 된다. 또 길거리에선 좌측 통행을 해야 하고 …… 제도가 충분히 가두지 못해 흘러내리는 현실의 잉여는 소위 '매너'나 '에티켓'과 같은 비/공식적 관례가 끌어안음으로써 사회는 그 전체성을 유지한다. 바로 이 전체성의 유지와 재생산이 근대적 사회체(socius)의 궁극적인 목표인 셈이다.

"THERE IS NO PLACE LIKE HOME."

<"스위트 홈에의 이상", 빅토리아 시대의 가족사> 근대 사회에서 부르주아지의 태평성대를 상징하는 시기가 영국 빅토리아 여왕의 통치 시대(1837~1901)이다. 사회는 개인에 대한 통제 권한을 각각의 사회적 영역들에 분배하기 시작했는데, 이는 본질적으로 공간적 통치의 성격을 갖는다. 가령 아이들은 학교와 가정에서, 노동자들은 공장과 집합 숙사에서 각각 사회적 공정이 요구하는 규율을 학습함으로써 사회적 주체로 거듭나야 했던 것이다. 표면상 가정 생활의 내밀성은 가족의 프라이버시를 존중한다는 매우 '신사적'인 태도에서 비롯하였지만, 실상 아직 '정상적'인 성인 혹은 사회인이 되지 못한 아이들과 여성들을 결박해 두는 감금 장치로 기능했고, 이런 점에서는 '스위트 홈' 역시 학교나 공장, 군대와 다름없는 훈육의 공간이었다.

공간의 지배는 그런 사회적 전체성이라는 목표를 달성하기 위해 근대 사회가 취한 통치의 논리와 방법이다. 즉 사회적 공간을 특정한 방식으로 배치함으로써, 또한 그런 공간들의 규칙을 신민들이 무/의식적으로 습득함으로써 소속감과 복종심을 저절로 이끌어내는 것이 근대 사회의 과제로 제기되었던 것이다. 따라서 공간의 근대적 배치는 국가적 수준에서 가장 사소하고 내밀한 영역까지 분절되고 관리될 것을 요구했다.

예컨대, 19세기에 가정은 사교와 정치의 공적 영역으로부터 분리된 사적 영역의 확보를 위한 공간으로 인식되었다. 가족생활의 내밀성이란 집 바깥으로 새나가서는 안 되는 절대적인 원칙이었으며 주거의 배치 역시 이를 충실히 반영해야 했다. 그래서 18세기까지 거리낌 없이 개방되어 있던 침실은 더 이상 외부인이 범접할 수 없는 은밀한 공간으로 감추어지고, 부부와 아이들이 화목하게 시간을 보낼 수 있는 거실이 가정의 주 무대로 부각된다. 우리가 '스위트 홈'이라는 표제로 떠올리는 절대적인 사적 공간이 탄생한 것이다.

하지만 이러한 '사적' 공간이란 실상 부르주아 가족 지배를 위한 국가적 통치술의 산물에 다름 아니었다. 정치 사회학적이고 문화사적 연구들이 알려주는 것처럼, 19세기 가정생활에서 간섭받지 않을 권리란 기실 부르주아 성인 남성들이 누렸던 사적 지배의 '공식적' 형태였으며, 가족적 프라이버시를 보호한다는 명분하에 '공인된' 사적 소유권의 사회적 배치에 다름 아니었기 때문이다. 이런 관점에서 본다면, '스위트 홈'이란 가장 사적인 만큼 가장 국가적이고 부르주아 자본주의적인 공간이 아닐 수 없다. 그러므로 가정의 이상을 지키는 일은 곧 국가적 이상을 수호하는 일과 동일한 과업으로 인지되지 않았을까? 지금의 우리는 그런 19세기적 배치의 동일성으로부터 얼마나 벗어나 있는 것일까?

근대적 공간의 문제성은 신민의 정체성/동일성을 사회와 국가적 차원에서 영토화하고, 그것을 보편적인 가치 내지 특질로 각인시킨다는 점에 있다. 다시 말해, 우리 모두는 동일한 영토적 공간에서, 동일한 소속감을 누리며 살아가고 있다는 것. 그리고 지난 시대의 노랫말마냥 "원하는 것은 무엇이든 누릴 수 있고, 뜻하는 것은 무엇이든 될 수가 있"다는 자유 경쟁과 시장 원리의 보편성이 존재한다는 것 등등. 과연 그러한가? 가정이든 공장이든 학교든 여하한의 공간 배치도 근대성의 큰 틀에서 바라볼 때 동일한 효과를 노정하는데, 그것은 바로 근대적 사회체의 (재)생산이다.

3. 영토 공간의 근대─지식, 지리, 화폐의 보편 경험

들뢰즈와 가타리는 배치를 어떤 요소들이 특정한 계열을 이룸으로써 구성되는 사물의 상태라 정의했는데, 공간과 관련하여 이 정의를 다시 음미해본다면 이렇게 말할 수 있다. 배치란 공간을 특정한 방식으로 분절함으로써 일정한 효과를 창출하는 것이라고.

배치를 통해 공간은 내부와 외부로 갈라지고 특정한 의미를 갖는데, 이는 주로 외부를 배척하고 내부를 동일화하는 방식으로 이루어진다. 어린 시절 땅따먹기를 할 때 상대방 땅으로 쳐들어가서 자기 땅을 만들어가는 과정을 떠올리면 이해하기 쉬울 것이다. 경계선을 그으며 남의 땅(외부)을 밀어내는 동시에 자기 땅(내부) 안쪽의 경계를 지우는 과정이 땅따먹기(영토화) 아닌가? 공간의 특정한 배치는 내부적 영토성(territoriality)을 구축한다. 이때 영토적 경계는, 공간을 내부와 외부로 구별하는 권력 효과의 준거점이다. 공간의 권력이란 공간에 대한 정체성/동일성의 수여와 박탈을 뜻한다.

예컨대 우리는 어떤 식으로 자기의 신원 증명(identification)을 하는가? '(대한민국의) 국민으로서', '(한민족의) 일원으로서', '(학교의) 학생으로서', '(회사의) 직원으로서', '(가족의) 아들/딸로서' 등등. 이렇게 개인의 정체성/동일성을 규정짓는 '~로서' 구조는 일차적으로 사회적 공간에 대한 소속감을 표현하지만, 동시에 그곳에 관여할 수 있는 출입증을 대신하기도 한다. 바꿔 말해, 신분/자격을 나타내는 지표들은 사회적 공간과 개인이 맺고 있는 관계를 보여주며, 이 관계는 공간 내부에서의 소통 가능성을 허가하기도 차단하기도 하는 것이다.

'불법 체류자'들이 노동 현장에서 부당한 차별을 당하고도 정당한 항의조차 못하는 이유가 어디에 있는가? 이유는 단 하나다. 그들은 '대한민국'이라는 영토 공간 내에서 '합법적인' 신분/자격을 부여받지 못했기 때문이다. 대한민국이라는 공간의 '공인된' 신분증── '~로서' 구조를 부여받지 못했기에 그들의 항변은 이 공간의 '공식적' 소통체계에서 거부되고, 근본적으로 언어화되지 않는다. 이렇게 내부와 외부를 가르고 수용/배제를 결정하는 거름 장치가 바로 공간의 영토적 경계, 즉 영토성인 것이다.

공간은, 현대의 상식과 통념이 알려주는 것처럼 '텅 비어 있고' '투명한' 상자가 아니라, 그 안에서 무수한 영토화의 배치가 진행되고, 이로써 출입과 소통이 통제되는 사회적 격자들의 집합체라 할 수 있다. 푸코가 『감시와 처벌』을 통해 명확히 지적했듯이 이 격자들을 통해 근대 사회는 개인을 사회적 주체로 생산하고 그 사회의 재생산체제에 투

<존 버거, 「독일의 노동 허가를 받기 위해 신체 검사를 받는 터키 이주노동자들」, 1982년> 마치 사물이나 동물의 수입 검사를 받는 것처럼 이주노동자들의 신체는 미세한 부분까지 정밀하게 관찰되고 목록화된다. 그러나 이들이 마지막 관문까지 모두 통과하고서 받을 수 있는 권리는 지극히 제한적이다. 영토의 외부에서 건너온 타자의 신체에는 애초부터 국민/민족적 동질성과 동등성의 표식이 없기 때문이다. 최종적으로 그들은 '낯선 자', 어찌 보면 사람도 짐승도 아닌 '괴물'로 부영되기까지 한다.

입시킨다. 이른바 근대 사회의 훈육 프로그램이 그것이다.

학교, 병원, 공장, 군대 등의 하부 격자들은 이 프로그램을 통해 개인의 사회적 정체성/동일성을 확증하고 보전하는 (재)생산 과정을 밟는다. '국민교육헌장'이나 '애국가'가 그것을 복창하는 개인들에게 '국민'과 '애국자'로서 국가와 자신을 동일시하라고 종용하듯, 사회적 공간에 대한 무/의식적 동일시는 개인과 사회의 동일성을 생산하는 것이다. 이런 식으로, 근대 사회에서 훈육 프로그램의 목적은 단 하나로 집약된다. 그것은 개인과 사회의 신원을 증명함으로써 사회적 전체성을 끊임없이 재생산하는 것이다. 즉, 무정형하게 분산되어 있는 개인들에게 사회적 공간이 인증하는 신분/자격을 부여하는 것. 그리하여 그 공간의 정체성/동일성을 재확인하고 강화하는 것. 이렇게 사회적 주체의 생산은 사회적 공간의 생산과 긴밀하게 맞닿아 있다.

그런데 근대적 주체의 생산은 근대적 공간 경험의 보편성이 전제되지 않고서는 불가능하다. 다수의 개인들이 한 사회의 구성원으로서 동등한 자격과 신분을 가진다고 믿으며 살게 하기 위한 균질적이고 보편적인 무대가 필요한 것이다. 근대 사회에서 이 무대는 흔히 '국가'라는 사회체로 상정된다. 근대 국가처럼 거대 단위로 조직되어 작동하는 사회체만이 대규모로 획일화된 주체 생산체제를 갖출 수가 있기 때문이다.

근대 국가의 논리를 그대로 인용하자면, 국가는 국민/민족을 생산하고, 다시 국민/민족은 국가를 지속시킨다. 여기서는 사적인 것도 국가적인 것과 정확하게 겹쳐진다. 한국어로 'nation'이 '국가', '국민', '민족'으로 다양하게 번역되는 데서 알 수 있듯, 이 세 성분은 근대성의 삼항일조를 이루는 것이다. 따라서 근대 국가는 'nation'을 보존하고 재생산하는 공간의 배치, 곧 중단 없는 영토화를 본질적인 과제로 삼는다.

근대적 삶과 행위의 보편 공간으로서 국가를 지탱하는 힘은 지식과 지리, 화폐의 세 가지 성분에서 극적으로 표현된다. 이 세 성분들을 굳이 공간적 경험 속에 분류하는 이유는, 근대인들이 이들을 통해 획득하는 앎의 차원이 배치와 영토화, 정체성/동일성의 생산 등 근대적 공간성의 양식을 띠고 있기 때문이다. 수학적 지식의 균질성, 지도적 지리의 공속성 그리고 화폐적 가치화의 보편성은 근대 국가가 성립하기 위한 필연적 성분들인 동시에 근대인들이 영토 국가의 일원으로서 스스로를 확신하는 무/의식적 계기를 구성한다. 즉 '~로서' 구조의 사회적 신분증을 발급하는 것이다. 학교와 공장, 군대, 가정 등 공간의 근대적 배치 곳곳에서 이 프로그램은 작동했고, 그럼으로써 국가라는 사회적 전체성은 '정상적'으로 유지되고 강화될 수 있었다.

근대의 이런 보편 공간을 창안하기 위해서, 근대인들은 먼저 공간 자체를 그전과는 다른 형식으로 새롭게 상상할 수 있어야 했다. '과학적 지식'으로서의 공간, 즉 표상의 공간이 근대적 공간 경험의 출발점이자 전제가 됨은 그런 이유에서다.

4. 표상의 근대—코스모스에서 좌표 공간으로

근대적 공간의 가장 큰 특징은 앞서 '상자'의 비유에서 보았듯이 그것이 표상 가능한 무엇으로 인지되기 시작했다는 점에 있다. 본래 표상 (representation, Vorstellung)이란 눈에 보이지 않는 것을 시각적으로 재현하는 정신 활동을 말하는데, 바로 그 보이지 않는 것의 시각화라는 지적 활동은 여기서 각별한 의미를 갖는다. 통념과는 달리, 유사 이래로 '재현'(representation)은 눈에 보이는 것을 그대로, 즉물적으로 재생시킨 적은 없던 탓이다.

재현되는 대상은 언제나 그 시대가 요구하는 특정한 척도를 만족시키며 이미지화된다. 다시 말해 재현하는 주체가 옳다고 무/의식적으로 확신하는 척도를 반영하며 재현되는 것이다. 이것이 푸코가 말하는 지식의 역사적 선험성(a priori historique)일 터인데, 특정 시대의 특정한 표상 구조는 여기에 의지함으로써 구성된다. 바꿔 말해, 공간을 인식하고 재현하는 방식은 그 시대가 옳다고 믿는 방식으로 틀지어진다는 것이다. 근대 이전과 근대의 공간 표상은 어떻게 다른가?

아리스토텔레스의 자연학체계에서 공간은 다만 존재의 결여, 비(非)존재를 나타내는 개념일 뿐 전혀 실재적인 것으로 다루어지지 않았다. 상자처럼 '텅 비어 있는' 공간이란 무(無)와 다르지 않으므로 당연히 인식의 대상도 아니었다. "자연에는 진공이 없다"는 아리스토텔레스의 유명한 격언은 비존재에 대한 고대인들의 거부감과 두려움을 단적으로 보여준다.

'공간의 부피'란 말도 순전히 말장난에 지나지 않았다. 비존재는 부피를 생각할 수 없는 탓이다. 공간은 기껏해야 물체의 주변을 둘러싸는 얇은 '면'으로 간주되었고, 사물과 사물을 구분해주는 경계선을 가리키는 관념이었다. 가령 자동차가 차지하는 공간은 그 자체 실재하는 게 아니라 자동차가 대기와 맞닿아 있는 얇은 표면을 지시한다. 진공을 부정했던 아리스토텔레스는 하나의 사물은 다른 사물이 끝나는 지점에서 시작되며 이런 존재의 대연쇄가 무한히 진행된다고 가르쳤는데, 이는 우주의 충만함에 대한 고대적 관념을 나타내는 것이다.

<고중세의 우주론> 고대 그리스의 천문학자 프톨레마이오스(85~165?)가 '상상한' 우주도이다. 우주의 중심에는 지구가 있고, 동심원 바깥으로 태양, 달, 수성, 금성 등이 차례대로 자리 잡고 있으며 가장 바깥에는 신과 천사가 거주하는 최고천(最高天)이 있다. 우주에 존재하는 모든 것들이 자기의 본래 위치를 잃지 않고 유지하는 한, 세계는 조화롭다(Cosmos)고 여겨졌다. 영원불변의 자리가 이미 정해져 있다면, 존재하는 모든 것들의 가치도 이미 결정되어 있을 수밖에 없다. 중세로까지 온전히 이어진 이 우주론은 여하한의 수직 이동도 허락하지 않는 절대적으로 수평적인 공간 이미지에 의지하고 있었다.

만일 고대의 자연학체계에서 공간을 사고할 수 있다면, 그것은 차라리 전 우주를 아우르는 존재론적 체계에서 개별 존재자들이 차지하는 '위치'를 뜻하는 것이었다. 질서정연한 체계로서의 우주는 각각의 존재자들에게 그 본질에 적합한 위치를 미리 안배하였는데, 개개의 사물들이 그 위치에 정확히 놓여 있는 모습을 우주의 조화, 곧 코스모스(Cosmos)라 불렀다. 최상위 존재로부터 최하위 존재까지 '질서'와 '순서' 그리고 본연의 '위치'를 존중했던 고대 우주론에서 공간이 동질적인 것으로 표상되지 않았음은 물론이다.

　'조화로운 우주'는 중세 말까지 서구 사회의 공간관을 지배했다. '꽉찬' 우주, 그 우주 속에 무의 자리를 인정할 수 없었던 고대 철학자의 신념은, 전지전능한 창조주의 산물로서 '빈틈없는' 세계를 확신했던 기독교 사회로도 그대로 이어진 탓이다. 교부 신학에서 악(惡)을 존재의 허상으로 간주하고, 적어도 '공식적'으로는 신학의 영토에서 축출했던 것도 같은 이유에서였는데, '빈 공간'에 대한 거부가 물리 현상을 설명하는 이론적 굴레를 넘어 세계상을 그리는 기본 구도가 되었던 점은 주목할 만하다. 공간에 대한 이해와 상상력이 세계상을 표현하는 준거틀로 사용되었기 때문이다.

　고중세의 우주론에서 부분 공간들은 질적으로 구별될 수 있을 뿐 감히 서로 비교할 수 있는 대상은 아니었다. 이를 테면 신과 천사가 노니는 천계와 인간이 거주하는 지상, 그리고 죄인들이 벌받는 지옥이 어떻게 공평무사하게 '동질적'으로 비교되겠는가? 천국도 지옥도, 그 중간계인 연옥도 여러 단계로 층층이 나뉘어져 있었지만, 어느 하나도 다른 하나와 동일하게 견줄 수 없다. 단테의『신곡』에 묘사된 '저 세계'의 다층성은, 비록 그것이 문학적 상상력을 표방하고 있다고 할지라도, 세

<도메니코 미켈리노, 「『신곡』으로 피렌체를 계몽하는 단테」, 1465년> 알리기에리 단테의 『신곡』(1321)은 중세인들이 믿었던 천국과 지옥이 위계의 절대성에 의해 정밀하게 구분된 공간들이었음을 보여준다. 특히 지옥과 중간계인 연옥은 죄의 경중에 따라 형벌의 정도가 세심하게 배분되어 있다. 자크 르 고프가 『연옥의 탄생』에서 탁월하게 설명한 것처럼, 연옥의 창안은 중세적 상상력의 극치라 할 만하다. 죄가 있으되 '지옥불에서 영원히 타죽어야 할 정도로 중하지는 않았던' 대다수의 중세 민중들에게 연옥은 일정 기간 벌을 받으면 천국에 오를 수 있는 개과천선의 공간이었던 까닭이다. 물론 이는 '정통' 기독교 신학 전통에는 없었던 독특한 발상이었다. 연옥의 이런 애매한 지위는 종교 개혁의 발단이 된 면죄부 파동의 단초가 되기도 했으나, 아무튼 연옥이 끌어들인 수직 상승의 이미지는 중세적 세계관을 깨뜨리는 중요한 발판이 된다. 천국에 오를 수 있다는 수직의 이미지가 절대적으로 분리된 수평적 세계관을 잠식하고 무너뜨렸기 때문이다.

계가 결코 동질적이거나 균일하지 않다는 고대적 우주론의 지속을 보여준다.

반면 근대의 공간관은 장대한 우주론적 체계 따위를 요구하지 않았다. 사물의 존재론적 등급이 무엇이냐 또는 그것은 왜 그러한가를 묻는 대신 현실 속에서 운동하고 변화하는 사물들의 정량적(定量的) 관계가 '세속 사회'의 주된 관심사였기 때문이다.

총포의 사(射)거리를 계산하고 탄도를 예측하기 위해 필요한 것은 사물의 존재론적 위계가 아니라 기하학과 수학이었다. 특히 수(數)에 대한 관심이 폭증하고 세계를 수학적 질서로 파악하고자 했던 17세기 이래, 세계를 이해하기 위한 인식적 전제도 근본적인 변화를 겪지 않을 수 없었다. 이에 '질적인 차이의 체계'를 대신해서 재현 가능한 '표상의 공간'이 등장했으며, 균질성은 그러한 공간의 필수적인 속성으로 간주되었다. 만일 '여기'와 '저기'가 서로 달라 비교할 수 없고, 공통된 측정 단위도 없다면 어떻게 운동과 변화를 하나의 공간학적 체계 속에 담을 수 있겠는가? 변수를 사용해서 임의의 운동을 포착하고, 그것을 일반화된 평면 안에 담는 해석 기하학 또는 좌표 기하학은 이렇게 탄생했다.

흔히 데카르트의 업적으로 돌려지는 해석 기하학의 창안은 공간의 역사에서 지대한 의미를 갖는다. 공간이 시간과 더불어 경험의 가능 조건이라고 밝힌 칸트에 앞서, 데카르트는 공간이 모든 사물보다 우선적으로 존재해야 함을 자신의 기하학 체계에서 요청한 것이다. 균질적인 수학적 단위로 나뉘어진 좌표계가 전제되지 않는다면, 그 어떤 사물의 위치도 정확히 지정될 수 없고, 따라서 사물 간의 거리도 계산될 수도 없을 것이다. 균질화와 계산 가능성에 입각한 좌표계의 발명은 근대적 공간 관념의 필수 전제였던 셈이다. 마침내 칸트에 이르러 공간은 더 이상 비존재가 아니라 모든 존재하는 것들의 선험적 조건으로서 철학적 인준을 받게 되고, 과학사에서는 '투명한 빈 상자'라는 근대적 이미지를 수여받는다.

좌표계의 도입이 갖는 의미는 크게 두 가지로 요약된다. 첫째, 좌표상의 모든 점은 다른 점의 위치를 통해 지정될 수 있으며, 이로써 모든 위치가 전면적으로 상대화될 수 있다는 것. 무엇을 기준점으로 삼느냐에 따라 똑같은 위치가 이렇게도 저렇게도 표시될 수 있기 때문에 '존재의 본질적인 위치' 따위는 비웃음의 대상으로 전락하고 만다. 둘째, 모든 점, 모든 위치를 일거에 조망할 수 있는 전일적(全一的)인 시점이 만들어졌다는 것. 좌표상 제시된 모든 점들은 관찰자의 시선에 '투명하게' 표상된다. 여기서 시점의 전일성이란 관찰자의 시선이 어느 위치에 놓이든 좌표계의 점들은 아무런 변화 없이 동일한 위치에 머물러 있음을 가리킨다. 시선이 맺히는 어떤 점이라도 곧 모든 점을 투영할 수 있는 것이다.

일반적으로 좌표계는 수학적이고 물리학적 공간으로서 근대의 과학주의적 세계관의 산물이라고 알려져 있다. 이미 살펴본 대로 좌표계를 도입함으로써 공간은 전면적으로 상대화되었고 또 균질화되어 계산과 조작 가능성의 범위에 들어온 게 사실이다. 관조와 명상의 타자이던 세계가 '이성'과 '합리'의 대상이 된 것이다.

하지만 근대 '과학의 리얼리즘'——감각이 반영하는 현실을 있는 그대로 재현한다는 '신화'는 실상 좌표계의 도입에서부터 변질되기 시작했음을 기억해야 한다. 근대적 투시법의 기원으로 알려진 '원근법'이 그렇듯, 좌표계 역시 3차원적 입체 공간을 2차원적 평면 위에 투사함으로써 얻어진 지적 조작의 결과물이고, 따라서 현상에 대한 어쩔 수 없는 굴절과 왜곡을 감추고 있기 때문이다. 좌표계, 근대적 표상 공간이 "존재하는 것을 그대로 재현한다"고 믿게끔 만드는 원천은 공간 자체의 실재성이 아니라 공간의 근대성, 즉 과학에 대한 근대인들의 무/의식적 신념일 뿐이었다.

그런데 근대 공간의 역사에서 보다 본질적인 중요성은 바로 이 무/의식적 신념에 있다. 즉 2차원적 평면 위에 투사된 3차원의 영상이 실재의 정확한 이미지라는 믿음, 그리고 이런 표상의 공간이 과학의 논리로써 증명될 수 있다는 믿음이야말로 근대적 공간 또는 공간의 근대성을 지탱하는 버팀목이었다는 사실이다. 표상 공간이 '객관적'이고 '투명한' 실재의 공간이라는 믿음은 근대적 지식 일반이 '지식'으로 공증받기 위한 제1전제가 된다.

5. 지도의 근대— '공간'은 어떻게 '사회'가 되었는가?

좌표계는 본질적으로 수학적인 공간이다. 그것은 기하학적 형태를 수학의 계산체계로 포섭하기 위해 만들어진 공간이며, 따라서 인위적이고 추상적인 특성을 지니기 때문에 날것의 삶 자체를 반영하지는 않는다. 이런 좌표계 ── 근대적 표상 공간에 현실 지리의 색채를 입힌 것이 바로 지도이고, 이런 의미에서 근대의 지도 제작과 지도의 관념 역시 근대성의 테두리를 통해서 사고되어야 한다.

인간이 자기의 생활 반경을 도해화하고 그 지식을 이웃이나 후손에게 전달하기 위해 지도를 만든 것은 아주 오래 전부터의 일이다. 지도사가들에 따르면 원시 사회의 초기부터 주거지와 자연 환경을 묘사

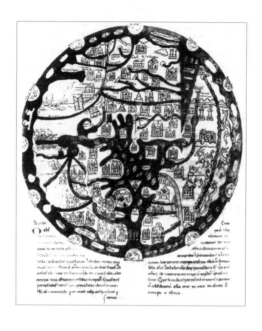

<보이는 게 아니라 믿고 있는 것이 진실이다!> 『성경』의 「이사야서」를 보면 다음과 같은 구절이 나온다. "그는 땅 위 궁창에 앉으시나니 땅의 거민들은 메뚜기 같으니라. 그가 하늘을 차일같이 펴셨으며 거할 천막같이 베푸셨고 ……." 중세의 일명 'T-O'도는 상상적 신념체계가 현실을 압도하고 있었음을 잘 보여준다. 오늘날의 관점에서 이런 지도가 대체 무슨 쓸모가 있었을까 심히 의심스럽지만, 십자군 전쟁 때는 기사들이 실제로 이 지도를 앞세워 예루살렘을 찾아다녔다는 '웃지 못할' 일화도 전해진다. 하지만 하나의 '세계관'으로서 중세의 신념체계는 허무맹랑한 공상의 산물은 아니었다. 중세인들은 그들이 접할수 있었던 수많은 자료들과 당대의 학문체계를 바탕으로 '실재하는 세계'를 최대한 재구성하려 노력했던 것이다.

하는 간략한 형태의 지도들이 제작되었다고 한다. 하지만 지도에 무엇이 그려졌는지, 또 그려진 것이 무엇을 의미하는지는 역사적으로나 사회적으로나 다양하다. 우리의 통념과 달리 지도가 단순히 눈에 보이는 것을 묘사하지는 않기 때문이다. 사실과 정보의 전달이라는 '지도의 리얼리즘'은 지극히 근대적인 입장에 불과하다.

예컨대 중세 사회의 세계 전도라 할 수 있는 T-O도를 보자. 「이사야서」제40장 제22절의 문구를 '충실히' 모사했다는 이 지도에서, 아시아, 아프리카, 유럽의 세 대륙은 흑해와 지중해에 의해 T자형으로 분리되어 있으며 그 주위를 O형의 큰 바다가 흐르고 있다. 아무리 전도(全圖)의 성격을 갖는다고 해도 너무나 간단하게 도식화되어 있어서 실제로 중세인들이 이 지도의 도움을 받아 어떤 '실용적'인 편의를 누렸으리라고 기대하긴 힘들다. 과연 무엇을 그린 것인가?

근대적 관점에서 평가한다면 중세의 이런 지도는 '과학적 지식'의 세례를 받지 못한 '무지의 소산' 쯤으로 폄하되어야 할 것이다. 하지만 무엇이 더 '실재적'인가에 대한 판단이 중세와 근대에서 상이했음을 기억한다면, 근대의 '과학주의적' 선입관을 떨쳐내고 지도를 읽을 필요가 있다. T-O도의 세계는 '보이는' 세계의 묘사가 아니라 '믿고 있는' 세계의 이미지이기 때문이다. 그것은 차라리 성서적 세계관의 시각적 개념화라 할 수 있다. 지도를 통해 우리가 해석하고 발견해야 하는 것은 사실에 대한 정보가 아니라 그 시대가 무엇을 중요하게 여겼는지, 또 세계를 어떻게 믿고 표상했는지를 드러내는 역사적 선험성이다.

'보이는 것을 믿은' 게 아니라 '믿는 것을 보았던' 태도는 비단 서구 중세인들만의 태도는 아니다. 고대 중국의 '삼례도'(三禮圖)를 볼 것 같으면, 우리의 관점에서 이건 숫제 '지도'가 아니다. 여기서 표현

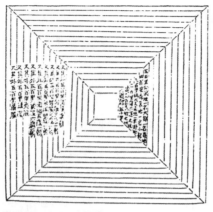

<중국의 '삼례도' (三禮圖, 위 그림)와 '사해화이총도' (四海華夷總圖, 아래 그림)> 중화주의적 천하관(天下觀)에 따르면, 세계는 황제의 도시를 중심으로 한 여러 겹의 정방형 공간들로 구성되어 있다. 이때 각각의 공간들은 문명의 정도를 나타내며, 당연히 중심으로부터 멀어질수록 등급이 하락한다. 문명에서 야만으로 격하되는 것이다. 그러나 세계를 중심-주변의 이원적 구도 위에서 사유하는 습관은 비단 고대 중국에서만의 일은 아니다. 근대 서구 열강 역시 이런 구도 위에서 자신들의 식민 지배를 정당화했으며, 같은 아시아 내부에서도 일본 제국주의는 한국과 중국을 침탈하며 동일한 논리를 내세웠던 것이다. 따지고 보면 우리에게도 익숙한 선진국-중진국(개발 도상국)-후진국의 위계도 그런 양극적 모델화에서 연유하지 않았는가?

된 것은 4방위의 끊임없는 반복과 그 경역의 확대일 뿐이다. 그러나 단순히 사각형들을 무수히 겹쳐놓은 듯한 이 지도가 표현하는 것은 고대 중국인들이 믿었던 세계상이다. 문제는 "무엇을 보았는가?"가 아니라 "어떻게 생각했는가?"에 있다. 세계의 중심, 곧 중국으로부터 멀어질수록 사람들이 어떤 의례를 행하며 사는지 기술하는 이 지도는 중심-변경의 대립 구도 위에 세워진 중화주의적 천하관의 시각화인 셈이다. 이렇듯 지도에 그려진 세계는 '사실'로서의 세계가 아니라 '의미'로서의 세계이며, 특정 시대와 사회의 구성원들이 공통적으로 믿고 있는 세계상의 표현이다.

　이제 질문을 바꿔보자. 지도는 어떻게 작동하는가? 우리는 지도를 '보는 게' 아니라 '해석한다.' 이 행위를 통해 지도의 공간은 우리와 특정한 관계를 맺고 특정한 소속감을 부여한다. 즉 지도적 공간의 영토성에 우리 자신이 귀속됨으로써 그 공간의 신분증을 발급받는 것이다. 가령 'T-O도'를 보는 중세인에게 그 지도는 그가 믿고 속해 있는 성서적 세계의 실재성을 입증하는 가장 확실한 자료가 될 것이다. 마찬가지로 '삼례도'를 바라보는 고대 중국인 역시 변방의 오랑캐와는 구별되는 자기 자신을 확인할 것이며, 지도 위에 기술된 변방의 의례를 자기에게서 떨어내고자 애쓸 것이다. 지도를 통해 그는 '중화인'으로 다시 태어나는 것이다.

　하지만 지도를 통한 사회 및 사회적 주체의 생산은 근대 사회에서야 비로소 유의미하게 거론될 수 있다. 이는 근대 사회만이 사회의 보편 공간과 그 영토적 경계를 합치시킨 최초의 사회체였던 탓이다.

　주지하다시피 서구의 중세 사회는 균질적이지 않은 영역들로 무수히 나뉘어져 있었고 영토적 경계도 분명하지 않았다. '국경'이란 전

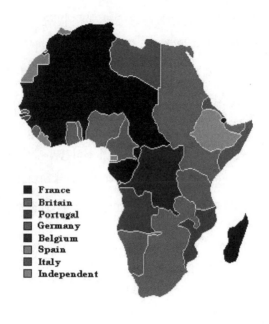

France
Britain
Portugal
Germany
Belgium
Spain
Italy
Independent

<1914년경의 아프리카 국경 지도> "이것은 아프리카가 아니다!" 19세기 이래 서구 열강이 멋대로 재단해놓은 아프리카의 영토적 경계는 가공할 만큼 인위적이다. 여기에 '자연'으로서의 아프리카는 이미 존재하지 않는다. 그러나 일단 지도 위에 그려지고 나면, 지도의 현실이 곧 자연적 사실이 된다.

쟁 때만 존재했지 일상적으로는 전혀 유효하지 않은 관념이었다. 사람들은 서로 다른 영지를 아무 제지 없이 넘나들었고, 동일한 영지를 여러 군주들이 공동으로 다스리는 일도 없지 않았다. 영토의 애매성은 기독교 세계라는 전역적 보편주의와 짝을 이루었다. 같은 종교를 믿는다는 사실을 제외하곤 무수히 쪼개져 있는 영지들, 통치 권역들을 함께 묶을 만한 개념적 수단은 존재하지 않았던 것이다.

이런 사정은 17세기 이후 확연히 달라진다. '보편 제국'의 관념이 깨지는 대신 개별적이고 지역적인 국민/민족 국가가 등장했기 때문이다. 재미있는 사실은, 근대적 국가성의 정초 방식이 중세와 비교해 정반대의 양상으로 나타났다는 점이다. 중세엔 영주의 성을 기점으로 통치력이 미칠 수 있는 최대 한계가 그 사회의 권역을 이루었다면, 근대 국가는 먼저 지도 위에 영토를 명확히 설정하고 그 경계의 내부를 독점적으로 지배하는 형태로 상정되었기 때문이다.

중세적 보편주의를 상실한 대신 근대 국가가 얻은 새로운 보편성은 주권의 절대성이 영토 내에서는 어디서나 균질적이라는 원칙이다. "주권은 영토 내의 각 평방 센티미터마다 샅샅이, 평등하고 균등하게 작용한다." 중세까지 산과 강, 숲 등으로 막연하게 구분되던 영토 관념은 '국경'으로서 지도 위에 명확하게 표시되었고 '국토'의 지위를 획득함으로써 국가 자체와 일체화되기에 이른다. 국토는 국가의 신체다!

일제가 한국을 식민화할 때, 가장 먼저 실시한 일이 토지조사사업(1910~18)이었음은 잘 알려진 사실이다. 새로 획득한 지리적 영역 위에 영토성을 구축하려 했던 것이다. 마치 신체의 각 지절들을 세밀하게 검진하고 목록을 작성하듯, 영토 국가는 국토의 범위와 지리, 생산물과 그 가치를 분석해 일목요연하게 도해화할 필요를 느낀다. 가령 인구와 자원의 분포 및 이동, 자연 지형의 위치, 영토 외부(다른 영토 국가)와 맺는 간격 등 우리가 흔히 '과학적'이고 '합리적'인 연구로 분류하는 지리학적 조사 활동 전반이 실상 근대 국가의 영토성 구축 과정에 포함되어 있다. 정확한 지도의 제작이야말로 근대 국가가 벌이는 가장 중요한 국책 사업이고, 국가는 그런 지도를 통해 국토를 대상화하고 통치한다. 이런 방식으로 근대 과학의 공간은 정치적 실천과 결합한다.

지도는 국토가 어떻게 생긴 것인지, 어떤 경역을 아우르는지를 가시화하는 도구지만, 다른 한편으론 국토라는 리얼리티를 생산해내는 기계라 할 만하다. 국토 전체를 가시적 조망권에 넣는, 지도가 제공하는 전일적인 시선이 없다면, 개인은 국가라는 공간을 달리 어떻게 표상할 것이며, 주권과 자기를 어떻게 동일시할 수 있겠는가? 사적인 것과 국가적인 것의 합치. '국민 형성 교육'의 한 과정으로서 학교에서 가르치는 사회 지도(인구 분포도, 교통 지도, 특산물 지도, 산업 지도, 기후도, 토지 이용도 등)의 학습은 개인을 사회에 일체화함으로써 사회적 주체성을 부여하는 훈육 프로그램의 주요 계기임에 분명하다. 이로써 근대인은 '국민'으로, '민족'으로 다시 태어나고 국가라는 사회체가 내세우는 주권의 정통성에 서슴없이 동의하게 된다.

근대적 지도 만들기는 공간을 '사회'로서 생산해낸다. 수학적인 만큼 과학적이고, 과학적인 만큼 중성적이던 좌표 공간은, 지도적 상상력을 통해 권력의 배치가 작동하고 일정한 훈육 과정을 통과해야 신분증을 발급하는 사회체, 근대 국가로 변모하는 것이다. 이때 지도는 근대인들이 생활의 공통성을 경험하고 자기 정체성/동일성을 집합적 차원에서 재확인하는 영토화 기구로 작동하고 있다.

일상의 경험적 수준을 넘는 자연과 사회의 지리는 지도를 통해 가

시성의 영역으로 변형되고, '나, 너, 우리'의 보편 무대 곧 사회, 국가라는 영토적 표상을 확보한다. 이제 지도가 현실을 모방하는 게 아니라 현실이 지도를 모방하는 역설적인 사태마저 벌어진다. 가령 한국과 일본이 "독도냐 다케시마냐"를 두고 역사적 외교적 설전을 벌이고, 이를 위해 국민적/민족적 자존심까지 기꺼이 내거는 연유가 지도 위의 영유권(영토적 소유권)을 확증하기 위해서임을 상기해 보라. 두 국가 모두 지도의 경계를 '실재'라고 강변하고 신민들이 믿도록 충동질한다는 사실에서는 똑같지 않은가?

지도 위의 공간이 다만 실재의 모사에 불과한 게 아니라, 사회 자체임을 그리고 사회를 (재)생산하는 막강한 영토화 기계임을 인식한다면, 지도 위의 전쟁이 실전보다도 더 위험하고 가공할 만하다는 것을 누구도 부정할 수 없다. 현실이 표상을 만드는 게 아니라 표상이 현실을 만들기 때문이다.

6. 화폐의 근대―자본주의의 보편공간

근대적 영토성은 중세의 불명확한 지리적 공간을 안과 밖으로 나누는 폐쇄적 분절선을 그음으로써 성립했다. 이때 영토적 경계의 안쪽은 특정한 소통체계에 의해 견고한 내부성을 구축하지만 외부와는 엄격하게 단절된다. 이런 영토화를 통해 '기독교 제국'이나 '중화 제국'과 같은 보편주의는 상실되었지만, 그 대신 근대 영토 국가는 주권의 보편성을 획득하게 되었다. 국토의 맨끝, 마지막 땅 한뼘까지도 골고루 주권이 미치지 않는 곳은 없다. 그렇다면 이 보편적인 주권은 어떤 형태로 나타나는가?

근대 국가는 무엇보다도 자본주의 국가로 출현했다. 그리고 자본주의 국가의 근대성은 화폐 경험의 공통성으로 재확인된다. 동일한 영토적 경계 내에서 살아가는 사람들은 동일한 화폐를 사용하며 그 화폐의 현실 속에서 살아가는 것이다. 만일 화폐 없이 살고자 하는 사람이 있다면, 그는 근대 사회의 어디에서도 생존을 이어나갈 자리를 찾을 수 없을 것이다. 근대 사회가 전제하는 일반화된 매개물, 화폐의 소유 여부는 삶의 가능성 자체를 의미하는 탓이다. 이를 테면, 어떤 일을 하든 그의 임금은 화폐로 지불될 것이며, 거꾸로 그가 노동력을 구입하고자 할 때도 지불 임금은 화폐가 되어야 한다. 또, 생활의 필요를 감당할 어떤 상품도 화폐에 의지하지 않고는 얻을 수 없다. 이처럼 화폐 경험의 보편성은 근대적 삶의 본질적 조건이다.

즉물적으로는 한낱 금속 조각 혹은 종이 쪼가리에 불과한 화폐에 일반적으로 교환 가능한 힘을 실어주는 것이 국가다. 가령 지갑 속의 천 원이나 만 원이 지닌 가치를 국가(=중앙은행, 우리의 경우 한국은행)가 보장해주지 않는다면, 우리가 어떻게 그것들로 필요한 물건을 구입할 수 있겠는가? 역으로 국가 아닌 다른 기관들, 예컨대 종교 단체나 친목 단체가 발행하는 화폐가 얼마나 신용을 얻으며 일반적으로 사용될 수 있겠는가? 질문 자체가 무색할 정도로 화폐에 대한 우리의 믿음은 국가에 대한 '당연한' 믿음과 겹쳐져 있다. 근대 사회에서 화폐는 곧 국가다. 근대 국가는 화폐의 권력으로 나라를 통치하며, 그 영토를 화폐가 지배하는 공간으로 규정한다는 점에서 자본주의와 등치된다.

화폐 주권이란 영토적 경계 내부에서 국가가 화폐를 독점적으로 발행하고 관리할 수 있는 권한을 말한다. 여기서 화폐는 대외적 자율성과 대내적 통일성을 갖는 국가적 힘의 표상인데, 국가와 화폐의 이런 긴밀한 결착은 근대 이후에 나타난 특징적인 현상이다. 물론 근대 이전에도 국가와 화폐가 나름대로 존립한 적이 있다. 하지만 영토 국가와 그 내부를 통일적으로 관장하는 화폐 네트워크가 전면적이고 체계적으로 결합할 수 있었던 것은 오직 근대 이후에 벌어진 사태이다. 국가와 화폐는 근대적 공간의 보편성을 구성하는 결정적 요소들인 것이다. 그럼 화폐적 공간은 어떻게 작동하는가?

국가는 영토성을 통해 외부와 구별되는 대신 내부의 통일성을 추구한다. 앞서 살펴보았듯, 일상적 지식의 균일성이나 국토에 대한 공속감은 영토민들이 하나의 사회체를 이루며 살고 있다는 무/의식적 연대의 기초가 된다. 근대 국가의 지식적·영토적 통일성은 신민들의 자발적 복종과 승인을 끌어내는 계기가 된다. 이에 덧붙여 하나의 총체적 사회체로서 국가는 무엇보다도 경제적이고 경제 외적인 모든 사회적 차원에서의 생산을 일의적으로 관장하고자 한다. 중세의 분산적이고 단속적인 보편성과는 달리, 근대 자본주의 국가체제는 영토 내부의 모든 생산 네트워크를 보편적으로 장악하고 관리할 필요를 느끼는 것이다. 맑스가 지적했던 것처럼 일반화된 등가물로서의 화폐는 바로 그 요구를 충족시키는 이상적인 매개물에 해당된다. 그리하여 화폐는 사회 공간 전체로 투사된다.

중세를 관류하던 생산의 흐름은 결코 균질적인 일반성을 띠지 않았다. 노동과 재산, 활동 등 개별 생산의 흐름들은 각각의 자치 영역마다 갈라지고 또 거기서도 신분적 차이에 의해 종종 가로막히고 분산되어 소진되었다. 들뢰즈와 가타리가 지적하듯 근대 이전의 생산을 결정짓던 계기는 '코드의 잉여가치'였던 탓이다. 코드가 지배하는 사회에서는 화폐의 균질적 공간이 당연히 성립할 수 없다.

<근대— '우리들의 화폐 공동체'> 폐쇄된 영토성의 경계 내부에서 화폐는 유일무이한 이동의 권한을 갖는다. 화폐가 있는 곳에는 절대적 위계란 존재할 수 없으며, 그 어떤 견고한 장벽도 얼음이 녹듯 흘러내리게 된다. 데이비드 하비는 "화폐는 가장 큰 평등주의자며 냉소주의자이고, 전통적인 공동체와 집단 이익의 거대한 다양성을 총괄하는 가장 큰 통합자이며 통일자"라고 말했다. 근대의 공간은 어떤 식으로든 화폐와 무관하게 거론될 수 없으며, 근대 공간의 영토적 배치는 화폐에 의해 주도된다. 근대 사회, 근대 국가는 결국 화폐의 공동체다. 근대적 자본주의 또는 자본주의적 근대.

예컨대 조선 시대에 양반이 쓰던 큰 갓은 아무리 부유한 평민이라도 공공연히 쓰고 다닐 수 없는 분별화된 신분의 상징이었다. 그래서 설혹 재산이 없는 양반일지라도 그가 쓰는 갓은 사회적 이익의 잠재성을 보유하는 것이었고, 미천한 계급이 결코 누릴 수 없는 신분적 코드(규칙)의 잉여가치를 나타냈다. 이런 코드의 체계에서는 신분이 높을수록 더 많은 잉여를 차지할 기회를 갖는다. 코드의 차이가 잉여의 차이를 필연적으로 포함하는 것이다.

반면 근대 사회, 자본주의적 생산 양식이 일반화된 사회에서 코드는 더 이상 잉여가치의 원천이 아니다. 여기서는 이전 사회에서 통용되던 모든 코드적 차이가 벗겨져 나가고 생산의 흐름들은 공통의 거대한 흐름 속에 합류한다. 영토 내부를 총체적으로 관통하고 샅샅이 파고드는, 전면적인 생산의 흐름을 주도하는 것은 다름 아닌 화폐다. 돈 주고 양반 신분을 샀으나 별 재미를 못 본다는 고전 민담은 코드의 사회가 화폐의 힘에 무너졌음을 보여주는 사회적 서사라 하겠다.

자본주의 사회에서 생산과 소비, 유통의 네트워크를 담당하는 통합 시장은 국가가 보증하는 단일 화폐에 의해 매개되고 작동한다. 신분, 성별, 지역 등의 여하한의 코드적 차이도 "이것은 얼마인가?"라는 화폐의 명제로 환원되고, 오직 화폐로만 표시되는 상품 일반이 되는 것이다. 모든 상품은 화폐로 통일되기 때문에, 잉여가치는 코드가 아니라 생산의 흐름이 맺고 끊기는 각 지절들에서 추출된다. 예컨대 원산지와 도매상의 가격 차이, 다시 도매상과 소매상의 가격 차이 또는 미국과 한국, 일본 사이의 환율 차이 등등. 이것이 '흐름의 잉여가치'다.

이제 화폐는 모든 가치의 '파괴자'이자 평등을 허락하는 '해방자'로 나타나고, 그 어떤 가치도 화폐를 통해 측정되도록 강제하는 '보편자'로 등극한다. 여기서 근대 국가의 영토화하는 힘은 화폐가 보편적이고 전일적인 능력을 발휘하는 가장 큰 버팀목이 아닐 수 없다. 국가 없이 자본주의는 작동할 수 없고, 자본주의 없이 국가는 영토화를 완수할 수 없다. 마침내 국가와 화폐의 결합은 보편적 경험 공간을 창출해낸다. 돈만 있다면 무엇이든 할 수 있고, 시장의 자유로운 경쟁은 '합리적'인 삶의 양식이라는 신화의 공간.

하지만 화폐적 공간의 보편성에 대한 믿음은, 표상과 지리의 공간이 그러했듯 근대 사회의 역사적 선험성에 지나지 않는다. 다시 말해, 근대적 경험을 지식과 지리, 가치의 차원에서 '보편적인 것'이라고 믿도록 떠받치는 가상의 보편성이라는 말이다. 그것은 진짜 같은 가짜이고 따라서 보이지 않는 위험에 다름 아니다.

예를 들어, 환율은 화폐적 공간의 분절 지대를 가리킨다. 달러화와 원화의 차이는 미국과 한국의 화폐 공간의 차이에 대응한다. 자본주의 세계의 서로 다른 두 부분을 이루는 경제적 공간은 상이한 화폐체계와 규모, 운용 방식을 갖는 것이다. 그런데 놀라운 것은, 환율은 이런 차이를 균질화하고, 자본주의적 근대 세계의 '보편성'이라고 정당화한다는 사실이다. 가령 1달러가 950원에 교환된다는 것은 무엇을 의미하는가? 미국 노동자의 1달러어치의 노동이 한국 노동자의 950원어치의 노동과 등가를 이룬다는 뜻인가? 그런데 만일 한국 정부가 수출을 늘리려 원화 가치를 낮춘다면, 그때 더 낮아진 원화 가치는 한국 노동자의 노동 능력 역시 그만큼 가치 하락했음을 의미하는가? 당연히 그렇지 않다. 환율의 등가성이 곧 노동 능력의 등가성을 뜻하는 게 아니다. 그럼에도 불구하고 환율 정책은 국가의 이익을 위해 노동자의 노동 능력을 착취하는 방식으로 직동하며, 그것을 자본주의적 보편성의 이름으로 합리화하는 것이다.

자본주의 사회의 실제 공간은 균질적이지도 보편적이지도 않다. 무엇보다도 자본주의 세계에서는 소유권이라는 '초월적' 요소가 공간의 '선험적'인 가치를 미리 결정해놓기 때문이다. 자본과 국가에 의해 미리 장악된 공간의 가치는 근대적 공간의 본질적인 비균질성과 비보편성을 보여주는 것이다. 맑스는 지대의 문제를 논의하며 이를 지적한 바 있다.

'지대'(地代)란 말 그대로 토지나 건물 등을 빌린 대가로 토지 소유자에게 지불하는 경제적 재화를 말한다. 일정 면적의 땅을 빌려서 농사를 짓든 혹은 공장을 지어 상품을 만들든, 토지 자체를 소유하는 게 아니라면 공간에 대해 지불해야 할 사용료가 지대인 것이다. 물론 지대의 의미는 더 광범위해서 단지 실물적 차원에만 국한되지 않고 기술이나 상표 등 여하한의 상징적 대상에 대한 사용료도 포괄한다. 그런데 자본주의에서 통상적인 생산을 넘어서는 모든 초과 이윤은 이 '지대'의 형식으로 나타난다는 사실이 중요하다. 농지든 공장 부지든, 혹은 상품 제조 기술 기계든 일체의 생산 도구를 자본가들이 독점한 상황에서는, 이 독점적 소유자들에게 항상 초과적인 비용을 지불해야 하기 때문이다. 알다시피 독점적 자본이 요구하는 돈이란 게 그저 아쉬운 대로 양보할 수 있는 수준에 머문 적은 없다. 이는 비단 자본에 대한 삶의 '종속'만이 아니라 '생존' 자체가 걸린 문제가 된다.

미국이 인도에 대해 요구하는 자유무역협정(FTA)에서 한 예를 들어보자. 인도의 가장 활발한 의약품사업 중 하나는 구미의 신약들에 대한 카피약을 만드는 것인데, 상이한 기술을 사용해 동일한 효과를 내는 약품을 제조하는 일은 겉보기와 달리 외국의 기술을 표절해서 부당 이득을 취하는 행위로 치부할 수 없다. 만일 인도 같은 저개발 국가에서 구미의 의약품을 그대로 수입해 판매해야 한다면 대다수의 빈곤한 인도인들은 의약적 치료를 포기할 수밖에 없기 때문이다. 이에 인도 정부는 의약품의 효능이 아닌 제조기술에 대한 특허권을 제정해서, 동일 효과가 있어도 제조기술이 다른 약품에 대해서는 특허권을 인정해왔다. 그러나 미국은 더 많은 의약상품을 독점적으로 팔기 위해 특허권을 기술이 아닌 효능에 대해 적용하도록 압력을 행사했던 것이다. 이 경우, '지대(제조기술)'에 대한 자본의 요구를 '시장의 자유로운 경쟁논리'에 맡길 수 없음은 당연한데, 인도를 비롯한 제3세계 민중들의 '생존권'이 자본의 '소유권'에 밀려 파멸될 상황에 처할 것이 분명한 까닭이다.

자본주의 체제에서 생산의 일반적 조건이라 할 수 있는 생산 수단의 사적/국가적 소유는 처음부터 독점적 형태를 띠며, 따라서 '근대적 보편 공간(자유 시장)'이란 애초에 빛 좋은 개살구에 불과하다. 공간이 항상-이미 자본의 절대적인 소유권 하에 놓여 있고 국가가 그것을 확증하는 체제에서 '보편적이고 공통적인 생활 공간'이란 결국 신민들을 영유하기 위한 허구적 이념에 지나지 않는다. 그러므로 근대적 공간은, 그 이상과는 달리 불균등하고 억압적인 공간인 동시에 그것을 은폐하기 위해 국가-자본이 '~로서'라는 정체성/동일성의 구조를 끊임없이 양산하는 기계라 할 수 있다.

7. 근대와 '다른' 공간은 어떻게 가능한가?

공간. 그것은 그 자체로 순수하고 균질적인, 중성적 실재가 아니다. 지금까지 논의했던 것처럼 공간은 항상 영토적 분질을 통해 특정한 배치를 이루며, 권력 효과가 발생하는 힘의 장으로 나타난다. 그런 의미에서 공간의 역사에 대한 물음은 (순수) 과학이 아니라 사회학 또는 정치학적 주제에 더 가깝다.

역사적 선험성은 개개인의 경험 이전에 주어진 사고와 행동의 양식이며, 무의식적으로 작동하는 까닭에 우리가 미리 자유롭게 선택할 수 있는 조건은 아니다. 근대 사회는 '과학'의 이름으로 공간의 균질성과 보편성을 가르쳤고, 학교와 공장, 군대, 가정 등의 다양한 배치에서 근대인들은 그런 공간의 실재성을 경험한다고 믿어야 했다. 지식과 지리, 화폐 경험을 통해 광범위하고도 체계적으로 이루어진 이런 훈육 과정은 근대적 사회체, 국가를 재생산하는 강도 높은 프로그램이었다. '현대적'이고 '합리적'인 세계를 살기 위해서는 누구나 '자발적'으로 이 과정에 참여해야 했다. 이것이 근대적 공간 배치의 힘이다.

그런데 근대적 공간 역시 하나의 배치, 역사적 선험성의 결과임을 기억한다면, 우리는 '다른' 공간, 혹은 '다른' 배치의 잠재성을 생각하지 않을 수 없다. 들뢰즈와 가타리도 말했지만, 배치가 갖는 힘, 능력(puissance)은 그것이 지속적으로 다른 것이 될 수 있다는 점에 있지 어떤 상태에 머물러 고착화된다는 점에 있지 않다. 그렇다면, 수학적으로 동질화되고 현실의 역학에 무관한 '보편 공간'이 아니라, 사람과 사물, 사람과 자연, 사람과 사람이 늘 새로운 관계를 형성함으로써 이전과는 다른 의미와 가치를 생성해낼 수 있는 배치, 정체성/동일성의 재생산에 목적을 두지 않고 오히려 늘 다른 정체성/동일성을 향해 나갈 수 있는 배치, 즉 국가와 자본으로부터 탈주하는 '생성의 공간'을 사유해볼 여지는 얼마든지 있다. 실로 실재적인 것은 공간 자체가 아니라 공간의 변형 가능성인 것이다.

실제로 공간의 국가적 배치, 자본의 영유를 벗어나는 사용을 우리는 지구 곳곳에서 확인할 수 있다. 예컨대 가비오타스는 콜럼비아 동쪽 초원 지대에 자리잡은 생태 공동체인데, 국가와 자본의 개입을 거부하고 살아가는 이곳 주민들에게 공간의 공동성(근대 자본주의 국가가 내세우는 '보편성')은 곧 공간의 변형 가능성, '다른 사용'을 일컫는다. 회의장으로도, 작업장으로도, 연구실로도 또 축제의 무대로도. 무엇보다도 생활의 모든 기술적 노하우는 공동의 것으로 인식되며, 특정인의 사적 소유를 절대 허락하지 않는다. 이런 지적 고안과 창조야말로 공동체의 공간이 지속적으로 변형됨으로써 새로운 의미와 가치를 창출할 수 있게 만드는 가장 소중한 자원이기 때문이다. 공간의 비국가적이고 비자본주의적 배치는 이렇게 늘 가능하지 않을까?

푸코는 「타자의 공간」이라는 글에서 우리 현실의 모든 고착화된 배치 ── 국가주의적이고 자본주의적인 배치에 저항하고 위반함으로써 구멍을 내는, '다른' 배치의 가능성을 '헤테로토피아'(heterotopia)라고 불렀다. 그런데 헤테로토피아는 유토피아와 마찬가지로 어떤 구체적인 장소, '실현된' 이상향으로서는 찾을 길이 없다. 그것은 현실을 전면적으로 뒤집어엎고 '새로이 판을 짜는' 거대 서사의 후손이 아닌 탓이다. 차라리 그것은 고착된 배치를 교란하고 불안하게 함으로써 다른 배치로 이행하도록 추동하는 탈영토화의 능력을 뜻한다. 국가와 자본에 맞서 일 대 일로 '맞장을 뜨는' 거인이 아니라, 언제 어디서든 현실의 균열을 뚫고 나와 그 배치를 비틀거리게 하고 쓰러지게 하는 게릴라적인 힘, 두더지의 전략이 바로 헤테로토피아의 능력이다. 지금-여기서 또다른 가비오타스를 구성하고 실험해보는 것이야말로 헤테로토피아의 잠재성을 시험해보는 일이 아닐까.

공간의 근대성은 엄연한 현실이고 역사적 선험이지만, 정녕 비껴 갈 수 없는 운명은 아니다. '다른' 공간을 향한 탈주는 국가의 전횡적 영토화에, 자본의 맹목적 포획에 그리고 '~로서'의 신분증을 강매하는 사회에 의해 언제나 제지당하지만, 그런 제지야말로 '다른' 배치의 실재성과 가능성이 항상 존재함을 확인해준다. 비근대의, 탈근대의 공간은 이미 '오래된 미래'로서 우리 사이에 지속하고 있는 것이다.

.8강. 집합적 기억과 역사의 문제

1. 기억과 망각

내가 본 모든 것이 지워지지 않고 기억된다면 얼마나 좋을까?——이런 생각을 한 번쯤 안 해본 사람이 있을까? 기억하고 싶어도 지워지고 마는 자신의 머리를 탓하며 탁월한 기억력을 부러워해 본 적이 없는 사람이 있을까? 그런데 정말 내가 보고 들은 모든 것이 지워지지 않고 기억된다면 어떻게 될까? 보르헤스는 소설 「기억의 천재 푸네스」에서 바로 이런 문제를 다룬다. 푸네스는 어떤 사고로 인해 갑자기 특별한 기억력을 갖게 된다. 그는 정말 백과사전이나 플리니우스의 『박물지』를 통째로 외운다. 보고 들은 것 어떤 것도 놓치지 않고 그대로 외워버린다. 그래서 푸네스는 어제 하루에 일어난 일을 기억해내는 데 하루가 꼬박 걸린다. 아, 얼마나 좋을까! 우리처럼 주인공도 부러워한다. 그러나 그는 다시 생각한다. 푸네스처럼 하루 일을 기억하는 데 하루가 꼬박 걸린다면, 대체 어떤 새로운 일을 할 수 있을까?

사실 우리는 컴퓨터에 익숙하기에 보르헤스가 말한 것을 좀더 쉽게 이해할 수 있다. 컴퓨터의 저장장치는 기억된 것을 손상없이 그대로 보존한다. 기억된 것이 많다면, 그것을 보존하고 있는 저장장치는 어느새 가득차게 되고, 따라서 새로운 것을 저장하고자 한다면 "저장할 공간이 부족합니다"라는 메시지를 보낸다. 이 경우 무언가를 지우지 않고는 새로운 것을 저장할 수 없다. 우리의 뇌 역시 그 용량이 유한하다면(어찌 무한하다고 말할 것인가!) 이와 동일한 문제를 피할 수 없을 것이다. 새로운 것을 창조하는 것은 그만두고라도, 새로운 사실을 기억하기 위해서도 지나간 기억의 많은 것들은 지워지지 않으면 안 되는 것이다. 그렇다면 푸네스처럼 기억이 지워지지 않는다면, 우리의 뇌는 어느 때라고 말하긴 어렵겠지만, 조만간 지나간 사실들로 가득차 새로운 것을 기억하는 것조차 불가능하게 되지 않을까?

이런 점에서 망각은 단지 기억력의 부재를 뜻하는 부정적인 무능력만은 아니다. 거꾸로 그것은 긴요한 것만 남기고 나머지 것은 지움으로써 새로운 것이 기억되고 새로운 것이 합성될 수 있는 생성의 공간을 만들어내는 능력이다. 새로운 것을 저장하기 위해 필요없는 파일을 지우는 컴퓨터의 기능처럼. 그렇다면 기억은 능력이고 좋은 것이요, 망각은 무능력이고 나쁜 것이라는 통념에 대해 우리는 다시 질문해야 하는 게 아닐까?

그러나 기억과 망각의 문제는 단지 기억 용량의 문제나 새로운 것을 기억하는 문제만이 아니다. 지우고 싶지만 지워지지 않는 기억이 있기 때문이다. 또한 남기고 싶어 남기지만 그래서 문제가 되는 기억이 있다. 이 문제를 적절하게 다루려면 우리는 삶의 관점, 우리 자신이 살아가고 만들어가는 나 자신의 삶이란 관점에서 기억과 망각의 문제를 보아야 한다.

2. 기억과 상처

지워지지 않는 기억의 문제는 무엇보다 먼저 상처의 문제다. 몸이든 마음이든 작은 상처는 시간이 지나면 지워지지만 큰 상처는 지워지지 않고 그 흔적을 남긴다. 그러나 몸에 남은 큰 상처의 흔적은 시간이 지나면 보기 싫다는 것 말고는 별로 문제가 되지 않지만, 마음에 남은 상처의 흔적은, 내가 알지 못하는 사이에도 나의 마음을 사로잡고 있어서 현재의 삶에 작용한다.

왕자웨이의 영화 「동사서독」에서 주인공 구양봉(장국영)이 바로 그런 상처받은 사람이다. 그는 강호를 얻겠다고 고향을 떠났다가 일가를 이루어 돌아가지만, 그 사이 사랑하던 애인은 형수가 되어 있었다. 사랑을 잃은 상처로 그는 다시 고향을 떠나 강호를 떠돌지만 마음은 항상 형수가 된 애인이 있는 그곳 백타산에 가 있다. 그 사랑의 상처로 마음을 닫아건 채, 누군가의 원한을 대신 해결해주는 '해결사'가 되어 산다. 강호를 떠돌아도 마음은 항상 그곳 백타산에 매어 있게 만드는 것, 그리하여 마음을 닫아걸고 비정하고 냉정한 계산으로 일을 처리하게 하는 것, 그것이 바로 상처다. 그 형수인 애인이 죽음에 임박해, 마시면 모든 것을 잊고 다시 시작하게 해준다는 술 '취생몽사'를 보내지만, 그것조차 그는 "잊으려 할수록 더 생각난다"거나 "갖지는 못해도 잊지는 말라"는 의미로 해석한다. 이처럼 상처는 구양봉의 삶을 어느 한 곳에 고정시켜 버린다. 그래서 그는 "예전엔 산을 보면 그 너머엔 무엇이 있을까 궁금했다. 하지만 이젠 그렇지 않다"고 말한다. 그래서 그는 유목민의 공간인 사막에 살지만 철저하게 정착민으로 살아간다. "나는 사막 가운데 살면서 사막조차도 제대로 돌아본 적이 없다는 것을 알았다." 고착, 그것은 정착의 극단적 형태인 셈이다.

이런 상처 가운데 많은 것은 사실 의식에서 지워진다. 특히 기억하고 싶지 않은 것이나 기억하기 고통스러운 것, 혹은 기억하기엔 수치스러운 것, 그리고 성적인 것과 결부된 것 등은 의식에 떠오르지 않도록 억압되는 경우가 많다. 그러나 의식에 떠오르지 않는다고 해서 사라진 것은 아니다. 그것은 무의식이란 심층에 기록된 채 남아서 기회만 되면 표면으로 다시 떠오른다. 이처럼 의식에서 사라졌지만 무의식에 남아서, 종종 자신이 이해할 수 없는, 혹은 원치 않는 행동을 야기하는 이런 상처를 정신분석학에선 '트라우마'(Trauma)라고 부른다. '외상'(外傷)이라고 번역되기도 한다. 정신분석학의 창시자 프로이트의 저작은 거의 대부분이 이 트라우마와 관련되어 있다고 말할 수 있다. 이런 점에서 정신분석학은 지워지지 않는 기억, 그러나 의식에 떠오르지 않은 기억의 문제를 다룬다고 해도 좋을 것이다.

가령 어렸을 때 장난하다 좁은 장 안에 오랫동안 갇힌 고통스런 경험이 있는 사람이나, 무너진 건물에서 좁은 틈 사이에 끼어 오랜시간 기다리다 구조된 고통스런 경험이 있는 사람은, 닫힌 장소에 가면 숨이 막히고 가슴이 울렁거려 문을 열어두어야 하는 증상을 보이는 경우가 많다. 흔히 폐소공포증이라고 하는 이 증상은, 고통스런 경험이라는 트라우마에 기인한다. 이 경우 지워지지 않은 기억이 바로 닫힌 곳을 두려워하게 만드는 공포를 야기하는 것이다.

물론 프로이트는 이런 종류의 기억보다는 성적인 것과 결부된 기억을 주로 다룬다. 가령 어렸을 때 부모가 섹스하는 장면을 본 아이의 트라우마라든가, 첫날밤에 실패했을 뿐 아니라 그 이후 성생활이 불가능했던 여성의 트라우마 등등(프로이트, 『정신분석 강의』참고). 후자의

<유전자 속에 기억되어 있는 것> 생물학적 기억 또한 뇌보다 먼저 유전자에 기록된다. a, g, t, c 네 개의 문자로 기록된 기억에 따라 우리는 자신의 신체를 만들고 복제한다. 그 기억이 달라지면, 우리는 다른 사람이 된다. 내가 기억하는 게 아니라 기억이 나를 만드는 것이다!

경우 매일 자신이 의미도 알 수 없고 하고 싶지도 않은 어떤 행동을 강박적으로 반복한다. 반복강박. 이런 기억들은 의식에 떠오르는 것이 불편하고 부담스럽기에 대개 떠오르지 못하도록 억압되지만, 그렇기에 의식이 이해할 수 없는 방식으로 변형되어 어떤 '증상'으로 나타난다.

이처럼 상처는 일종의 '병적인' 증상을 만들어낸다. 그것은 어떤 사람의 삶이나 행동으로 하여금 그 지워지지 않는 기억 주위를 맴돌고 그 주변에 고착되게 한다. 물론 증상에도 변화가 있을 수 있고, 행동이나 삶에도 일정한 변화가 수반되겠지만, 그 모두가 하나의 상처로 수렴되는 경우 그것은 상처에 매어 있는 것이라고 말해야 한다. 여기서 정말 필요한 것은 망각능력이다. 상처를 지우는 능력, 상처에서 벗어나 다른 방향의 삶으로 마음을 여는 능력.

3. 원한과 망각

트라우마와 좀 다르지만 상처와 결부된 또 하나의 중요한 힘은 원한의 힘이다. 사실 얼마나 많은 영화가 소설이 이 원한을 다루고 원한의 힘이 갖는 역설을 묘사해왔던가! 예컨대 미국의 서부극이나 중국의 무협영화는 대부분 원한의 드라마다. 대부분의 무협영화는 이런 도식에 따라 진행된다. 먼저 정파(正派)의 도장을 사파(邪派)의 무리나 악당들이 덮쳐서 박살을 낸다. 주인공은 정의로운 인물이지만 이들을 감당할 힘이 없기에 스승이나 부모를 잃은 채 눈물을 삼키며 쫓겨 도망간다. 그는 원한과 상처로 인해 고통받지만 언젠가 기필코 복수하리라는 다짐을 하며 산으로 들어가는데 거기서 어떤 기인을 만나서 높은 무공을 배우게 된다. 그 무공으로 힘을 기른 주인공은 결국 산에서 내려와 사파의 무리를 평정한다. 원한이 고통의 세월을 참고 견디게 하며, 그 원한의 힘이 큰 무공의 벽을 넘어서게 한다. 이런 점에서 원한은 힘을 갖고 있다. "복수는 나의 힘"인 것이다.

그러나 대개 우리의 눈이 주인공을 따라가기에 잊고 마는 것이고, 주인공이 갖는 정의로운 성품 때문에 놓치고 마는 것이지만, 영화 내내 주인공의 삶을 붙들고 있는 것은 원한이다. 그의 삶은 원한에서 한 발 자국도 벗어나지 못하는 것이다. 원한 내지 복수는 강력한 힘을 갖지 만, 사실 그것은 사용하면 할수록 나를 잡아매는 힘이고 나로 하여금 상처에 얽어매는 힘이다. 이런 삶은 스스로 무언가를 만들어가는 삶이 아니라 나에게 가해진 상처에 대해 반작용하고 얽매어 있는 삶이란 점 에서 능동적인(active) 게 아니라 반동적인(reactive) 것이다. 즉 원한 의 힘은 반동적인 힘이고, 원한의 기억은 반동적인 기억이다.

이를 잘 보여주는 것은 미야자키 하야오의 애니메이션 「원령공주」 에서 주인공 아시다카가 입은 상처다. 아시다카는 마을을 습격한 재앙 신으로부터 아이들을 지키려다 재앙신을 죽이면서 그 원한의 상처를 팔에 입는다. 이 상처를 치유하기 위해 그가 마을을 떠나면서 영화가 시작되는데, 종종 보다시피 이 상처는 강력한 힘을 갖는다. 그래서 활 을 쏘면 화살에 목이 뎅겅 떨어져 나가기도 하고, 맨손으로 칼을 엿가 락처럼 구부리기도 하며, 총상을 입은 상태인데도 열 사람이 힘을 합쳐 야 간신히 열 수 있을 문을 연다. 그러나 그 힘을 사용하면 할수록 그 상처는 점점 깊어간다. 뼛속 깊숙이. 그 끝은 필경 죽음일 터이다.

사실 이런 큰 원한이야 영화에서나 볼 수 있을 뿐이다. 그러나 원 한은 크든 작든 그 본성이 동일하다. 실제로 우리는 일상적인 삶 속에 서 얼마나 빈번하게 누군가를 미워하고 증오하며 원한의 마음을 갖게 되는가! 심지어 그런 마음으로 복수를 꿈꾸기도 하지 않는가! 그리고 그런 원한에 사로잡힌 한, 책을 봐도 미운 그 사람이 눈앞에 어른거리고, 밥을 먹을 때도 그 사람이 머릿속에 맴돌고 있으며, 잠을 자도 꿈 주변에 출몰하지 않던가! 모든 분노나 화는 사실 이런 점에서 원한의 감정과 근본적으로 다르지 않다. 분노나 화에 사로잡힌 한, 그의 마음은 화를 야기한 것에 대한 반작용(reaction)에서 벗어나지 못한다. 분노 속의 삶, 그것은 원한의 삶만큼이나 반동적인 삶이다.

여기서도 정말 중요한 것은 잊는 것이다. 원한을 잊는 것, 생각할 때마다 화가 나는 기억을 지우는 것. 그래서 생각이 나도 마음이 불편하지 않게 되는 것. 이런 점에서 망각이란 그 원한을 잊는 능력이고 상처의 기억을 지우는 능력이다. 그래서 원한이야말로 우리의 삶을 반동적인 것으로 사로잡고 만다고 강조했던 니체는 망각능력을 강조한다(니체, 『도덕의 계보』 참고). 그러나 쉽게 알 수 있듯이 이처럼 망각이란 건망증처럼 기억하고 싶지만 기억할 수 없는 무능력이 아니라 의식의 영역 밖에서조차 기억된 상처를 지우는 능력, 혹은 기억되지 않도록 마음을 풀고 씻는 능력이다.

이 원한이나 상처의 힘은 심지어 죽어서도 잊혀지지 않아 그를 상처에 얽어매기도 한다. 원귀, 혹은 귀신들이란 서구의 악마와 달리 악한 본성 탓에 악행을 하는 존재가 아니다. 귀신이란 상처받은 영혼, 그 상처에 매인 영혼이다. 그 상처가 너무 깊어 죽어서도 잊지 못해 저승으로 가지 못한 채 상처 주변을 맴돌며 중천을 떠도는 존재다. 가령 장화와 홍련의 귀신이 그렇다. 그리고 그 원한과 분노, 상처를 호소하고자 상처를 입었던 장소에 반복하여 출현한다. 마치 트라우마를 가진 사람에게 그것과 결부된 증상이 트라우마 주변을 맴돌며 반복하여 출현

<기억의 공간> 바슐라르는 기억이 시간적인 것이라는 베르그손의 주장을 반박
하여, 유전자의 기억이 몸이라는 공간을 가지듯이, 삶의 기억은 대개 집이나 마
을, 도시 등의 공간을 갖는다고 주장한다. 특히 집은 기억의 일차적 공간이라고
한다. 그렇다면 이렇게 집이 무너지면 기억도 그와 함께 무너지는 게 아닐까?
물론 무너진 기억도 남을 것이다. 무너진 공간의 기억으로. 그러나 안주할 곳을
잃은 기억은 상처가 되지 않고선 머물 곳을 잃게 되는 게 아닐까? 그래서 우리
는 이런 기억을 대개 상처로 남겨두게 되는 건 아닐까?

하듯이. 그리고 그 원한은 새로운 죽음을 낳는다. 심지어 의도가 없는 경우에조차. 원한이란 죽음보다 강한 힘으로 죽음보다 고통스런 지점에 우리의 삶을 고착시키는 힘이다.

이 상처를 치유하여 귀신으로 하여금 떠날 수 있게 해주는 자가 있다. 무당, 혹은 영매. 그들은 귀신들로 하여금 상처와 원한에 대해 말하게 해주고, 그것을 '씻거나' '풀어' 떠날 수 있게 해준다. '씻김굿', '살풀이'. 이런 점에서 무당들은 정신분석가와 같은 계열에 있다. 그것은 새로운 삶을 찾아 떠나게 해주는 존재, 원한을 망각하도록 지워주는 존재다. 이런 점에서 정신분석가가 산 자들의 상처를 치유하고자 하는 존재라면, 무당이나 영매는 죽은 자의 상처를 치유해주는 자다. 자신의 힘으로 상처의 기억을 지우지 못하는 사람들을 위해 일하는 사람들이란 점에서 그들은 같은 계열에 속한다고 말해도 좋지 않을까?

4. 기억과 유목

지워지지 않아서 문제가 되는 것은 상처나 원한처럼 나쁜 기억만 있는 것은 아니다. 좋은 기억, 영광스런 시절의 기억, 혹은 성공의 기억도 지워지지 않으면 삶을 고착시키고 멈추게 한다. 파우스트가 메피스토펠레스의 힘을 빌리면서 내기를 걸었던 것은 어느 순간에도 머물지 않겠다는 것이다. 아무리 좋은 사람, 아무리 좋은 시간이라고 해도 어디서도 멈추지 않겠다고 하는 것. 그러나 파우스트는 결국 그 약속을 지키지 못하고 이렇게 외치고 만다. "오, 이 순간이여, 그대 아름답도다. 멈추어라!" 어디 파우스트뿐인가. 조용필의 노래에도 나오고, 그 노래가 사처럼 우리 자신이 종종 외치는 말이 있다. "이 순간을 영원히!" 그래서 그 영화롭고 자랑스런 순간이 지워지지 않도록 사진에 담기도 하고 역사라는 기록으로 남기기도 하지 않던가!

세 편의 중편으로 된 오토모 가쓰히로의 애니메이션 「메모리스」에서 첫번째 에피소드 '그녀의 추억'(영문제목 : *Magnetic Rose*)은 이런 종류의 기억을 지우지 않고자 애쓰는 인간의 모습과 그로 인해 야기되는 사태를 아주 잘 보여준다. 여기에서 주인공 에바는 과거의 호시절, 명성과 성공, 사랑과 행복이 극점에 이르렀을 때의 기억에 머문 채 살고 있다. 그 기억을 담고 있는 저택과 방들, 장식들, 그리고 그러한 기억을 반복하여 상기시키는 매체들, 그리고 그 기억을 유지하기 위해 작동하는 거대한 컴퓨터. 그것은 기억하는 물질인 두뇌의 보완물이다. 컴퓨터와 홀로그램, 레이저사진 등등으로 구성된 저 거대한 우주선의 공간은 멈추어선 시간의 공간, 정지의 공간이다.

여기에 멈춰 서기 위해 '이 순간'을 무상한 변화 속으로, 소멸과 '몰락'의 흐름 속으로 몰아넣는 모든 것을 배제하고 지워버리게 된다. 변심하려는 애인은 있어선 안 되기에 없애버렸고, 갈라진 목소리는 없어야 하기에 무대를 떠나게 되고 등등. 이처럼 영화로운 과거의 기억에 멈추었을 때, 그리하여 '마그네틱 로즈'의 자성(磁性)과 같은 힘으로 현재의 시간성을 과거로 반복하여 끌어들일 때, 새로운 삶의 생성은 멈추고, 변화는 중단된다. 그것은 곧 죽음이다. 죽음이란 다른 것이 되기를 그치는 것, 생성의 중단 그 자체에 다름 아니기 때문이다.

이 역시 영화나 소설에 등장하는 거창한 인물들에게만 해당되는 것은 아니다. "내가 왕년에"라고 말하며 시작되는 얘기를 우리는 얼마나 빈번하게 듣던가! 성공에 집착하거나 안주하여 새로운 가능성을 스스로 닫아버리는 경우를 우리는 또 얼마나 빈번하게 보게 되던가! 땅에서 돈을 주운 뒤로 계속해서 땅만 쳐다보고 살아가는 우화 속의 인물은, 어떤 성공에 고착되는 것이 얼마나 바보 같은 것인지를 잘 보여주지만, 너무도 과장된 것이어서 그저 웃고 넘긴다. 도박으로 한때 성공한 사람이 평생 도박장을 벗어나지 못하는 것 역시 남 얘기처럼 들린다. 하지만 남의 글을 비판하는 것으로 성공한 지식인이 평생 남의 글을 비판하면서 '논객'으로 살게 된다면, 거기서도 고착과 집착의 어리석음을 볼 수 있을까? 멋진 푸른색을 만들어 보디 프린팅을 하여 성공한 사람이 평생 그짓(!)만 반복하며 살았던 어떤 예술가의 삶에서 멈추어선 성공과 영광의 함정을 볼 수 있을까?

이런 점에서 성공에 멈추어 서고, 영광의 기억을 지우지 않기 위해 안간힘을 쓰는 것은 정확하게 정착적인 삶의 방식에 해당한다. 끊임없이 새로운 삶을 찾아 다시 떠나는 삶의 방식이 유목적인 삶이라고 한다면, 유목적인 삶은 무엇보다 성공을 버리고 떠나는 능력을 통해 정의되어야 할 것 같다. 실패를 버리고 떠나는 것이야 누구든 하는 일이다. 반면 성공을 버리고 떠나는 사람은 또 다른 성공을 향해 걷기 시작하는 것이다. 반면 성공을 버릴 줄 모른다면, 그의 성공은 거기서 끝난 것이다. 거꾸로 유목적인 삶은 실패를 쉽게 버리지 않는다. 불모가 되도록 땅을 부려먹고는 그 불모가 된 땅을 버리고 떠나는 이주민과 달리 유목민은 불모가 된 땅, 그 실패를 버리지 않고 반대로 거기서 다시 살아남는 법을 찾아낸다(이진경, 『미-래의 맑스주의』, 8쪽). 그것은 실패에 집착하고 실패를 지우지 못하는 상처로 남겨두는 게 아니라, 실패를 받아들이고 그 실패가 주는 결과를 있는 그대로 긍정하고 받아들이는 것이다. 실패나 불행을 받아들일 수 없을 때, 피할 수 없음에도 거부하고자 할 때, 그것은 상처가 된다. 반면 그것을 있는 그대로 긍정하고 거기서 편안해질 수 있는 사람은 상처 없이 그 실패 속에서 다시 성공할 수 있는 가능성을 찾아낸다.

상처에도 영광에도 멈추지 않고 새로운 삶을 향해 다시 한번 시작하는 것, 그것은 어떤 것에도 집착하지 않고 무상한 삶을 긍정하는 것이다. 무상한 삶을 긍정한다는 것은, 자신의 성공이나 영광조차 그 무상한 흐름 속에 있음을 수긍하는 것이고, 그 성공이나 영광의 요인조차 놓고 떠날 수 있는 긍정 속에서 새로운 삶을 시작하는 문제다. 삶의 문제로서 기억의 문제를 본다는 것은 이런 유목적 삶의 방식 속에서 원한도 영광도 쉽게 망각하며 새로운 삶을 언제든 다시 시작하는 것이다.

5. 집합적 기억

그런데 기억은 단지 개인적인 기억만 있는 게 아니다. 공동의 기억, 집합적 기억도 있다. 가령 여러분은 2002년 월드컵 4강에 진출한 승리의 기억을 갖고 있지 않은가? 좀더 나이가 든 사람이라면 87년 6월 항쟁의 기억을 공유하고 있을 것이며, 그 항쟁에서 승리한 기억을 갖고 있을 것이다. 혹은 20세기 초에 36년간 일제에 의해 식민지화되었던 기억도 가지고 있을 것이다.

그러나 만약 기억이 뇌와 결부된 현상이라고 한다면, 대체 집합적 기억이란 게 어떻게 가능할까? 알다시피 뇌란 공유할 수 있는 게 아니며, 다른 뇌와 합쳐서 집합체를 만들 수 있는 것도 아니기 때문이다. 그럼에도 집합적 기억이 있음을 부정할 수 없지 않은가?

어떤 사건을 함께 겪었기에 그 기억을 공유한 것이라고 말할 수 있을까? 그러나 가령 교통사고로 다투고 있는 두 사람은 정확하게 하나의 사건을 동시에 겪었을 테지만, 그들이 과연 그 사건을 동일하게 기억하고 있을까? 아마 아닐 것이다. 일전에 TV에서 본 실험에 따르면, 사람들에게 동일한 자동차를 부지 중에 보도록 만들고 그 자동차 번호를 기억하게 했을 때, 사람마다 다르게 기억하고 있었음을 보여준 바 있다. 교통사고로 다투는 사람이라면 더욱더 다르게 기억하고 있을 것이다. 일제에 의해 징병당해 태평양 전쟁에 끌려갔던 식민지 조선인과 학병으로 참전했던 일본인이, 같은 장소에서 함께 전쟁을 겪었다고 해서 과연 기억을 공유하고 있다고 말할 수 있을까? 아마도 한 사람은 그것을 징병의 고통으로 기억하고, 다른 한 사람은 참전의 경험으로 기억하고 있을 것이다. 그리고 한 사람은 1945년 8월 15일을 징병이나 식민지 지배의 종식을 뜻하는 '해방'으로 기억하고 있을 것이고, 다른 한 사람은 서구와의 전쟁에서 진 패전으로 기억하고 있을 것이다.

반대로 여러분은 정말 월드컵 승리의 기억을 갖고 있는가? 축구 시합에 참여하지도 않았으면서 어디서 승리했다고 기억하고 있는 것인가? 그럼에도 우리는 그런 기억을 갖고 있다. '월드컵 승리의 기억'은 내가 본, 내가 응원한 팀의 승리를 표현하는, 단지 문법적으로 생략된 표현에 불과한가? 그러나 그 열광적 감흥은 그저 문법의 효과라고만은 말할 수 없을 것이다. 그것은 내가 겪은 것이고, 그런 것으로 내가 기억하고 있는 것이다. 6월 항쟁 승리의 기억 역시 직접 항쟁에 참여하지 않았거나, 감옥에서 그것을 '겪은' 사람들 역시 승리의 기억을 갖고 있지 않은가? 승리의 감흥과 감동 역시 함께 기억하고 있을 것이다.

그렇다면 책이나 신문에서 읽은 것을 기억하고 있는 것일까? 그러나 책에서 읽은 것을 기억하는 것과, "우리가 승리했다"고 기억하는 것은 아주 다른 것이다. 그렇다면 사건을 겪지 않은 사람들이 저런 사태들을 공유하듯이 기억하고 있다는 것은 무엇을 뜻할까? 사실은 자신이 보지 못했고 겪지 못했던 것들을 자신이 보거나 겪었던 것처럼 기억하는 것은 어떻게 가능했던 것일까? 이는 종종 시간적인 차이나 공간적인 차이를 넘어서까지 확장된다. 개인의 한계를 넘어서 기억이 집합적 형태로 존재한다는 것은 대체 어떻게 가능한 것일까?

그게 다는 아니라고 해도 기억에는 분명히 문법의 환상이 포함되어 있다. 즉 우리는 '나'라는 단어가 귀속되거나 포함되는 '우리'라는 단어가 주어로 사용될 수 있는 경우에 대해, 그것을 '우리'의 기억으로, 결국 '나'의 기억으로 받아들인다. 그리고 그것은 나의 기억 안에 버젓이 자리잡는다. 징병당한 조선인은 태평양 전쟁을 자신이 수행한 전쟁으로 기억하지 않는다. 징병의 경험으로 기억할 뿐이다. '내'가 포함된 '우리'라는 주어의 위치가 거기에선 징병당한 자이지, 미국 및 서구와 대결하는 '대일본제국의 신민'이 아니기 때문이다. 재일조선인은 비록 그때나 지금이나 일본에 살고 있음에도 불구하고, 45년의 종전을 '패전'이 아니라 '해방'으로 기억한다는 점에서, 그 당시 함께 일본에 살았고 지금도 함께 일본에 살고 있는 일본인보다, 일본에 살지 않으며 일본에 산 적도 없는 우리와 더 비슷할 것이다. 이 또한 마찬가지 이유에서일 것이다.

6. 기억으로서의 역사

이런 점에서 그 기억들은 나의 '영혼' 속에 존재하는 것이 아니라, 거꾸로 내가 그 기억 속에 존재하는 것이라고 해야 한다. 나 이전에 존재하는 것이 그 기억이고, 나의 직접적인 '참여'와 무관하게 존재히는 것이 그 기억이며, 나의 이탈이나 소멸 이후에도 존속하는 것이 그 기억이기 때문이다. 말 그대로 나를 포함하는, 그러나 나로 축소될 수 없는 집합적 주체에 의해 구성되는 집합적 기억. 우리는 이런 기억을 흔히 '역사'라는 이름으로 부른다. 집합적 주체의 다양한 층위마다 존재하는 역사들이 있음 또한 알고 있다.

그러한 기억은 어떻게 만들어지고 어떻게 지속되는가? 알다시피 '기록'을 통해서다. 마치 우리의 체험이 우리의 뇌에 주름 같은 흔적으로 남아 기록되고 기억되듯이. 하지만 집합적 기억은 좀더 명시적인 문자들을 통해 기록되고 보존되며 알려지고 가르쳐지는 방식으로 존속한다.

그런데 문자로 기록된다는 사실로 인해 역사라는 집합적 기억은 또 다른 양상을 취하게 된다. 기록된 것만 기억되며 기록되지 않은 것은 기억되지 않는다. 따라서 모든 사건이 다 기록되는 것은 아니다. 기록될 사건과 그렇지 않은 것이 구별되고 선별된다. 그것은 기록하는 자의 '권리'다. 그런데 기록하는 것은 누구나 할 수 있는 것이 아니며, 하고 싶다고 할 수 있는 것도 아니다. 이런 이유로 '집합적 주체'에 속한 모든 사람이 자신의 기억을 갖지 않는다. 기록할 수 있는 자, 기록할 권리를 갖는 자들만이 기억을 가지며, 그들에 의해 기록될 '가치'를 부여받은 것만이 기록되고 기억된다. 이런 점에서 집합적 기억은 항상-이미 선별된 기억이다.

가령 조선조 시대에 민중들은 독자적인 기억을 갖고 있지 못하며, 그 이전의 시대에도 사정은 다르지 않다. 민중들은 『왕조실록』이나 양반들이 기록한 그들의 역사 속에, 기억과 기록의 대상으로만 출몰한다. 임꺽정이나 장길산 같은 인물은 그들의 기록에 기록되는 방식으로만

<죽음의 기억> 6·25 때 한국에 와서 싸우다 죽은 중공군들 시체 사이로 미군
들이 돌아다니고 있다. 그들은 저 시신들을 보며 무엇을 생각하고 있을까? 그
리고 그것은 무엇으로 기억될까? 죽음이 이처럼 흔해지면 죽음의 공포가 사
라질까? 아니면 중첩된 죽음의 공포가 온 몸으로 스며드는 것일까? 베트남전
에서 귀환한 미군 병사의 사례들은, 흔하게 널부러진 죽음조차 자신의 죽음을
상기시키는 한 쉽게 잊혀지지 않는 상처가 된다는 것을 알려준다. 그런데 이
국땅에서 와서 저렇게 널부러져 죽은 중국인들은 어땠을까? 아무 원한 없이,
아무 미련 없이 이승을 떠날 수 있었을까? 아니면, 어딘지 모를 저곳 한편에
서 아직도 떠나지 못한 채 시간조차 채 지우지 못하는 그 상처에 대해 호소하
고 있을까?

기억된다. 이른바 가족의 역사로서 '족보'라는 '기억'도 그렇다. 그 속에 여성들은 이름조차 제대로 기록되지 않는다. 그들은 남성들의 출생을 잇는 족보에 그 족보를 잇기 위해 필요한 요인으로서 등장하지만, 그것도 자신의 부친의 성이라는 남성의 형식을 빌려서만 끼어든다.

단지 기록할 권리가 없다는 것이 기억에서 배제되는 유일한 이유는 아니다. 기록하는 자나 기록하는 집합적 주체에 반하거나 그것의 동일성을 위협하는 것들은 기억에서 삭제되고 배제된다. 조국 근대화의 역사를 오염시키는 노동자 전태일의 분신을 '국가적 기억'은 수용하지 못하며, 국민을 향해 그 국민의 군대가 총질을 해대고 학살한 사건은 국민의 기억에 들어가선 안 된다. 사건 자체를 지우거나, 외부인의 소행으로 변형하거나 기억하려는 자를 억압하는 방식으로 지워진다. 물론 그렇게 지워진 기억은, 아직 기억하는 자, 체험한 자들이 존재하는 한, 강요된 침묵을 돌파하며 다시 출현한다. 마치 억압된 기억으로서 트라우마가 결국은 재출현하듯이.

유목민은 역사를 쓰지 않는다(이진경, 『노마디즘』 2권, 404쪽). 다양한 공간을 떠돌며 다양한 사람들이 만나고 흩어지는 삶의 방식에는, 인위적으로 집합적 주체의 동일성을 구성하고 지속하는 기억이 별로 중요하지 않기 때문이다. 또 특별히 기록하고 기억해서 남겨두어야 할 것이 없기 때문이다. 반면 제국은 반드시 역사를 기록한다. 황제의 즉위, 그리고 그 황제의 정복, 그가 이룩한 업적 가운데 어느 하나도 망실되고 지워지지 않도록 기록하고 기억케 한다. 지나간 사건들의 연대기적 집합으로서 역사라는 관념은 이렇게 출현한다. 역사를 기록하는 일이 '사관'이라는 직업으로 독립된 것도 이들 제국에 의해서였다. 그 역사에서 제국은 언제나 위대한 건설자요 승리자로 기록된다. 자신이 쓰는 것이기에. 반면 제국과 대결한 사람들, 예컨대 유목민들은 항상 패배자로 기억된다. 혹은 아예 기억에서 사라진다. 자신의 역사를 쓰지 않기 때문이다.

한편 근대 국가는 기억을 선별하고 공통의 기억으로서 역사를 만들고 '기억시키는 데' 매우 강한 관심을 갖고 있다. 그것은 근대 국가가 이전에 없던 '국민'이라는 어떤 실체를 인위적으로 만들고 유지해야 했기 때문이다. 사실 19세기 이전에 '국민'이란 존재하지 않았다. 여러 지역에 흩어져 사는 지역민이나 혈연에 따라 연결된 종족 등이 있었을 뿐이다. 19세기에 들어와 국민국가 단위의 정치적 조직이 다른 종류의 정치적 조직에 대해 승리하게 되면서, 다들 국민국가를 형성하고자 했고, 이를 위해 일정 지역에 사는 사람들을 자국 '국민'으로 통합해내야 했다. 그런데 그러기 위해선 가령 목숨을 빼앗으며까지 진행된 신교도와 구교도의 적대행위들은 기억에서 지워져야 했고, 지역들 간의 대립관계도 기억에서 사라져야 했다. 반면 그 범위에 들어 있는 사람들을 하나로 묶는 공동의 기억들이 만들어져야 했다. 이를 위해 근대국가는 단지 잊혀져선 안 될 사건의 기록이 아니라 '국민'임을 확인하게 해줄 국민의 역사를 만들고 가르쳐야 했다(르낭, 『민족이란 무엇인가』 참고).

국민이란 이처럼 역사라는 이름의 인위적인 집합적 기억을 통해 인위적으로 구성된 존재다. 국민이란 상이한 언어를 사용하고 상이한 기억을 갖는 이질적 집단의 사람들을 하나의 언어, 하나의 기억을 통해 하나의 집합체로 구성한 것이다. 다른 언어들을 '방언'으로 만드는 '표준어'가 국민을 하나의 언어로 정의하게 해주었다면, 많은 지방적 기억이나 종교적 기억을 지우며 만들어진 '국사'가 국민을 하나의 기억으로 묶어주었다. 19세기 후반 '국민학교'(지금은 초등학교라고 불리지만)가 만들어졌을 때, 거기서 필수적으로 가르쳤던 과목은 바로 '국어'와 '국사'였다. 국민교육이란 이들 과목을 통해 인민을 국민으로 만드는 교육이었던 것이다.

학교 이전에 이런 기능을 수행했던 것은 기록물로서 매체, 사람들로 하여금 사건을 자신이 속한 세계의 사건으로 공유하게 만드는 인쇄물들이었다. 책이나 신문, 잡지 등이 급속하게 확대되고 보급되게 된 것은 이와 무관하지 않다. 인류학자 베네딕트 앤더슨은 이를 '인쇄 자본주의'라고 부르며, 국민/민족(nation)이란 이를 통해 자신들이 하나의 국민이라고 상상하게 함으로써 만들어진 '상상된 공동체'라고 말한 바 있다.

7. 기억에 대항하는 기억

국민국가가 형성되는 것과 나란히 탄생한 집합적 기억으로서 역사는 이제 개인의 기억이나 어떤 특정 집단의 기억에서 독립된 실증적 존재가 된다. 그 이전에도 역사(histoire)라는 관념은 있었지만, 그것은 단지 연대기적인 사실의 집합이거나 교훈적인 이야기(histoire)의 집합에 지나지 않았다. 그러나 18세기 말~19세기 초에 등장한 역사는 '이야기'가 아니라 과거에 발생한 사실 자체를 의미하게 되고, 연대기적 순서가 아니라 그 속에 숨은 내적인 논리나 질서를 의미하게 된다. 이렇게 만들어진 역사는 '역사'라는 말은 어떤 하나의 연속적 흐름에 통합된 지나간 사실들의 집합을 의미하며, 현재에 부단히 의미를 부여하고 그것에 미래적인 방향을 부여한다고 믿어지는 사실들의 연속체를 의미한다. 그래서 그것은 누구도 자의적으로 바꿀 수 없는, 저기 따로 존재하는 것으로, '실증성'을 갖는 사실들의 집합으로 다루어진다. 그리고 그러한 사실들은 대개 어떤 위대한 기원에서 시작하여 고난과 파란을 거치면서 결국은 다시 어떤 위대한 미래로, 위대한 종착점으로 향해 가는 하나의 서사로 구성된다. 그것이 민족의 위대한 과거와 희망찬 미래를 의미하는 것이든, 아니면 누구도 피할 수 없는, 해방된 사회를 향한 보편적인 발전과정을 의미하는 것이든 간에 말이다.

이런 의미에서 역사란 다양한 사실들, 사건들을 연결하여 만들어지는 실상 하나의 이야기요, 하나의 서사(narrative)다. 그러나 이 이야기는 수많은 이야기들 중 하나의 이야기가 아니라 국민 전체가 공유하는 오직 하나뿐인 이야기(Histoire)다. 복수의 역사들과 구별되는 하나의 단수로서 역사(History), 이런저런 역사들을 포괄하고 통합하는 하나의 역사로 역사가 새로운 지위를 갖게 된 것이다. 다양하고 이질적인 경험이나 기억들을 단일한 형태로 통합하고 통일하며 만들어지는 실체적인 역사. 따라서 역사는 그러한 단일성, 통일성에 포함될 수 없는 것들은 지우거나 배제하며 씌어진다. 혹은 하나의 역사 속에 포함할 수 있는 형태로 해석하거나 변형시킨다. 변증법은 서로 대립하고 투쟁하는 것들을 하나의 역사로 포섭하는 철학적 기술을 제공했다. 그것이 아니었다면, 그토록 이질적이고 충돌하고 대립하는 사실들을 어떻게 하나의 역사 안에 담을 수 있었을 것인가? 더구나 '이성의 간교한 계략' (List der Vernunft)은 사건의 당사자들의 의도나 목적과 무관하게 그것들을 역사라는 전체 안에 담는 만능의 해결사가 되게 된다.

그러나 언제나 역사의 평탄한 선을 뚫고 나오는 돌발적인 사건들이 있게 마련이다. 그것은 안정적인 역사의 지반을 흔들며 출현하고,

항상 자랑스런 표정을 짓고 있는 역사의 얼굴에 침을 뱉으며, 아니 피를 튀기며 나타난다. 이런 돌발적 사건들은 당시의 역사로선 매끄럽게 싸안을 수도 없고 적당하게 한자리를 주어 잠재울 수 없는 것으로서 역사 안에 출현한다. 이런 점에서 그것은 역사가 쉽사리 봉합할 수 없는 균열의 지점이다. 그래서 대개는 배제해버리거나 지워버려서 소리나지 않게 하려고 하지만, 그로 인해 지워진 소리가 끊이지 않고 발생하는 진원지가 된다. 즉 그것은 역사가 담을 수 없는 사건이지만 그렇다고 지워버릴 수도 없는 사건이란 의미에서 '역사적 이성'의 무능력의 지대를 형성한다. 그것은 역사화할 수 없는 사건이다. 이를 '반역사적 돌발'이라고 부르자.

예컨대 1980년의 광주항쟁은 이러한 경우의 대표적인 사례를 제공한다. 알다시피 광주항쟁은 전태일 분신과 달리 한 도시 전체를 대중이 장악하여 국가의 군대와 싸우던, 한 달 넘게 지속되었고 죽어간 사람만 수백 명에 이르는 거대한 사건이었다. 그것은 국가의 군대가 자국 '국민'들을 향해 총을 쏘며 학살했던 비극적 사건이었다는 점에서 그 국가의 역사 안에 담을 수 없는 거대한 반역사적 돌발이었다. 그렇기에 국가이성은 이 지역을 폐쇄시키고 그 안에서 벌어진 어떠한 사건도 보도되지 못하게 지워버렸다. 그 봉쇄의 망을 뚫고 퍼져가는 소문에 대해서는 '유언비어'라고 비난하고, 그걸 전하는 사람은 체포했다. 국민적 기억을 유지하기 위한 이 폭력을 기억의 폭력이라고 할 수 있다면, 정확하게 동일한 의미에서 이는 국민적 동일성/정체성(identity)을 유지하기 위한 기억의 폭력이라고 말할 수 있을 것이다. 반면 매년 5월이면 광주항쟁이 존재했었음을 상기시키며 벌어졌던 투쟁은 그러한 기억의 폭력에 대항하여, '역사'라는 과거의 기억에 반하는 투쟁이었고, 따라

<비동시성, 혹은 과거로 침입한 시간> '괴뢰군'을 찾으러 온 것일까? 기와담장
이 있고, 갓을 쓴 노인들이 있는 마을로 탱크가 끼어들었다. 두 개의 전혀 다른
시간이, 아마 누구도 예상하지 못했을 공간에서 조우하고 있다. 비동시적인 것
의 동시적 공존. 아니 과거의 시간으로 침입한 다른 시간이다. 이처럼 현재란
그 다른 시간들이 만나는 장소일까? 그렇다면 그 장소에서 우리는 과거를 다른
방식으로 만들어낼 수도 있는 게 아닐까? 때 아닌 시간성을 부여하는 방식으로
그것을 불러낼 수 있는 게 아닐까?

서 그것을 기억이라고 말하고자 한다면 정확하게 기억에 대항하는 기억이었다고, 대항-기억(counter-memory)이었다고 말해야 한다. 그것이 단지 기억이 아니었다고 말할 때 좀더 유념할 것은 그것이 과거의 사실을 그저 기억해달라는 호소가 아니라, 당시의 시점에 계속되어 있는 정치적 폭력과 억압에 대한 저항이었다는 점이다. 그것은 이 대항-기억을 과거의 시제가 아니라 현재시제에 속하는 것으로 만드는 결정적 요인일 것이다.

반역사적 돌발과 대항기억을 아주 극명하게 보여주는 것은 이른바 '아메리카 인디언'의 경우다. 아메리카의 역사란 알다시피 '인디언'들의 미개하고 야만적인 삶이 백인들의 현명한 신의 인도를 받아, 그리스와 로마의 고전적 '휴머니즘'의 세례를 받아 문명으로 거듭나는 과정이었다. 그 과정에서 수많은 사람들이 죽고 노예가 된 것이 유감스럽게도 사실이지만 그거야 어쩔 수 없는, 일부 악덕 모리배 때문에 발생한 사고일 뿐이다. 덕분에 '인디언'은 문명화되었지만, 대신 90% 가까운 인민이 죽어야 했고, 그들이 살던 땅과 그들의 삶 자체마저 탈취당해야 했다. 그리고 이들은 역사 속에서 지워졌다. 지울 수 없는 것은 역사의 한쪽 구석에 보이지 않게 처박아두었다.

이런 점에서 '인디언'들에게 역사란 기억이 아니라 정확하게 기억의 반대물이다. 그것은 지배자들의 기억 아래 망각되는 것이고 지워지는 것이다. 이처럼 강요된 망각은 분명한 현실적 이유를 갖는다. 그것은 그들이 존재한다는 사실 자체가 폭력으로 대륙을 강점한 백인들의 역사 자체를 근본적인 곤혹과 동요 속으로 몰고 간다는 사실에 기인한다. 가령 미국의 헌법은 '인디언'의 땅을 턱없는 폭력으로 탈취한 불법적 과정의 결과로 탄생했다. 유럽에서 그것은 새로운 민주주의의 상징이 되었을지 모르지만, 그 민주주의의 발밑에는 우정을 강탈과 협잡, 사기와 배신으로 돌려주었고, 그들의 '신성한 소유권'을 무시하고 폭력으로 탈취한 사태가 은폐되어 있는 것이다. 따라서 헌법을 위해, 민주주의를 위해, 법치주의를 위해 이것은 망각되어야 했다. "죽는다는 것은 어쩔 수 없다고 해도 잊혀진다는 것은 참으로 가슴 아픈 일이었습니다"(마르코스, 『우리의 말이 우리의 무기입니다』, 486쪽).

미국만은 아니었다. 남북미 전체가 그랬다. 멕시코의 마야 원주민들인 '사파티스타'는 이 죽음과도 같은 삶을 떨쳐버리기 위해, 역사라는 망각 속에서 벗어나기 위해 봉기했다. 그들은 인디언의 이름으로, 인디언의 무기로, 인디언의 언어로 투쟁한다. 역사라는 이름의 망각에서 벗어나기 위해, 역사라는 이름의 기억에 대항하기 위해. 그들이 망각에 대항해서 투쟁한다고 할 때, 그것은 역사 속에 자신들의 이름을 다시 새겨 넣기 위한 것이 아니며, 기억을 위해 투쟁한다고 할 때, 그것은 또 하나의 '역사'를 쓰기 위한 것이 아니다. 그들이 말하는 '기억을 위한 투쟁'이란 차라리 역사라는 이름으로 기록된 기억에 반하는 투쟁이고, 그 매끈한 역사의 흐름에 거친 **"틈새를 내기 위한 것"**이며(마르코스, 『우리의 말이 우리의 무기입니다』, 433쪽), 정연하게 배열된 기억들 사이에 난데없고 '반시대적인 것'(die Unzeitgemäßen ; 때 아닌 것, 반시간적인 것)을 끼워넣는 것이다. 그것은 정확하게 '반역사적 돌발'이라고 명명되어 마땅한 투쟁이다. 그것은 기억을 둘러싸고 벌어지는 투쟁이란 점에서 과거에 관한 투쟁처럼 보이지만, 현실을 둘러싼 투쟁이고 새로운 현실을 만들려는 투쟁이란 점에서 정확하게 현재의 시제를 갖는 투쟁이고, 좀더 나은 삶, 좀더 나은 현실을 만들고자 하는 투쟁이라는 점에서 미래의 시제를 갖는 투쟁이다.

8. 소수적인 역사

사파티스타는 아메리카의 역사 전체에 메울 수 없는 근본적 균열을, 역사에 반하는 돌발을 만들어낸다. 그 역사의 이성이 무능력을 드러내는 지대를 봉기의 형태로 창안한다. 또 하나의 대안적 서사를 만드는 방식으로 쓰여지는 역사가 아니라, 저항으로서, 행동으로서, 내러티브 바깥에서 벌어지는 사건으로서, 다수적 역사를 전복하는 돌발적 사건을 만들어낸다. 이를 통해 그들은 백인이라는 다수자와의 사이에 메울 수 없는 거리를 만들어낸다. 그리고 그 거리를 통해 다른 소수자들과 만나는 연대의 공간을 구축하며, 그 만남을 통해 다수자와 대결하려는 모든 타자들이 하나임을 선언하면서 동시에 자신 스스로 그 만남 속에서 변이된다. '사파티스타'라는 명칭은 이제 봉기한 마야제국의 잊혀진 후손을 지칭하는, 그들만의 배타적 소유물이 아니라, 수많은 타자들이, 수많은 차이들이 만들어지고 공존하는 공동의 세계를 표시하는 징표고, 그 세계에 들어가고자 하는 자라면 누구나 공유할 수 있는 공동의 이름이 된다.

여기서 역사에서 벗어나는 이러한 돌발이 역사적 의미의 결여나 부재가 아니라 반대로 그것의 과잉 내지 범람으로 특징지어진다는 것을 강조할 필요가 있을 것이다. 그것은 멕시코 정부나 백인 지주들과 마야인들의 직접적인 충돌 속에서 시작된 돌발이지만, 아메리카 역사 전체와 대결하는 돌발이었고, 신자유주의로 명명되는 자본의 권력과 대결하는 돌발이기도 하며, 그렇기에 서구 문명과 대결하려는 모든 이들의 새로운 돌발을 촉발하는 사건이고, 지배적 척도에 의해 억압받던 모든 소수자들이 모여들게 만드는 사건이기도 했다. 뿐만 아니라 그것은 그 돌발로 인해 야기되는 또 다른 만남들을 통해 증식되는 의미들의 발원지이기도 하다. 원주민과 백인 게릴라의 만남, 무장투쟁과 인터넷의 만남, 사파티스타와 멕시코 '시민 사회'의 만남, 사파티스타와 전 세계 인민의 만남 등등.

만약 이 거대한 돌발을 역사 속에서 지울 수 없는 의미를 갖는다는 점에서 '역사적 사건'으로 기록하고자 한다면, 굳이 그것에 '역사'라는 이름을 부여하고자 한다면, 그것은 하나의 기원에서 목적에 이르는 단일하고 연속적인 통합적 역사가 아니라, 상이한 종류의 역사성을 갖는 인민들이 만나고 모이고 분기하면서 변이되며 전염되는 방식으로 증식되는 양상을 표시하는 지도(地圖), 결코 하나의 경계로 담을 수 없는 돌발적 선들의 만남과 분기를 표시하는 지도라는 새로운 종류의 역사 개념을 전제로 한다고 말해야 한다.

그렇다면 여기에서 소수적(minor) 역사의 가능성을 볼 수도 있지 않을까? 반역사적 돌발을 역사의 매끈하고 연속적인 통합의 선 안에 끌어들이고 그 안에 어떤 한자리를 할당하는 식의 역사가 아니라, **돌발의 지점에서 발생하는 만남과 변이의 양상을, 그것을 통해 만들어지는 새로운 분기의 양상을 표시하는 역사, 돌발적 사건의 범람하는 다의성을 통하여 이미 '역사' 안에 자리 잡고 있는 사건들이나 침묵 속에 갇힌 사건들과 새로이 접속하면서 그것들을 '역사'의 바깥으로 불러내는 역사**, 그리하여 모든 사건을 하나의 방향으로 통합하려는 다수적(major) '역사'를 발산시키며 그 '역사'와 다른 수많은 역사의 선들이 존재함을 보여주는 역사, 그렇지만 그 스스로를 다양한 방향으로 분기되고 발산될 가능성에 대해 열어두고 다른 역사의 선들과 만나고 교차하며 스스로 방향을 바꾸는 역사.

아, 여기서 소수자와 다수자란 숫자에 의해 구별되는 개념이 아님을 지적해두어야 한다. 남성과 여성 가운데 여성이 소수자이지만, 그것은 여성이 수가 적어서 그런 게 아니다. 다수자가 사회의 지배적인 척도를 장악하고 그것에 부합하는 존재라면, 소수자란 거기서 벗어나고 이탈한 존재다. 다수자가 자신의 의사를 관철시킬 수 있는 통로와 수단을 '대다수' 장악한 자들이고 주류집단이라면, 소수자란 그런 수단이나 통로가 '적은', 나아가 그런 주류적 태도에서 이탈한 집단이다.

소수자의 역사, 소수적인 역사는 그 '역사'를 거쳐온 특정 소수자의 역사가 아니라 그 돌발의 지점에서 만나는 모든 소수자들의 역사가 된다. 사파티스타의 돌발을 통해 우리 자신이 사파티스타가 되듯이. 돌발이 함축하는 의미의 과잉은 이처럼 주어진 소수자의 정체성/동일성을 범람하며 그것을 함께 공유하고 나누어 갖는 만남과 연대에 의해 현재화되는 것이다. 따라서 다수적 역사는 누구의 역사도 아니지만, 소수적 역사는 거기서 만나는 우리 모두의 역사인 것이다.

.9강. 근대적 시선의 체제 : 투시법에서 시선과 주체

이진경

1. 시선의 체제

"보는 것이 믿는 것"(To see is to believe)이라는 말처럼, 혹은 "백문
(百聞)이 불여일견(不如一見)"이란 말처럼, 보는 것에 비해 만지거나
냄새 맡아서, 혹은 소리를 들어 사람을 구별하는 능력은 매우 떨어진
다. 그래서 여러 가지 지각 중에서 보는 것에 특권적인 지위를 부여하
고 있다. 물론 이는 서양의 경우 근대적인 현상이라고 한다. 중세에는
청각이 가장 중요한 감각이었고, 촉각이 그 다음이었으며, 시각은 세번
째 였다고 한다. 하지만 지금이라면 시각은 다른 지각 모든 것을 합친
것보다 중요하고 영향력이 크다. 보는 것이 믿는 것이란 말은 이런 점
에서 현재에 관한 한 조금의 과장도 포함하지 않는 셈이다. 그리고 좀
더 나아가 우리의 삶과 행동은 그러한 믿음에 의해 크게 좌우된다는 점
도 추가할 수 있겠다. 삶이나 행동이란 그런 믿음의 형태로 존재하는
도식(schema, 주어진 상황에 대한 전형적 태도의 집합)에 따라 이루어지
는 것이기 때문이다.

그러나 우리는 보이는 것을 보이는 대로 보고, 보이지 않는 것을 보지 않는 순진한 눈을 갖고 있지 않다. 후천적으로 눈을 잃은 사람이 수술로 눈을 뜨게 된 경우, 우리가 보는 것처럼 세상을 보게 되리라는 것 역시 순진한 믿음이다. 그는 사물을 보고 식별하기 위해 대단한 노력을 하지 않으면 안 된다. 명암이나 색채는 흐릿하나마 지각되지만, 형태를 보고 구별하는 것은 지극히 어려운 훈련을 거쳐야 한다. 그 노력이나 훈련은 너무도 힘든 것이어서, 눈을 뜨게 된 것이 더 힘든 삶을 살게 되는 경우가 많다. 눈을 뜨기 전에는 다른 감각 덕에 잘 알 수 있었던 것조차 제대로 알지 못해서 고통스러워 하기도 한다. 즉 지금 우리가 사물을 눈으로 본다는 것은 형태를 식별가능한 형태로 끊임없이 구성하는 무의식적 활동의 산물인 것이다.

그렇게 보는 것 역시 있는 그대로의 모습이 아니다. 한 점으로 모이는 선들에서 있지도 않은 평행선을 보기도 하고, 멀쩡한 평면에서 둥그렇게 패인 공간을 보기도 한다. 가령 브라만테의 산타 마리아 성당의 투시도는 옆으로 난 익랑 저편 정면으로 깊이 밀려 들어간 내진(apse)과 성가대석이 보인다. 그러나 다음 페이지 〈그림 1〉의 평면도가 보여주듯이 그것은 밋밋한 평면에 불과하다. 즉 평면에 그린 그림인 것이다. 하지만 우리는 거기서 분명 저 멀리 밀려 들어간 공간을 본 것이다. 없는 것을 본 것이다.

나아가 우리는 보이는 것을 자신의 눈에 '장착된' 코드에 따라 수정하기도 한다. 〈그림 2〉는 로마의 카피톨리네 언덕에 있는 캄피돌리오 광장과 그것을 둘러싼 세 채의 팔라초들로서 미켈란젤로의 작품이다. 보다시피 세 채의 건물은 올라가는 계단을 향해 오므라들어 있다. 즉 두 건물이 만나는 두 지점이 직각이 아니라 예각으로 만들어져 있으

<그림 1> 브라만테, 산타 마리아 성당과 평면도
<그림 2> 미켈란젤로, 캄피돌리오 광장과 팔라초들

며, 이로 인해 전체적으로 사다리꼴의 형상을 하고 있다. 광장의 안쪽에서 아우렐리우스 동상을 지나 계단 쪽으로 가는 동선을 취해보면, 이 '찌그러진' 배치는 공간을 압축하다가 계단 가까이에 이르면 언덕의 아래와 건물의 양 옆으로 공간이 갑자기 팽창하는 아주 역동적인 공간을 만들고 있음을 알 수 있다. 미켈란젤로의 천재성이 아주 잘 드러난 작품이다. 그런데 다음 페이지의 〈그림 3〉을 보자. 이는 뒤페락이란 사람이 위의 광장과 세 건물을 투시도로 그린 것이다. 그러나 보다시피 있는 그대로 보고 그린 게 아니라 두 만나는 각을 모두 직각으로 펴서 사다리꼴의 배치를 직사각형의 배치로 바꿔놓았다. 그의 눈에만 그렇게 보인 것일까? 그렇지 않았다. 〈그림 4〉는 19세기의 유명한 건축가인 싱켈이 역시 동일한 것을 그린 투시도다. 여기서도 보다시피 세 건물은 사다리꼴의 찌그러진 형상이 아니라 직사각형의 펴진 형상으로 그려져 있다. 투시도란 사물을 있는 그대로 재현하는 방법인데, 이렇게 다르게 재현된 것이다. 왜 그랬을까?

어쨌든 분명한 것은 이 사례는 우리가 사물을 있는 그대로 보는 게 아니라 특정한 방식으로만 보거나 보지 못한다는 것을 보여준다. 그렇다면 이제 여기서 아주 단순한 추론을 할 수 있다. 보는 것이 믿는 것이고, 믿는 것이 삶과 행동을 좌우한다고 할 때, 특정한 방식으로만 본다면, 우리는 특정한 방식으로만 믿을 것이고, 그것은 그 특정한 방식 안에서 우리의 삶과 행동이 제한되리라는 것이다. 따라서 특정한 것만을, 특정한 방식으로 보게 하는 배치는, 그 안에서 사고하고 판단하는 사람들의 판단과 행동을 결정적으로 방향지운다고 할 수 있다.

볼 수 있는 것과 볼 수 없는 것을 가르고 정의하는 방식이 결국은 특정한 방식으로 믿고 행동하게 만드는 것이라고 할 때, 그리고 그것이

<그림 3> 뒤페락, 캄피돌리오 광장 투시도
<그림 4> 싱켈, 캄피돌리오 광장 투시도

그 안에 있는 사람들에 대해 동일하게 작용하며 일정한 반복의 형식을 취한다고 할 때, 이는 결국 권력(pouvoir)의 문제라고 할 수 있을 것이다. 따라서 볼 수 있는 것과 볼 수 없는 것을 가르고, 보아야 할 것과 보는 방식을 정의하고 그 방식대로 보게 만드는 특별한 배치를 다루는 문제는, 동시에 그 안에서 작용하는 권력이 작동하는 '체제'(régime)를 다루는 문제라고 할 수 있다. 이러한 체제를 우리는 '시선의 체제'라고 부를 것이다.

2. 투시법과 재현

근대적 시선의 체제와 관련해서 투시법은 매우 결정적인 자리를 차지하고 있다. 그것은 형태를 포착하고 묘사하는 방식과 시점을 설정하는 방식, 그것을 통해 그려지거나 만들어진 대상과 시선을 관련짓는 체계화된 코드요 습속이기 때문이다. 그것은 특히 시선이 근대적인 방식으로 보거나 못보게 하는 지배적인 습속이기에, 그것의 효과까지 포함해서 자세히 검토할 필요가 있다.

『공간, 시간, 건축』의 저자로, 뵐플린의 제자이기도 한 기디온은 근대적 공간의 기초가 투시법이었다고 말한다. 그리스 신전이 보여주듯이 투시법 이전에는 조형적이고 조각적인 공간이었다면, 투시법을 발견한 르네상스기에 와서 근대적·투시적 공간이 만들어지고, 투시법을 명시적으로 해체한 입체파 이후 근대적 공간이 깨졌다는 것이다. 즉 그는 역사상 세 가지 공간 개념이 있었다고 본다(Giedion, *Space, Time and Architecture*). 기디온의 이러한 입장은 한편으로는 투시법의 위상이 너무 과장되어 있다는 점에서, 다른 한편에선 투시법 내부에서 나

<그림 5> 「지하 세계의 오디세우스」, 1세기경, 로마
<그림 6> 지오토, 「회칙의 인가」, 1320년경, 아시시 성 프란체스코 성당

타난 차이를 보지 못한다는 점에서 나는 지지하지 않는다. 그럼에도 불구하고 투시법이 근대적 공간의 중요한 기초 내지 요소가 되었다는 점은 틀림없는 것 같다.

투시법은 라틴어로 perspectiva인데, 이 단어는 '아주', '완전히'를 뜻하는 접두사 per와 '보다'를 뜻하는 동사 specere가 합쳐서 된 perspicere라는 동사에서 나온 것으로, '잘 보다', '꿰뚫어 보다'라는 뜻이다. 그것은 '잘 보는 방법', '잘 보이게 하는 방법'이라는 뜻을 담고 있는 셈이다. 회화에서는 종종 '원근법'이라고 번역되는데, 이는 지나친 의역일 뿐 아니라 정확지 않은 번역이다. 원근법에는 이와 다른 종류의 원근법이 있기 때문이다. 더구나 건축의 경우 원근을 표시하기 위해 그걸 사용하는 것이 아니니까 원근법이란 말은 매우 부적절하다.

투시법에 대해 얘기하기 전에, 투시법에 따르면 그림이 어떻게 달라지는가를 보자. 〈그림 5〉는 로마시대의 그림으로 「지하세계의 오디세우스」라는 그림이다. 산 모양도 그렇고 투시법을 사용하지 않은 그림인데, 그 결과 공간감이 모호해져서 신비적인 분위기를 만들어냈다고 파노프스키는 말한다(Panofsky, *Perspective as Symbolic Form*, pp.42~43).

〈그림 6〉은 지오토의 「회칙의 인가」라는 작품이다. 그는 평생 성 프란체스코를 존경하여 그에 관한 그림을 많이 그렸는데, 이는 청빈하게 살며 부랑자와 빈민과 함께하려던 프란체스코가 로마에 가서 교황 인노켄티우스 3세에게 자신을 따르는 탁발(托鉢) 교단의 회칙을 인가받는 장면을 그린 것이다. 당시 교황청은 프란체스코의 무리들에 대해서도 왈도파(Waldensians)와 유사한 이단 혐의를 두고 있었지만, 교황에 절대복종하겠다는 거듭된 약속을 믿고 그들을 새로운 수도회로 인

<그림 7> 마사치오, 「성삼위일체」, 1425~27년경, 피렌체 산타 마리아 노벨라 성당

가한다. 프란체스코 수도회가 그것이다.

지오토는 서양의 중세 그림을 새로운 단계에 올려놓은 사람이고, 그에 이르러 비로소 그려진 인물들의 얼굴은 표현적인 표정을 갖게 된다. 단테가 지오토를 격찬했던 것은 이런 이유에서였는데, 이 그림에서 눈에 띄는 것은 교당의 천장이다. 이전과 달리 이 천장의 격자무늬는 투시법에 근접한 모습을 보여주고 있다. 이 역시 지오토의 선구적인 위치를 보여주는 것이다. 그럼에도 불구하고 공간적 깊이감은 느껴지지 않으며, 격자들은 정확히 하나의 점에 모이지 않는다.

이와 비교할 때 마사치오의 그림(그림 7)을 보면 격자들은 정확하게 예수의 발 밑에서 한 점으로 모이고, 원통형 천장은 성신의 뒤로 강한 깊이감 있는 공간을 만든다. 1425~27년경에 그려진 이 그림은 최초로 투시법에 따라 그린 것이어서 유명한 그림이다.

투시법의 발명과 보급에는 건축가로 알려진 브루넬레스키와 만능인 알베르티 두 사람이 결정적인 공헌을 했다. 1425년 브루넬레스키는 한 번은 피렌체의 산 지오반니(San Giovanni) 세례당 앞에서, 또 한 번은 시뇨리아 광장에서 투시법의 과학성을 증명하는 유명한 공개실험을 한다(Edgerton, *The Renaissance Rediscovery of Linear Perspective*, p.125 이하 ; Damisch, *The Origine of Perspective*, p.101 이하, p.143 이하). 이로써 당시 르네상스의 중심지였던 피렌체에서 투시법은 선진적인 예술가와 지식인 사이에 알려지기 시작한다.

그로부터 10년 뒤 알베르티는 기하학과 광학 등을 이용해 투시법이 과학적임을 보여주는 책(『회화론』)을 쓴다. 이는 그 당시에 피렌체를 중심으로 해서 한창 발전하기 시작하던 활판 인쇄술로 인해 이탈리아 및 유럽의 다른 지역으로 확산된다. 그래서 투시법은 급속히 전 유

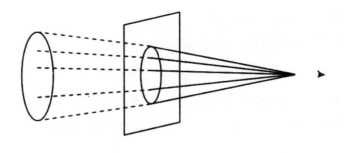

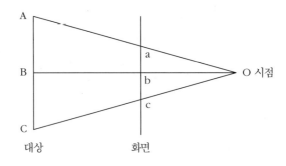

<그림 8> 시선의 뿔 <그림 9> 시각 삼각형

럽으로 퍼져가지만, 여기에는 적지 않은 시간이 소요되었다.

투시법을 이론화하면서 알베르티가 채택한 방법은 첫째, 원래 주어진 대상과 그림으로 재현되는 대상 간의 관계를, 그것을 보는 눈을 통해, 좀더 정확히 말하면 그 눈에서 방사 내지 흡수되는 시선을 통해 포착하는 것이다. 즉 "평면 자체의 본질이나 명칭은 변하지 않는데 보는 사람의 눈에 따라 달라 보이게 되는" 사정을 시선을 통해 설명하려는 것이다. 그것은 시점을 꼭지점으로 하여 주어진 대상의 윤곽선을 연결하는 시선의 뿔(시각 피라미드)을 화면에 의해 절단하는 방법이다(알베르티, 『회화론』, 22~23쪽).

〈그림 8〉에서 시선과 대상을 잇는 가장 짧은 시선, 즉 화면과 직교하는 시선을 알베르티는 '중심광선'이라고 하며, 윤곽선으로 이어지는 모든 시선을 '경계광선'이라고 부른다(알베르티, 『회화론』, 24~25쪽. 여기서 중심광선은 화면과 언제나 직각으로 교차하는 것으로 정의된다는 사실을 눈여겨 봐두기 바란다). 결국 경계광선이 화면 위에 만드는 투영상이 바로 그려야 할 올바른 그림이라는 것이다. "회화란 다름 아닌 시각 피라미드를 횡으로 잘라낸 하나의 특정 단면이라고 할 수 있습니다. 회화란 주어진 거리, 주어진 시점, 주어진 조명 밑에서 시각 피라미드의 횡단면으로 구성된 평면 위에 선과 색을 사용해서 이루어진 예술적 재현입니다(알베르티, 『회화론』, 33쪽).

둘째, 알베르티는 이것의 정확함을 증명하기 위해 유클리드 기하학의 비례 개념을 이용한다. 이는 앞서의 시선의 뿔을 측면에서 포착한 '시각 삼각형'에서, 시점과 연결되는 두 개의 삼각형 간의 닮음 관계를 이용하는 것이다(알베르티, 『회화론』, 34쪽).

〈그림 9〉에서 OB는 중심광선이고, OA나 OC는 경계광선이다. 알

베르티의 주장에 따르면 AB라는 대상은 화면상에는 ab로 옮겨지고, AC는 ac로 옮겨진다. 그리고 알다시피 삼각형 OAB는 삼각형 Oab와 닮은꼴이고, OAC는 Oac와 닮은꼴이다. 즉 AB와 ab 등의 짝은 모두 비례관계를 갖는다. 대상의 윤곽을 그리는 모든 점은 이런 식으로 비례관계를 유지하면서 화면상으로 옮겨질 수 있다. 따라서 화면에 그려진 점들이나 선들 간에는 대상보다 크기만 작을 뿐 정확한 비례관계가 그대로 유지되기에 대상을 정확하게 재현할 것이다. 즉 그것은 대상을 대상과 시점 간의 거리에 따라 축소되는 크기로 정확하게 재현하는 상이란 것이다. 더불어 '비례'라는 말이, 그리스적 전통으로 돌아가려던 르네상스 시대에 '미적 이상'이었다는 점을 염두에 둔다면, 기하학적 비례의 개념으로 설명된다는 것은 단지 정확함이란 미덕에 머물지 않는 중요한 무게를 더하는 것이었음을 이해할 수 있을 것이다.

3. 투시법 : 과학적 형식인가 상징적 형식인가

서양의 근대적 사유에 익숙한 우리를 포함해서, 많은 사람들이 투시법은 자연적이고 과학적인 지각양식임을 의심치 않았다. 이 점에서 투시법은 미술이나 예술을 넘어선다. 반면 동양의 그림이나 남아메리카 혹은 아프리카의 그림이나 조각에서 보이는 그런 지각방식을 과학적 지각에 비해 뒤떨어진 것으로, 미개한 것으로 간주하는 것은 심지어 아직도 심심치 않게 볼 수 있다. 그런데 투시법은 정말 과학적인 지각양식인가?

　　이런 생각을 이론적으로 가장 먼저 깨고 나간 사람은 파노프스키였다. 1925년에 나온 『상징형식으로서의 투시법』에서 그는 투시법을 과학적 지각양식이 아니라 단지 하나의 '상징형식'이라고 말한다. 그는 두 가지 이유에서 투시법이 자연적 내지 과학적 지각형식이라는 주장을 반박한다. 첫째, 투시법은 하나의 시점을 가정하는데, 인간의 눈은 둘이다. 둘째, 투시적 상(像)은 평면에 투영되는 것으로 간주되는데, 인간의 망막은 구부러져 있다. 두번째 논거에 비추어 그는 직선적 투시법과 대비되는 곡선적 투시법이 과거에 있었다고까지 주장한다 (Panofsky, *Perspective as Symbolic Form*, pp.28~35). 예를 들면 엔타시스 양식처럼 가운데가 불룩한 경우가 그것이라는 것이다. 그러나 역사적으로 그런 양식이 있었다는 주장은 입증할 수 없었고, 반대로 어이없는 상상으로 반박된다(Edgerton, *The Renaissance Rediscovery of Linear Perspective*, p.154).

여기서 중요한 것은 그가 투시법이란 자연적이고 과학적인, 따라서 유일하게 올바른 지각 방식이 아니라, 역사적으로 가변적인 지각 체제요 시선의 체제라는 것을 보여주었다는 것이다. 파노프스키가 얘기했던 비직선적인 투시법이 없었음에도 이 책이 중요한 것으로 남아 있는 것은 이 때문이다.

그런데 르네상스 시기에조차 이런 투시법에도 두 가지 다른 유형이 있었다. 그것은 시점을 설정하는 문제와 연관된 것인데, 직접적으로는 '소실점'(엄밀하게 말하면, 르네상스 시대의 투시법에는 소실점이란 말이 성립되지 않는다)을 어떻게 설정하는가에 따라 구분되는 차이였다. 하나는 전체상을 가장 균형있고 안정되게 포착할 수 있는 이상적인 시점에 '소실점'을 설정하는 것이고, 다른 하나는 실제의 시점이 갖는 다양성과 그로 인한 변형을 살릴 수 있는 시점에 그것을 설정하는 것이다(Panofsky, *Perspective as Symbolic Form*, pp.68~69). 전자의 경

<그림 10> 브라만테, 성 베드로 성당의 템피에토, 로마, 1502년

우 대개는 '소실점'이 화면 중심에 설정되거나 적어도 중심의 부근에 설정된다. 후자의 경우는 한쪽 구석으로 치우치거나 아예 화면 밖으로 벗어나기도 한다. 이런 맥락에서 가우리쿠스는 투시법을 기하학적 투시법과 인본주의적 투시법으로 나누기도 한다(Damisch, *The Origine of Perspective*, p.xvii).

르네상스의 기본적 입장은 이상적인 시점을 기준으로 해야 한다는 것이었다. 그것은 아마도 대칭과 균형, 안정을 중심으로 사물을 포착하려는 태도와 연관된 것이겠다. 팔라디오는 건축학적인 입장에서 그런 입장을 강하게 주장했고, 비뇰라도 정 필요하면 약간 빗나가서 그릴 수도 있겠지만, 기본적으로는 소실점은 중심에 있어야 한다고 했다. 바사리는 좀더 자유스러운 입장을 갖고 있었다(Panofsky, *Perspective as Symbolic Form*, p.142 이하).

반면 바로크에 이르면 소실점을 중앙의 점에 두어야 한다는 제한은 사라진다. 안정성 대신에 운동감 넘치는 역동성을 포착하려 했던 태도로 보면 이는 자연스런 것처럼 보인다. 이는 수평과 수직의 안정화된 구도를 오히려 피하려는 입장과도 상통한다. 레오나르도 다빈치의 「최후의 심판」에서처럼 일자로 놓였던 책상은 많은 경우 모서리를 앞세운 것으로 바뀌고, 사선을 따라 동일한 크기의 사람들은 서로 다른 크기로 단축된다.

소실점을 설정하는 데서 나타나는 이런 차이를 파노프스키는 객관적인 시점 대 주관적인 시점으로 대비시킨다. 즉 르네상스에서는 객관적인 의미가 본질적이었다면, 바로크에서는 주관적인 의미가 본질적이었다는 것이다. 이는 또한 규범적인 것 대 자유의지, 집합적인 것 대 개인적인 것, 합리적인 것 대 비합리적인 것의 대비와 연관된다고

<그림 11> 보로미니, 산 카를로 알레 콰트로 폰타네, 로마, 1635~36년
<그림 12> 구아리니, 산 로렌조, 토리노, 1668~80년

본다. 그리고 이것이 각각 르네상스와 바로크의 차이에 대응한다고 한다(Panofsky, *Perspective as Symbolic Form*, p.68). 파노프스키는 결국 객관적인 투시법과 주관적인 투시법으로 대비하고 있는 셈이다.

하지만 이런 대비는 그다지 적절하지 않다. 르네상스 시기의 예술에서 다원성이란 통일성의 부재가 아니고 통일성 또한 획일성이 아니다. 르네상스 예술과 바로크를 그런 개념으로 대비시키던 뵐플린에게서도 다원성과 통일성이란 대립개념은 부분을 전체와 연관시키는 방법이었다(뵐플린, 『미술사의 기초개념』). 마찬가지로 바로크의 주관적인 투시법이 그저 주관적인 것만은 아니며, 차라리 객관적인 것과 주관적인 것을, 다시 말해 대상과 시점을 연관시키는 방법이었음을 잊어선 안 된다. 이는 사실 부분적인 대상을 보는 시점과, 화면 전체를 구성하는 시점의 관계이기도 하다.

이는 건축의 경우에 더욱 분명한 차이로 드러난다. 앞 페이지의 사진 〈그림 10〉은 브라만테가 예전의 성 베드로 성당 내부에 만든 템피에토(Tempietto)라는 예배당이다. 어느 지점에서, 어느 방향에서 보아도 전체 모습을 한눈에 다 포착할 수 있다. 이렇듯 르네상스는 어디서 보든 이상적인 전체상이 한눈에 포착될 수 있는 걸 원했다. 이 경우 그림의 소실점에 대응하는 전체의 중심점은 건축물의 중앙에 자리 잡게 되고, 이를 중심으로 건축물의 각 부분은 이상적인 대칭을 이루게 된다. 방사형, 정방형, 원형 등이 즐겨 사용되는 것은 이 때문이다. 그것은 중심이 대상에 내재하기 때문에 어디서 누가 보든 동일한 상을 제공한다. 그런 의미에서 분명히 '객관적'이다.

〈그림 11〉은 바로크의 가장 중요한 건축가 중 하나인 보로미니의 작품이다. 이는 브라만테의 작품과 달리 보는 곳마다 다른 상을 제공한

다. 전체상을 한눈에 포착하기도 불가능해 보인다. 돔 역시 타원형이어서 보는 곳마다 다른 형상을 취하고, 평면은 중첩된 4개의 타원으로 이루어져 있다. 바로크는 정방형이나 원형을 가능하면 피하려고 하며, 타원이 즐겨 사용된다. 이는 정적인 안정감이 아니라 역동적인 운동감을 추구하기 때문이다.

건축사가 프랑클이 지적했듯이, 바로크는 확실히 시점마다 시시각각으로 다르게 변하는 상을 즐긴다. 하지만 동시에 그 각각의 시점들이 제공하는 부분적이고 불충분한 상을 하나로 종합하고 통일시키는 특권적인 시점을 마련한다(프랑클, 『건축 형태의 원리』, 238~243쪽). 보로미니의 경우 저 뒤틀린 벽체로 만든 정면——파사드(façade)라고 한다——의 앞에서 적절한 거리를 둔 점이 그것이다. 그것은 어디서나 동일한 형상이 아니라는 의미에서 '주관적'이지만, 또한 여러 시점 가운데 대상을 가장 잘 포착하기 위한 점이란 의미에서, 주체가 서야 할 점이라는 의미에서 '주체적'이라고 해야 한다. 파노프스키는 바로 이 점을 빠뜨리고 있는 것이다.

앞서 잠시 말했듯이 이러한 시점의 설정은 그것이 즐겨 사용하는 형태적 취향의 차이를 만들어낸다. 상이한 '기하학'이 있는 셈이다. 더불어 이는 빛을 이용하는 상이한 방법과도 대응한다. 대상을 어떻게 보든 객관적이고 이상적인 형태로 포착하도록 하기 위해 르네상스 건축은 균질적이고 고른 빛을 이용한다. 마치 그림에서도 그랬듯이. 반면 바로크 건축은 빛과 어둠의 대비를 즐겨 사용하며, 종종 그것만으로 새로운 형상을 만들어내기도 한다. 밝은 돔과 어두운 실내의 대비가 그 한 예(例)다. 〈그림 12〉는 구아리니의 작품 산 로렌조 성당의 돔인데, 이런 특징을 잘 보여준다. 물론 그 형상 역시 보는 시점에 따라 상이한

것으로 보이며, 가장 잘 보려면 그리로 이동해야 할 어떤 특권적 점이
마련되어 있다.

4. 근대적 시선의 체제와 주체

이제 투시적 시선의 체제와 주체의 관계에 대해서 얘기하자. 여기서도
우리는 르네상스적 체제와 바로크적 체제를 구분해야 하는데, 이 역시
소실점의 위상학과 연관되어 있다.

르네상스적 투시법에서 소실점의 위상은 뒤러의 판화(그림 13)에
서 잘 나타난다. 누드인 모델이 누워 있고, 격자판을 사이에 두고 화가
가 있다. 그리고 바닥 내지 화면에 격자판을 그려놓고 각각의 격자면에
비치는 대로 상을 옮기는 것이다. 여기서 소실점은 격자판을 축으로 화
가의 눈과 대칭인 점에 있다. 반대로 소실점에 대응되는 화가의 시점을
잘 보이는 점이란 뜻에서 '투시점'이라고 하자. 그런데 이 그림은 그
소실점과 투시점이 하나의 동일한 점이 아니라, 격자판을 사이에 두고
분리되어 있는 두 점이란 것을 보여준다. 다시 말해 투시점은 그려지는
장면의, 아니 그림의 외부에 있는 것이다.

다른 한편 르네상스인에게 소실점이란 엄격히 말해 점이 아니다.
평행선들이 무한히 접근해가는 곳이지만, 그것들이 모이는 하나의 점
일 수는 없었던 것이다. 비록 실제로 그릴 때는 편의상 점으로 표시를
한다고는 해도 말이다. 실제로 알베르티의 경우 소실점이 아니라 '중
심점'이란 말을 사용했다. 사실 무한히 접근해서 수렴하는 하나의 점이
라는 개념은 데자르그의 사영(射影)기하학이나 뉴턴과 라이프니츠의
무한소와 미분 개념에 이르러서야 비로소 가능하게 되는 것이다.

<그림 13> 뒤러, 「누워 있는 누드를 그리는 제도공」, 1538년
<그림 14> 벨라스케스, 「라스 메니나스」, 1656년

한편 벨라스케스의 「라스 메니나스(시녀들)」는 바로크에 이르러 변화된 양상을 잘 보여주는 작품이다. 여기서 소실점은 벽면의 선들이 흩어지고 있어서 아주 명확하지는 않지만 대략 왕과 왕비의 모습이 비친 거울에 있다고 보인다. 소실점이 있는 곳에 거울을 가져다 놓았음을 잊지 말아야 한다. 그리고 이 거울을 통해서 소실점에 대응하는 자리에 왕과 왕비가 있다는 것을 짐작할 수 있게 해놓았다. 격자판을 사이에 두고 분리되어 있던 뒤러의 그림과 달리 여기서는 소실점의 자리에 거울이 놓임으로써 그에 대칭적인 시점, 즉 투시점이 소실점과 하나의 동일한 점이라는 걸 보여준다. 이 두 점이 사실은 하나의 동일한 점이라는 것, 그리고 소실점은 그것이 투시점과 동일한 만큼 분명히 하나의 '점'이라는 것, 이는 바로크적 투시법을 르네상스적 투시법과 근본적으로 구별해주는 가장 중요한 특징이다. 더불어 이 그림은 투시점이 그림의 외부가 아니라 내부에 있다는 것을 보여주고 있다.

또 하나 중요한 것은 그 점이 바로 왕과 왕비가 있는 점, 다시 말해 왕의 시선이 발원하는 시점이라는 것이다. 이는 그 점이 다른 어떤 시점들에 비해서 특권화된 시점임을 뜻한다. 조금 전에 다양한 시점들과 구별되는, 그것을 흡수하는 특권적인 시점이 바로크의 투시법에는 있다고 했는데, 이는 또한 실제로는 뒤러의 그림과 마찬가지로 화가의 눈이 있는 시점이기도 하다. 나아가 그것은 또한 관람자의 눈이 자리 잡고 있는 시점이기도 하다. 전체상을 파악하려면 우리가 그리로 이동해야 하는 시점 말이다. 결국 왕의 시점과 화가의 시점, 그리고 그림을 보는 우리의 시점은 하나의 동일한 점에서 일치하고 있는 셈이다.

르네상스와 구별되는 이 두 가지 특징은 매우 중요하기에 좀더 자세히 검토해야 한다. 첫째로, 소실점과 투시점이 하나의 동일한 점일

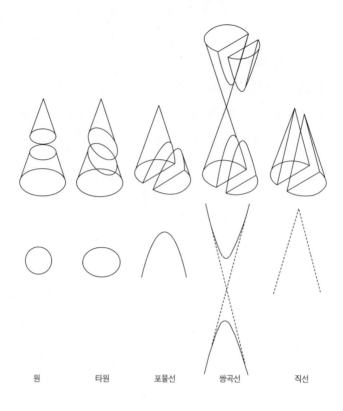

원   타원   포물선   쌍곡선   직선

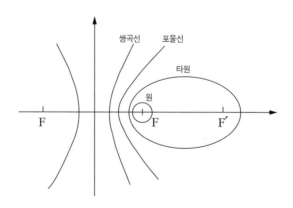

<그림 15> 다섯 가지 원추곡선 <그림 16> 초점과 원추곡선의 연속성

수 있다는 것은 케플러의 '연속성의 정리'에 동형적으로 표현되어 있다. 그 내용은 쉽게 말하면 "모든 원추곡선은 연속적이다"라는 말이다(김용운·김용국, 『수학사 대전』, 236~237쪽). 원추곡선이란 하나의 면과 원뿔이 교차할 때 생기는 단면의 절단선들을 말하는데, 여기에는 다섯 가지가 있다. 원, 타원, 포물선, 쌍곡선, 직선이 그것이다. 원뿔의 축과 직각이 되게 절단하면 원이 생긴다. 이를 약간 비스듬하게 하면 타원이 되고, 좀더 기울이면 포물선이 된다. 거기서 좀더 기울여 원뿔의 경사면보다 각이 더 커지면 위 아래 원뿔 모두와 만나면서 쌍곡선이 된다. 그리고 원뿔의 축을 따라 꼭지점에서부터 절단하면 두 개의 직선이 된다(그림 15).

이처럼 전혀 다른 것처럼 보이는 이 곡선들이 연속성을 갖고 있다는 것이고, 이는 각 곡선의 원점/초점이 연속성을 가진다는 것을 뜻한다. 〈그림 16〉에서 원의 중심은 두 초점 F, F′이 일치하는 점이다. 초점 F′을 F로부터 차츰 멀리하면 F, F′을 초점으로 하는 타원이 된다. F′을 무한히 멀리 밀고 나가면 원추곡선은 이제 포물선이 되고, 그 무한히 먼 점(무한원점)을 지나 반대방향에 나타나면 쌍곡선이 된다는 것이다. 이래서 케플러는 "포물선은 타원 및 쌍곡선의 극한이다"라고 했다. 이로써 정반대에 위치한 소실점과 투시점이 하나의 동일한 점이라고 볼 수 있게 된다.

데자르그는 투시법과 케플러의 이 정리를 이용해 '사영기하학'을 만들었다. 모든 평행선은 무한히 먼 어떤 하나의 점 ——이를 무한원점(無限遠點)이라고 한다—— 에서 만난다는 공리가 그것의 기초가 된다. 그는 이런 전제 위에서 원추곡선의 관계와 성질을 연구한다(김용운·김용국, 『공간의 역사』, 152~175쪽 ; 김용운·김용국, 『수학사 대전』, 286~

291쪽 참조). 여기서 무한원점이 소실점과 관련된 것임은 짐작하기 어렵지 않을 것이다. 이는 소실점을 무한히 접근하는 직선의 두 끝이 아니라, 하나의 점으로서 수학적으로 다루게 되었음을 뜻한다.

여기서 르네상스와 바로크를 가르는 중요한 차이를 보아야 한다. 미셸 세르에 따르면, 르네상스 시대에는 무한이라는 것은 하나의 중심을 가질 수 없다고 생각했다. "우주는 무한하며, 따라서 지구는 중심이 아니다"라고 했던 브루노의 말은 이런 맥락에서 르네상스적인 것이라고 할 수 있다. 그런데 바로크 시대에 이르면 무한한 공간이 하나의 중심을 가질 수 있다는 생각이 나타난다(Damisch, *The Origine of Perspective*, pp.48~51). 데자르그의 기하학은 그것을 수학적으로 적절히 표현한 셈이다. 무한한 공간 내부에 있으면서, 그 무한한 공간을 통일시키는 하나의 점, 그것이 바로 데자르그가 말하는 무한원점이고, 바로크의 투시법에서 소실점이다.

그런데 바로크에 이르면, 그 점은 특권적인 주체가 서는 점이 된다. 대상을 관찰하고 그것에 대해 판단하는 주체의 시점, 혹은 화가라는, 그림 속의 세계를 창조하는 창조자의 시점, 결국엔 왕이라는 특권적 주체의 시점. 이는 철학적으로는 데카르트가 모든 것의 출발점으로 삼았던 '나'라는 주체와 상응한다는 것은 긴 설명이 필요 없을 것이다. 그것은 세계의 모든 것에 대해서 인식하고 사고하는 중심이다.

한편 약간 옆으로 새도 좋다면 브루넬레스키나 알베르티의 소실점과 데카르트의 주체를 대응시키는 것은 르네상스와 바로크의 이 거대한 심성(mentalité)의 차이를 보지 못하고 있는 것이다. 예를 들면 『내리깐 눈』이라는 책을 쓴 마틴 제이가 그렇다(Jay, *Down Cast Eyes*). 그러다 보니 그는 투시법 전체를 데카르트적 주체에 대응시키게 된다.

두 가지 투시법의 차이에 대해 이해하지 못하고 있는 것이다. 그러고는 뵐플린과 뷔시-글뤽스만을 근거로 바로크적 체제를 그것과 대립되는 것으로 간주한다. 그 결과 수많은 '바로크' 도시들——나아가 계몽주의 건축 전체까지도——을 '바로크적 체제'가 아니라 알베르티-데카르트적인 체제에 귀속시키며, 바로크적 체제는 이러한 효과를 약화시켰다는 어이없는 주장에 이르게 된다(Jay, "Scopic Regime of Modernity", pp.190~192).

결국 근대적 주체의 모체가 되는 바로크적 시선의 체제에서 투시점은, 인간과 대상 간의 거리를 창출하면서, 동시에 대상 세계를 영유함으로써 그 거리를 제거할 수 있는 특권적 자리라고 말할 수 있다(Panofsky, *Perspective as Symbolic Form*, p.67). 그것은 대상 세계를 정확하게 포착하고 그것을 영유할 수 있는 특권적인 점이다. 따라서 대상 세계를 정확하게 포착하기 위해서는 바로 그 점으로 가야 한다. 바로크는 움직이는 시점 각각이 가지는 고유한 의미를 인정하지만, 그것이 주관적인 것에 머물지 않으려면 결국 가장 잘 보이는 어떤 한 점으로 가야 한다는 것이다. 다시 말해 올바른 주체가 되기 위해서는 아무렇게나 생각하고 판단하고 행동할 게 아니라, 주체가 되기 위한 자리, 이성의 지배를 받는 그 자리, 그래서 대상을 정확하고 과학적으로 포착하고 영유할 수 있는 그 유일한 중심점에 서야 한다는 것이다. 의당 서야 마땅한 그 자리, 당위적이고 규범적인 그 자리에 내 스스로 가서 서는 것, 요구되는 주체의 자리를 자신의 것으로 받아들이는 것, 이를 '주체화'라는 말로 표현할 수 있다면, 이러한 근대적 시선의 체제 또한 주체화하는 체제라고 말할 수 있을 것이다. 여기에는 자신이 서 있는 자리를 보아야 하며, 세상을 보는 자신의 시선을 보아야 한다는 것이 함축되어 있다. '반성'(reflexion)이란 이처럼 자기 자신을 대상으로 하는 시선을 뜻한다. 자신이 있어야 할 자리, 규범적 자리, 당위적 자리에 제대로 서 있는가를 보는 시선. 아마도 푸코라면 감시자의 시선으로 자신을 보는 근대적 권력의 메커니즘을 여기서 발견할지도 모른다.

5. 투시법의 해체, 주체의 해체

예전에 건축이론가인 브루노 제비는 투시법의 발명과 확산을 두고 일종의 '학살'이라고까지 표현한 바 있다(제비, 『건축의 현대언어』). 그 덕분에 모든 건물은 투시도가 그럴듯하게 나오는 직각과 육면체로 만들어지게 되었고, 건물들의 배치는 직각에 강박처럼 매이게 되었다. 앞에서 보았던 것처럼 미켈란젤로가 천재적인 감각으로 '찌그러뜨려 놓은' 건물들을 뒤페락이나 싱켈이 모두 직각으로 폈던 것은 모두 이와 관련된 것이다. 지금도 '제대로' 지어지는 건물은 도로를 따라 일직선으로 배열되거나 직각으로 배열된다. 어디 건축가뿐인가? 우리도 벽에 걸린 액자가 비스듬히 놓여 있으면, "삐뚤어졌다"고 느끼고 그것을 '바로' 고쳐놓는다. 직선, 평행선, 직각에 우리의 감각이 사로잡혀 있는 것이다. 그것이 바로 투시법에게서 재현의 기술을 얻은 대가로 우리가 지불해야 했던 비용이었다. "세상에 공짜 점심은 없다!" 이런 점에서 투시법은 아직까지도 도시의 거리와 건물들을 통해 우리의 감각에 작용하고 있다.

투시법은 대상을 정확하게 재현하는 기술이라는 점 때문에 확산되었고 오랫동안 과학의 지위를 얻기까지 했다. 동시에 그것은 시각예술만이 아니라 여타 예술 전반에 몇 가지 강박증을 유포시키게 된다.

정확한 재현의 기술을 얻기 위해 화가나 조각가는 해부학을 배워야 했고, 소설가들은 투시법적 재현을 통해 인물들을 관계지우는 리얼리즘 소설을 일반적 규범으로 받아들이게 된다. 서구의 예술 전반이 '재현 강박'에 사로잡히게 되며, 예술이 '미'보다는 차라리 '진리'를 다루는 기이한 사태가 발생한다. 그러나 미술의 경우 바로 과학적 재현에의 강박이 투시법을 해체시키는 역설적 결과로 귀착된다. 인상주의자들이 그 단서를 제공했다.

본다는 것은 내 시선이 대상에 들어가 꽂히는 것인가, 아니면 대상이 내 시선에 들어와 꽂히는 것인가? 19세기에 이르면 그리스 이래 오랜 논쟁거리였던 이 두 입장이 모두 무효화된다. 헬름홀츠 등의 광학 이론에 따르면, 본다는 것은 태양의 빛이 사물에 반사되어 내 눈에 들어와 꽂히는 것이었다. 따라서 어떤 빛을 비추는가에 따라 사물은 달라 보이게 마련이고, 그것을 보이는 대로 정확하게 재현한다는 것은 빛에 따라 사물을 다르게 그려야 한다는 것을 뜻하는 것이었다. 인상주의자들은 이를 곧이곧대로 받아들여 새로운 방식으로 그림을 그리기 시작했다. 모네가 잘 보여주듯이 아침의 루앙 성당과 한낮의 루앙 성당, 노을에 비친 루앙 성당은 모두 다르게 그려져야 했던 것이다. 그래서 모네는 수많은 작품들을 연작의 형태로 그렸다.

그러나 정확하고 과학적인 재현을 위해선 인상주의자들처럼 이젤을 들고 야외로 나가는 것으론 불충분했다. 왜냐하면 태양에 따라 빛이 끊임없이 변하는 반면 그림은 한순간에 그려질 수 없기 때문이다. 가령 아침에 스케치하여 붓질하기 시작한 그림은, 인상주의자들이 그랬듯이 미친 듯이 빠른 속도로 그린다고 해도, 대개 완성될 때면 한낮이 지나 있을 것이 분명하다. 그렇다면 그림의 후반부는 한낮의 빛에 비춰진 대상, 따라서 다른 대상을 그려야 정확한 재현이 된다. 그러나 누가 그렇게 그림을 그릴 수 있을 것인가? 좀더 엄밀하게 말하자면, 빛이 순간순간 달라지는 것이라면, 그림 역시 순간마다 달라져야 하기에 정확한 재현은 실질적으론 불가능하게 되는 것이다. 극단의 재현강박이 재현 불가능성으로 귀착되고 만 것이다.

그렇다고 그림을 그리지 않을 순 없는 일이다. 결국 인상주의는 원래의 의도와는 달리 정확한 재현이 아닌 스타일의 변형으로 귀결되었고, 스타일을 위해 엄격한 투시법에서 벗어나는 길을 가기 시작한다. 세잔은 형태와 색채를 위해서 투시법을 포기하기 시작했고, 고흐는 미친 듯한 표현의 정열을 위해 투시법을 포기했다. 이러한 시도는 이후 피카소나 마티스 등의 화가들을 통해 투시법이 해체된 새로운 시대의 전조가 되었다. 가령 피카소는 상이한 시점에서 본 형태를 하나의 공간에 겹치듯 그려놓음으로써 복수의 시선이 공존하는 새로운 그림을 그리기 시작했다. 여기에 연속사진이나 활동사진, 영화 등의 기술이 발전하면서 상이한 시간의 모델을 하나의 공간, 하나의 그림에 겹쳐놓는 방식의 그림 또한 그려지기 시작한다. 가령 뒤샹의 「계단을 내려오는 나부」는 스트로보스코프 같은 연속촬영 사진에서 받은 이미지를 그림으로 그려놓음으로써 시간을 그리려는 새로운 시도들의 문을 열었다. 앞서 말했던 파노프스키의 책은 투시법이 해체되어 나간 20세기의 이런 미술을 어떻게 이해할 수 있을 것인가에 대한 고심의 산물이다.

투시법적 시선의 체제가 투시점에 자리한 특권적 주체의 시선을 전제했다면, 이제 투시법의 해체는 이러한 특권적 시선의 단일성과 중심성이 해체되기 시작했음을 의미한다. 다양한 시점들이 새로운 형상을 구성하고 창안하기 위해 결합되며 이용되기 시작된 것이다. 그렇게 다양한 시점들 각각이 하나의 형상 속에 복합되고 포개지며 새로운 하나의 대상을 구성하게 된다면, 이제 하나의 대상에 하나의 시선, 하나의 주체를 대응시키는 것은 무의미하게 된다. 복수의 시선들이 결합되어 만들어진 대상, 그것은 동시에 복수의 시선들로 분열된 대상이기도 한 것이다. 그 대상에 하나의 주체를 대응시킨다면, 그 주체 역시 복수의 시선들로 혼합된, 즉 복수의 시선들로 분열된 주체가 된다. 다시 말하자면, 주체란 그 복수의 시선들, 복수의 요소들이 조건에 따라 다르게 만나고 결합되어 만들어진 일시적이고 잠정적인 구성물에 불과하다는 것이다. 데카르트가 의심할 수 없이 확고하다고 믿었던, 모든 것의 출발점인 단일한 주체의 개념은 이로써 해체되고, 특정한 조건의 산물로 구성된 결과의 자리로 밀려난다. 현대 철학은 그래서 주체의 죽음, 혹은 주체의 해체를 선언하면서 시작한다. 물론 이는 좀더 시간이 흐른 뒤의 이야기지만 말이다. 그러나 직선과 평행선, 직각에 사로잡힌 우리의 감각은 아직도 해방되지 못한 건 아닌지? 그렇다면 주체는 해체되었어도 그 주체를 직조하는 감각은 여전히 투시법의 격자 안에 갇혀 있는 것은 아닌지 질문해야 한다. 다른 세계를 보기 위해선, 다른 방식으로 세상을 보기 위해선, 그리고 다른 방식으로 세계를 만들기 위해선 먼저 그 촘촘한 격자에서 벗어나야 한다.

제4부

근대의 욕망과 신체

.10강. 얼굴의 정치학

조원광

1. 성형과 얼굴의 시대

1) 성형의 시대

성형 수술이 예외가 아닌 정상이 된 시대. 남자도 성형 수술하는 시대. 2004년 서울대 의대 정신과 류인균 교수팀이 전국의 여대생 1,565명, 남대생 469명 등 2,034명을 대상으로 설문 및 심층조사 하여 2004년 4월 발표한 결과에 따르면 여대생의 52.5%가 미용성형을 했고, 82.1%가 원하고 있는 것으로 나타났다. 덕분에 서울 강남 일대에는 성형외과가 성행 중이고, 이들 대부분은 웹사이트를 운영하며 친절한 고객 마케팅을 벌이고 있으며, 상상하기 힘든 수입을 올리고 있다. 성형 수술의 부작용 피해가 상당함에도 불구하고 많은 이들이 오늘도 성형외과의 문을 두드린다. 가히 성형의 시대라 불릴 만하다.

조원광(thinkera@naver.com) | '연구공간 수유+너머' 연구원. 프롤레타리아트를 자기극복 메커니즘을 가진 열린 집단으로 재구성하는 데 관심이 많다. 특히 이주노동자나 난민(refugee)에 대해 공부하며, 관련된 사회운동에 참여하고 있다.

<빌렌도르프의 비너스> 충실한 의미에서의 '여성의 성적 매력'이란 차라리 이런 모습을 띠지 않을까?

왜 그럴까? 먹고살 만해진 후, 아름다움에 대한 관심이 전 시대보다 높아져서? 그렇다면 아름다움이란 뭔가? 칸트에 따르면 아름다움의 핵심은 무관심성이다. 아름다움이란 '무심하게' 봤는데 미적인 것으로 느껴지는 어떤 것이어야 한다. 무관심성의 관심성이랄까. 칸트처럼은 아니더라도, 뭔가 목적을 갖고 어떤 것을 아름답다고 한다면 그것을 아름다움이라 하기는 어려우리라. 예를 들어 신하가 왕의 마음을 얻기 위해 "폐하 오늘 헤어스타일이 잘 나오셨습니다"라고 한다면 그 신하의 행동이 순수한 아름다움에서 기인했다 말할 수 있겠는가?

그런데 성형 수술이나 외모관리 전반을 하게 되는 동인은 이런 소위 '아름다움'과는 거리를 두고 있는 듯하다. 무엇보다 성형 수술을 포함한 외모관리의 동기가 주위의 시선이나 타인의 평가이기 때문이다 (이현옥·구양숙, 「여성의 외모관리 행동의 동기연구」). 즉 자신의 외모를 평가하는 기준이 되고 교정 의욕을 가지게 하는 가장 큰 변수가 다른 사람의 시선, 사회적 시선이라는 말이다. 물론 사람들이 항상 의식적으로 타인의 시선을 고려하지는 않겠지만, 무의식에서 타인의 시선은 우리의 판단에 큰 기준이 된다. 그렇지 않고서야 5천 만 인구가 지향하는 외모가 그토록 한결같음을 설명할 길이 없지 않은가? 우리의 무의식적인 미적 판단은 칸트가 말하는 '무관심'에서 성립되는 것이 아니라, 오히려 사회에 대한 철저한 '관심과 고려'에서 비롯된다.

그 관심과 고려가 지향하는 것은 명백하게 사회에서 획득하는 힘이며 부(富)다. 한 연구결과는 여성의 성형 경험과 의향에서 '육체자본의 효과 인식'과 '육체자본의 효과 경험'을 핵심적인 변수로 꼽고 있다. 육체자본이란 말은 개인의 육체가 부를 생산하는 사회적 자본이라는 의미를 가진다. 해당 연구에서 76%의 여성이 외모가 뛰어난 여성들은

〈표1〉 성형 경험 의향과 육체 자본의 효과 경험

변수	성형 경험			성형 의향		
	있다	없다	차이검증	있다	없다	차이검증
놀림 당함	43.4	36.3	n.s.	44.0	34.8	p < 0.01
이성교제 손해	20.8	13.1	n.s.	20.2	11.9	p < 0.05
이성교제 유리	37.3	20.2	p < 0.05	22.0	22.4	n.s.

좋은 결혼 상대를 만날 수 있다고 생각하며, 88%의 여성이 좋은 외모가 취업시장에서 유리하다고 생각하는 것으로 나타났다. 그리고 실제로 외모 때문에 이성 교제에 손해를 보거나 놀림을 당한 경우 성형 경험이나 의향이 높게 나타난다(표1 참조). 즉 현대 사회에서 나타나는 외모에 대한 비상한 관심은 사회적 자원의 획득과 밀접한 관련이 있다(임인숙, 「외모차별 사회의 성형 경험과 의향」).

그런데 왜 하필 외모, 그러니까 얼굴인가? 남녀를 불문하고 사회적 자원을 획득하는 방법으로 외모나 얼굴의 '개선'을 택하는 것은 어째서인가? 흔히 첫인상이, 호감을 주는 얼굴이 사회생활에 중요하다고 한다. 사회에서 만나는 사람들 중 조금이라도 잘생기거나 예쁘면 누구나 호의를 가지고 대하게 마련이다. 온라인 취업정보사이트인 스카우트는 2004년 하반기 채용계획이 있는 기업의 인사담당자 243명을 대상으로 설문조사를 한 결과 '채용 시 입사지원자의 외모가 당락에 영향을 준다'는 답변이 66.7%에 이르렀다고 밝힌 바 있다(『동아일보』 2004년 10월 6일자). 비단 취업만이 아니다. 학교생활에서, 직장생활에서 사람의 얼굴과 인상은 사회적 관계를 구축하는 무기가 된다. 심리학에서는 이를 후광효과(Halo Effect)라 한다.

그러나 일부 서비스업종을 제외한다면, 얼굴이나 외모는 사회적
역할을 수행하는 데 핵심적이지 않다. 기능적으로만 판단한다면, 얼굴
이 크게 중요하지 않다는 말이다. 성적 매력 때문이라고 설명할지도 모
르겠다. 하지만 사람들이 얼굴을 보고 호의를 가지는 모든 사람들과 성
적 관계를 맺는 것도 결혼을 하는 것도 아니다. 게다가 얼굴이나 외모
는 재생산기능에 아무런 영향을 미치지 못한다. 반대로 생식기능만을
생각한다면 이상적인 외모나 얼굴은 비효율적이고 비생산적이다. 성
적 매력 때문에 외모가 중요해진다는 설명은 어딘가 궁색하다.

2) 얼굴의 시대

얼굴을 둘러싼 복잡한 사회현상들의 실체를 파악하기 위해선 대체 '얼
굴'이 무엇을 의미하는지, 인간들의 삶에서 어떤 역할을 하는지 천천히
살필 필요가 있다. 우선 '얼굴'이 뭔지 물어보자. 얼굴은 정확히 무엇
을 말하는가? 목 위에 붙어 있는 원형에 가까운 살덩이? 아니면 그 살
덩이의 표면? 국어사전은 '눈, 코, 입이 있는 머리의 앞면'이라고 얼굴
을 정의한다. 그렇다면 귓불은 얼굴인가 아닌가? 헤어스타일은 얼굴인
가 아닌가? 목선은 얼굴인가 아닌가? 얼굴이 아니라고 말할 수도 있지
만, 그럴 경우 우리는 얼굴을 매우 협소하게 사고할 수밖에 없다. 쉽게
사용하는 얼굴이란 단어는 얼굴의 사회적 역할만큼이나 애매하다.

우선 얼굴은 머리가 아니다. 닭에 머리는 있지만 얼굴은 없다. 개
나 고양이도 마찬가지이다. 동물 애호가들은 무슨 소리냐고 펄쩍 뛸 테
지만, 일상적인 어법에서 개나 고양이의 '얼굴'보다는 '머리'를 논하는
것이 아직 일반적인 듯하다. 그렇다면 머리와 얼굴의 차이는 무엇인
가? 그것은 '표정'이다. 감정 등을 표현하는 표정이 있느냐 없느냐에

따라 우리는 보통 머리와 얼굴을 구별한다. 얼굴은 표정을 가지지만, 머리는 표정을 가지지 않는다.

그렇다면 표정은 어떻게 생기나? 얼굴 표면 및 기관의 미세한 움직임을 통해 생긴다. 비언어 의사소통 전문가 폴 에크먼은 슬픈 얼굴 표정을 만드는 방법을 이렇게 말해준다. ①입을 벌리고, ②입가에 힘을 주어 밑으로 당기고, ③입가가 밑으로 당기게 힘을 주면서 눈을 가늘게 뜨고 볼 때처럼 양쪽 뺨을 들어 올리고, ④들어 올린 양쪽 뺨과 아래로 처지게 한 입술 사이의 긴장을 유지하고, ⑤눈동자는 아래쪽을 바라보면서 눈꺼풀을 아래로 처지게 한다(폴 에크먼, 『얼굴의 심리학』). 따라해보라. 대강 슬픈 얼굴을 만들 수 있다. 하지만 쉽지는 않을 것이다. 진짜 슬프지 않은 이상, 입이나 뺨 혹은 눈꺼풀을 일부러 저렇게 만드는 것은 큰 주의를 필요로 한다. 입이나 뺨 혹은 눈꺼풀이 원래 가늘게 뜨거나, 치켜 올리거나 처지라고 있는 건 아니기 때문이다. 여기에 표정의 핵심이 있다. 표정은 입이나 뺨 혹은 눈꺼풀이 가지는 본연의 신체적 목적과는 아무런 상관이 없다. 입은 먹는 행위와는 상관없는 일을 하고, 눈꺼풀도 빛의 양을 조절하는 기능과는 상관없는 일을 한다. 표정은 기관에 할당된 유기적 역할을 벗어날 때 만들어진다.

즉 **'얼굴'이란 머리라는 신체적 기관과 다른, 그 기능으로부터 벗어난 무엇이다.** 표정이라는 일상어는 얼굴의 이런 특성을 보여준다. 우리가 멀쩡하게 잘 기능하고 있는 입이나 코나 눈을 뜯어 고치는 것도 얼굴이 유기적 기능에서 벗어나 있기 때문에, 그 '교정'을 통해 특정한 형태의 '표정' 혹은 '얼굴'을 지향하기 때문이다. 이제 얼굴이 무엇인지 더 잘 알기 위해 얼굴이나 표정이 어떻게 작동하는지, 무엇을 생산하는지 물어야 할 차례이다.

2. 말하는 얼굴, 공명하는 얼굴

1) 말하는 얼굴

첫째로 얼굴은 말한다. 무슨 뚱딴지 같은 소리냐 싶으리라. 하지만 우리가 '말한다' 혹은 '표현한다'고 여기는 상황을 떠올려보라. 어떻게 상대방에게 의사를 전달하는가? 어떻게 상대방의 의사를 파악하는가? 우선 상대방의 의사를 파악하기 위해서는 눈치를 봐야한다. 그것은 상대의 '얼굴표정'을 읽음으로써 가능하다. 상대방이 얼굴을 찡그리면 우리는 '앗 내가 뭘 잘못했나?' 혹은 '이렇게 하지 말라는 말이구나!'라는 메시지를 읽어낸다. 거꾸로 의사를 전달할 때도 얼굴표정이 필요하다. 상대방을 향해 환하게 웃을 때는 '너의 그 행동이 나를 기쁘게 하고 있어(그러니까 계속 그렇게 해)' 혹은 '그렇게 앞으로도 내 말을 잘 들어'라는 메시지를 보낼 때다. 얼굴을 찡그릴 때는 '다시 그렇게 하면 혼내줄 테야' 혹은 '나는 너의 그 행동이 몹시 맘에 들지 않아'라고 말할 때다.

얼굴표정은 언어에 비해 2차적이라고 여길지도 모르겠다. 하지만 거꾸로 대부분의 소리는 얼굴을 통해 의미를 획득한다. 예를 들어 누군가가 "물!"이라고 말한다고 해보자. 이때 우리는 어떤 메시지를 읽어낼 수 있는가? 쉽게 파악하기 힘들다. 하지만 그 사람이 땀을 뻘뻘 흘리며 미간을 찌푸리고 숨을 몰아쉬고 있다면, 그 언어가 '물 줘!'라는 뜻임을 쉽게 알 수 있다. 혹은 그 사람이 눈을 동그랗게 뜨고 입을 벌리고 있다면 그 말은 아마 '물을 피해라!' 혹은 '조심해!'라는 메시지일 터이다. 주어, 동사, 목적어를 모두 갖춘다면 표정이 없어도 된다고? 그럼 직장 상사가 "다 때려치우고 집에나 가!"라고 말할 때, 어떻게 해야 하

<마그리트, 「이렌느 아무아의 초상」, 1936년> 세 개의 거울 속에 각각 그림이
있다. 가운데 거울 속 그림은 우리가 흔히 보아온 초상이다. 그런데 왼쪽과 오
른쪽의 그림은 뭘까? 왼쪽은 얼굴 피부를 확대해서 그린 것처럼 보인다. 오른
쪽은 아예 모세혈관 같다. 그렇다면 왼쪽과 오른쪽의 그림은 얼굴인가 아닌가?
아니라고? 하지만 얼굴이란 머리의 표면이 아니었던가. 우리가 얼굴이라 여기
는 것은 단순한 신체가 아니다. 얼굴은 사회적인 기능을 수행하는 표현체계이
다. 거울 양쪽의 그림은 분명 신체의 일부이지만, 사회적인 기능을 할 수 없다.
모세혈관을 들이대며 메시지를 전할 수는 없는 노릇 아닌가? 마그리트는 초상
을 거울에 비친 모습으로 그렸다. 보통 자신의 얼굴을 비추는 데 쓰이는 거울에
다른 이의 초상을 그린 점이 흥미롭다. 혹시 다른 이의 얼굴을 보는 것이 자신
의 얼굴을 보는 것에 다름 아님을, 나와 상대 모두가 속한 사회구성체의 효과를
보는 것에 다름 아님을 말하려는 것은 아닐까?

는가? 정말 집에 가야 하는가 아니면 미안하다는 말을 해야 하나? 그 것은 상사의 표정에 달려 있다. 표정을 보지 못한다면 말의 진의를 알 수 없다. 이처럼 언어는 그 자체로 완결될 수 없다. 오히려 얼굴에 귀속 됨으로써 그 의미를 획득한다.

이렇게 보면 얼굴과 표정은 자연적인 감정의 표현이 아니다. 오히 려 그것은 다른 사람을 염두에 두고, 특정한 기호를 통해 말을 하기 위 해 계산되고 조직된 것이다. 하지만 사람들이 마음대로 아무 기호나 방 사할 수 있는 것은 아니다. 사회에는 적절한 기호와 그렇지 않은 기호 가 분명히 존재한다. 당연히 기호를 방사하는 얼굴과 표정에도 때와 장 소에 따라 적절한 얼굴과 그렇지 않은 얼굴이 존재한다. 장례식장에서 환한 표정을 지으며 '아이 기뻐라'라는 기호를 만들어내면 곤란하다. 모든 기호는, 그리고 기호를 만들어 내는 얼굴과 표정은 사회적인 기준 을 가진다.

들뢰즈와 가타리는 그런 사회적인 기준을 '전제군주의 기표'라고 불렀고 그에 따라 '전제군주의 얼굴'이 존재한다고 말했다(이진경, 『노 마디즘』 1권, 350쪽). 들뢰즈/가타리에 따르면 사람들이 눈치를 보는 얼굴의 궁극적 실체는 바로 전제군주의 얼굴이다. 그리고 그들이 방사 하는 기호는 결국 전제군주의 기표를 재생산하는 것이다. 예를 들어 자 본주의 사회에서 전제군주의 기호(말)는 '돈 벌어라'나 '노동을 해라' 혹은 '이성을 사랑하라' 같은 몇 가지 말로 요약될 수 있을 것이다. 그 런 군주의 얼굴에 담긴 기호를 받들어 우리 역시 얼굴을 만들어낸다. 돈을 벌 수 있는 상황을 만들어내기 위해, 혹은 노동을 할 수 있는 상황 을 만들어내기 위해 우리는 표정을 짓는다. 내 돈을 뺏어가려 할 때 짓 는 무서운 표정. 그 표정은 "내 돈 뺏어가지 마!"라는 말을 하기 위함이다. 면접관 앞에서 생글생글 웃는 지원자의 표정. 그 표정은 "날 뽑아요. 난 제법 괜찮은 지원자예요~"라고 말하고 있다. 이와 달리 돈을 뺏어갈 때 생글생글 웃거나 면접관 앞에서 거만한 표정을 짓는다면, 전제군주의 얼굴과 기호를 무시한다면, 많은 이들이 당황할 것임이 분명하다.

우리의 얼굴은 단순한 몇 가지 기호로, 전제군주의 얼굴로 환원되지 않는 다양성을 가지고 있다고 반박할지도 모르겠다. 물론 그러하다. 하지만 수많은 얼굴들, 그리고 그에 따른 수많은 기호들은, 전제군주의 얼굴로 '소급'된다. 예를 들어 '학교에 늦어선 안 돼'라는 명령을 만들어내는 어머니의 얼굴을 떠올려보자. 그것은 돈이나 노동, 혹은 이성애 같은 전제군주의 직접적 명령과는 상관이 없는 듯하다. 하지만 수많은 어머니들이 '학교에 늦어선 안 돼'라는 명령을 발하는 것은, 그것이 궁극적으로 돈 잘 벌고 열심히 일하라는 전제군주의 명령에 부합하기 때문이다. 또 혹자가 지적했듯이 학교에서 배우는 미적분 자체는 아무런 의미가 없다. 학교가 진정 겨냥하는 것은 2차적 교육이다. 선생님에게 복종하고, 공간화된 시간에 따라 생활하고, 잘못하면 얻어맞는 것을 당연하게 여기게 만드는 것. 지각하지 않는 아이는 회사에서도 지각하지 않을 것이고, 전제군주가 제시하는 삶의 틀을 넘어서지도 않을 것이리라. '학교에 늦어선 안 돼'라는, 전제군주의 명령과는 상관없어 보이는 명령은 전제군주의 명령을 다른 방식으로 '해석'하고 '재생산'한 것에 지나지 않는다. 우리가 짓는 다양한 표정과 다양한 얼굴, 그에 따른 다양한 명령은 결국 전제군주의 얼굴과 명령으로 귀착된다. 우리의 얼굴은 전제군주의 명령을 재생산한다.

2) 공명하는 얼굴

두번째로 얼굴은 공명하는 혹은 공명시키는 역할을 한다. 공명이란 음향학적 용어로, 쉽게 말해 다른 사물이 동일한 진동을 보이는 현상을 말한다. 여기서는 서로 다른 주체들이 동일시되는 현상을 '공명한다' 혹은 '동조한다'라고 표현하겠다. 이런 동일시는 전제군주의 기호나 말에 응답하는 것과는 분명 차원을 달리한다. 오히려 그런 기호의 범위를 벗어나, 말로 설명되지 않는 회오리 같은 감정이나 정염(情炎)의 파도에 휘말리는 것에 가깝다.

공명은 마주보는 얼굴에서 발생한다. 예를 들어 연인의 얼굴을 떠올려보자. 격렬한 사랑에 빠진 연인은 서로의 얼굴 이외에는 아무것도 보지 않는다. 부모가 뭐라 하든, 직장 상사가 뭐라 하든 오로지 서로의 얼굴만을 바라본다. 오직 연인만을 생각하고 그것이 세계의 전부가 되어버린 상태를 흔히 목격하지 않는가.

마주보는 얼굴은 전제군주의 얼굴을 바라보는 얼굴과는 분명 다르다. 군주의 얼굴이 있던 자리에 연인의 얼굴을 위치시킨 것이 아니라는 말이다. 명확한 기호를 내뱉는 군주의 얼굴과 달리 연인의 얼굴은 종잡을 수가 없다. 연애를 해본 경험이 있는 사람은 쉽게 짐작할 것이다. 분명 상대가 이것을 원한 것 같았는데, 다시 보면 아니다. 거꾸로도 마찬가지이다. 어제는 분명 내가 이런 것을 바란 것 같았는데, 오늘은 연인에게 다른 것을 요구하곤 한다. 사랑은 '이런 종잡을 수 없음'에도 불구하고, 아니 어쩌면 그렇기 때문에 무작정 이끌린다. 서로 마주보는 얼굴은 절대적인 기호를 여러 가지 방식으로 재생산(해석)하고 복종하는 안정적인 체계라기보다는, 오히려 알 수 없음에도 불구하고 그 알 수 없는 서로의 얼굴에 끊임없이 빠져드는 체계이다. 서로가 서로에게 블랙홀이 된다고 할까?

이것은 꼭 두 개의 마주보는 얼굴에서만 생기는 것도 아니다. 월드컵에서 응원하던 대중들을 생각해보라. 왜 응원하는가? 왜 거리에서 그 '난리'를 치는가? 물론 국가는 나라를 사랑하라는, 이왕이면 열렬히 사랑하라는 기호를 내뱉는다. 하지만 그 상황은 단순한 기호와 응답으로는 설명되지 않는 거대한 소용돌이를 만들어낸다. 응원은 각자가 평소에 나라를 사랑하던 마음의 정도를 훨씬 넘어선다. 그 뜨거운 열기에 나도 모르게 감염(感染), 감정이 물든다. 어느 정도 수준이 되면 축구시합이나 애국심은 단순한 하나의 계기에 지나지 않게 된다. 오히려 서로의 얼굴을 보며 같은 것을 느끼고(정확히는 느낀다고 생각하며), 무언가를 읽어내고, 그것에 열광적으로 반응하고, 그 반응에 재차 반응하며 전에는 알 수 없었던 지점으로 휘말린다. 그 결과 '애국심'으로는 설명할 길이 없는 불법적이며(막 거리를 뛰어다니며, 교통질서를 어지럽히고, 공공기물을 파손하며) 열광적인, 그래서 스스로도 깜짝 놀라는 거리 응원과 퍼포먼스는 바로 그런 휘말림 때문이다.

마주보는 얼굴의 효과를 어떤 예외적인 상황이나 특별한 상황에서만 겪는 것도 아니다. 우리가 항상 멀쩡하다고 생각하는 주체(subject) 역시 이런 공명과 무조건적 이끌림의 결과물이다. 흔히 데카르트를 주체를 내세워 근대 철학의 문을 연 사람이라 평가한다. 데카르트의 유명한 '방법적 회의'는 끊임없이 의심하는 것이었다. 모든 것을 회의한 데카르트는 회의를 거듭하고 있는 '나'는 명확하다고 결론 내렸으며, 그를 통해 '나'로부터 출발하는 근대 주체철학을 정초했다. '나는 생각한다, 고로 나는 존재한다(Cogito ergo sum).' 하지만 잘 생각해보라. 전자의 나―생각한다는 나와, 후자의 나―존재하는 나는 원래 같은 것인가? 오히려 '존재하는 나'는 '생각하는 나'가 쉼없이 고민해서 내놓은 결과물, 즉 '생각하는 나'의 생각 안에 존재하는 나라고 하는 편이 적절하지 않을까? '생각하는 나'는 '존재하는 나'와 달리 '내가 생각하는 건 맞나?'라고 계속 질문하며, 나아가 '의심하는 주체가 나이기는 한 건가?'라는 질문마저 던진다. '생각하는 나'는 원래 '존재하는 나'와 동일한 것이 아니라, 끊임없이 '존재하는 나'를 넘나드는, '존재하는 나'와는 다른 어떤 것이다.

즉 데카르트가 발견한 단단한 땅인 주체는 생각하는 나를 존재하는 나와 공명시킴으로써, 동일시함으로써 성립한다. 얼굴로 말하자면 신으로부터 고개를 돌린 데카르트의 얼굴이 스스로 아무것에도 기대지 않는 주체의 얼굴과 공명함으로써 근대적 주체가 만들어진다. 그리고 그 동일시는 구조주의가 밝혀내었듯이, 아무런 근거가 없다. 그런 의미에서 우리가 스스로를 단단한 주체라고 생각하는 한, 우리는 마주 보는 얼굴의 공명 효과에 항상-이미 붙잡혀 있는 셈이다.

기억해야 할 것은 얼굴의 말하는 기능과 공명하는 기능은 추상적으로만 분리된다는 사실이다. 현실에서 둘은 항상 함께 작동한다. 예를 들어 사회에서 가장 권위 있는 기호인 '법'을 살펴보자. 대한민국의 '법'은 기호를 방사하기도 하지만, 무조건적인 공명을 이끌어내기도 한다. 우리는 분명 법을 만든 적도 법에 합의한 적도 없지만 법을 무조건적으로 지지한다. 설사 대한민국 법이 (대추리나 천성산 등에서 그러했듯이) 무수한 삶과 생명을 파괴할지라도, 대한민국 법은 그대로 지켜야 할 무엇이다. 공명도 마찬가지이다. 성경에 나오는 모세는 하느님인 야훼와 공명하는 인물이다. 모세는 기존의 사회인 이집트의 질서에서 벗어날 만큼, 이집트의 왕자였던 자신의 신분을 포기할 만큼 강한 공명의 운동을 일으킨다. 하지만 그 공명의 운동은 야훼를 성전에 모시고, 또 다른 계율과 기호를 만들어내지 않고는 지속될 수 없었다.

3. 권력인 얼굴, 풍경인 얼굴

1) 권력인 얼굴

이렇게 보면 얼굴은 흔히 생각하듯 '신체적 부위'가 아니라, 신체적 기능에서 벗어난 하나의 '표현'이다. 그리고 그 표현은 전제군주의 기표를 근거로 특정한 의미를 만들어내거나(말하는 얼굴), 서로 다른 이들 간의 공명을 유도해 둘을 동일하게 만든다(공명하는 얼굴). 그런데 이런 표현으로서의 얼굴은 결코 자의적으로 작동하지 않는다. 누구도 '자기 스스로' 의미를 만들어내고, 공명을 일으키지 않는다. 오히려 특정한 사회적 질서 안에서 그 모든 것은 조직되고 강제된다.

예를 들어 앞서 살펴본 '전제군주의 기표'는, 즉 얼굴의 의미화에서 적절함의 기준을 제공하는 '전제군주의 얼굴'은, '이렇게 하면 의미화를 잘 할 수 있다'라고 말하는 참고서가 아니다. 대신 이러이러한 방식으로 기호를 만들어내고 재생산하라는 '명령'이다. 앞서 말했듯이 면접장에서 인상을 쓰거나 선생님 앞에서 침을 뱉는 등 부적절한 표정은 사람들을 당황하게 만든다. 그런데 보통 사회는 당황에 그치지 않고, 해당 인물에게 분명한 제재를 가한다. 면접응시생은 십중팔구 면접에 떨어질 것이고, 학생은 엉덩이의 모세혈관이 부서지는 고통을 맛볼 것이다. 그래도 표정을 시정하지 않는다면, 그 얼굴의 소유자는 결국 죽음에 이를 것이다. 즉 전제군주의 얼굴은 '내 말에 따르지 않는다면, 내가 시키는 대로 얼굴을 만들지 않으면 죽이겠다'라는 기표를 방사한다. 명백한 '권력'이다.

공명도 마찬가지이다. 우리가 끌림을 느끼고 동일시하는 대상의 대부분은 지극히 사회적인 것들이다. 민족이나 국가 혹은 법질서 등을 생각해보라. 우리는 한 번도 특정한 민족임을 선택하지 않았지만 '한 민족'이란 말에 가슴 뭉클해 하고, 한 번도 국가를 택한 적이 없지만 올림픽에서 한국 선수들의 선전에 열광한다. 국가권력이 국가의 신민을 만들기 위해 우리들에게 국민으로서의 혹은 민족으로서의 공명을 유도하는 것이다. 물론 이런 지배적 사회질서에서 벗어나는 공명도 있을 수 있다. 불 같은 사랑이나, 체제에 대한 저항의 열망이 이를 보여준다. 하지만 이집트에서 탈출한 모세가 다시 '야훼'라는 신을 영접하듯이, 커플들이 부모에게서는 벗어나지만 상대방에게 서로 단단하게 속박되듯이, 공명은 또 다른 사회질서로 귀속된다. 역시 이 경우에도 '제대로' 공명하지 않으면 제재가 가해진다. 모세가 산에 올라가 십계명을 받는 동안 야훼와 공명하지 않고 우상과 공명한 수많은 이들이 죽은 것처럼 말이다.

이런 의미에서 기호를 만들어내고, 공명하는 얼굴은 사회적이고 무의식적인 것이다. 얼굴이 무의식적이란 말은, 사람들이 얼굴을 의식적으로 자유롭게 택하지 않는다는 뜻이다. 예를 들어 어떤 선생님도 '학생에게는 이런 표정을 지어야 해'라고 생각하며 얼굴을 만들지 않는다. 자연스럽게 선생님은 선생님다운 표정을 짓게 된다. 아니, 자연스럽게 그런 표정을 만들어낼 수 없다면 선생님이 될 수 없다. 즉 사람이 어떤 특정한 개인이 되는 것은 사회적으로 규정된 기호와 공명을 생산하면서 사회적으로 만들어진 특정한 얼굴 및 표정을 얻는 것과 다르지 않다. 당연히 그렇게 형성된 개인들은 '무의식적으로 자연스럽게'

그 얼굴과 표정을 반복해서 만들어낸다. 개인들이 얼굴표정을 보며 기호를 읽어내고 공명을 할 수 있는 것은, 표정을 바라보고 그 사람의 의중이나 기분을 파악하고 눈물 흘릴 수 있는 것은, 즉 소통할 수 있는 것은 모든 사람이 동일한 권력구성체의 사회적 무의식이 만들어낸 산물이기 때문이다.

얼굴은 자체로 매우 정치적이다. 얼굴은 사람들에게 특정한 주체성과 사회에서의 역할을 부여하며, 그 표정과 얼굴은 사회적 권력관계를 통해 형성되기 때문이다. 신체에서 독립한 얼굴은 해당 사회의 권력의 배치가 만들어내는 기호와 공명을 관철시키는 수단이며 산물이다. 얼굴은 사회구성체 권력의 산물이며, 그 자체로 권력이고 정치이다.

2) 풍경인 얼굴

얼굴이 위에서 서술된 것과 같다면, 꼭 얼굴을 인간의 신체와 관련지을 필요도 없다. 사회구성체의 요구에 따라 기호를 방사하고 공명을 이끌어낸다면 무엇이든 얼굴이 될 수 있다. 건물이나 옷차림, 경치 같은 풍경도 얼굴이 될 수 있다는 말이다. 오히려 그 풍경이 특정한 목적을 가진 권력의 풍경이라면, 그 풍경이야말로 얼굴이다.

우리는 의사를 만날 때, 의사의 말을 존중하고 따른다. 그렇지 않고서는 '치료'가 불가능하며, 의사-환자의 관계가 성립할 수 없다. 환자가 의사의 처방에 일일이 간섭하고 의심한다면 어떻게 치료가 이루어지겠는가? 의사가 발하는 기호를 환자가 고분고분 받아들이고 의사와 환자가 공명할 때, 의사와 환자 사이에 권장되는 권력의 관계가 성립할 때, 의사의 얼굴과 표정이 만들어질 때, 환자의 얼굴과 표정이 만들어질 때, 치료가 가능하다.

그런데 의사의 얼굴표정을 이루는 것은 의사의 머리 표면만이 아니다. 하얀 가운과 청진기도 의사의 표정을 만든다. 누구든 의사 가운을 입고 청진기를 목에 걸면 의사처럼 보이게 되고, 환자에게 신뢰를 줄 수 있다. 의사의 얼굴을 만들어내는 데 가운과 청진기는 핵심적이다. 그것의 기능 때문이 아니다. 청진기는 고장이 나 있어도 상관이 없으며, 가운에 세균이 들끓고 있어도 무방하다. 가운과 청진기는 얼굴이 머리에서 벗어나듯이 자신들의 기능에서 벗어나 '이 사람은 병을 치료하는 사람이다'라는 기호를 방사하고 환자로 하여금 그것을 입은 자를 신뢰하게 만든다. 즉 표현적인 기능을 담당한다. 가운과 청진기는 그 자신들의 기능보다 오히려 얼굴로서 기능한다. 그것들은 의사의 '얼굴'이며 '표정'이다.

입사 면접 때 얼굴만큼 옷차림이 중요한 것도 이 때문이다. 아무리 성형 수술을 해도, 적절한 옷차림을 갖추지 못하면 만족할 만한 표정과 얼굴을 만들 수 없다. 보수적인 경향이 강한 대기업이나 정부부처의 면접 자리에 지나치게 캐주얼하거나 밝은 색의 옷차림은 해당 면접자에 대한 신뢰를 깎아먹는다. '나는 얌전하고 성실한 사람입니다'라고 말하는 얼굴을 제대로 만들어내지 못한다. 오히려 그런 옷차림은 '나는 자유로운 사람이라 이 자리를 그리 진지하게 생각하지 않는답니다'와 같은 반항적 메시지를 만들어냈을지도 모른다.

이 밖에도 권력의 기호와 공명을 유도하는 수많은 풍경을 목격할 수 있다. 5·18 국립묘지의 저 우뚝 솟은 추모탑을 보라. 5·18 국립묘지에 접어드는 길목부터 보이는 이 탑은, 보는 이로 하여금 5·18의 희생자들은 위대한 이들이며 마땅히 존경받을 만한 이들이라는 것을 명령한다. 그리고 그 추모탑은 옆에 있는 역대 대통령들의 기념수(記念

<망월동과 국립묘역> 유사해보이지만 전혀 다른 기능을 하는 얼굴이 있다. 망월동묘역과 국립묘역은 둘 다 5·18 광주를 기념하기 위한 것이다. 하지만 둘이 만들어내는 얼굴은 전혀 다르다. 망월동에 있는 묘비에는 누군가가 머리띠를 질끈 동여매 놓았다. 빨간 머리띠에는 '통일의 함성으로'라는 글자가 박혀 있다. 비장한 모습을 한 투사를 떠오른다. 이 모습은 광주 5·18이 민주화 운동에 한정되지 않음을, 아직 현재진행형인 운동임을 주장한다. 망월동 옆에 있는 5·18 국립묘역의 저 높은 탑을 보라. 그 높이는 사람들을 압도하기에 충분하다. 그 모습은 5·18 광주가 위대한 일을 해냈음을, 다시 말해 이미 완결된 사건임을 주장한다. 기념일마다 뻔질나게 찾아드는 정치인들의 모습은 이를 반증한다. 정치인들에게 적어도 국립묘역이 말하는 5·18은 위험한 것이 아니다. 가끔 찾아가 지지표를 긁어모으는 수단일 뿐이다.

樹)들과 함께 얼굴을 형성함으로써, 그것이 말하는 '위대함'의 의미에서 국가 권력 자체를 뛰어넘으려 했던 5·18 민중들의 모습을 지운다. 대신 5·18 당시의 민중을 민주적 국가를 완성시킨 민주시민의 모습으로 한정한다. 5·18 국립묘지는 돌아가신 분들이 묻혀 있는 공간일 뿐만 아니라, 현재 국가권력을 정당화하는 권력의 풍경이요 얼굴이다.

저 우뚝 솟은 타워팰리스는 어떠한가? 왜 저렇게 높은 건물이 필요했을까? 교외에 땅도 많은데 말이다. 그것은 고소득자들이 살고 있는 세계는 일반인들이 살고 있는 세계와는 아주 다른 세계라는 점을 '강변'하기 위함이 아니었을까? 자장면을 배달하려 해도 검문을 하는 수위와 저 높은 건물, 그리고 그 안에 갖추어진 이름 모를 편의시설들은 '함부로 접근하지 마라. 우리는 고귀한 이들이다'라고 말을 하는 것은 아닐까? 더불어 그 말을 들어줄 사람을 찾아서, '너희도 이렇게 좋은 세상에 뼈빠지게 일해서 들어와봐라'면서 자본주의 특유의 가치증식욕망을 자극하기 위해, 복잡한 도심 한가운데 꼴사납게 서 있는 것은 아닐까?

우리는 생활에서 수많은 얼굴을 발견한다. 그것은 이 사회구성체에 종속된 기호를 방사하고 공명을 유도한다. 표현기계로서의 얼굴. 그것은 도처에서 우리를 에워싸고 있다.

4. 척도가 되는 얼굴, 포섭하는 얼굴

1) 척도

들뢰즈와 가타리는 얼굴의 메커니즘을 '흰 벽'과 '검은 구멍'이라는 두 가지 추상적인 요소로 요약한다(들뢰즈&가타리, 『천 개의 고원』, 321

<무지개와 타워팰리스> 얼굴은 꼭 인간의 신체로만 표현되지 않는다. 특정한 사회적 메시지와 공명을 일으킬 수 있다면 무엇이든 얼굴이 될 수 있다. 무지개가 대표적이다. 영화나 사진에서 무지개가 나타나는 장면은 항상 일정하다. 어떤 무지개도 처절한 격전의 현장이나 범죄 장면에서 나타나지 않는다. 무지개는 모든 갈등이 해결된 후에 나타난다. 그때 무지개는 '모든 것이 끝났으며 평화가 찾아왔다' 라는 메시지를 던지는 얼굴이다. 도심 속의 타워팰리스가 '함부로 접근하지마' 라는 기호를 내뱉는 얼굴인 것처럼 말이다.

쪽). '흰 벽'은 기호를 방사한다. 정확히 말해 흰 벽이란 기호가 방사되는 바탕이 되는 요소를 말한다. 기호가 의미를 가지기 위해서는, 그것이 전달되기 위해서는 해당 기호를 두드러지게 해야 한다. 즉 어떤 것을 표현하기 위해서는 해당 요소를 주위의 요소보다 강조해야 한다. 하얀 벽은 그때 필요하다. '검은 구멍'은 공명을 일으키는 메커니즘을 말한다. 공명은 기본적으로 주관적이며 정염에 기초한 동일시다. 그것은 설득이나 언어 같은 안정적인 모델보다 휘말림의 블랙홀 같은 모델에 더 가깝다. 말 그대로 검은 구멍이다. 들뢰즈와 가타리는 흰 벽과 검은 구멍을 '안면성의 추상기계'라 부르고, 그것들의 조합을 통해 얼굴이 만들어진다고 봤다. 알다시피 그 얼굴의 형성에는 권력이 직접적으로 개입한다.

안면성의 추상기계는 구체적인 얼굴을 표현하는 데에도 효율적이다. 흰 벽은 하얀 얼굴 바탕을 가리킨다. 그리고 검은 구멍은 거기에 찍혀 있는 눈·코·입을 가리킨다. 얼굴을 그릴 때 보통 둥그런 바탕을 그린 후 눈·코·입 같은 핵심적 특징을 그리기 마련이다. 사회적인 얼굴역시 이처럼 기호를 방사하는 바탕에 공명할 지점을 표시함으로써 만들어진다. 그리고 앞서 봤듯이 흰 벽과 검은 구멍은 인간신체에서만 발견되는 것이 아니라, 건물이나 옷차림 같은 풍경에서도 볼 수 있다. 들뢰즈와 가타리는 실제 신체적 머리의 비유를 통해 가장 기본적인 얼굴을 흰 벽(얼굴판)과 검은 구멍 두 개(두 개의 눈)로 이뤄진 조합으로 제시한다.

흰 벽과 검은 구멍은 사회에서 권장되는 얼굴의 척도를 만들어낸다. 앞서 기호의 방사와 공명은 사회적 권력에 기초한다는 것을 살펴보았다. 흰 벽과 검은 구멍은 그 자체로 '적절한 기호' 혹은 '적절한 공명'을 포함한다. 하지만 사회에서 권장하는 기호나 공명이 단 하나만 있지 않은 것처럼, 사회가 권장하는 단 하나의 얼굴이 있는 것은 아니다. 그것은 특히 사회적 역할에 따라 구분된다. 교사에게 적절한 얼굴과 학생에게 적절한 얼굴, 공무원에게 적절한 얼굴과 노동자에게 적절한 얼굴은 모두 다르다. 다시 말해, 각 사회적 역할에 따라 방사해야 할 기호와 공명은 모두 다르게 마련이다. 이런 매우 다양한 '적절한 얼굴'을 만들기 위해 흰 벽과 검은 구멍은 재배치와 구성을 거듭한다. 그리고 각 사회적 기능과 역할에 따라 적절한 얼굴을, 적절한 기호방사와 공명의 기능을 부여한다. 선생에게는 선생의 '흰 벽+검은 구멍=얼굴'이, 학생에게는 학생의 '흰 벽+검은 구멍=얼굴'이 배당된다. 각자는 얼굴을 만들어냄으로써 정체성을 획득한다.

각자에게 배당되는 얼굴은 상호 긴밀한 관련을 맺기 마련이다. 아니 오히려 그 관계를 통해 각자에게 배당되는 얼굴이 완성된다. 학생 없는 교사의 얼굴을 상상하기 힘들고, 머리를 조아릴 대상(사장) 없는 노동자의 얼굴은 상상하기 힘들다. 이처럼 얼굴의 성립은 일 대 일 대응관계를 포함한다. 우리는 특정한 얼굴을 향해 묻는다. "남자인가 여자인가?", "부자인가 가난뱅이인가?", "어른인가 아이인가?", "주인인가 하인인가?", "정상인인가 또라이인가?"(이진경, 『노마디즘』 1권, 555쪽) 그리고 자신의 처지에 따라 어느 한쪽의 얼굴을 택하라고 요구한다. 물론 그 일 대 일 대응은 여기서 말한 것보다 훨씬 복잡해질 수도 있다.

꼭 2항이 아니라 3항일 수도 있고, 100항일 수도 있다. 사장과 노동자뿐 아니라 십장이 있고 시청 관리직원이 있는 법이지 않은가. 그리고 그렇게 맺어지는 권력의 관계에 따라 흰 벽과 검은 구멍은 그 배치와 숫자를 달리하면서 얼굴을 만들어낸다. 예를 들어 사장과 노동자만 있을 때 그것들에 배당되는 얼굴은 최소한 4개의 검은 구멍을 가질 것이다. 사장의 눈(검은 구멍)에는 노동자의 눈이 이미 어려 있고, 거꾸로도 마찬가지이기 때문이다. 거기에 공장장이나 시청 관리직원이 끼어들면 눈이 늘어나는 것은 물론이고(서로를 고려하고 눈치봐야 하므로), 기호의 종류도 바뀐다(사장과 노동자의 무조건적인 적대를 생산하는 기호가, 현행법의 준수 등에 대한 기호를 포함하게 된다). 하지만 아무리 얼굴이 바뀌어도, 각자의 정체성이 합당한 얼굴이 '일 대 일'로 대응된다는 성격은 변하지 않는다. 적절한 얼굴을 가지는 그 어떤 사회적 주체도 사장이며 동시에 노동자일 수는 없다. 흰 벽과 검은 구멍은 수많은 배치를 거듭하며 '척도가 되는 얼굴'을 각자에게 부여한다.

그 일 대 일 대응을 기준으로, 좋다/나쁘다의 이항적 선별이 이루어진다. 저 사장은 사장으로서의 적절한 얼굴을 하고 있다/있지 않다, 혹은 저 주인은 주인으로서의 적절한 얼굴을 하고 있다/있지 않다는 식으로 말이다. 거기서 벗어나는 얼굴과 표정에는 교정이 가해진다. 학생이 학생답지 않고 선생님에게 개기는 표정을 지을 경우 학생다운 표정을 지을 때까지 갖은 방법의 교정이 뒤따를 것이다. 의사가 의사다운 표정을 짓지 못할 경우, 사람들은 그 병원을 찾지 않을 것이며 병원은 망할 것이다.

다음 페이지의 그림은 데니스 애브너 씨의 모습이다. 해외 언론에 고양이 인간으로 알려진 이 사람은, 스물두 살에 인디언 주술에 깊이 심취하고 '인디언의 오랜 전통'을 유지하기 위해 성형수술을 시작했다. 그 결과 보통 사람의 시선으로는 심하게 이상하다고 여길 만한 얼굴이 탄생했다.

< '고양이 인간' 데니스 애브너의 얼굴>

주목할 점은 이에 대한 언론을 포함한 세상의 반응이다. 의사들은 애브너 씨가 심각한 정신질환을 앓고 있다고 생각한다. 한 의사는 구체적으로 이와 같은 '환자'는 '자신의 신체 일부분에 대한 반감 때문에 …… 스스로 추악하다고 느끼고 있다'라고 진단한다. 반면 애브너 씨는 '나는 극히 정상'이라고 말하며, 증거를 제시하듯 활발한 저술활동을 펼치고 있다.

실제로 애브너 씨의 상태가 어떠한가는 우리의 관심사가 아니다. 중요한 것은 척도가 되는 얼굴에서 벗어났을 경우 일어나는 사회의 반응이다. 사회 권력은 올바르다 여겨지는 표정을 벗어난 이들에게는 가혹한 철퇴를 내린다. 그리고 철퇴의 형식은 종종 '객관적인 과학'의 외양을 띠고 있다.

2) 포섭

하지만 특정한 척도의 얼굴을 기준으로 한 Yes/No 공식에서 살아남을 수 있는, 즉 Yes라는 대답을 얻어낼 수 있는 얼굴은 그리 많지 않을 것이다. 모든 것들은 애브너 씨처럼 극단적이지 않더라도, 이상적이라 여겨지는 모델에서 조금씩 벗어나 있다. 대다수는 이처럼 양극으로 설정된 얼굴 사이에 존재한다. 이를 엄격하게 Yes/No라는 이항적 공식으로 나눈다면, 살아남을 얼굴과 사회적 주체는 그리 많지 않을 것이다. 그것은 권력이 작동하는 데 오히려 해가 된다. 권력을 체현하는 신민이 극히 부족해지기 때문이다.

그래서 얼굴의 추상적 모델은 양극의 얼굴 사이에 있는 얼굴들을 척도가 되는 얼굴로부터의 거리에 따라 순위를 매기고 위계를 부여한다. 완전히 모범적인 학생의 얼굴은 아니지만, 두번째로 봐줄 만한 얼굴 혹은 세번째 정도로는 봐줄 만한 얼굴을 발견한다. 그리고 각각의 얼굴들이 끝없이 적절하다 여겨지는 얼굴로 가까이 갈 것을, 그렇게 계속 시도할 것을 요구한다. 이런 식으로 다양한 것들을 특정한 모델로 포섭한다.

인종주의가 대표적이다. 들뢰즈와 가타리는 척도가 되는 얼굴의 대표적인 예로 예수 그리스도의 얼굴을 꼽는다. 예수가 구체적으로 정확히 어떻게 생겼는지 알 수 있는 방법은 없다. 현재 예수의 얼굴은 서구 백인 중년 남성의 평균적인 얼굴을 본떠 만들어졌다. 이것은 얼굴이 탄생한 장소와 배경에 대해서 말해준다. 뒤에서 좀더 설명하겠지만 얼굴을 만들어낸 사회구성체는, 즉 전제군주의 기표와 특정한 공명을 통해서 사람들의 정체성을 설정하는 사회구성체는, 역사적으로 보편적인 것이 아니다. 그것은 서구 유럽에서 탄생한, 역사적으로 '독특한 사회구성체'이다. 예수 그리스도의 얼굴로 대표되는 서구 백인 중년 남성의 얼굴이 '척도'로 기능함은 이를 증명한다. 자신들의 사회에서 가장 권력을 가진 자의 얼굴을 '척도'로 설정한 셈이다. 얼굴의 추상적 기계를 '검은 벽', '흰 구멍'이 아니라 굳이 '흰 벽'과 '검은 구멍'을 통해 만든 것도 이런 안면성의 기원이 서구 유럽 사회라는 것을 보여준다.

인종주의는 이런 예수 얼굴로부터의 편차를 통해 작동한다. 황인이나 흑인은 그 자체로 차별받을 만한 본성을 가지고 있기 때문에 차별을 받는 것이 아니다. 황인이나 흑인과 그리스도의 얼굴이 이루는 편차, 그것이 차별의 이유가 된다. 편차 내지 거리가 멀수록 차별은 더 커진다. 황인보다 홍인이, 홍인보다 흑인이 더 차별받는다. 이것은 황인이나 흑인을 어떤 적극적인 특성에 의해 정의하기보다는, 백인이 갖추고 있는 것을 '갖추고 있지 못함'을 근거로 정의한다. 이 차별은 황인이나 흑인에게 (비록 불가능할지언정) 끊임없이 백인에 가까워지는 것을 욕망하게 만든다.

한국 역시 예외가 아니다. 한국과학기술연구원은 2005년에 대한민국의 평균얼굴이란 것을 발표한 적이 있다. 그 얼굴형은 100년 전의 평균얼굴과 대비되어 더욱 흥미를 불러일으켰다. 100년 전과 눈에 띄게 달라진 점이 한두 가지가 아니다. 특히 전체적으로 갸름해진 얼굴과 오뚝해진 코가 특징적이다. 이는 한국인의 얼굴이 서구화되었다는 것을 보여준다. 우리가 하는 일상적인 화장조차 백인처럼 흰 벽을 만들고 (파운데이션), 큰 눈을 만드는(아이새도, 마스카라) 작업임은 인종주의가 우리 깊숙이 들어와 있음을 짐작게 해준다.

한국만의 현상이 아니다. 유럽 세계의 사회구성체가 점점 힘을 얻어가고 있음을 증명이라도 하듯, 각국의 '미인상' 즉 척도가 되는 얼굴이 서구화되고 있다. 브라질에서는 과거 '풍만함'이 미의 상징이었다. 브라질에서 불후의 명곡으로 평가받는 보사노바 「이파네마의 여인」(1962) 가사는 "그녀가 걸어갈 때 등과 엉덩이가 부드럽게 흔들거리는 장면은 시(詩) 이상으로, 내가 본 가장 아름다운 것"이라며 풍만한 여인을 극찬한다. 하지만 최근에는 키가 크고 손발이 가늘고 긴, 가슴이 풍만한 여인이 미의 상징이 되었다. 이에 다이어트 알약시장이 급격히 성장하는 등 사회적 문제로 비화되었다.

꼭 인종만이 아니다. 우리 사회에서 외모를 평가할 때 어떤 사람의 고유한 특성을 파악하여 판단하는 경우는 극히 드물다. 대신 '우와 한가인 닮았네' 혹은 '장동건이랑 입이 비슷하네'와 같은 말에서 볼 수 있듯이, 특정한 미의 척도를 따라 사람들을 순서대로 배열한다. 성형 열풍이 부는 것은 그 때문이다. 자신의 외모를 바라보는 타인의 시각이

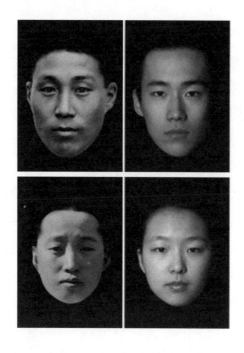

<한국인의 표준 얼굴> 위는 남성의 표준 얼굴 변화, 아래는 여성의
표준 얼굴 변화를 보여주는 사진이다. 위아래 사진 모두 왼쪽은 100
년 전의 평균 얼굴이고, 오른쪽은 현대의 표준 얼굴이다.

오로지 하나의 기준을 가졌다는 점을 주목해야 한다. 예쁘다고 여겨지는 연예인들 얼굴이 서로 비슷비슷하게 느껴지는 것도 그 때문이다.

인종주의나 외모지상주의, 즉 얼굴은 '타자'나 '외부'를 허용하지 않는다. 흔히 인종주의를 타자에 대한 담론이라 한다. 하지만 서구 인종주의는 흑인이나 황인을 '알 수 없는 타자'나 '이해할 수 없는 이들'로 여기지 않는다. 그들은 미개하여 백인처럼 개선되어야 할 사람들일 뿐이다. 인종주의에 사로잡힌 백인에게는 자신과 다른 사람은 없다. 자기처럼 되어야 할 수많은 사람이 있을 뿐이다. 외모에 대한 기준도 마찬가지이다. 세상에 미의 기준은 여러 가지로 나뉘어 있지 않다. 오직 하나의 미의 기준이 있고, 거기에 다가가고 있는 사람들이 있을 뿐이다. 척도가 되는 얼굴은 그 척도의 외부를 허용하지 않고, 모든 얼굴을 그 내부로 포섭한다.

백인만 인종주의나 얼굴에 사로잡히는 것이 아니다. 황인이나 흑인도 마찬가지이다. 황인이 백인보다 흑인에게 더 적대적이라고 말하곤 한다. 인종주의는 황인이나 흑인을 백인을 기준으로 한 얼굴의 체제로 포섭한다. 위에서 봤듯이 황인이나 흑인이 백인의 얼굴을 이상화된 기준으로 내면화하게끔 하는 것이다. 그런 황인이나 흑인은 자신보다 더 백인의 기준에서 멀리 떨어진 이들에게 백인과 같은 폭력을 행사할 수 있다. 여러 가지 색깔의 피부를 가진 이주노동자에 대한 한국인의 태도를 보라. 미국인이거나 하얀 피부를 가진 이들에게는 말이라도 한 번 붙여보려 안달이지만, 동남아나 중동 출신 이주노동자들에게는 싸늘하기 그지없다. 싸늘함을 넘어 온갖 욕설을 퍼붓고 폭력을 일삼는다. 오죽하면 동남아나 방글라데시 출신 이주노동자들이 배우는 첫 한국말이 '씨발'일까?

<조 존스, 「부두 노동자」> 그림 안에는 선명하게 구분되는 두 종류의 사람——
흑인과 백인이 등장한다. 설명은 없지만 쉽게 상황을 짐작할 수 있다. 백인이
흑인을 고용하여 일을 시키고 있다. 백인의 불룩 나온 배는 그가 부유층임을 짐
작하게 한다. 이 모습은 전혀 낯설지 않다. 백인이 지배자이고 흑인이 피지배자
인 것은 너무나 당연하다. 거꾸로 흑인이 백인에게 일을 시키고 있다면 이상하
게 느껴졌으리라. 처음 보는 그림임에도 바로 상황을 짐작할 만큼, 우리는 백인
척도의 얼굴에 이미 깊숙이 빠져 있다.

3) 척도와 포섭의 성격

꼭 그렇지만은 않다고 할 수 있다. 학교 선생님의 표정이 모두 같은 것은 아니다. 강압적인 선생님도 있지만 자유로운 선생님도 있다. 미의 기준도 마찬가지이다. 모든 사람들이 완전히 똑같은 얼굴을 지향하는 것은 아니다. 윌 스미스 같은 인기있는 흑인 배우도 있지 않은가. 개성 시대. 얼굴에 외부는 있는 것인가?

하지만 소위 '개성' 역시 권력구성체의 얼굴 내부에 있다. 얼굴을 어떻게 정의했는지 다시 기억해보자. 얼굴은 신체적 특징이 아니다. 신체적 특징에서 벗어난 표현이다. 표현은 권력에 의해 조직된다. 그리고 권력을 재생산한다. 그러니까 얼굴이란 신체적 특징이 아니라 특정한 권력을 만들어내는 표현이다.

동일한 메시지를, 동일한 공명을, 동일한 권력을 만들어낸다면 신체적 모습이 달라도 얼굴은 비슷하다. 경찰관의 얼굴을 보자. 다양한 사람들이 경찰관이 되는 만큼 경찰관의 외모는 천차만별이리라. 하지만 경찰관의 얼굴을 세심하게 구분할 수 있는가? 서울에 있는 교통경찰과 광주에 있는 교통경찰을 얼굴로 구분할 수 있는가? 쉽지 않은 일이다. 경찰관의 얼굴이 비슷비슷해 보이는 이유는 그들이 발하는 메시지와 공명이, 그들이 만들어내는 권력이 동일하기 때문이다. 구체적인 신체는 다르지만, 표현은 동일하다. 당연히 표현으로서의 얼굴은 비슷할 수밖에 없다. 대신 우리는 서로 다른 명령을 생산하는 경찰관들을 구분한다. 교통경찰과 전투경찰의 얼굴은 확연히 다르다. 우리는 그 둘을 명확하게 구분한다. 그들이 수행하는 역할과 만들어내는 표현이 다르기 때문이다.

스튜어디스는 어떤가? 그 친절한 미소와 태도를 보라. 한 비행기

<같은 명령, 같은 얼굴> 국가별로 그리고 시대별로 비교해보아도 경
찰들의 모습은 서로 비슷비슷하다. 이 사실은 경찰이 발하는 메시지
와 만들어내는 명령이 각 국가마다 다르지 않으며, 시대가 바뀌어도
변함 없음을 반증한다. 사진은 2002년 뉴욕의 시위 진압경찰(위)과
1995년 한국의 시위 진압경찰인 전경들(아래)의 모습.

에 몇 명의 스튜어디스가 있는지 파악하기란 불가능에 가깝다. 다 비슷해 보이기 때문이다. 분명 그들은 모두 다른 이목구비를 가졌으리라. 하지만 그들의 얼굴은 동일하다. 신체에서 벗어난 표현이, 만들어내는 명령은 동일하기 때문이다. 반면 파업을 하고 있는 KTX 여승무원과 그렇지 않은 KTX 여승무원은 명확하게 구별된다. 앞에서 풍경도 얼굴이 될 수 있다고 말했다. 얼굴은 신체가 아니라 표현이기 때문에 가능했던 일이다.

이제 우리가 차이라고 인식했던 것을 잘 들여다보자. 과연 그것들은 다른 표현을, 다른 명령을 만들어내고 있는가? 피어싱이 유행이다. 신체 여기저기에 구멍을 뚫는 피어싱은 분명 기존의 얼굴과는 다른 것 같다. 애초에 피어싱이 시작된 것도 흑인의 스타일을 이용하여 백인의 얼굴을 벗어나기 위함이었다. 하지만 한국에서 피어싱은 더 이상 비-백인되기의 전략이 아니다. 오히려 백인되기의 전략이다. 백인들이 하는 짓을 따라하고, 백인처럼 되기 위한 것이다. 누구도 아프리카 흑인들처럼 되기 위해 피어싱을 하지 않는다. 브리트니 스피어스가 되기 위해서 피어싱을 한다. 그렇다면 피어싱은 과연 백인의 얼굴을 지향하는 권력구성체의 명령에서 벗어난 것이라 할 수 있는가? 오히려 여전히 사회 주류적 권력에 복종하는 얼굴을 만들어내고 있다고 말해야 하지 않을까?

자유롭다 여겨지는 선생님이나 상사들을 보라. 자유로움과 편차가 인정되는 것은 우리의 행동과 움직임이 기존의 권력을 만들어내는 데 도움이 될 때에 한정된다. 최근 IT 기업이 부상하는 등 산업구조가 재편되면서 창의적인 인재가 필요하게 되었다. 절대적인 노동시간보다 번뜩이는 아이디어 하나가 더 많은 돈을 낳는 시대이다. 당연히 학교 교육에도 과거와 같은 기계적 암기보다 창의성이 필요해졌다. 경직된 얼굴보다는 자유로운 얼굴이 요구된다.

하지만 자유로운 얼굴이 '화폐 증식 욕망'과 같은 궁극적인 명령에서조차 자유로울 때, 그것은 단호하게 배격된다. 아무리 자유롭다 해도 회사에 기여할 수 없는 자유로움은 쓸데없는 짓일 뿐이다. 아무리 학생에게 자유를 줄 수 있다 해도, 학생이 현존체제에 암묵적으로 동조한다고 여겨질 때뿐이다. 이를 벗어나 폭주족이 되는 학생이나, 파업의 '자유'를 요구하는 노동자는 여전히 배격된다. 과연 우리의 '개성'과 '자유'는 얼굴을 벗어났는가? 그 권력의 표현을 벗어났는가? 차라리 신체적 특징은 달라졌지만 여전히 얼굴의 체제에 머물러 있다고 하는 편이 적절하지 않을까?

얼굴은 신체적 특징이 아니라 표현체제이다. 다른 이목구비라 해도 같은 표현과 명령을 만들어낸다면, 그것은 같은 얼굴이다.

5. 얼굴에서 벗어나기

얼굴은 공명과 기호의 생산을 담당하는 사회적 권력의 표현형식이다. 이런 기능을 하는 모든 것이 얼굴이다. 얼굴은 권력의 명령을 재생산하는 척도를 제시한다. 적절한 얼굴 표정이나 아름답다 여겨지는 얼굴이 바로 그런 척도이다. 사회는 척도가 되는 얼굴을 통해 사회구성원을 판단, 포섭, 훈육한다. 모든 사람은 하나의 얼굴로 귀속된다. 다만 얼굴이란 신체적 특징이 아니라 표현형식이기 때문에, 순수한 의미에서 '신체적' 형태는 다양할 수 있다.

얼굴의 체제는 특정한 삶을 구성원에게 강요한다. 누군가 그런 삶에서 벗어난다면, 벗어나는 정도만큼 전제군주의 얼굴이 찌푸려진다. 특정한 표현을 발하지 않는 이들에게 철퇴를 내리는 것. 사람들은 전제군주의 눈치를 보며 권장되는 삶을 욕망한다. 물론 계속 벗어나려 하는 경우도 있다. 이탈 정도가 심해 전혀 다른 종류의 삶이라 여겨질 정도가 되면, 전제군주의 얼굴은 그에게 죽음을 선고한다. 사회가 절대 용인할 수 없는 범죄를 저지른 사형수들의 얼굴. 그 얼굴은 죽음을 선고하는 전제군주의 얼굴과 상응한다.

　얼굴의 체제 속에서 모든 사람들이 권력으로부터 폭력을 당하고 고통스러워 한다는 뜻은 아니다. 프랑스의 철학자 미셸 푸코는 권력이 주체를 '억압'하기보다 '생산'한다고 지적한 바 있다. 배후에 어떤 권력을 가진 지배자가 숨어 있어 사람들을 억압하는 게 아니다. 사람들이 특정한 체제를 원하고 욕망하게 만드는, 오히려 그 사람들을 거점으로 발휘되는 전략이나 배치가 바로 권력이다(푸코, 『감시와 처벌』, 58쪽). 얼굴의 권력도 마찬가지이다. 앞서 말했듯이 사람들은 권장되는 얼굴과 표정을 '어쩔 수 없이' 만드는 게 아니다. 반대로 열렬히 욕망한다. 사회에서 성공하기 위해 어쩔 수 없이 자기를 꾸미는 사람은 드물다. 주어진 특정한 얼굴을 진정으로 욕망한다. 왜곡된 욕망은 '아름다움에 대한 관심'이란 이름으로 치장된다. 더불어 자신보다 얼굴을 '제대로' 만들어내지 못하는 이들을 경멸한다.

　얼굴의 장치가 권력을 작동시키면, 사람들은 권력의 피해자일 뿐아니라 가해자이기도 하다. 인종주의가 대표적이다. 앞서 말했듯이 한국인이 동남아나 인도에서 온 사람들에 대해 가지는 태도는 백인과 다르지 않다. 오히려 백인보다 더 폭력적이다. 유럽과 미국에서 '바나나'라는 모욕을 당하고도, 똑같이 억압당하는 흑인들을 향해 '깜둥이'라

<재판> 재판관의 모습들. 자세히 보면 분명 다른 외모이지만 같은 인상을 풍긴
다. 융통성 없고 따분해 보이는 각진 얼굴들. 각각 사람들의 위치를 바꾸어도
상관이 없을 것 같다. 실제 우리가 재판관의 얼굴에서 느끼는 것도 그리 다르지
않다. 우리는 판사나 검사의 얼굴에서 신체적 특징을 보는 게 아니라, 그가 수
행하는 사회적 역할을 본다. 동일한 사회적 역할을 수행하고 동일한 명령을 만
들어낸다면 얼굴 역시 동일하다. 내 앞에 있는 판사가 어느 판사인지는 중요하
지 않다. 중요한 것은 그가 나를 변호하는 변호사가 아니라 판사라는 점이다.
판사의 얼굴은 대개 인간미 없는 고지식한 모습이다. 모든 일을 법에 따라 판단
하고 처리하는 사회적 역할이 그의 얼굴을 만든다.

는 경멸을 감추지 않는 아이러니.

얼굴을 만들라고 윽박지르는 게 아니라 거꾸로 욕망하게 만드는 것. 피해자일 뿐 아니라 가해자의 위치에 서게 하는 것. 우리가 쉽게 얼굴로부터 벗어나지 못하는 것도 그 때문이다. 백인을, 척도화된 얼굴을 끊임없이 욕망하는 사람들. 자신이 누군가보다는 조금이라도 더 척도에 가까이 있다는 사실에 안심하고, 그 누군가를 괴롭히고 경멸함으로써 희열을 얻는 우리들. 가해자인 위치에서 얻는 희열과 우월감이 다시 척도로 가까워지겠다는 욕망을 강화하는 순환구조. 우리는 얼굴의 권력에서 벗어나지 못하는 건가?

그렇지 않다. 얼굴을 벗어나기 위한 시도는 계속되어 왔고 지금도 계속되고 있다. 예를 들어 페미니스트 저널 『이프』가 1999년부터 주최해온 '안티미스코리아 대회'를 보라(2004년을 마지막으로 안티미스코리아 대회는 막을 내렸다. 미스코리아 대회뿐만 아니라 더 큰 차원의 불평등에 반대한다는 취지에서 안티 성폭력 페스티발이 계속되고 있다). 여성의 외모를 일렬로 세워 1등인 미스코리아 진(眞)을 뽑는 미스코리아 대회는 얼굴의 정치학을 보여주는 전형이다. 그 미의 척도가 사회적 권력의 척도이며, 서구 백인의 얼굴임은 은폐되었다. 대신 '아름다움'의 가면을 쓴 척도는 공중파를 타고 사람들에게 파고들었다. 덕분에 코리아의 여성들은 미스코리아 진에 조금이라도 가까워지기 위해 불철주야 노력해야 했다. 그 척도에서 벗어나 있는 여성들이 당했던 피해와 스트레스를 어떻게 말로 표현하겠는가.

'안티미스코리아 대회'는 이처럼 척도화된 미에 파열을 내기 위해 기획된 행사였다. 누구든 환영하지만 특히 '155cm 이하의 키에 77사이즈를 입는 여성'을 환영한다는 '참가자격'은 척도 외부의 미와 가치를 지향하는 대회의 정신을 요약한다. 척도로서의 얼굴이 아니라, 척도를 벗어난 아름다움을 찾아가는 움직임. 안티미스코리아 대회를 얼굴의 권력을 깨기 위한 대회라 해도 좋지 않을까?

얼굴의 체제에서 벗어남은 단순히 미의 기준을 바꾸는데 그치지 않는다. 앞서 말했듯 얼굴은 홀로 존재했던 것이 아니다. 서구 권력구성체가 낳은 산물이다. 얼굴에서 벗어나는 것은 권력구성체를 벗어나고 허무는 것에 다름 아니다. 척도화된 얼굴과 그 얼굴이 표현하는 삶을 보라. 안정된 직장을 가지고, 사회의 도덕을 함양하는 모범적인 삶. 거꾸로 그런 삶을 갖출 때에만 비로소 적절한 얼굴이 만들어지지 않았던가. 얼굴을 벗어남은 이런 삶과 다른 삶을 상상하는 것이다. 안티미스코리아 대회에 양심적 병역거부자나 장애인 혹은 동성애자처럼 (꼭 미의 척도는 아니지만)척도에서 벗어난 사람들이 참여하는 것은, 참가자들이 순결 등 표준화된 사회적 도덕을 질타하는 것은 이런 사실과 무관하지 않다.

얼굴의 체제 내부에 있는 한 누구도 진정으로 행복할 수 없다. 아무리 척도가 되는 얼굴에 가까워지려 해도 완전히 일치할 수는 없는 법이다. 척도는 추상적이기에 실제성이 없다. 누군가를 보고 '완벽한 미'라 말할 수 있겠는가? 아무리 잘생기고 예뻐도, 어딘가 조금은 모자라다 스스로 생각하지 않는가? 정상체중인 학생의 49%가 스스로 뚱뚱하다고 생각하는 현실(『전북일보』, 2007년 4월 2일자). 제법 백인화에 성공했다 여겨지는 마이클 잭슨조차 성형 수술을 끊임없이 반복할 수밖에 없었다. 그 안에서의 행복은 나는 조금이라도 척도에 가까이 있어 다행이라는, 나보다 못한 인간이 저기 저렇게 많다는 안도감에 지나지 않는다.

그만두자. 면접관 앞에서, 선생님 앞에서, 아니 혼자 있을 때조차 아름답고 적절하게 웃어야 한다는 그 눈썹 떨리는 긴장을 이제 놓아버리자. 모두가 이상하다 여기는 얼굴이라고, 부모와 친구의 얼굴을 찌푸리게 만드는 삶이라고, 내가 원하는 삶을 포기해야 하는가? 내 앞에 있는 무궁무진한 풍요로운 삶이, 이미 그곳에서 치열하게 살아가는 이들이 보이지 않는가?

.11강. 근대 가족과 프라이버시의 탄생

김연숙

1. 사회적인 동물이 사적(private)으로 진화하다?

"인간은 정치적 동물이다." 우리는 아리스토텔레스의 오래된 이 정의
를 '인간'에 대한 설명이라고 여겨왔다. 인간에게 사적 영역도 당연히
있어야 하지만, 그럼에도 불구하고 아리스토텔레스의 명제는 사회적
동물과 개별적 동물의 대비를 전제로 한다. 또한 이 명제 속의 '인간'
은 가정생활에서 경험하는 사적인 의미와는 무관할 뿐만 아니라 오히
려 반대되는 존재다. 실제로 고대 사회에서 사적 생활은 공적 영역에
들어가지 못하는, 혹은 배제된 자들의 것이며, 사적 영역은 공적 영역
에 비해 열등하고 부정적인 함의가 있었다. 아렌트 또한 사회적 동물의
의미를 폴리스에 참가한다는 의미만으로 사용하기도 한다(아렌트, 『인

김연숙(gomtree@gmail.com) | '연구공간 수유+너머' 연구원. 근대 여성들의 삶에 대해서
관심이 많다. 연구실에서 즐겁고 건강하게 공부하는 기쁨을 누리는 중이다(물론 시시때때로
아주 괴롭다). 함께 공부하던 친구들과 『신여성-매체로 본 근대여성풍속사』(한겨레출판,
2005)를 썼다.

간의 조건』, 73~80쪽).

이에 비해 21세기의 우리들에게 사적 영역은 내밀하고 사적인 공간, 그래서 편안하고 아늑한 공간이다. '나만의 공간' 혹은 '가족만의 편안한 공간', 사적인 프라이버시가 보장되며, 따라서 그 안의 생활에 대해서 타인이 간섭할 수 없는 공간, 그만큼 명시적인 규율과 명령, 억압과 강제 등이 지배하는 다른 외부 세계와 근본적으로 구별되는 공간, 이것이 우리가 떠올리는 사적 영역의 표상이다. 그래서 우리는 "즐거운 곳에서는 날 오라 하여도 내 쉴 곳은 저 작은 집, 내 집뿐이리"라는 노래를 부르며 '스위트 홈'을 찬양한다. 심지어 "내 나라 내 기쁨 기리기리 쉴 곳도 꽃 피고 새 우는 작은 내 집뿐"이란 가사마저도 마음깊이 공감하며 목청껏 노래한다. 나와 가족뿐만이 아니라 내 나라의 기쁨도 '작은 내 집'에서만 통용될 수 있다니, 이 놀라운 변화를 우리는 어떻게 생각해야 할까. 공-사 영역의 성격이 아리스토텔레스 시대 이후로 확연히 달라진 것인가, 아니면 과거 정치적 동물임에 분명했던 인간이 사적인 영역의 속성에 적당하게 진화해버린 것인가.

이 질문보다 더 근본적인 문제는 공-사 영역의 대비 구도이다. 아리스토텔레스의 명제가 이미 대립된 두 영역을 전제하고 출발한 것처럼, 지금 우리도 공-사 영역의 대비로부터 논의를 시작하고 있기 때문이다. 그렇다면 집이나 가족과 같은 사적 영역은 학교나 공장 같은 공적 영역과 대비되고, 정말로 그곳은 모든 감시의 시선으로부터, 모든 타인의 동선으로부터 절대적으로 차단된 공간을 만들어주고 있는 것일까. 그래서 아침이면 집에서 학교나 직장으로, 저녁이면 다시 집으로 돌아가는 우리들은 절대적으로 분열된 그 두 개의 세계를 매일 넘나드는 생활을 하고 있는 것일까. 그리하여 우리의 신체와 정신은 이 상반

<뒤러, 「아담과 이브」, 1504년> 에덴 동산에서 선악과 나무를 사이에 두고 있는 아담과 이브의 모습이다. 인류의 기원이라 할 이곳에서 사적 영역과 공적 영역의 경계는 없었다. 그러나 후대의 화가는 아담과 이브의 국부를 가리고 있는 나뭇잎을 그려 넣음으로써 "감추어져야 할 것"의 영역이 만들어졌다는 사실을 우리에게 보여준다.

되는 두 개의 세계로 나누어져 있으며, 우리의 생활과 행동은 대립되는 두 개의 양상으로 분할되어 있는 것일까.

이 질문들 속에서 우리가 고민해야 할 것은 대답이 아니다. 오히려 흔히 던져지는 대답이 다시 질문되어야 한다. 무엇이 정답인가보다는 그런 대답들이 어떻게 만들어져 왔는지를 질문하는 일이 필요하기 때문에 그러하다. 사적 영역으로서의 집이나 가족의 중요성을 강조하는 논자들은 그것이야말로 척박한 현실 속에서 언제나 개인의 유일한 위안처이며, 최후의 보루가 된다고 주장한다. 이들에 따르면 특히 가족은 절대적 정당성과 자연성을 가지는 초역사적인 고정된 실체이고, 가족은 인류의 최초이자 최후의 범주이며, 무시간적인 완전성과 불변성을 지니는 가치다. 하이데거나 바슐라르의 경우에도 집이나 주거공간 자체를 내밀한 도피처, 거친 외부에 대비되는 편안한 내부, 움츠려 숨을 수 있는 사적인 공간으로 간주한다. 이러한 입장에 선다면, 우리는 사적 영역이나 사생활을 인간의 본질이나 선험적인 어떤 조건이라고 간주할 수밖에 없다. 이는 사적 영역의 중심이 되는 가족이 자연적이고 절대적인 구성물이라는 주장과도 상통한다. 그러나 가족은 아이의 출생, 양육 등과 같은 생물학적인 필요성 위에 근거하는 동시에 사회질서에 의해서도 제한을 받는다. 왜냐하면 만일 생물학적인 각각의 가족이 폐쇄적인 세계를 형성하여 그 자체 내에서만 재생산된다면 사회는 존속할 수 없기 때문이다(레비-스트로스 외 편, 『가족의 역사』, 9쪽). 역사적으로나 세계적으로 우리가 관찰할 수 있는 가족은 항상 자연과 문화 사이에서 관계지어져 온 것이다. 따라서 가족이나 그를 기반으로 하는 사적 영역이 봉건적이거나 근대적인 가치라기보다는 그에 대한 개념이 형성되는 사회적 역학관계에 따라 봉건적이거나 근대적인 성격으로 구성된다는 지적은 적절하다(권명아, 『가족 이야기는 어떻게 만들어지는가』, 14쪽). 마찬가지로 인간이 정치적 동물에서 사적 동물로 진화했든 퇴보했든 간에 오히려 중요한 것은 인간을 둘러싼 공-사 영역의 관계가 달라졌다는 사실이다. 이 때문에 우리의 관심은 정치적이거나 공적인 영역으로부터 사적 영역-집-가족으로 옮겨왔다. 이 관계의 변화를 살펴봄으로써 우리는 비로소 가족이나 개인의 내밀성, 프라이버시를 인간의 내적인 본질이나 선험적인 조건이라고 믿어왔던 두터운 장막을 걷어낼 수 있을 것이다.

2. 가족의 탄생, 만들어진 사생활

1) 공-사 영역의 분할

아렌트는 인간 존재의 고유성을 설명하면서 '행위'를 거론한다. '행위'만이 인간의 배타적인 특권이고, 동물이나 신도 행위의 능력은 없었다는 것이다(아렌트, 『인간의 조건』, 56쪽). 자신의 대표적인 저서 *The Human Condition*이라는 말 그대로 '행위'는 인간이 인간으로서 존재할 수 있는 조건인 셈이다. 이때의 '행위'는 혼자 고립되어 노동하는(활동하는) 의미가 아니며, 인간의 공동생활을 전제로 한다. 그래서 아렌트는 행위만이 오로지 '타인의 지속적인 현존'을 자신의 전제조건으로 삼을 수 있다고 설명한다. 동료와 함께 산다는 것이 동물이나 인간의 공통점이기는 하지만, 인간의 공동생활은 특별하게도 두 가지 차원으로 나누어져 있다. 사적 생활과 사회적(혹은 정치적) 생활로 말이다.

　　그리스 사상에 의하면, 정치적 조직체를 갖출 수 있는 인간의 능력은 그 중심이 가정과 가족인 자연적 결사체와는 다를 뿐만 아니라 직접적으로 대립되어 있다. 앞서 언급했던 것처럼 아리스토텔레스의 '인간은 정치적 동물이다'라는 명제도 그러하다. 따라서 그리스 시대 폴리스의 발생은 인간이 사적 생활 외에 일종의 두번째 삶인 정치적 삶을 부여받았음을 의미한다. 이제 모든 '시민'은 두 가지 존재의 질서에 속하며, 그의 삶에서 자신의 것(idion)과 공동의 것(koinon) 사이에는 예리한 구분이 있게 된다(Jaeger, *Paideia*; 아렌트, 『인간의 조건』, 76쪽). 사적 영역(오이코스)과 공적 영역(폴리스)이라는 구분은 가정/정치적 영역의 구분에 상응하는 것으로, 고대 도시국가가 발생한 이래로 뚜렷이 구별되는 실체였다고 아렌트는 지적한다. 폴리스에 참여하는 자가 인간이라면, 오이코스에 참여하는 자는 인간도 아닌 열등한 존재로 분류되어서 뚜렷이 대비되었던 것이다. 시민이 아닌 자 혹은 될 수 없는 자, 즉 여성이나 노예·이방인이 바로 그러한 자들이다.

'사적'(private)이란 문자적 의미 또한 어떤 것이 박탈된 상태라는 뜻인데, 그것도 인간의 능력 중 최고·최상의 인간적인 것이 박탈당한 것을 의미했다고 한다. 그러나 열등한 존재로 취급되었던 사적인 인간들이 공적 영역에 참여하는 것은 금지되어 있었지만, 역사적으로 도시국가와 공적 영역이 가정과 가계라는 사적 영역을 기초로 했다는 것 또한 분명하다. 공적 영역(폴리스)은 개인 유지와 종족 보존에 관련된 가정의 활동, 노예의 노동 등 사적 영역(오이코스)의 헌신 없이는 존립이 불가능했기 때문이다. 그럼에도 불구하고 사적 영역은 열등하기 때문에 드러나서는 안 될 것으로, 감추어져야만 했다. 사실상 이 감춤으로써 드러나는 존재가 바로 '사적'(private)이라는 의미인 셈이다. 사생활의 관점에서 보면 사적 영역과 공적 영역의 차이점은 보여져야만 하는 것과 숨겨져야만 하는 것의 차이점이라는 흥미로운 진술이 그래서

<거칠고 황량한 외부로부터 보호되는 사적 영역> 근대로 접어들
면서 집과 집 사이의 경계는 새삼 높아진다. 기와기붕을 이고 있
는 한옥의 경계는 원래 울타리나 돌담, 흙담으로 느슨한 편이었
으나, 근대 도시에서는 이 사진에서처럼 담의 높이가 거의 추녀
끝에 닿을 정도까지 올라간다.

가능하다(아렌트, 『인간의 조건』, 126쪽).

사적 영역과 공적 영역의 미묘한 관계. 절대적으로 대립되면서도, 한쪽의 헌신을 바탕으로 해야만 존재할 수 있는 공적 영역, 그로부터 숨겨져서만 존재하는 사적 영역의 기묘함은 절대 왕정기의 궁정귀족에게는 새로운 관계로 등장한다. 장원공동체와 가계의 연대관계, 가신제적 유대관계 등과 같은 집단적 연대관계들이 여전히 어느 정도 기능하면서도, 개인이나 가족을 공적이지도 그렇다고 사적이지도 않은 세계에 가두어놓고 있었다(아리에스&뒤비 편, 『사생활의 역사』 3권, 17쪽). 잘 알려져 있다시피 귀족 가정에 있었던 홀, 갤러리, 살롱 등은 가정 내부의 공간이지만, 그곳은 외부의 손님들을 맞이하고 그들과 공식적인 모임을 가졌던 공적인 역할을 담당하고 있었다. 중세 말기까지 일상생활의 많은 행위들은 공개적으로 이루어졌으며, 그로부터 벗어나는 일시적인 영역이 프라이버시였던 셈이다. 물론 이는 귀족 계급만의, 그것도 가장만이 누릴 수 있는 특권이었다. 이러한 주거 공간, 즉 가족의 실제 생활이 이루어지는 공간이 근대적 의미에서 사적 공간이 되고, 가족만의 공간이 되었던 것은 가족 안에 사랑을 포개고 결혼장치와 성적(性的)인 장치를 겹치게 하는 18세기 후반 이래 부르주아지의 새로운 삶의 방식의 출현, 더불어 이와 나란히 진행된 가족 관계 자체의 내부적 변화를 통해서였다(이진경, 『근대적 주거공간의 탄생』).

근대에 와서 가족만의 공간으로서 사적 영역이 한정되는 것은, 뒤집어 말하면 귀족계급의 살롱적인 의미가 아니라 시민사회적인 의미의 공공의 장이 만들어지고, 그 공공의 장 외에는 모든 나머지가 사적으로 간주되기 시작했음을 의미한다. 고대 사회에서 사적 영역과 공적 영역이 나누어졌던 의미에서 바라본다면, 집이라는 사적 영역 외에 모

<중세의 결혼 모습> 이 당시 결혼은 재산을 상속하는 주요한 수단이었다. 이 그림에는 봉건 영주가 아내(맨 왼쪽에 베일을 쓰고 있는 여자)의 동의 하에 딸을 사위에게 주면서 봉건적 권리를 양도하는 모습이 묘사되어 있다.

든 정치적이고 경제적인 영역이 뭉뚱그려 합쳐진 채 공적 영역으로 분할되는 구분선이 만들어진 것이다. 이는 사적인 것과 공적인 것이 혼재하던 사회성의 유형에서, 사적인 것이 공적인 것에서 분리되고 심지어는 공적인 것을 흡수하거나 그 범위를 축소시켜 버리는 사회성으로 이행하는 과정을 보여주고 있다. 이처럼 공/사 경계선의 역사적 차이는 절대적인 것이 아닌 셈이다. 그렇다면 이제 우리는 그러한 것들이 어떻게 지금의 우리에게 익숙한 사적 영역의 경계를 만들어왔는지를 살펴보아야 할 것이다.

2) 사적 영역의 새 주인—가족

가족은 명확하게 사회와의 상호 작용을 통해 만들어진 '구성된' 실체이다. 마찬가지로 내밀성(intimacy)과 프라이버시의 장(場), 그 장을 배태시킨 사적 영역과 공적 영역도 역사적으로 만들어진, 근대의 산물이다. 그러나 여기서 역사적으로 만들어졌다는 말이 근대 이전에는 그것들이 존재하지 않았다는 뜻은 아니다. 예를 들어 자본주의 사회에서 사회적 생산으로부터 소외된 가사노동을 언급한다고 해서, 그 이전 시기에는 가사노동이 존재하지 않았다고 말하는 것은 아니다. 자본주의 이전 시기 더 엄밀히 말하면, 자급자족의 시기에 가사노동은 그 자체로 공동체의 생산에 기여한다. 그래서 가사노동은 사회적 생산노동과 구별될 필요가 없다. 가사노동이 사회적 의미에서의 생산노동과 분리되어 재생산의 의미로 한정된 것은, 널리 알려진 바와 같이 자본주의 생산시스템에서 비롯되었다.

따라서 가사노동과 사회적 노동은 자본주의 사회에서 특정한 방식으로 관계지어졌다고 말해야 한다. 자본주의 사회에서 가사노동은 사회생산으로부터 소외되었다거나 성별화되었다고 말할 수 있다. 여성은 가사노동과 재생산 영역을, 남성은 사회노동과 생산 영역을 담당한다. 또 그들이 담당하고 있는 노동의 성격도 확연히 다르다. 여성의 경우 주로 돌봄(care)노동에, 남성은 임노동에 종사한다. 이와 같이 관계의 변화라는 관점에서 가족을 설명한다면, 가족이야말로 경제적 영역으로도 환원되지 않고, 국가권력의 도구적 지배로도 설명되지 않는 공/사 영역을 교차하면서 작동해왔다는 동즐로의 지적이 타당할 것이다(Donzelot, *La Police des familles*; 김혜경, 『식민지하 근대가족의 탄생과 젠더』, 41쪽).

가족이 구성되는 방식은 크게 두 가지로 나뉜다. 가족은 결연관계(結緣關係, alliance)와 친자관계(親子關係, filiation)에 의해 조직되는 친족관계의 기본단위다. 전자는 주로 결혼을 통해 형성되는 가족의 수평적 계열화의 선을 긋는 축이고, 후자는 부모에서 자식으로 이어지는 가족의 수직적이고 혈통적인 계열화의 선을 긋는 축이다. 수직적 요소와 수평적 요소가 모두 공존하는 이중적인 성격 때문에 가족이야말로 자연스럽게 생겨나는 선험적인 실체라고 여기기 십상이다. 그러나 가족은 아이의 출생이나 양육, 부부의 결합과 같은 생물학적인 필요성 위에 근거하는 동시에 사회적 역학관계에 따라 그 형태가 결정된다.

가족(famille)이라는 개념은 엄밀히 말해 중세에는 형성되어 있지 않았으며, 15~16세기 이후에 서서히 나타나기 시작하여 17세기에 이르러 확립되었다. 아리에스의 경우 이러한 의미에서 가족과 구분되는 혈통(linage)이란 개념이 중세에 지배적이었다고 본다. 그에 따르면, 16세기 이전에는 집 밖의 거리가 사생활의 일부였으며, 집이라는 공간은 그것과 불연속적 공간이 아니었다(아리에스&뒤비 편, 『사생활의 역사』 3권). 17세기를 경과하면서, 보살피고 양육해야 할 '어린이'의 개념이 확립됨에 따라 그를 중심으로 가족의 개념도 자리를 잡으면서 변화가 일어난다.

'어린이'는 생물학적인 개념이 아니라 명백하게 사회적 개념이다. 근대 이전 봉건 사회에서 어린이는 신체 사이즈로만 구별되는 '소인'(小人)일 뿐이었다. 중세까지는 어린이를 어른과 구분하는 특별한 용어도 없었으며, 일과 놀이에서 어린이의 생활은 어른과 혼재되어 있었다(아리에스,『아동의 탄생』). 16~17세기에 이르러서야 한편으로는 어린이만의 순진무구함과 미성숙한 유약함이 강조되기 시작한다. 이에 따라 어린이의 순진함을 포용하면서, 성숙한 존재로 발전시킬 수 있는 특별한 도덕적 훈련과 교육이 필요하다는 주장이 등장한다. 유약함과 순진함, 훈육의 필요성을 내포하는 어린이 개념의 등장은 동시에 그 어린이를 보호하는 어머니의 존재를 요구하게 되었다. 이제 여성은 이 어린이를 넘치는 사랑으로 보살펴주어야 하고(모성애), 어린이와 그를 보살피는 어머니를 위해 아버지는 집 밖으로 나가 임금을 벌어들여야 했다. 가족 경제를 책임지는 남성의 임금, 즉 가족임금이라는 개념의 성립은 여성의 노동을 부차적인 것으로 만들고 만다. 단지 여성의 노동은 가정 내에서 주부의 모습으로만 긍정적인 의미를 띨 수 있었다. 실제로 가사노동은 공적 영역에서 남성이 노동하는 데에 필수불가결한 존재였지만, 이 경제적 필요성을 이데올로기적 정당화로 포장하고, 거의 전문적인 가사노동을 여성의 생득적 자질로 변형시켰다. 가사노동 외에 공적 영역에서 이루어지는 여성의 노동은 부차적이거나 임시적일 따름이었다.

이처럼 새로이 구성된 가족은 자녀를 그 중심에 놓기 시작했으며,

<사적 영역의 새 주인──가족> 근대 이후 가족의 영역이 분리·강화되면서 행복한 가족의 이미지는 거의 정형화되어서 나타난다. 특히 가족 초상화 혹은 가족 사진을 찍는 일이 흔해졌는데, 이때 가족의 구도는 성별 분업과 구성원간의 역할 분담이 고정된 모습을 직접적으로 드러내준다. 사진에서처럼 어머니는 자녀들을 무릎에 앉힌 자애로운 모성의 화신으로, 어린 자녀들은 순진무구한 표정으로, 가장은 가장자리에서 가족 전체를 보호하는 위엄에 찬 모습으로 나타난다.

가정(집)은 외부의 시선을 피할 수 있는 피난처이자 부부와 자녀들 사이의 감성적 관계가 형성되는 애정의 장소가 되어갔다. 방문객이나 어른들의 세계로부터 독립된, 아늑하고 안정된 사생활의 공간이 등장하게 된 것이다. 가정(집)은 이런 새로운 기능을 발전시키면서 한편으로는 개인을 흡수하여 받아들이고 보호했으며, 다른 한편으로는 관계를 맺고 있던 공적 영역으로부터 이전보다 더욱 뚜렷하게 스스로를 분리시켰다. 사회적 교류를 통해 명성과 부 등을 얻던 사람들 또한 18세기에 들어오면서 사회에 대립하는 존재로서 자신을 보호하기 시작한다. 사생활이 예전의 친구관계나 이웃관계 등을 대체하며, 가정(집)은 공공성을 상실하고, 전 생활에 침투한 사회적 관계의 활동성을 제거했다. 이런 점에서 가족의 진전은 그리고 그 공간적 구획화로서 가정(집)의 근대적 변화는 사회성(sociability)의 후퇴를 대가로 해서 진행되었다고 아리에스는 평가한다. 이제 가정(집)이라는 공간이 공공성을 상실하고 외부와 단절된 폐쇄적 공간으로 변환되기 시작한 것이다.

19세기 이전 서구 사회에서 주거공간은 개인적이자 공공적인(혹은 사회적인) 공간——공/사 영역이 혼재되어 있는 공간이다. 이런 특성은 근대 이전 시기의 우리나라에서도 마찬가지였다. 주택 구조에서 사랑방, 안방, 건넌방 등 각각의 공간은 개인적이라기보다는 사회적이고 공적인 성격이 강했다. 예를 들어 안방과 건넌방 등 여성들의 공간을 총칭하는 '규방'의 경우, 시부모 봉양·남편 섬기기·제사를 위한 각종 가사노동이 이루어지는 노동공간이자, 여자 아이에게 길쌈·바느질·요리·역사에 대한 기본 소양과 가문의 내력·예의범절·읽기와 쓰기를 가르치는 교육공간이었고, 여성들끼리 가사를 지어 부르거나 소설을 낭독하고 필사하면서 다른 세계의 문화를 접하고 새로운 문화를 만들어내는 문화공간이자 여가를 즐기는 놀이공간이기도 했다.

　이처럼 공/사 영역이 뒤섞여 있던 주거공간이 분리되기 시작한 것은 근대에 이르러서이다. 중간계급의 주거공간은 이전 시기의 공적인 성격을 하나씩 배제하기 시작했고, 스스로를 사생활의 공간, 엄밀히 말하면 가족의 공간으로 한정하기 시작했다. 19세기에 이르러 등장한 프랑스의 '아파트'나 영국의 '테라스 하우스'의 변화가 그 대표적인 예이다(이하 주거공간의 변화에 관해서는 이진경, 『근대적 주거공간의 탄생』 참조).

　19세기 프랑스 아파트에서 '대기실'은 주거공간의 변화에 따른 근대적 배치를 가장 잘 보여주는 사례 중 하나다. 이전 시기에 대기실은 살롱이나 내실 등을 방문하는 방문객들이 대기하거나, 주인의 명령을 기다리는 하인들이 대기하는 방이었다. 그런데 19세기에 이르러 아파트에서 대기실은, 주거공간의 내부에 들어온 외부자들을 분류하고 그들이 방문한 목적에 따라 가야 할 곳을 지정하는 공간으로 바뀐다. 이런 점에서 대기실은 집 안에 주거하는 사람들의 프라이버시와 내밀성을 보호하는 일종의 현관이 되었다. 사회적 공간의 의미를 가지고 있었던 대기실이 이제 사회로부터 가족적 공간을 보호하는, 굳이 말하자면 '반사회적' 공간으로 변위된 셈이다.

　또 다른 예로 식당의 변화를 살펴보자. 식당은 19세기 이전 시기에 행했던 접객의 기능이 약화되면서 가족적인 식사와 모임의 일상적인 공간으로 바뀐다. 연회나 식사모임의 성격이 없는 접객은 식당에서 서재로 옮겨진다. 저녁식사는 가족적인 의식(儀式)으로 자리 잡았고, 식당은 가족적인 공동의 생활이 이루어지는 중심적인 공간이자 아이들에게 예절과 훌륭한 매너를 가르치는 교육의 장이 되었다. 이를 두고 일종의 사회화 과정이라 불러도 결코 지나치지 않을 것이다. 서양 영화에서 흔한 가족의 만찬 장면을 떠올려 보라. 은촛대의 불이 일렁이는 긴 탁자의 좌우에 앉아 냅킨과 포크, 나이프를 능숙하게 놀리는 가족들. 이제 식당은 이전보다 더욱 중요한 사회적 활동의 장, 공적 공간이 되었고, 그와 동시에 가족적인 생활의 중심으로 부상하게 된다. 그곳은 근대적 삶이 이루어지는 공간이면서 근대적 삶을 학습·훈육·생산하는 공간인 셈이다.

요컨대 이전 시기 귀족 저택은 '사적인' 방들조차 공적이고 사회적인 것으로 만드는 그런 배치였다면, 이 시기 중간 계급의 주택은 '공적'이고 '사회적인' 방들조차 사적이고 가족적인 것으로 만드는 배치였다는 점에서 근본적으로 다르다. 그래서 주거공간은 전체적으로 공적인 성격을 완화시키고, 가족들이 사적으로 이용하는 가족적 공간으로, 좀더 강하게 말한다면 '가족만의 공간'으로 변모되어갔다. 이런 식으로 사회적 공간은 가정화(domestication)되었다. 또한 가족적인 공동생활의 공간을 규정하려는 경향이 나타나며, 주거공간의 중심에 가족생활이 위치지어진다. 따라서 주거공간의 변화는 사적 공간의 진화과정이 아니며, 사생활의 공간은 19세기 '중간 계급'의 생활과 결부된 것일 뿐이라는 지적이 가장 적절하다. 18~19세기에 이르는 동안 '중간 계급'의 가족과 가정에서 발생한 가족주의라는 새로운 욕망의 배치는 가족 공간의 내부와 외부를 분절하는 데 배타적인 관심을 갖고 있었고, 이에 따라 방들의 기능은 사회적이거나 공적인 방들조차 사적이고 가정적으로 만드는 배치 속에서 변화되었을 뿐이다. 이에 따라 가족관계에서 애정적 개인주의(낭만적 사랑과 같은 방식)의 증대, 지역사회로부터 고립한 가족화, 모성애 강화 등의 변화가 나타나기 시작한다.

<샤갈, 「백합 아래의 연인들」, 1922~25년> 첫눈에 반해서 내 삶
의 모든 에너지를 뒤흔드는 열정적이고 낭만적인 사랑에 대한 이
미지는 지금까지도 계속되는 환타지이기도 하다. 열정적 사랑이
영원불멸한 상태로 지속될 수 없다는 자명한 현실에도 불구하고,
아직도 그 환타지는 이미지로서 특히 상업적 광고에서 유용하게
소비되고 있다.

3) 가족주의적인 욕망의 배치

근대적 주거공간의 변화로 가시화된 가족주의는 사회성을 급격히 축소시키고, 섹슈얼리티를 포함하여 모든 기능을 흡수하고 규범과 기준을 가족주의적 욕망에 따라 정하려는 경향을 드러내기 시작한다. 모든 욕망이 가족을 위해, 더 엄밀히 말하자면 부부관계와 어린이에 대한 사랑으로 귀착되며, 모든 활동이나 노동·행동이 결국은 가족을 위한 것으로 귀착되는 것이다. 더불어 그런 생활의 안정성을 보호하기 위하여 가정의 경계에 두터운 벽을 쌓고 타인의 침입에 대해 배타적인 방어막을 치며, 거칠고 험한 외부세계와 반대로 편안하고 행복한 안식처로 가정을 만들려는, 내밀성과 프라이버시에 대한 욕망도 구조화된다. 18세기 후반, 혹은 19세기에 부르주아지의 가정에서 가장 먼저 발생한 이 새로운 욕망의 배치를 바로 가족주의적인 욕망의 배치라 할 것이다. 이 욕망의 배치에서 가장 눈에 두드러지는 것은 낭만적 사랑, 모성애, 가정성이다.

낭만적 사랑의 가장 기본적인 요소들 중의 하나는 여러 가지 면에서 완전하게 결합을 이룰 수 있는 타인이 세상에 단 한 사람밖에 없다는 생각이다. 더구나 사랑은 종종 청천벽력같이 찾아오기 때문에 우리는 처음 보는 순간 벌써 사랑의 폭풍에 휘말려버린다. 사랑은 세상에서 제일 중요하다. 따라서 사랑 이외의 모든 다른 생각, 그 중에서도 특히 금전적인 고려 따위는 사랑을 위해 기꺼이 희생할 수 있어야 한다. 이 세상에 오직 한 사람만을 위한 사랑, 하늘이 내려주신 사랑, 그것을 위해서라면 무엇이든지 하는 사랑, 자기 존재 자체를 뒤흔드는 격렬한 형태의 사랑, 이런 사랑을 꿈꾸고, 그 귀착점이 결혼이라고 생각한다. 그러나 낭만적 사랑이 있어야만, 결혼하게 된다는 것은 완전한 비논리이며, 불가능하기까지 하다. 낭만적인 사랑은 열정 그 자체로, 변덕스럽고 지속기간도 일정치 않아서 어떤 의무나 장기적인 계약과는 결코 어울릴 수 없기 때문이다. 사실상 역사에서도 결혼은 권력이나 사유재산, 다른 집단과의 동맹을 얻기 위해 이루어져 왔으며, 그런 곳에서는 어디에서나 사랑이 조절되고 금지되어야 하는 것으로 인식되어왔다(살스비, 『낭만적 사랑과 사회』). 결혼에서 정열은 우연적 요소일 따름이며, 심지어 위험한 요소이기도 한 것이다. 최선의 결혼은 '계획된' 중매결혼이며, 애정은 결혼 후에 생겨나는 것이지 그 역이 아니었다(아리에스&뒤비 편, 『사생활의 역사』4권).

낭만적 사랑이 제도화된 구혼형식이나 결혼 등의 제도와 연관되게 된 것은 명백하게 근대 가족의 탄생과 연관된 역사적 변화일 따름이다. 『사생활의 역사』에 따르면, 18세기 말 내지는 19세기에 이르러서야 결혼에 의해 성립된 부부관계 속으로 사랑이 통합되었고, 그 이전 시대 결혼은 두 집안의 신뢰에 근거한 협정일 뿐이었다. 『성(性)의 역사』를 서술한 플랑드랭 또한 "결혼은 왕후·귀족들뿐 아니라 모든 계층의 사람들에게 젊은 남녀의 사랑을 만족시키기 위한 것이라기보다는 두 가족을 혈연관계로 맺어 혈통이 끊어지지 않게 하려는 기능을 갖고 있었다. 농민계층조차 결혼에 즈음하여 먼저 물질적·경제적 조건 및 사회적 지위를 고려했다. 그 때문에 사회의 도덕률도 부부간의 애정 유무는 거의 문제가 되지 않았고, 부부의 의무를 엄수하는 것만을 요구했다. 애정을 문제 삼는 경우가 있었지만 그것은 오히려 지나친 부부애를 경계하기 위한 것이었다"고 지적한다(플랑드랭, 『성의 역사』, 101쪽). 그에 따르면 '연애결혼'(love marriage)이란 말이 사전에 처음 등장한 것은 1797~98년 이후이며, 1835년에 나온 사전에서는 이를 '지위·

재산이 조화된 결혼'이나 '이성적 결혼', '이익을 위한 결혼' 등과 대비되는 반의어로 사용하고 있다고 한다. 또 플랑드랭은 책 이름에 사용된 단어들의 분포를 조사하여, 1770년 이전에 '결혼'이란 말과 '사랑'이라는 말이 함께 사용된 사례가 거의 없다는 것을 보여준다. '부부애'라는 단어 역시 그 시기 이전에는 사용된 경우가 거의 없다는 것이다.

결국 18세기 말, 19세기에 이르러서야 '낭만적 사랑-연애-결혼-부부'라는 공식이 성립한 셈이다. 이와 함께 각종 연애기술——연애편지, 고백의 방법, 사랑의 서약——에 대한 담론과 학습이 성행했고, 이를 바탕으로 한 멜로드라마, 연애소설이 공공연한 감정 교육의 장을 이루게 된다. 이제 사랑과 가족, 결혼과 성애는 필연적인 짝으로 맺어졌으며, 결혼은 사랑에 기초한 것이어야 했다. 두 사람의 관계인 '낭만적 사랑'이 결혼이라는 합법성의 영역을 구성하는 원리로 작동하게 되는 것이다. 이에 따라 가정은 사랑과 성애의 특권적 장소가 되었고, 부부 간의 사랑과 애정은 어린이에 대한 사랑과 더불어 그 장소를 채우는 습속 내지 의무가 되었다. 결혼제도 밖에 놓인 사랑이나 성애는 그 자체가 있어서는 안 될 위험한 것이었다. 사랑과 성애가 가족 영역에서만 가능한 것으로 간주됨에 따라 혼외정사나 매춘은 결코 가족생활과 무관하지 않은, 가족을 위협하고 침해하는 것이 되었다.

낭만적 사랑이 부부관계의 기본 원리가 됨에 따라, 이전 시대를 지배하던 아내와 정부(情婦)의 대립은 이제 어머니와 매춘부의 대립으로, 가족과 사회 간의 대립으로 대체된다. '낭만적 사랑'과 '모성애' 및 '가정성'(domesticity)이 근대의 가족생활과 관련된 이른바 '감성의 혁명'을 구성하는 세 요소로 자리잡는다(Shorter, *The Making of the Modern Family*; 이진경, 『근대적 주거공간의 탄생』, 212쪽). 이에 따라 가족의 특권화는 그 어느 때보다 공고해진다. 가족 내에서 여성은 아이를 출산-양육하기 위해 존재하고, 남성은 아이와 여성을 부양하기 위해 존재한다는 성별분업이 분명해지고 이는 가족임금제 등의 노동정책과 결합하여 공/사 영역의 대립 구도가 명확하게 설정된다. 가정성과 근대적 성별분업체제는 남성의 지휘 아래 노동해야 했던 전근대 농업 사회에서와는 달리 여성들에게 남성의 권력으로부터 피난처를 제공함으로써 가정이라는 격리된 영역에서나마 '여성의 왕국'을 확보하는 '역설적 긍정성'을 확보해주기도 한다(우에노 치즈코, 『가부장제와 자본주의』). 가정에서 주도권을 행사한다는 '여성의 왕국'은 그러나 동전의 양면처럼 여성의 위치를 '가정 내에서만'으로 고립시켰으며, 그 결과 여성은 '가정의 천사'(Angel in the Home)라는 수사로만 한정되는데, 이는 우에노 치즈코의 표현처럼 명백히 '역설'일 따름이다.

이렇듯 가족이 모든 사랑과 정열을 집중해야 할 배타적인 장소가 됨에 따라, 더불어 가족은 외부의 모든 공동체적 관계나 사회적 관계에 대해 대립적인 세계가 된다. 사회와 격리된 배타적인 영역으로 자리잡은 가족은 그 누구도 참견해서도 안 되고, 할 수도 없는 안식처이다. 사적인 영역은 시대의 정치 경제 이론과 사회적·도덕적·의학적 관심의 중심에서 수많은 이론적 담론을 산출해냈지만, 그 핵심은 가족이었다. 가족은 근대적 개인에게 새로운 삶의 중심이 되었다.

3. 내밀성과 프라이버시

앞에서 살펴본 바와 같이 프라이버시는 가정과 결부된 개념이었지 결코 개인과 결부된 개념이 아니었다. 프라이버시는 근대적 가족·가정으로 욕망이 집중되고, 가정이 성소(聖所)가 되면서, 그리고 가족만의 프라이버시를 주창하면서 반사회적인 모습으로 내밀하게 작동하게 된 것이다. 이에 비해 내밀성(intimacy)이란 속내를 드러내는 관계, 은밀한 내면을 공유하는 것이다. 그런 만큼 그것을 공유할 수 있는 영역이 있다면 그것을 공유한 사람과의 관계는 더없이 가까운 것이고, 그래서 쉽사리 '친밀함'의 표상과 결부된다. 그러나 앞서 살펴보았던 주거공간의 변화에서와 같이 내밀성이 개인의 고유성/소유(property)로 간주되고, 프라이버시로, 은밀한 사적 영역으로 여겨지는 것은 19세기 이후의 일이다.

중세의 경우 내밀성은 무엇보다도 우선 신과의 관계 속에서 정의되었고, 공간적으로 신이 제공하는 성스러움과 결부되어 있었다. 그래서 중세의 사생활은 수도원을 모델로 하고 있다. 수도원은 신의 가족으로 간주되었고, 그곳은 신의 '사적인' 가족 안에 들어가려는 사람을 매개해주는 성직자들의 '내밀한' 생활공간이었다. 신과 결부된 이 내밀성의 영역은 결코 지금처럼 '개인적인'과 동의어로 사용되는 의미에서 '사적'인 것이 아니었으며, 오히려 그 반대로 집합적이었다. 수도원의 모델에서 볼 수 있듯이 모든 비밀은 공유되었고, 엄격한 규율에 따라 생활은 조직되었으며 혼자만의 고립은 금지되고 처벌받았다. 친밀성과는 반대로 엄숙함과 엄격함, 그리고 신성함의 표상이 중세적인 내밀성과 훨씬 가까운 것이다.

17세기에 들어와서야 내밀성은 신적인 영역으로부터 개인의 영역으로 옮겨지게 된다. 물론 아직까지 그것은 개인화된 영역 안에서 신이, 혹은 성직자의 시선이 존재하는 방식이었고, 그러한 시선 안에 개인의 내면을 포섭하려는 전략과 결부되어 있다. 애초 수도사가 신과 직

<「힛다 대수녀원장의 복음서」, 1020년경> 대수녀원장이 수도
원의 수호성인 성녀 발부르가에게 복음서를 봉헌하는 장면이다.
뒤로는 수도원 건물이 빽빽하게 그려져 있는데, 중세의 사생활
은 이런 수도원을 모델로 하고 있다. 수도원은 신의 가족으로 간
주되었고, 그곳은 신의 '사적인' 가족 안에 들어가려는 사람을
매개해주는 성직자들의 '내밀한' 생활공간이었다.

접 관계하는 자였다면, 이제 개인이 기도를 통해 신과 관계맺고, 이후 고해라는 장치, 양심의 가책을 통해 그 단계는 달라진 것이다. 이에 비해 19세기의 내밀성은 외부세계로부터 가족적인 영역을 보호하려는 욕망으로, 외부세계에 대해 스스로를 드러내지 않을 권리로, 나아가 행동에 대한 내면적인 신념의 권리로 변환된다. 19세기의 내밀성이나 프라이버시는 가족적인 것이었고, 가족주의라는 배치 안에 있었다. 가족적 공간에서 벌어지는 일들은 모두 '사생활'이란 이름으로 타인의 간섭으로부터 자유로울 권리를 갖게 되었고, 그 안에서 행해지는 모든 일들은 '내밀성'이란 이름으로 타인의 모든 시선으로부터 자유로울 권리를 갖게 되었던 것이다. 이전 시기와 급격히 달라진 내밀성의 개념은 다음과 같은 새로운 특징을 전면에 내세운다(이하 이진경, 『근대적 주거 공간의 탄생』, 236~238쪽 참조).

첫째, 내밀성은 신과 자신의 관계가 아니라, 자기 자신과 자신의 내적 관계를 통해 정의된다. 그것은 자기 자신의 생각, 자기 자신의 삶에 대한 내면적인 확신의 문제다. 둘째, 이전과 달리 내밀성은 자신의 내밀한 세계를 보호하려는 욕망이며, 이를 위해 외부세계로부터 거리를 두고자 한다. 그래서 유례없는 강도를 가지고 내부와 외부를 가르는 경계선을 만들기 시작한다. 셋째, 자기 자신에 대한 자신의 내적 관계로서 내밀성은 또한 자기 자신을 보는 자기 시선이며, 자신에 대한 관찰과 내성(內省)의 수단이다. 1인칭 화자의 고백적 소설이나 일기와 같은 문학적 형식이 급속히 부상한 사실, 내면의 반성능력이 세계를 구성한다는 칸트의 철학이나, 자기의식에게 정신의 최고지위를 부여했던 헤겔의 철학이 강력한 지배력을 획득하게 된 것 역시 이와 무관하지 않을 것이다. 넷째, 내밀성이 신과의 관계를 벗어나는 만큼, 내밀한 속내를 터놓을 대상 역시 세속화된다. 그 일차적 대상은 감정적이거나 정서적으로 친밀하고 가까운 사람이다. 이에 따라 연인관계, 어린이-어머니 관계, 부부관계가 내밀성에 있어서 특권적인 위치를 차지한다. 다섯째, 내밀성이 개인적인 고유성이라는 점에서 더 나아가, 그것은 이제 개인의 소유가 된다. 특히 부르주아 혁명 이래 내밀성은 자유주의와 나란히 발전하여 개인주의의 중요한 내적 원리가 된다. 이제 내밀성은 개인의 내면에 관한 것이요 개인의 소유에 속하는 것이고, 따라서 사적인 것이며 사생활의 영역을 구성하는 것이다.

그러나 내밀성은 권리가 동시에 의무를 뜻하게 되는 근대적 자유주의의 원리와 유사하게 '드러내지 않을 권리'이면서 동시에 '드러내선 안 되는 의무'를 뜻하는 것이기도 했다. 이제 근대적 내밀성의 배치에 따라 새로운 규율과 생활방식이 만들어진다. 이 새로운 규율과 생활방식의 대표적인 몇 가지를 살펴보자.

1) '편안한 내밀성'과 '훈육적 내밀성'

사적 공간은 내밀한 곳이고 그곳은 개인이 가장 편안할 수 있는, 자신만의 공간이다. 따라서 이 공간의 규율도 새롭게 나타난다. 실내에서 입는 편안한 옷과 실외에서 입는 옷은 구분되었고, 실내복을 입은 채 밖으로 돌아다니는 것은 품위없고 천박한 짓으로 간주되었다. 더욱이 가장 은밀한 공간인 침실에서 입는 옷인 잠옷이나 네글리제를 침실 외부에서 드러내는 것은 엄격히 금기시되었다. 그러나 아무리 침실이라 할지라도, 나체여서는 안 된다는 금기는 벌거벗은 육체를 가릴 수 있는 다양한 속옷을 만들어낸다. 그러나 비치듯 가리워지는 베일을 통해 나체는 신비화되었고, 더욱더 유혹적인 것으로 되었으며, 속옷 자체가 오히려 새로운 성적인 욕망의 대상이 되는 역설적인 결과를 낳는다.

결국 타인을 향한 감시의 시선은 물론 자기 내면에 대한 통찰로서의 내밀성조차 자기 신체와 자신의 생활을 향한 '내면적인 시선'과 분리될 수 없다. 이런 점에서 '훈육적 내밀성'이라는 말이 가능하다.

2) 확장되는 성담론(性談論)과 내밀한 성(性)

19세기에 이르면 육체와 성에 대한 금지가 강화되면서 섹스와 성, 성욕이 점차 어둡고 은밀한 곳으로 숨어든다. 더불어 내밀성의 영역이 공간적으로 확보되어 감에 따라, 그 안에서 이루어질 수 있는 도착적인 행동에 대한 호기심 어린 불안과 공포가 확장되어 간다.

우선 여성의 육체와 성욕은 공식적으로 부정되었다. 여성의 성적 충동은 지극히 부자연스럽고 병적이며, 성적인 감정 표현은 자신이나 아이, 남편에게 매우 해로운 영향을 미친다고 믿어졌다. 실제로 당시의 '결혼지침서류'들은 '관능적인 쾌락에서 오는 경련'을 경고하며, 내과의사·부인과 의사들은 같은 목소리로 여성의 성욕을 만족시키면 남편의 수명이 위축되거나, 남편이 불능의 상태에 빠진다고 경고하고 있다. 이 관념들은 의학서나 과학서를 통해 적극적으로 유포되었고, 이에 따라 의사들이 여성의 육체와 성욕을 새로운 호기심과 지식의 '대상'으로 만드는 셈이 되었다. 뿐만 아니라, 남자들로 하여금 침실에서 자기 부인의 행동과 욕망을 주시의 대상으로 여기게끔 만들었으며, 동시에 여성 자신의 육체와 성욕마저도 여성 자신이 주시하게 했다. 이로 인해 여성은 어머니/매춘부(마리아/이브)의 대립구도로 세워졌으며, 여성의 섹슈얼리티는 처녀성과 모성성에 한해서만 거론되었다.

한편 성의 비정상성과 정상성의 구분 또한 확고해진다. 이른바 정

<폴라 레고, 「가족」, 1988년> 이 그림은 현대 가족의 모습을 풍자적으로 보여준다. 돈버는 기계로 전락한 가장의 손목을 부인이 쥐어짜고 있으며, 두 딸도 이에 못지 않게 아버지 혹은 부모에게 위협적인 모습으로 으르렁거리고 있다. 멀리 가구 속의 그림도 성모 마리아로 표상되는 신성함 앞에서 칼을 치켜들고 있다.

상적인 성으로 규정된 합법적인 이성애 그것도 생식기 중심, 생산 중심의 성을 벗어나는 모든 성욕과 성적 행위는 정신병으로 간주된다. 이제 생식기를 벗어난 성욕 자체가 인간들의 병적인 잠재성의 중요한 영역으로 정의되고 노출증, 페티시즘, 수간, 동성애, 도착적인 성 등등 다양한 성적인 '질병'이 규정된다. 이에 따라 성에 대한 새로운 공포도 공공연히 확장되어간다.

그런데 흥미롭게도 이 새로운 공포를 강요하는 의학적인 문헌들의 증가와 함께 성담론에 대한 호기심과 관심 또한 거의 폭발적으로 증가한다. 그리고 이 시기가 부르주아는 물론 노동자들의 집 또한 내밀성의 영역을 확보해가던 시기와 일치한다는 사실은 매우 시사적이다. 실제로 성과학담론의 출발은 자본주의의 발전, 그에 따른 공/사 영역의 분리, 부르주아 계급의 탄생과 밀접한 관련을 맺고 있음은 이미 널리 알려진 사실이기도 하다. 1890년대 성과 생식을 둘러싼 '새로운 윤리'가 가장 대담하게 제창된 곳이 당시 영국을 능가하는 공업발전을 이룩한 독일이었다는 사실 또한 이를 증명하는 한 예이다(후지메 유키, 『성의 역사학』).

3) 근대적인 시선의 배치와 근대적인 내밀성

따라서 근대적인 내밀성은 근대적인 시선의 배치 없이는 생각할 수 없는 것이다. 이제 신이나 성직자의 시선 대신 근대적 과학지식으로서 의학이 시선을 작동시킨다. 새로운 권력자가 된 의사의 시선으로 자신이나 배우자의 욕망과 육체를 감시하는 구조가 만들어지게 된 것이다. 그것은 감시하는 자 없이도 감시하는 시선이고, 감시하는 장치 없이도 작동하는 장치며, 스스로 작동시키는 만큼 자동적으로 작동하는 그런 시선의 배치다. 다만 근대적인 내밀성의 시선이 팬옵티콘(panopticon)과 다른 것은 타인의 시선이라기보다는, 가장 은밀하게 차폐된 내밀성의 공간, 드러나지 않을 권리가 있으며, 또한 드러내서도 안 되는 저 내밀성의 영역에서 작동하는 시선이라는 점이다.

중세 이래 신과 결부된 내밀성이 고해 장치·신의 시선·신학적 시선을 작동시키면서 양심의 가책과 신학적−부정적 짝을 이루었다면, 근대적 내밀성은 의사의 시선·의학의 시선·과학의 시선의 작동을 통해 건강·위생·정상·규범을 내세우는 의학적−긍정적 짝을 만든다. 결국 프라이버시 형태로 보장되었던 내밀성은 위생관리자나 경찰과 같은 공적인 권력의 시선 아래 스스로를 노출시킬 것을 요구하는 이율배반을 낳고 있는 것이다. 한편 프라이버시가 공적 영역과 대립하는 사적 영역의 조건으로 탄생했다면, 내밀성은 스콜라 철학을 바탕으로 신과 나의 관계, 성직자와 고백의 관계로부터 비롯된 것이다. 이후 내밀성이 연애나 가족, 친구 관계로 이동하기는 하지만 명백하게 프라이버시와 내밀성은 그 혈통이 다른 요소이다. 그럼에도 불구하고 지금 우리는 프라이버시와 내밀성을 동일하게 겹쳐놓고 있으며 나아가 이 둘이 마치 개인의 고유한 자질인 것처럼 여기고 있다.

4. 절대적 프라이버시를 넘어서 새로운 공동체로

앞서 살펴본 바와 같이 근대적 주거공간의 변화로 가시화된 가족주의적 욕망은 사회성을 급격히 축소시키고, 가정성을 전면에 배치시켰다. 가족이 모든 사랑과 정열을 집중해야 할 배타적 장소가 됨에 따라 더불어 가족 외부의 모든 공동체적 관계나 사회적 관계에 대해 대립적인 세계가 된다. 따라서 내밀성이란 이러한 가족주의로 귀착된 근대의 새로운 욕망의 배치를 통해 변화된 결과라고 하겠다. 내밀성과 프라이버시를 내세운 사적 영역의 역사는, 외견상 개인의 고유성을 혹은 자율적 주체를 형성하는 과정인 듯하다. 그러나 그것이 결국 개인을 근대적 기획안으로 포섭, 감시의 시선을 내면화한 근대적 주체를 생산하는 작업의 일환이라는 사실 또한 자명하다.

그러나 공/사 영역은 물론이고 국가 간의 경계가 무너지고, 심지어는 현실과 사이버 공간까지도 뒤섞여 있다고 말하는 21세기에도 우리는 여전히 가족 혹은 가정, 프라이버시, 내밀성에 대한 무게 중심을 굳건하게 유지하고 있다. 사이버 공간의 블로그나 미니홈피 등을 떠올려 보라. 현대의 개인적 공간이라 할 이것들은 참으로 특이하다. 그곳은 개인적인, 나만의 공간 확보이면서도 이미 애초부터 타인에게 보여 주기 위한 공간으로 설정되어 있는 곳이다. 심지어는 인터넷 연결을 통해 물리적 공간의 제약 없이 아주 폭넓게 개방되어 있는 곳이기도 하다. 일일이 개별 공간을 찾아다니지 않더라도 포털사이트에 검색어 하나만 입력해도 수많은 블로그와 홈피가 줄줄이 엮여서 만천하에 드러난다. 비공개, 비밀, 제한 등의 조건을 붙일 수도 있지만, 넷 연결이라는 점에서 어차피 완벽한 은밀성의 보장은 불가능하다. 또 그곳에서는 익명성을 가지고 있는 아이디를 사용하면서도 개인 사진을 불특정다수를 향해 공개하는 역설적인 모습이 일상화되어 있기도 하다. 혹자는 이를 두고 내밀성과 사회성의 경계를 무너뜨리는 이른바 포스트모던적인 새로움으로 해석할는지도 모르겠다. 그러나 내밀성이 언제나 감추어진 것이 아니라 감시의 시선에 노출되는 방식으로 만들어졌다는 사실을 돌이켜본다면, 사이버 세계의 개인적 공간 또한 이 범주에서 벗

<절대적 프라이버시의 무덤> 근대 이후 사적 영역과 프라이버시가
절대적으로 강조되면 '집'은 이런 모습이 되지 않을까. 견고한 콘크
리트로 내부가 밀봉되고, 그 어떤 틈과 넘나듦도 허용하지 않는 무덤
과 같은 집의 모습으로 말이다. 사진은 현대 미술가 레이첼 화이트리
드의 1993년작 「집」.

어나지 못하고 있는 듯하다. 그것은 다 보여주면서 프라이빗하다고 이야기하는 방식, 드러내는 방식으로 감춘다는 내밀성의 특징을 확연하게 가시화한 방식에 지나지 않는다.

그렇다면 사생활과 프라이버시의 새로운 절대성을 획득하기, 내밀한 개인적인 영역의 확보를 위해 나서는 것이 지금의 과제인 것일까. 그래서 별 완전치도 않은 사이버공간의 익명성마저도 공공연하게 부정하고(실명화 논란에서처럼), 보다 확고한 개인의 통제(전자주민증 등)를 꾀하는 국가의 권력에 대항하는 것이 무엇보다 중요해지는 것일까. 사적인 공간과 그 개인적인 내밀함을 부정하는 것은 물론 그것을 비판하려는 어떠한 시도도 전체주의적이고 반인간적인 것으로 간주되고 비난받아야 하는가.

국가 권력으로부터 개인의 프라이버시를 보호하는 것도 물론 중요하다. 그러나 이런 주장은 근대적인 기획에서 벗어난 자유로운 주체를 기대하는 것 같지만, 사실상 프라이버시가 신성하다는 전제에 여전히 기초하고 있을 따름이다. 이처럼 프라이버시, 혹은 사적 영역의 절대화를 발전시켜 간다면, 결국 정치적 감각을 소거하고, 극단적으로 밀고 나가, '나만의 방'으로 고립되는 것을 피할 수 없다. 한편 부부간에도 프라이버시를 지킨다, 아이도 프라이버시가 있다는 전개로 나아가 필연적으로 가족해체를 유발한다. 결국 가족을 성소로 만들고 절대화시킨 원리가 이제는 가족 자체를 해체하는 것으로 작동하게 되는 셈이다. 그러나 여기서 중요한 사실은 가족을 지킬 것이냐 해체할 것이냐는 문제가 아니다. 가족을 프라이버시, 내밀성의 장으로, 반사회적 공간으로 보호(?)하는 것을 넘어서 사회와 타인들과 새로운 관계, 공동의 관계를 구성하는 일이 중요하다. 반드시 가족이 아니라 할지라도 공동체의 어떤 유대감조차도 프라이버시를 침해하는 것으로 받아들일 수 있다는 점을 생각한다면 말이다. 따라서 지금 우리에게 필요한 것은 공/사의 이분법, 프라이버시, 내밀성의 관계들이 역사적으로 달라진 것처럼, 어떤 관계를 만들지를 고민하고, 가족의 개념이나 타인들끼리 모여 있는 공동체의 개념이 어떻게 달라질 수 있는지를 적극적으로 모색하는 것이다. 사회와 타인과의 새로운 관계, 가족과 다른 차원의 공동체 구성에 대한 고민이 없다면 결국 우리의 미래는 모든 것으로부터 단절된, 절대적 프라이버시의 무덤으로 치달아갈 수밖에 없을 것이다.

.12강. 페미니즘, 또는 젠더와 재생산의 정치학

황희선

1. 페미니즘

페미니즘(feminism)은 때로 남녀(또는 양성)평등주의와 같은 말로 생각되곤 한다. 아주 틀린 말은 아니다. 하지만 여러 가지 주의가 필요하다. 페미니즘이 '남녀불평등'을 문제 삼는 것은 맞지만, 남녀평등주의와 동일시할 만큼 단순한 입장은 아니기 때문이다. 비교적 뜻이 분명해보이는 이 말 뒤에도 수많은 문제들이 잠복하고 있다. 우선 '평등'이무엇을 뜻하는지가 분명하지 않다. 또, 남자든 여자든 다 같은 '남자' 혹은 '여자'로 취급해도 좋은지, 상호간 '평등'이 실현되어야 하는 집단이 '남자'와 '여자'뿐인지도 불확실하다. 더구나 성(sexuality)과 관련된 세상의 문제들이 '평등'을 지향하여 해결될지도 알 수 없다. 그렇

황희선(redscaled@naver.com) | 생물학과에서 진화생물학을 전공으로 삼아 살인이라는 주제를 비롯해 흥미로운 공부들을 많이 했다. 얼마 전에는 전공을 인류학으로 바꿨다. 사실, 관심 있는 주제가 너무 많아 탈일 때도 있다. 진짜로 '트랜스'(trans)하는 연구를 통해 좋은 삶에 대한 상상을 촉발하고 싶다.

다면 페미니즘은 어디에 있을까?

　페미니즘이란 말은 무척 다양한 내용들을 포함하며, 하나로 서술될 수 없는 복잡한 역사를 담고 있기 때문에 간단히 설명하기는 힘들다. 사실 페미니즘은 어떤 면에서 '하나'라는 말 자체를 가장 의심스러운 말로 간주하는 공통된 입장을 의미한다고도 볼 수 있다. 하지만 일단 사전적인 정의를 빌리면 페미니즘은 성에 의한 억압(특히 여성억압)이 어떻게 발생하는지를 탐구하고, 그 억압으로부터 해방되기 위한 이론과 실천을 일컫는 말이다. 그 내용은 앞으로 차차 채워가야겠지만, 우선은 현대의 페미니즘 이론을 몇 개의 큰 조류들로 구분해 간단히 살펴보는 것도 문제에 접근하는 좋은 방법이 될 것이다. 어떤 문제의식은 공유되지만, 각각의 입장들이 중요하게 생각하는 논점들은 조금씩 다르다. 이런 차이들로 인해 발생한 논쟁들은 성으로 발생한 억압의 작동방식을 이해하는 과정에서 많은 생각거리를 제시해준다.

　페미니즘이라는 말 자체를 거부하는 '페미니스트'도 있지만, 대개는 '자유주의', '맑스주의', '사회주의', '급진주의', '정신분석', '에코', '탈식민주의' 등의 용어가 페미니즘이라는 말을 수식하며 지형도를 그린다. 자유주의적 입장의 페미니즘은 대부분의 사람들이 페미니즘이라는 말을 통해 떠올릴 주장들을 포함한다. 예컨대 남성과 동등한 참정권, 사회 진출의 기회를 여성에게도 보장해야 한다는 것이다. 하지만 이런 요구들의 실현은 가부장적 지배질서 안에서 위치를 보장받거나 인정을 얻어내는 것일 뿐, 진정한 해방에 이르는 길은 아니라고 주장하는 사람들도 있다. 가령 맑스주의 페미니스트들은 여성억압이 계급적 억압과 같은 기원을 지닌다고 보았다. 사유재산제가 철폐되지 않는 한 여성억압은 사라지지 않을 것이고, 자본주의 사회에서 평등한 권리를 추구한다고 하여 여성해방이 이루어지는 것은 아니라고 생각했기 때문이다. 하지만 급진주의 페미니즘 이론가들은 여성억압이 자본주의 사회에서만 발생하는 것은 아니기 때문에, 여성억압적 섹슈얼리티의 문제가 보다 근본적이라고 주장하기도 한다. 사회주의 페미니스트들은 두 논점 모두를 비중 있게 다루며, 자본주의와 가부장제의 공모관계에 관심을 둔다.

현재는 '여성'이라는 말이 세상에 존재하는 여성의 수만큼이나 많은 뜻을 담을 수 있으며 여성들이 처한 상황도 각자 고유하다는 견해가 많이 받아들여진다. 이런 관점이 형성되는 데는 식민주의 및 인종주의 문제를 전면에 내세웠던 비-백인 페미니스트들의 영향이 컸다. 보통 탈식민주의 페미니스트라고 불리는 이들은 같은 여성이라 하더라도 인종에 따라 처하는 입장이 판이하게 달라진다는 점을 지적한다. 가령 노예제가 실행되던, 페미니즘의 태동기에 "백인 페미니스트들은 백인 남성들과 결혼하였고, 흑인 페미니스트들은 백인 남성들에게 소유되었던" 것이다. 다시 말해 '같은 여성'이라 하여 같은 정치적 요구를 제기해야만 하는 것은 아니다.

냉소적인 사람들은 페미니즘의 다양한 입장들이 '여성 진영'의 내부적 분열을 보여준다고 주장한다. 하지만 이 주장을 잘 뜯어보면 '여성'을 동질적인 존재로 가정하고 있다는 사실을 발견할 수 있다. 다시 말해 '남성'은 개인이기 때문에 입장이 달라도 분열이 아니지만, '여성'은 집합이기 때문에 분열이 되는 것이다. 이 생각을 조금 더 확장해보면, 그렇게 다양한 사람들을 하나의 여성으로 범주화하는 것 자체가 억압의 근본 원인으로 보이기 시작한다. 한 사람을 구성하는 다양한 측면 중 '여성'이라는 속성만이 그 사람을 규정하게 되면, 그 사람은 하나의 인격이 아닌 몰개성적인 무리의 일부가 되기 때문이다. 지배와 통제는 바로 이런 지점에서 발생한다. 그렇다면 모두가 다 개인이라고 주장해야 하는 걸까? 그렇게 하면 어떤 지배도, 어떤 구조적 문제도 존재하지 않게 된다. 하지만 분명히 그런 문제들은 존재한다. 즉, 여성이라는 말은 등장하는 맥락에 따라 아주 다른 의미를 가질 수 있지만, 여전히 억압을 위한 도구로 사용될 수 있는 것이다. 여성이라는 말은 각각의 맥락에서 그렇게 호명됨·호명함으로써 생겨나는 결과와 직접 관련된 용법을 지닌다. 따라서 그 뜻을 이해하기 위해서는 좀더 섬세한 관찰이 필요하다. 싸워야 할 대상은 어떤 실체가 아니라, 여성이라는 말이 각각의 맥락에서 작동하며 만들어내는 위계적인 권력관계다.

하지만 여전히 종지부를 찍을 수는 없다. 크게 보면 "바로 그렇기 때문에" 여성이라는 범주 자체를 해체해야 한다고 생각하는 사람들과, "그럼에도 불구하고" 전체로서 여성에 대한 근본적인 억압 원인이 있다고 생각하는 사람들이 있기 때문이다. 후자의 경우 성차를 인정하는 것이야말로 억압으로부터 벗어날 수 있는 방법이라고 주장한다. 여성은 자신의 고유한 위치를 인정받지 못하기 때문에 억압당하는 것이다. 이들 각각은 '젠더 페미니즘'과 '성차 페미니즘'이라 불린다. 가령 모니크 위티그는 페미니즘을 계급으로서 여성을 위한 이론·실천이며, 여성이라는 계급 자체의 소멸을 목표로 하는 것이라고 말한다. 이 목표를 위해서는 '남성' 및 가부장제와 급진적으로 결별해야 한다. 여성이란 바로 그러한 체계 속에서만 성립되는 대상적 개념이기 때문이다. 위티그에 따르면 레즈비언은 이성애적 정치경제 체계 바깥에 있기에 여성이 아니며, 여성 '으로부터의' 해방을 실천하는 제3의 젠더다. 여성해방의 전망은 레즈비어니즘에 있다. 한편으로 뤼스 이리가레는 이성애자체를 거부하기보다는, 여성 스스로에 의해 정의된 여성성, 즉 남성 종속적이지 않은 차이에 기반한 '성차의 윤리학'으로 이성애적 관계의 변화를 추구한다. 이리가레의 말에 따르면 동일성의 원리를 상징하는 남근중심적 섹슈얼리티가 아닌, 끊임없이 서로를 어루만질 수밖에 없는 '두 입술의 섹슈얼리티'가 다양성과 차이를 포용하는 이성애적 관계를 만든다.

이런 문제들에 접근해 나가는 과정에서 유용한 개념 도구들이 '젠더'(gender)와 '재생산'(reproduction)이다. 젠더는 주로 본질적 여성성, 즉 '하나의 여성'이라는 사고방식과 투쟁해온 역사를 담는 말이며, 재생산은 서로 다른 사람들을 여성이라 호명하는 호명체계를 유지, 존속시킨다고 간주되는 최종 심급을 해체하려는 노력 속에서 중요해진 개념이다. 다음 절에서 여자와 남자라는 구분은 객관적으로 존재하는 범주라는 생각 그 자체를 비판하는 젠더 페미니즘의 입장을 통해 젠더와 재생산의 개념을 생각해보도록 하자.

2. 젠더와 재생산

본래 젠더라는 말은 동성애를 설명하기 위해 만들어진 말이었다. 1960년대에 이 용어를 처음 제시한 로버트 스톨러라는 학자는 동성애적 성향이 타고난 생물학적 성(sex)과 본인이 느끼는 심리적 성, 즉 젠더 간의 격차에서 비롯된다고 보았다. 스톨러는 성과 젠더 사이의 불일치 문제를 상담을 통해 해결함으로써 동성애라는 '문제적 상황'을 '치료'할 수 있다고 보았다. 후에 젠더라는 말은, 성적 정체성이나 성규범이 심리적·사회문화적 차원에서 생겨나는 가변적인 구성물로, 필연적인 소여(given)로서 생물학적 성과 구분되는 사회문화적 성이라는 의미를 갖게 된다. 젠더 개념은 이 용어가 등장하기 이전에 출간되었던(1949년) 시몬느 드 보부아르의 『제2의 성』에서 간명하게 표현된다. 즉 "여성은 태어나는 것이 아니라 만들어진다". 젠더 개념은 보통 여성과 남성의 차이가 생물학적으로 결정된다는 '생물학적 결정론'(biological determinism)에 대항적인 개념으로 간주된다.

그렇다면 변할 수 없는 생물학적 성차에 도전하는 대신 변할 수 있는 사회문화적 성차 개념에 대해 문제를 제기해야 하는 걸까? 게일 루빈은 생물학적 성과 사회문화적 성을 구분하는 것 자체가 문제라고 주장한다(Rubin, "Thinking Sex: Notes for a Radical Theory of the Politics of Sexuality"). 루빈이 제시하는 '성/젠더체계'(sex/gender system)라는 개념은 생물학적 성이 사회문화적 성과 구분될 수 없게 되는 과정을 분석한다. 루빈의 논의에 따르면 여성과 남성이라는 생물학적 범주는 이성애적 체계로부터 구성된다. "여성과 남성은 서로 사랑하고 아기를 낳으며 가족을 이루고 각자의 성에 적합한 일들을 함으로써 사회를 구성한다"는 생각은 널리 받아들여지는 것과는 달리 자연스럽지 않다. 어떤 사회에서 이성애가 필수적이고 자연스러운 현상으로 인식되는 까닭은, 그 사회가 성별 노동분업체계에 의해 지탱되고 있기 때문이다. 여성의 일과 남성의 일이 엄격히 구분될 때 서로는 서로를 필요로 하며 쌍을 이루어야 한다. 다시 말해, 본래 이성애에 대한 욕망, 다른 성에 대한 의존의 필요성이 존재했기 때문에 이성애적 사회체계가 생겨나는 것이 아니다. 그런 욕망과 필요는 그 사회체계가 스스로 만들어내며, 사회는 자신이 만들어낸 필요와 욕망을 스스로 충족하는 것이다. 따라서 특정 사회에서 자연적 사실로 간주되는 생물학적 성,

그리고 그로부터 유도되는 사회문화적 사실인 성차 규범들, 그리고 그들 사이에 가정된 논리적·인과적 위계관계는 그 자체가 해체돼야 할 대상이다. 사실 페미니즘의 역사는 '남성'에 의해 정의된 본질적이고 필연적인 사실로서 자연의 개념을 해체해온 역사라고도 볼 수 있다.

'자연적 사실들' 중 페미니즘과 관련해 특히 중요한 문제는 여성은 임신과 출산·육아를 담당하는 성별이라는 생각과, 성별노동분업이 남녀의 신체적·심리적 차이로부터 비롯된다는 생각이다. 이 두 생각은 서로 긴밀하게 연결되어 있다. 자손의 출산에 관련된 활동은 한 가계 또는 사회의 다음 세대를 낳고 길러내어 시간적인 차원에서 이들 집단의 연속성을 유지한다는 측면에서 '생물학적 재생산'(biological reproduction)이라 일컬어진다. 생물학적 재생산이 여성의 필수적 임무로 간주되는 다음 단계는 재생산노동이 여성의 임무로 간주되는 것이다. 재생산노동은 보통 가사노동을 뜻하며, 남성이 담당하는 생산노동과 구분된다고 여겨진다. 성별노동분업을 옹호하는 사람들은 임신, 출산, 양육이라는 재생산 활동을 위해서는, 집에 머무르며 가사 활동을 담당하는 것이 기능적으로 효율적이며 자연스럽다고 주장한다. 심지어 19세기 서양에서는 여성의 신체가 생물학적 재생산을 위해 설계되어 있기 때문에, 사회활동과 같이 '고도의' 능력과 지성을 요하는 활동을 할 수 있는 능력을 갖추지 못했다고 보았다.

가부장제체계 속에서 생물학적 재생산과 재생산노동 모두는 여성이 필연적으로 담당해야 하는 임무로 여겨져 왔다. 하지만 여성의 영역인 가사노동이라는 독립된 범주가 어느 사회에나 존재하는 것은 아니다. 더 나아가 아이를 낳을 수 있는 존재로서 여성은, 바로 그 사실을 통해 가부장적 사회관계 속에서 자신의 위치를 할당받게 된다. 어떤 여

<"세탁법 : 엄마한테 맡길 것"> 한 네티즌이 재치있는 합성 사진을 만들었다. 옷가지를 몇 도의 물에 어떻게 빨고 표백제는 어떤 것을 써야 하며 어떻게 말려 어떻게 다림질을 해야 하는지, 이런 온갖 복잡한 절차에 따라 일일이 직접 손질할 게 아니라, 그냥 "엄마의 일이니 엄마한테 주면 된다"는 것이다. 루스 코완 (Ruth Cowan)이라는 사람은 과학기술 발전이 가사노동의 부담을 줄여주기보다는 오히려 새로운 일거리들을 더 많이 만들어낸다고 주장한다. 가전제품들은 값비싼 데다가 계속 교체해주어야 하기 때문에 가계 부담을 높일 뿐만 아니라, 구매하고 관리하며 이용하는 주부들의 노동시간을 대폭 늘어나게 한다. 예컨대 세탁기는 청결에 대한 감각을 엄격하게 만들면서 더 잦은 세탁의 필요성을 만들어냈다. 전반적인 가사노동 시간은 증가했으며, 기술 덕택에 가사노동이 쉬워졌다는 생각은 이데올로기에 가깝다. 이런 환상은 주부들의 노동을 비가시적인 것으로 만들며 대수롭지 않은 일인 듯한 착각을 불러일으킨다.

성은 누군가의 어머니, 누군가의 아내, 누군가의 누이로서만 존재하는 것이다. 한 국가에 소속되는 사람들이 민족의 핏줄로 연결되어 있어 확장된 가족을 이룬다고 주장하는 민족주의 담론에서도 자주 발견되는 현상이다. 어떻게 이런 상황을 벗어날 수 있을까? 정희진은 『페미니즘의 도전』이라는 책에서 "딸에게는 어머니가 없다"고 깜짝 놀랄 만한 선언을 한다. 딸은 '아버지의 질서'를 따르기 위해 어머니를 '죽이고 버려야' 하기 때문이다. 지난한 엄마의 삶을 대물림할까봐 두려운 딸은 "난 엄마처럼 살지 않을 거야"라고 결심하며 아버지의 뒤를 잇기를 희망한다. 그리고 그 목표를 이루는 데 정말로 성공한 딸은 '남성'이 된다. 그러나 '생물학적 여성'인 이상 이등남성이 된 자신을 발견하게 될 뿐이고, '여성'의 임무는 다른 여성에게 전가된다. 따라서 생물학적 성별에 따라 할당된 자리로 밀어넣으려는 음모나 편견이 아니라, 바로 그런 자리들을 만들어내는 남성의 질서 그 자체가 도전의 대상이 되어야 한다.

젠더 개념은 특정한 성규범이 절대적이지 않다는 점을 잘 보여주므로 유용하지만, 다시금 생물학적 성을 불가항력적 실재로 구성하는 아이러니를 빚게 된다. 따라서 공략해야 할 지점은 게일 루빈이 시도했듯 생물학적 성이라는 개념 그 자체다. 따지고 보면 생물학적 성별, 특히 해부학적 성별 자체도 이분법적인 형태로 존재하지 않는다. 양성구유자들을 비롯한 간성(intersexual)의 신체를 지니는 사람도 자연적인 과정에 의해 존재하기 때문이다. 그러한 신체를 지닌 사람들을 비정상으로 규정하기 위해서는 이성애적 구조에 맞는 여성 혹은 남성의 신체가 정상이라는 가정, 많은 것이 정상이라는 통계학적 가정, 또는 이성애적 재생산이 필연적이거나 최소한 더 낫다는 기능주의적 가정이 필

<신디 셔먼, 「Untitled, #205」> 탁월한 사진작가 신디 셔먼(Cindy Sherman)은, 현대의 대중 매체 및 고전 미술 작품 등에 드러난 전형적 여성상을 분장과 연기를 통해 직접 재연한 연작들로 유명하다. 매번 다른 분장을 하고 나타나는 셔먼은 자연스러운 것으로 보이는 '여성성'이 사실은 가장된 것에 불과하다는 느낌을 갖게 한다. 위 사진은 여성적인 것으로 간주되는 특질을 과장되게 표현할 뿐만 아니라 일부러 불완전하게 분장함으로써 '가짜'임을 분명하게 드러낸다. 요즘 매우 주목받고 있는 철학자이며 퀴어 이론가인 주디스 버틀러(Judith Butler)는 젠더를 '수행적'(performative) 차원에서 이해하려 한다. 즉, 남성 또는 여성으로 성차화된 몸과 행동양식은 본래 주어지는 것이 아니라 반복적인 수행과 훈련을 통해 구성된다는 것이다. 버틀러의 주장은 셔먼의 작품과 공명을 이룬다.

요하다. 또한, 특히 3절에서 자세히 살펴보겠지만 '여자가 아기를 낳는 다'는 '사실' 그 자체 역시 독립적인 사실로 존재하지 않는다.

과연 사실과 규범은 뚜렷이 구분되는 것일까? 여자는 아기를 낳는 성이라는 것은 객관적인 사실이고, 성규범의 문제는 별도로 생각해야 하는 걸까? 하지만 이러한 '사실'들 자체가 규범과 분리될 수 없다면? 그리고 이러한 '사실'을 사실로 인식하는 것 자체가 젠더화된 경험이 라면? 어떤 의미에서 '남성'은 그 자체가 척도이기 때문에 젠더를 경험 할 수 없다. 다시 말해 무성적(asexual)인 경험은 '남성'에게만 가능하 다. 간단한 발화 습관의 예를 통해 생각해보자. 남성들은 이름만으로 호명되지만, 여성들은 '여류' 내지는 '여성' 작가·철학자·생물학자· 정치가 등으로 호명되듯, 꼬리표를 달고 등장하는 일이 많다. 남성은 '사람'이라는 대명사로 지칭되지만, 여성의 경우에는 '그 여자'와 같은 대명사로 지칭된다. 즉 젠더란 규정되는 대상, 중심에 대한 주변으로 간주되는 여성 혹은 다른 소수의 성이 경험할 수 있는 현상이다. 남성 은 남성으로 인식되지 않지만 여성은 무조건 여성으로 인식된다. 따라 서 "왜 나는 여성인가?" 또는 "왜 나는 동성애자인가?"라는 질문은 흔 하지만, "왜 나는 남성인가?" 또는 "왜 나는 이성애자인가?"라는 질문 은 흔치 않다. 이는 정상인, 즉 비장애인이 "나는 왜 비장애인인가?"라 는 질문을, 이주자가 아닌 사람이 "나는 왜 정주자인가?"라는 질문을 할 필요가 별로 없는 것과 같다.

이 글에서는 생식보조기술과 국제결혼 문제를 통해서 앞의 논점 들을 구체적으로 살펴보기로 하자. 생식보조기술(ARTs, assisted reproductive technologies)은 페미니즘이 전통적으로 다뤄왔던 주제 인 친족구조(혈연중심주의, 이성애주의 등), 그 기반인 생물학적 재생산을 필연적인 것으로 간주하는 데서 오는 억압과 계급, 인종주의를 비롯한 수많은 문제들이 교차하는 지점이다. 한편으로 국제결혼은 일부의 여성이 탈출하는 데 반쯤 성공한 재생산 영역이 다른 '인종'과 계급에 속하는 여성들에게 전가되는 과정, 그리고 가부장제적 여성 규범이 강화·재생산되는 과정을 드러내준다. 국제결혼을 한 여성들이 처해 있는 복잡한 문제 상황은 가부장제의 실패를 폭로하기도 한다. 이 사례들은 생식을 기반으로 한 생물학적 재생산과 가부장제에 기초한 사회문화적 재생산의 문제를 명확하게 드러내준다. 또한 그와 직접 맞닿아 있는 사람들의 삶의 문제라는 측면에서, 그리고 현대 한국 사회에서 큰 비중을 차지하는 이슈들이라는 점에서 중요하다.

3. 생식보조기술

2007년 초, 보건복지부에서는 "도시근로자 평균소득의 130% 이하, 여성의 연령이 44세 이하인 가구로, 시험관 아기 시술이 필요하다는 산부인과·비뇨기과 전문의의 진단이 있는 법적 혼인상태"의 가구에 대해 시술비로 150만 원씩, 최대 2번까지 지원금을 주고, 특히 기초생활보장 수급자에게는 1회당 255만 원씩, 최대 510만 원까지 지원할 계획을 발표했다. 2006년에도 동일한 사업이 진행되었는데, 1만 4천여 가구가 참여해 5,665가구가 임신에 성공했다고 한다. 이렇게 해서 태어난 아기는 같은 해 출생한 아기의 총 1.4%다. 가임기 인구의 불임 비율이 10~15%에 이른다는 점에 '착안'해 마련한 저출산 대책인 셈이다. 올해 지원 사업 규모가 축소되자 저출산 시대에 역행하는 결정이라며 불만을 토로하는 논평이 뒤를 이었다.

모든 것이 '돈만 있으면 해결되는' 세상에서 아이를 갖고 싶지만 경제적 형편 탓에 가질 수 없게 되었다는 사실은 별로 놀라울 것이 없다. 그래서 정부의 정책은 일견 시술 기회를 보다 넓은 계층에게 제공하겠다는 인도적인 동기와 맞물려 있는 듯 보인다. 하지만 여성민우회는 이 정책이 여성들에게서 실질적인 출산 결정권을 박탈할 뿐만 아니라 불임시술의 위험에 대해 충분히 알리고 대책을 세워두지 않았다는 문제들을 지적한다. 더 심각한 것은 정부 정책의 방향이다. 문제를 엉뚱한 데로 돌리려 하고 있기 때문이다. 정부는 육아지원 미비, 출산 여성의 고용기회와 같은 구조적인 문제보다 출산 그 자체에 예산을 집행하려 한다. 엄청난 부담으로 작용하는 양육비나 교육비 탓에 '자발적으로' 아이를 낳는 일을 포기하거나 지연시키는 경우가 드물지 않은 마당에 시술비 지원으로 문제를 해결할 수 있을까? 낳은 아이를 국가가 키워줄 것도 아닌데 말이다. 사실 시술비 지원이 저출산 대책의 일환으로 간주된다는 사실은, 아이를 낳아 가족을 '완성'하는 사적이고 평범해 보이는 일조차 국가체계와 관계맺는 상황을 드러낸다. 국가는 가부장적 체계를 유지·강화하는 주요 제도 중 하나인 셈이다.

생식보조기술과 관련해서는 다양한 논점들을 끄집어낼 수 있지만, 여기서는 정상가족(normal family) 및 그와 연관된 친족구조, 가부장제와 여성의 섹슈얼리티 등의 주제와 연결되는 논점들을 중심으로 살펴보기로 하자. (특히 남성과) 혈연적으로 연관된 아이를 갖고자 하는 욕망, 그리고 그를 통해 가족의 '완성'을 이루고자 하는 욕망, 그리고 그러한 욕망들이 친족체계를 구성하는 현상은 자연스러운 것일까? 정부 정책, 그리고 시술 병원들의 담론 속에서는 이런 욕망들이 자연적 사실로 간주된다. 하지만 이 욕망은 생각보다 '자연스럽지' 않다. 인류학자 세라 프랭클린은 아기를 필사적으로 갖고 싶어 하는 것처럼 보이는 생식보조기술 참여자들의 출산 욕망조차 자연스럽지 않다는 점을 보여준다(Franklin, *Embodied Progress*).

프랭클린이 시험관아기(IVF, In Vitro Fertilization) 시술을 받은 여성들과 나눈 인터뷰를 보면, 시술은 아이를 갖고 싶어 하는 자연스러운 욕망이 신체적 한계 탓에 좌절된 상황에서 등장하는 구원자가 아니다. 오히려 욕망은 시술과정 그 자체에 의해 만들어진다. 시험관 아기 기술은 3단계로 이루어진 것처럼 보인다. 즉 난자와 정자를 채취해 외부에서 수정시키고 다시 자궁 내로 착상시키는 기법이라는 것이다. 하지만 시술경험자들은 이 단계 구분법이 지나치게 단순하다고 말한다. 실패가 거듭될 때마다 그 원인을 찾기 위해 세부단계로 끊임없이 나누기 때문이다. 시술과정은 출산에 성공하기 전까지 끝나지 않는 주기를 반복한다. 실패 이유를 못 찾아낸다면, 그 실패는 시술과정의 실패로부터 비롯되는 불완전한 실패로 간주된다. 따라서 실패는 끝보다는 새로운 시작을 의미할 뿐이다. 불임의 원인이 뚜렷하지 않은 경우에도 비슷한 문제가 발생한다. 시술에 참여하는 여성들은 "어떤 점이 이러이러해서 임신이 불가능하니 포기하십시오"라는 말이나, "이유는 모르지만 불가능하니 포기하십시오"라는 말이 아니라, "이유가 불분명하니 될 때까지 해봅시다"라는 말을 듣게 된다. 인터뷰 대상자들은 차라리 의사에게 포기 선고를 받는 편이 훨씬 마음이 편하겠다고 이야기한다. 하지만 끝없는 반복의 과정은 많은 시간과 돈, 고통을 투자한 사람들에게 어느 순간부터인가 아기를 갖지 않으면 세상이 끝장날 것만 같은 느낌을 주게 된다고 한다. 아기를 절망적으로 원하게 되는 것이다.

시험관아기 시술에 참여했던 한국 여성들을 인터뷰한 웹진 『일다』

의 기사도 비슷한 사례들을 제공한다. 아이를 낳지 않기로 약속하고 결혼했지만, 결혼 후 주변의 압력과 남편의 암묵적 동조 탓으로 불임 '치료' 권유를 받아 결국 이혼을 선택한 여성, 과배란제 투여로 인한 신체적 고통과 부작용 탓으로 불안해하는 여성, 끝없는 시도를 그만두니 "차라리 마음이 편하다"라고 말하는 여성들은, '무슨 수를 써서라도 아이를 낳겠다'는 출산의 욕망이 누구에게나 타당한, 자연스러운 것이 아님을 증언한다. 욕망은 출산 그 자체에 대한 것이 아니라, 주변의 압력과 스트레스로부터 벗어나기 위한 것이거나, 그런 과정에서 이미 너무 많은 공을 들였기 때문에 생겨난 집착일 수도 있다. 출산 그 자체도 누구나 하는 '자연스러운' 일은 아니다. 한국의 사례를 보면 가임기에 있지만 임신이 되지 않는 커플은 10~15% 정도이며, 그 중에서 의학적으로 볼 때 뚜렷한 불임 원인을 찾을 수 없는 경우가 10% 정도라고 한다. 낳지 않기로 선택한 사람들을 포함하면, 아이 없는 부부는 상당히 많아질 것이다.

한국의 경우 생식보조기술 이용 현황에 대한 정확한 통계를 얻기는 힘들다. 하지만 한 가지 확실하게 말할 수 있는 사실은 한국은 불임에 관련된 시술의 기술이 가장 발달한 나라라는 것이다. 한국에서는 대를 이을 남아의 출산이 결혼한 여성의 삶에 결정적인 영향을 미친다. 이 현상은 거시적으로 볼 때에는 여아의 임신중절 탓에 크게 왜곡된 성비의 형태로 드러난다. 태아의 성감별은 불법이 되었지만, 산부인과 병원에서는 태아의 성별을 부모에게 넌지시 알려주는 다양한 기법들이 유통된다. 이를테면, 간신히 사람의 얼개를 갖춘 초음파 사진을 보고 "아빠(혹은 엄마)를 많이 닮았네요"라고 말한다든가, "아기가 튼튼하네요(혹은 예쁘네요)"라는 말, 출산 준비를 권유하면서 육아용품의 색상

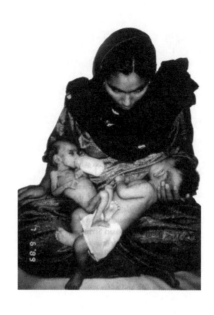

<레먼, 「쌍둥이의 운명」> 출산한 지 5개월이 지난 여아와 남아 쌍
둥이, 그리고 어머니의 사진. 이슬라마바드 아동병원에서 찍었다고
한다. 출산 후 여아는 시어머니가 데려가 젖병으로 먹였고, 남아는
어머니의 모유를 먹고 자랐다. 사진을 찍고 난 직후 여아는 죽었다
고 한다. 가부장제 사회에서 여아에 대한 차별은 때로 극단적인 형
태로 이루어진다. 예를 들면, 자녀 수를 제한하는 정책을 폈던 중국
에서는 베이징 근교 공원에서 버려진 여아 시체를 수거하기 위해
정기적으로 수레를 돌려야 했을 정도라고 한다. 낳을 수 있는 아이
의 수가 제한된 형편이지만, 남아를 반드시 낳아야 한다고 생각했
기 때문에 원치 않던 여아가 나오자 버린 것이다.

을 하늘색과 분홍색으로 나누어 하는 말 등이 그렇다.

현대의 생식보조기술은 혈연주의와 정상가족 모델을 주형으로 하여 사람들의 사회적 관계를 재생산해내는 과정의 일부로 간주될 수 있다. 인위적인 수단을 빌릴지언정 아이를 낳고자 하는 욕망 그 자체는 자연스러운 것으로 여겨진다. 하지만 그 욕망은 주변의 압력과 스트레스로부터 벗어나고자 하는 욕망, 또한 한 번 시도해보는 셈 치고 시작했던 시술이 장기화됨에 따라 만들어지는 집착은 아닌지 생각해볼 필요가 있다. 무엇보다도 이런 욕망이 봉사하는 체계는 무엇인지 분석해봐야 한다. 강하게 결속된 이성애적 커플, 그리고 그들과 혈연관계에 있는 자손으로 이루어진 정상적 가족이라는 가족주의적 이념, 또 그러한 '행복한 가정'을 성취하기 위해 '도움'을 빌려야 하는 자본주의적 의료제도가 그런 제도들이 아닌가? 하이테크기술이 전통적인 가부장제적·자본주의적 가치를 변주하며 재생산해내는 하나의 방식인 것이다. 생식보조기술이 도입된 후 불임의 문제는 운명이 아닌 의학의 문제인 것처럼 형상화되었다. 과연 선택의 폭은 감소되고, 가족 유형의 다양성은 더 작아진 것 같다.

하지만 한편으로는, 개발된 기술들 자체가 본래 목표로 설정했던 가부장적 가치와는 다른 가치를 실현하는 수단이 될 만큼 급진적인 수준에 도달하기도 했다. 이를테면 정자, 난자 기증 및 체외수정과 인공착상, 대리모와 같은 실천양식들은 비가부장제적 가족을 이루는 수단으로 이용되기도 하며, 혈연과 이성애에 기반한 친족구조가 자연적인 사실이 아니라는 점 또한 보여 준다. 미국 정부의 조사에 따르면 2002년을 기준으로 할 때 시험관아기 기술을 이용한 사람들의 84%는 비혼 여성이었다. 시험관아기 기술을 이용하는 레즈비언이나 게이 커플도

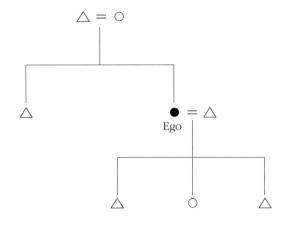

Ego

<친족계보표> 친족계보표의 한 사례이다. 세모는 남성을, 동그라미는 여성을, 등호는 혼인관계를, 그리고 세로선과 가로선은 각각 직계와 방계를 표시한다. 보통 '나'(ego)를 중심으로 그려지는 친족계보표는 일부일처적 핵가족을 기본 모델로 삼는다. 친족계보표 작성은 인류학자들이 현지조사를 수행할 때 기본적으로 요구되는 과제였다. 친족조직이 사회를 구성하는 기본 층위라고 보았기 때문이다. 하지만 전혀 다른 성적 실천을 갖는 문화권에서는 계보표 작성이 무척 까다로운 작업이 된다. 이를테면 '난혼'에 가까운 체계를 위의 기본 구성 요소로 그려놓으면 불편하고 부자연스럽지 않겠는가? 우여곡절 끝에 위의 주형에 맞는 그림을 그릴 수 있다 하더라도, 필요한 정보를 사람들이 파악하고 있을지도 알 수 없다. 그들의 삶에서는 중요한 문제가 아닐 수도 있기 때문이다. 일부일처적이라고 간주된 사회에서도 마찬가지여서, 사람들이 서로 관계 맺는 방식은 이보다 훨씬 다양하다.

점차 많아지고 있다. 이는 이성애적으로 결속된 부부의 출산이 부모와 그들의 유전적 자녀로 구성된 가정을 이룬다는 자연 및 사회의 기초 단위로서 가족의 위상을 흔드는 실천 양식이다.

또한 출산의 과정이 기술과 더불어 세분화되고 각 단계가 분리될 수 있게 됨에 따라, 확고해 보였던 친족구조 개념도 흔들리게 된다. 난자를 제공한 어머니, 임신과 출산을 한 어머니, 양육하는 어머니 등 여러 어머니를 갖는 현대 아기의 진짜 어머니는 누구인가? 아이를 임신하고 출산하며 낳아 기르는 것, 특히 그 주체가 단일한 여성이라는 '생명의 사실들'(facts of life)은 친족구조와 관련해 단순한 '사실'은 아니게끔 된다. 즉, 생식기술 문제를 볼 때 주목해야 할 측면 중 하나는, 이 기술이 만들어내는 것이 아기뿐 아니라 부모, 좀더 확장시키면 친족 구조라는 점이다. 채리스 톰슨이라는 페미니스트 과학기술사회학자는 이 측면에 주목해, 기술이 만들어내는 새로운 친족관계를 탐사한다. 몇몇 사례를 살펴보자(Thompson, *Making Parents*).

사례 1. 레이첼은 케이의 난자와 케이의 남편 마이클의 정자로 수정된 배아를 임신할 것이다. 레이첼이 출산할 예정이지만, 케이와 마이클이 부모가 될 것이다. 참고로 레이첼은 마이클의 여동생이다.

사례 2. 플로라는 자신의 딸의 난자와 자신의 두번째 남편의 정자로 수정된 배아를 임신할 것이다. 플로라가 출산할 것이고, 두번째 남편이 아버지가 될 것이다. 플로라의 딸은 아기의 어머니가 아니라 아기와 아버지만 다른 자매 관계(half-sister)가 될 것이다.

사례 3. 바네사는 상업적 경로를 통해서 우테와 그녀 남편으로 이루어진 커플과 대리모 계약을 체결했다. 아이는 우테 남편의 정자와 우테의 딸 난자의 수정란으로부터 탄생할 것이다. 아이의 어머니와 아버지는 우테와 그녀의 남편이 된다.

이 사례들은 대리모 또는 난자 증여자가 '부모'가 되기로 한 사람들과 혈연관계에 있다는 점에서 특이하다. 친족의 구성 원리로서 혈연에 따른 직계와 방계가 교란되는 것이다. 사례 2와 사례 3에서 아기는 유전적으로 난자 기증자의 자식이지만 그들이 선택한 친족 구조 속에서는 자매가 된다. 시간이 흐르면 혈연관계는 중요치 않은 사실이 되고, 참여자들의 동의와 선택에 의해 확정된 관계가 자연스럽게 느껴질 것이다. 친족체계를 지탱하는 것처럼 느껴졌던 혈연관계는 사실상 기반이 아닌 잉여적인 근거로 제시되고 있는 셈이다. 다시 말해 혈연관계에 따른 직계와 방계로 구성된 친족체계는, 사실에 대한 묘사가 아니라 사실 그 자체를 만들어내는 규범 혹은 준거다.

또한 혈연관계를 따져 보면 수정된 아기는 딸과 의부의 근친상간으로 생겨난 자식이다. 근친상간 금기는 친족구조 유지에서 가장 필수적인 규범에 해당한다. 그렇다면 이 금기는 왜 그런 위치를 갖게 되었을까? 해석은 다양하지만, 그 중에는 사람들이 시간의 차원을 따라 맺는 사회적 관계의 상징적 질서를 교란시키지 않기 위한 조직 원리라는 분석도 있다. 예컨대 아버지와 딸이 관계를 맺어 낳은 아이는 아버지의 입장에서 볼 때에는 딸이자 손녀이고, 딸의 입장에서 볼 때에는 자매이자 딸이 되기 때문이다. 페미니스트들이 친족구조에 관심을 갖는 또 다른 이유가 있다. 클로드 레비-스트로스에 따르면 친족구조는 남성들이 여성을 교환하는 구조다. 남성들은 집단 간의 원활한 여성 교환을 위해 근친상간을 금지한다. 아버지들은 자신의 딸을 사위에게 주면서 사위 집안과 동맹을 맺는다. 여성은 소유되고 소유권 이전에 따라 옮겨지는 셈이다. 출산 상황이 복잡해지면 소속 관계가 복잡해지고, 소유 및 위계 관계에 따라 파악된 친족구조는 와해되거나 최소한 큰 변화를 겪게 된다.

지금까지 다룬 내용들 외에도, 생물학적 재생산과 연관된 기술 및 담론들은 페미니즘적 시각에서 볼 때 특히 잘 개입할 수 있는, 그리고 개입해야 하는 여지가 아주 많다. 가령 재생산 문제를 특집으로 다룬 『여성이론』 14호에 실린 박소영의 논문은 소위 '황우석 사태'를 둘러싸고 벌어지는 사건들을 관찰하며, 생명복제 기술이 사실상 복제하는 것은 가부장제의 도착적 시각이 규정하는 사물화된 생명 개념이라는 논의를 펼친다. 생명이란 일차적으로는 아이를 임신하고 있는 어머니의 몸과 자라나는 태아 사이의 교류 과정이지, 배지 위에 고립되어 있는 바늘끝만 한 수정란이 아니기 때문이다. 극단적인 경우 자녀의 탄생에 유전자밖에 기여할 수 없는 '남성'이 아이에 대한 자신의 지분 내지는 혈통(즉, 자신의 아이임)을 주장하기 위해, 그것이 생명의 정수라고 주장하는 셈이다. 또한 백영경의 논문은 메리 셸리의 『프랑켄슈타인』에 대한 텍스트적 분석과 '빨갱이'를 둘러싼 이야기들을 통해 괴물을 재생산을 금지당한 존재로 정의하며, 재생산의 허용과 금지가 사회적 타자로서 괴물을 생산해내고 범주화하는 과정을 분석한다.

현대 생식보조기술을 둘러싼 논의들은 주로 여성의 재생산권과 건강권을 둘러싸고 이루어지는 경향이 있다. 긍정적으로 평가하는 입장은 그것이 임신과 출산을 조절할 수 있는 기술을 제공한다는 점에서

<린 랜돌프, 「실험실, 또는 온코마우스의 수난」, 1994년> 린 랜돌프(Lynn Randolphe)는 『사이보그 선언문』으로 유명한 페미니스트 과학사가 도나 해러웨이(Donna Haraway)와 함께 작업을 하는 작가다. 이 작품은, 암 연구를 위해 태어나면서부터 암세포를 만들게끔 유전조작이 된 세계 최초의 특허 생물 온코마우스를 '여성'으로 묘사하며, 남성들의 시선과 통제 아래 놓인 존재로 형상화하고 있다. 암 발생이라는 자연의 메커니즘은 온코마우스의 '희생'을 통해 '남성'의 연구업적과 자본 증식 수단이 된다. 가부장제는 단지 '인간' 여성과 남성만의 문제가 아니다. 남성의 질서는 '자연'에 대한 지배와도 연관된다. 이 속에서 자연은 문명적·문화적 존재인 남성에 대립되는 비-남성을 의미할 뿐이다. 해러웨이는 이런 맥락 속에서 여성이 자연에 속하는 존재로 묘사되는 상황을 분석한다. 문화의 담지자로서 남성, 자연의 담지자로서 여성이라는 개념은 자연을 정신분열적인 대상으로 만든다. 여성에 대한 성녀·창녀 이분법과도 유사하게, 자연은 한편으로 순수와 신비의 상징이며, 다른 한편으로 수동적이고 객체적인 지배 대상이다. 양 극단에 있는 이 두 개념은 서로 반대되는 것이 아니라 자연이라는 영역의 경계를 공고하게 만들며 타자화시킨다. 이런 이분법은 '남성'의 욕망을 반영하는, '남성'의 구축물일 뿐이다.

여성의 재생산 권리를 강화한다고 본다. 하지만 부정적으로 평가하는 입장은 그 기술이 선택의 권리를 좁히며, 시술과정에서의 처치들이 고통 및 신체 주기 교란과 같은 부작용, 발암 가능성의 증대와 같은 건강권 침해의 요소를 지닌다고 본다. 하지만 부정적인 면을 강조한다 하더라도 기술이란 단순히 디스토피아에 불과한 것은 아니다. 오히려 기존 가부장제를 교란시키는 요소가 될 수 있기 때문이다. 이 시점에서 페미니즘이 개입할 수 있는 방법은 무엇일까?

다음 절에서는 재생산 노동을 담당하는 성으로서 여성의 위치를 국제결혼을 통해 살펴보도록 하자. 성별노동분업을 강제하는 가부장제는 여성의 사회 진출 기회와 더불어 와해되기보다는 상대적으로 취약한 위치에 있는 여성들을 그 속에 배치함으로써 더욱 강화된 형태로 재생산되는 듯 보인다. 남성들의 시각 속에서 여성들은 가부장제적 가족구조를 유지하기 위한 도구로 간주된다.

4. 국제결혼

길을 걷다 보면 심심치 않게 볼 수 있는 현수막이 있다. "베트남 처녀와 결혼하세요"라는 광고다. 어떤 현수막은 '완전후불제'라는 설명을 덧붙이고 있다. '재혼', '장애우'의 경우에도 '가능'하고, '65세까지 100% 성사'된다는 보증도 잇따른다. 2007년 2월 현재 포털사이트 네이버에 국제결혼업체로 등록되어 있는 회사만도 170개 이상 된다. 한국 남성과 결혼해 한국에 거주하고 있는 베트남 출신 여성이 1만 5천 명 가량이라 하니 적지 않은 수다. 결혼 중개업체들은 왜 하필 베트남 처녀를 한국 총각과 짝지어주고 싶어 하는 걸까? 다른 국적의 여성들에 비해 외모상의 이질감도 적고, 한국의 가부장적 가족문화에 보다 잘 적응할 수 있는 순종성을 지닌다는 것이 업자들의 설명이다. (하지만 한국 남성과 결혼한 베트남 여성들은 다른 국가 출신 여성들과 비교하면 가부장적 가치관에 가장 적게 동의하는 편이다.) 여하간 이런 광고들은 인종차별 및 성차별적 내용을 담고 있어 끊임없는 비판의 대상이 되어 왔고, 원천적으로 금지하는 법안 역시 국회에 상정되었다.

누가 '베트남 처녀'와 결혼하는 걸까? 광고가 타깃으로 삼고 있는 '장애우'나 '재혼남'들인가? 2005년 한 해 신고된 결혼의 열 쌍 중 한 쌍이 한국 남성과 외국 여성의 결혼이었다고 한다. 하지만 신랑이 '농촌 총각'일 경우에는 비율이 세 배로 뛰어, 세 명 중 한 명이 국제결혼을 한 것으로 밝혀졌다. 2007년 초순 한 지역신문은 해당 지역의 지자체가 "신부감을 구하지 못해 결혼 적령기를 넘긴 35세 이상의 농촌지역 미혼 남성"을 선발해 한 사람당 500만 원씩 국제결혼 지원금을 마련해 주는 사업을 진행 중이라고 보도한다. 사실 이런 사업은 정례가 되었다고 할 수 있을 만큼 많이 추진되고 있다.

예상과는 달리 국제결혼 가정 대다수인 3/4가량이 도심지에 거주하지만, 국제결혼 가정 1,000가구 가량을 대상으로 조사한 2005년도 보건복지부 보고서는 이들 가정의 절반 이상이 절대빈곤층이라는 사실을 보여준다. 재혼도 평균에 비해 많다. 부부의 연령차는 평균 7세로 높은 편이며, 특히 업체를 통한 결혼의 대부분은 남편이 열 살 이상 연상이다. 신부들은 어떤 나라에서 왔을까? 조선족을 포함한 중국 국적의 여성이 대다수이고(66.2%), 그 뒤를 베트남 여성(18.7%)과 일본 여성(4.0%)이 잇고 있다. 그 외에도 몽골, 우즈베키스탄 등 국제결혼 중개업체에서 신부를 얻을 수 있다고 광고하는 국가들이 눈에 띈다(설동훈 외, 『국제결혼 이주여성 실태조사 및 보건·복지 지원 정책방안』).

　결혼은 인륜지대사라고 하는데, 업체를 통한 '농촌 총각'들의 국제결혼은 어떤 과정을 통해 이루어지는 것일까? 한 업체의 홈페이지가 소개하는 내용에 따르면, 만나고 결혼해서 신혼여행을 마치기까지는 총 6일이 걸린다. 첫날 현지에 도착해서 여장을 풀고, 둘째 날 60명에서 100명의 신부 후보들과 맞선을 거친 다음 마음에 드는 여성을 선택해 부모님의 허락 하에 식을 올리고, 사흘부터 닷새째의 기간은 신혼여행을 즐기며 영사관의 서류 작업이 완료되기를 기다리다가, 엿새째면 한국으로 돌아온다는 것이다. 이 업체는 총 비용으로 1천만 원 가량을 제시한다. 어렵사리 맞은 아내를 돈 주고 사온 일종의 상품으로, 본전을 뽑아야 하는 소유물로 생각하게끔 하는 이유 중 하나다. 보건복지부 보고서에서 등장하는 한 국제결혼 중개업자의 인터뷰 내용에 따르면, 결혼을 원하는 사람들에게 "여성을 돈으로 사고파는 게 아니라는 걸 이해시키는 일이 제일 어렵다"고 한다. 여성을 수단으로만 인식하는 남편들의 태도는 때로 극단적인 사례들을 낳기도 한다. 남편의 강요에 의해 남편의 동료들을 상대로 매춘을 할 수밖에 없던 경우까지 있었다고 한다.

　업체를 통한 결혼은 그 과정, 비용, 수요와 공급의 구조를 볼 때 매매혼이라 불러야 마땅하고, 극심한 인권침해 지대를 만들어낸다는 비판이 끊이지 않는다. 하지만 보건복지부 보고서를 보면 수수료를 지불하게 되는 업체를 경유한 국제결혼 비율이 생각보다 높지 않아 전체의 13% 수준이었다. 나머지는 어떻게 결혼에 골인했을까? 결혼 이유를 묻자 '남편을 사랑해서'라고 대답했던 응답자가 가장 많아 역시 사람 사는 일이라는 생각이 든다. 하지만 '왜 결혼했는가'라는 질문을 던져야 하는 상황 자체가 진실을 드러낸다고 말하는 편이 옳을 것이다.

결혼에 이르는 사연이 다양해진 것은 분명하다. 그러다 보니 결혼 이주여성들을 피해자로 묘사하거나, 결혼한 지 얼마 되지 않아 아내가 도주해버린 남성들의 피해에 초점을 둔 언론 보도가 도마에 오르기도 한다. 일부 국제결혼자들은 그런 보도가 결혼 의도와 결혼 생활에 대해 오해를 하게 만들어, 잘 살고 있는 사람들에게까지 피해를 준다고 주장한다. 하지만 이 사실이 '매매혼'이 만들어내는 수많은 문제의 심각성을 반감시키지는 않는다. 그리고 무엇보다 연애결혼이든 업체를 통한 결혼이든 그들이 들어가게 되는 관계가 한국의 가부장제적 문화 재생산으로부터 자유롭지 않은 것은 분명해 보인다. 결혼이 파경에 이르는 가장 중요한 원인이 "한국 남성들이 결혼 제도 안에서 수행하는 남성성의 발현"인 경우 역시 많다고 하니 말이다.

결혼을 통해 이주한 여성들은 집안에서는 대를 잇기 위한 존재로, 사회에서는 문화적 재생산의 주체로 간주된다. 시댁의 입장에서 볼 때 신부들이 달성해야 할 이상적인 '미션'은 이렇다. 시부모님께 효도하고 남편에게 순종하며 자손을 생산하고 아이들을 잘 돌보는 현모양처가 되는 것. 어떤 사람은 이런 상황을 "이제는 한국에서 찾기 힘들어졌지만 자신의 상황을 '참아낼' 여자만 찾게 된다면 자신의 부계가족을 구성하고 문제없이 유지할 수 있을 것이라는〔한국 남성들의〕기대와 희망"과 연관시킨다(김민정 외, 「국제결혼 이주여성의 딜레마와 선택」). 즉 그들은 타인의 욕망을 충족시켜 주는 수단으로 인식되는 것이다.

이런 사고방식은 밥을 짓고 먹는 것과 같이 아주 일상적인 상황에도 반영된다. 이를테면 이주해온 신부의 적응은 한국 음식을 조리할 수 있는 능력으로 가늠된다. 신부를 맞아들인 남성 가족의 입장에서 볼 때에는 낯선 이국 밥상이 아닌 한국 밥상을 차려낼 수 있으면 족한 것이다. 여성 본인이 한국 음식을 즐길 수 있는 입맛과 취향이 생겼는지는 큰 관심의 대상이 되지 않는다. 더구나 다른 식구들은 음식이 '견딜 수 없는 지경'이라고 말하면서도 직접 밥상을 차리려고 하지 않는다. 신부를 맞은 중요한 동기 중 하나가 그것이기 때문이다. 새로운 사람과 살게 되었다면 그 사람의 색채가 가족생활에도 묻어나는 건 당연한 일이다. 동고동락하며 운명을 함께 할 결심을 했다면 더욱더 그렇다. 하지만 누가 자신을 '교정'해야 하는가는 이미 정해져 있다. 어떤 남성은 노부모 봉양을 위해 큰돈을 들여 어렵게 신부를 맞아 자식된 도리를 하려 했지만, 부인이 기대에 못 미쳐 실망했다고 이야기한다. 자신이 직접 봉양을 해드릴 만한 효심은 없었던 모양이다. 아니면, 노부모 수발은 여자만이 할 수 있는 일이거나, 아내를 맞아 손주를 보게 해드려야 효도가 완성되기 때문인지도 모른다(김민정, 「이주·여성·인권의 함정, 국제결혼」).

이들 이주여성은 사회적 차원에서는 '한국의 딸'로 거듭나야 하는 과제를 지게 된다. 텔레비전 프로그램들은 결혼을 통해 이주해온 여성들이 언어장벽이나 문화적 차이를 비롯한 여러 어려움들을 극복하고 훌륭한 며느리, 훌륭한 아내, 훌륭한 어머니 되기, 즉 전통적인 부덕(婦德) 실천에 성공한 사례들을 미담으로 보도한다. 명절 무렵이 되면 이주여성에게 '한국 문화 학습과 체험' 프로그램을 제공하는 행사와 취재 보도들이 줄을 잇는다. 즉 그들은 성공한 가부장제 문화 속에서 가사노동을 전담하고 시댁 가계를 재생산해야 하는 며느리이자 아내, 어머니이다. 그것도 '한국'의 며느리·아내·어머니이니, 이 맥락에서의 가부장제는 민족주의적 색채를 강하게 발산한다. 결혼이 서로 '만나는' 것이 아니라 여자를 '들이는' 것이라고 전제하는 것이다.

사실 그들에게 주어지는 과제는 훨씬 무겁다. 경제적 목적 때문에 결혼을 택하는 경우가 많기 때문이다. 경제적 이유로 결혼을 선택한 사람이 41%였고, 특히 업체를 통한 결혼일 때는 73%나 되었다. 이 사실은 널리 오해되고 있는 것처럼 이주여성들이 단순히 취업을 목적으로 위장결혼을 한다는 것을 의미하지는 않는다. 일부 여성들에게는 결혼 자체가 일종의 '취업'이기 때문이다. (취업길이 막막한 '한국여성'들도 그럴 수 있다. 말하자면 결혼이 유일한 취업 수단인 상황 그 자체가 문제다.) 많은 이주여성들은 자국에서 처해 있던 빈곤으로부터 벗어나고 친정의 생계부양책을 마련하기 위해 결혼을 택한다. 뿐만 아니라 결혼을 통해 성공적으로 정착하면 일자리를 찾는 자신의 친족을 초청해 이주시킬 수 있는 가능성도 높아진다. 설령 노동을 위해 이주하더라도 브로커들에게 입국을 위한 수수료를 상당량 지불해야 하는 노동비자 발급보다는 결혼이 더 나은 선택지다. 이런 상황은 이주여성들이 실패한 가부장제 속에서 친정의 벌이를 책임지거나 일부를 맡아야 하는 가장이자 딸이고 언니·누나라는 사실을 보여준다.

그들의 '취업'이 갖는 의미를 조금 더 확장시켜 보자. 이들은 모국의 '외화벌이'에 기여하는 해외근로자이며, 전 지구적 자본주의체제 속에서 저임금 서비스직에 종사하는 이주노동자다. 한 추정에 따르면 공식적·비공식적 경로를 통해 해외이주자들이 자국으로 송금하는 금액은 연간 1천억 달러에 이른다. 그리고 이 금액의 상당 부분은 여성으로부터 온다. 전 세계적으로 이주의 여성화(feminization of migration) 추세가 두드러지는데, 한국에서는 특정한 송출국, 즉 중국에서 이 경향이 드러나고 있다. 취업이나 결혼 등을 통해 국내 체류 중인 조선족 여성은 남성의 2배가 넘는다. 그들 대부분은 가정부, 식당종업원, 간병인, 파출부, 청소원 등으로 일하고 있다. 조선족이나 한족 여성은 44%, 필리핀·베트남·태국·구소련 여성은 70% 정도가 본국으로 송금을 한다고 조사되었다.

이런 현상은 돌봄노동(care work)과 요식업 등 서비스직종에 대한 수요가 있기 때문에 생겨난다. 가부장제적·자본주의적 성별분업체계의 부산물인 것이다. 근대화가 진행되면서 유지되기 힘든 성별노동분업이 사라지기보다는 상대적으로 가난한 국가 출신 여성들의 이주를 통해 지속되거나 새로운 형태로 강화되고 있다. 여성들의 취업 기회가 많아짐에 따라 전통적으로 여성이 수행하던 일들, 즉 가사노동이나 양육, 집안의 환자에 대한 돌봄노동과 같은 활동은 사회적 대책을 통해 해결되거나 가족 내 노동 분배 방식의 변화에 따라 해결되는 것이 아니라, 보다 취약한 위치에 있는 여성들을 '수입'해 노동을 전가하는 방식으로 해결된다.

이주여성들이 놓여 있는 상황의 목록은 아직도 끝나지 않았다. 한국 여자들이 아이를 낳지 않아 비롯된다는 저출산 및 인구 노령화 현상으로 경제 위기가 예상되며 실질경제활동인구의 부양 부담이 가중되는 대한민국에서, 인구성장률과 저연령 인구 증가에 한 보탬할 수 있는 생물학적 재생산의 수단 역할도 기대되기 때문이다. 하지만 현재의 부양 지수를 유지하기 위해 매해 이주해야 하는 인구가 1억 명에 달한다는 놀라운 통계치를 볼 때 그 효과는 미지수다. (이주가 이렇게 이루어진다면 2050년 한국의 인구 수는 70억에 달하게 된다!)

이주결혼에 대해서는 성공사례들보다 실패사례들이 더 빈번히 보도된다. 맨 처음부터 남편의 폭력이나 시집살이에 시달리지만 국적문

<캐리 윔즈, 「당신 주인의 밥상에 놓아둔 음식 속에 당신의 저항이 있었지. 하하」>
윔즈의 작품으로, 백인 남성과 그의 아이들, 그리고 유모로 보이는 흑인 여성 노예
의 사진 위에 "당신 주인의 밥상에 놓아둔 음식 속에 저항이 있었다"는 글을 합성했
다. 백인 남성들에 의해 소유되었던 흑인 여성들은 노예 신분으로부터 오는 억압
이외에도 여성에게 고유한 폭력 역시 감내해야 했다. 그들은 백인 남성들의 성욕을
충족시키는 수단이 되었고, 그들이 낳은 아기는 소유주의 재산이 되었다. 또한 주
인의 아기에게 젖을 물려야 했기 때문에 자신의 아기는 다른 수단을 통해 먹여야
했다. 상류층 백인 여성들은 정숙을 강요당했으며, 여성의 성욕은 악한 것으로 치
부당하거나 존재 자체를 부정당했다. 따라서 그들에게는 자신의 성욕을 드러내는
것이 중요했다. 하지만 흑인 여성들에게 성욕을 표출하는 전략은 정치적으로 불리
했다. 백인 남성들의 강간을 합리화하기 위해 과도한 성욕과 번식욕을 지닌 존재로
묘사되었기 때문이다. 가부장제의 작동 형태는 다양하기 때문에, 여성억압의 문제
는 각각의 구체적인 맥락 속에서 파악될 필요가 있다.

제와 결혼비용 때문에 쉽게 가정을 떠나지 못하는 경우가 많다고 한다. 이혼하면 남편이 지불한 비용을 되갚아야 하는 경우도 있고, 혼인 후 최소 2년이 지나야 한국 국적을 취득할 수 있기 때문이다. 국적 취득을 위해서는 남편의 보증이 필수적이다. 이혼할 때도 남편의 동의가 필요하기 때문에, 남편이 이혼해주지 않으면 출신국의 국적도 회복할 수 없다. 그래서 남편과의 관계가 틀어질 경우 오도 가도 못하는 불법체류자 신분이 된다. 이혼하여 고향으로 돌아가고 난 후에는 새로운 문제가 시작된다. 이혼 경험이 큰 낙인으로 작동하는 국가에서는 바깥출입을 못하고 집에서 생활해야 하기 때문이다. 가족의 경제적 부담을 덜기 위해 떠났으나, 본인 스스로도 상처를 입은 채 이중의 짐이 되어 돌아가는 어려운 발걸음을 하게 되는 셈이다.

　타지의 생활은 어떤 점에서 힘들까? 이주여성들은 부부간 불화부터 자신의 자율성, 친정과의 문제, 자녀교육 및 생활에 이르기까지 "대부분의 문제가 돈만 있으면 해결된다"고 입을 모아 말한다. 생활고의 문제가 큰 것이다. 심각한 가정 폭력을 겪는 여성들도 많다. 하지만 조선족을 제외한 많은 이주여성들이 한국생활에서 가장 어려운 점으로 의사소통문제를 꼽는다. 그 까닭에 대해 질문하자, "한국어를 못하기 때문"이라는 응답이 절반을 차지했다. 조사에 따르면 90% 이상의 가정에서 한국어로 대화가 이루어진다. 남편들의 아내 모국어 실력은 형편없을 뿐더러, 아내와 대화하기 위해 말을 배우려 하지도 않는다. 어떤 식구들은 인생의 동반자로서 나누고 싶은 대화가 별로 없는 모양이다. 그들이 만족하는 한국말의 '수준'을 보면 그 점을 알 수 있다. 이주여성들은 시간이 흐르면 상황을 파악해 상대의 요구에 적절히 대응할 수 있는 기술을 얻게 되지만, 어디까지나 눈치로 대처할 뿐 말 자체를 알아듣지는 못한다고 이야기한다. 하지만 시부모들은 '1년이면 말은 다 배운다'고 생각하는 경우가 많다고 한다(한건수, 「농촌 지역 결혼 이민자 여성의 가족생활과 갈등 및 적응」). 의사소통의 문제는 자식과의 관계에서도 발생한다. 아이에게 모국어를 가르치려다 주변의 반대로 포기하게 되는 경우가 많기 때문이다. 한 필자는 이런 문제가 결국 '남자 집안의 아이를 외지에서 데려온 여자가 키우는 것'이라는 가부장적 편견으로부터 비롯된다고 진단한다(김민정, 「이주여성, 아이들과의 소통에도 언어의 편견이」).

그들의 또 다른 적은 고립감과 외로움인 듯 보인다. 한 보도기사에 따르면, 신부의 도주를 우려한 시댁 식구들이 같은 국적 이주여성들과의 관계 자체를 방해하는 일도 생긴다고 한다. 한 여성은 친구에게서 온 전화를 대신 받은 시어머니가 며느리를 옆에 두고도 "화장실에 갔다"며 바꿔주지 않는다고 털어놓으며, "내 방은 화장실이 아니다"라고 이야기한다. 연고 없는 이국땅에서 새로운 관계를 맺을 가능성을 차단당하고, 집에 갇히는 것이다(박희정, 「"나 많이 답답해, 나 친구가 필요해"」). 결혼의 파경을 맞은 사람들과 인터뷰한 내용에 따르면, 문제가 심각한 상황에서도 의논할 수 있는 사람이 전혀 없었다고 응답한 사람이 열 명 중 한 명이나 되었다.

정부에서는 이주해온 여성들이 겪는 '문화적 부적응'을 해소하고 한국에서 '제2의 삶'을 꾸려갈 수 있도록 하는 사회 통합 방안을 마련하기 위해 고심 중이다. 문화적·혈통적으로 순혈이라는 민족주의적 믿음이 짙은 한국 문화에서는 동화가 공식적으로 바람직한 선택이 된다. 그런 한에서 여성들 자신의 출신 문화는 지워져야 할 과거일 뿐이다. 특히 한국에서 나고 자라 한국 시민이 되어야 할 자녀를 교육하는 과정에서도 성공적인 어머니가 되기 위해서는 출신국 문화를 지워야 한다. 김민정은 이런 상황이 '어머니로서 최소한의 정체성' 상실로 이어지는 것은 아닌지 우려한다. 어떤 면에서 출신국의 문화가 긍정될 수 있는 것은 여성이 '아내'로서의 신분을 떠날 때뿐이다. 이를테면 필리핀 여성에게 긍정적인 정착 사례란 가정을 벗어나 원어민 영어교사로 활동하는 것이다.

사스키아 사센은 이들 여성들이 삶을 위해 택할 수밖에 없는 이주 경로를 '생존 회로'(survival circuit)라고 명명했다. 가부장제가 국제결혼을 한 갈래로 짜넣은 이 회로를 따라 여행하는 사람들에게는 시민권(citizenship)이라는 법적 신분도, 자본금도 없다. 너무 뻔한 미래를 피하기 위해 택할 수밖에 없는 길. 소위 '못 사는 나라'에서 왔다는 사실, 다른 '인종'에 속한다는 사실, 그리고 바로 '여성'이라는 사실. 이런 점들이 이주여성들을 위험한 길을 따라 여행하게 한다.

현재까지 진행된 대부분의 연구는 이들 이주여성이 겪는 문제를 분석하거나, 그런 문제 속에서 얼마나 '전략적으로' 잘 대처하고 있는지 보여주는 내용으로 이루어져 있다. '다른 인종'에 속하며, '가난한 나라'에서 왔다는 사실로 인해 겪어야 하는 편견, 그리고 무조건적으로 한국의 가부장적 문화를 수용할 것을 요구당하며 감내해야 하는 억압은 분명 심각한 문제다. 하지만 우리는 그들이 보여주는 가능성 또한 읽어내야 한다. 그들의 생활력은 가부장제의 실패 지점을 정확하게 드러낸다. 그들에게는 결혼의 과정과 결혼 생활 자체가 싸움이다. 또한 코시안(Kosian)이라고 일컬어지는 그들의 아이들은 존재, 그리고 삶 자체가, 이미 수많은 한국인들을 억압해온 민족주의적·혈통주의적 믿음에 대한 투쟁이 될 것이다. 그들이 자신의 '어머니'를 버리는 비극적인 선택을 하지 않는다면, 다른 사람들과 더불어 여행할 수 있는 다른 길, 혈통주의와 민족주의로 표현되는 한국 가부장제로부터의 탈출구를 만들 수 있을 것이다.

5. 재생산의 시간과 생성의 시간

첨단의 시간이 흐른다. 과학기술은 '신체적인 한계' 탓에 아이를 얻어 행복한 가정생활을 영위할 수 없는 사람들에게, 첨단의 기술로 문제를 해결해줄 수 있다고 약속하며 기술 개발의 속도를 가속화한다. 더 많은 부(富)를 약속하는 신자유주의 경제체제는 가부장제 구조를 이용해 자신의 진행 속도를 첨예화하며, 저개발 국가의 여성들에게 더 발전된 나라로의 이주와 결혼을 명령한다. 하지만 그 첨단의 시간은 재생산의 시간이다. 아니, 오히려 재생산 이상의 시간이다. 가부장제적 가치들의 완성을 비로소 약속하기 때문이다. 변이는 점점 더 불가능해져 가는 듯 보인다.

하지만 동시에 그 시간은 다른 시간, 즉 변이와 생성의 시간을 열기도 했다. 생식보조기술은 이성애적 정치경제 바깥으로의 출구를 열어주며, 이주는 억압을 극단화하는 만큼 저항의 가능성 또한 높여주기 때문이다. 이성애적·혈통주의적 가족구조에 갇힌 여성들은, 문제가 자신의 신체 아닌 다른 곳에 있음을, 즉 자신의 신체가 아이를 가질 수 없는 상황 때문에 고통을 겪는 것이 아니라는 사실을 발견한다. 그리고 이성애적 관계구조만이 아이 혹은 타인과 관계 맺는 방식이 아니라는 점을 몸소 입증하려는, 그리고 입증할 수 있게 된 성적 소수자들도 차츰 늘어나고 있다. 이주여성들, 그리고 그들의 아이들은 다시금 강화된 형태로 출몰하는 전통적 가부장제적 가치들이 여전히 함께 맞서 싸워야 할 대상이라는 점을 일깨워준다.

　현대 한국 사회에서 여성으로 살아간다는 것이 의미하는 바를, 단일하지는 않지만 비슷한 맥락 속에 배치된 두 가지 경우를 통해 살펴보았다. 그 안에서 미래, 또는 현재의 나를 발견할 수 있는가?

.13강. 섹슈얼리티 : 이성애주의와 퀴어 정치학

현민

1. 성의 정치학

처음으로 퀴어 영화제(동성애자를 포함한 성적 소수자를 주제로 다룬 영화제)에 갔을 때의 일이다. 한참 영화에 몰입하는데 나를 지켜보는 시선이 느껴졌다. 주위를 둘러보니 오른쪽 뒤편에 중년신사가 앉아 있었다. 시간이 지나도 누군가 보고 있다는 느낌은 좀처럼 사라지지 않았다. 영화가 끝나고 화장실에 갔다. 아까의 신사가 뒤따라 들어왔다. 이때까지는 그냥 우연이려니 했다. 영화관 로비에서 선전물을 뒤적대다가, 에스컬레이터에 몸을 실으려 할 때였다. 멀찍이 서 있던 그가 내 쪽으로 몸을 향하는 게 눈에 띄었다. 순간 모든 사태를 알아챈 나는 소스라치게 놀란 나머지 입구를 향해 냅다 뛰었다.

현민(deadcat00@hanmail.net) | '연구공간 수유+너머' 연구원. 서울대 사회학과 석사과정. 학부는 사회복지학과를 졸업했으나 아직도 4대 보험을 물어보면 한참 생각해야 한다. 섹슈얼리티에 대해 몇 년째 변함없는 관심을 유지하고 있지만, 섹슈얼리티가 나의 지적·정치적·감정적 용량을 넘어서는 주제임은 틀림없다. 푸코를 흠모한다.

얼마 전부터 함께 살고 있는 친구는 이 글을 쓰는 도중에 방에 들어와서 한마디 했다. 무슨 방이 어느 쪽으로 눈을 돌려도 섹스란 글자를 피할 수가 없냐고. 사방이 도색잡지로 가득 차 있다는 이야기가 아니다. 그렇다면 굳이 그가 나서서 불평을 늘어놓을 필요는 없었을 것이다. 나는 여러 해 동안 페미니즘이니 퀴어 이론이니 하는 성(性)과 관련된 서적을 탐독했고 그것들이 방을 장식하고 있다. 그는 그것을 지적한 것이었다. 눈치를 챘겠지만, 나는 정치적 신념으로 이성애주의(이성애만을 정상이라 전제하고, 인간은 본디 이성애자라 간주하는 제도, 관습, 의식적, 무의식적 실천을 일컫는다)에 반대한다고 공공연하게 말하고 다녔었다. 그러나 그런 나에게 영화제 때의 사건은 평소 주장과 모순된 본성을 까발리는 것처럼 느껴졌다. 적잖이 당황했다.

처음에는 무의식에 새겨진 동성애혐오(homophobia)를 만천하에 드러낸 것 같아 부끄러웠다. 나는 스스로 남성 중심적 사회를 문제라 생각하고 대안적 삶을 고민하고 있다고 자신했는데, 진짜(!) 동성애자와 마주치자 줄행랑을 놓고 말았다(고 생각했었다).

하지만 재차 생각해보니, 그것이 사태의 전부라고 말할 수 없었다. 만약 그가 또래나 연하남성이었다면 도망쳤을 것 같지는 않았다. 그가 나보다 나이가 많고 줄곧 위압적인 분위기를 풍기고 있었기 때문에 친밀함이 아닌 위협을 느꼈을 수도 있다. 이것은 마치 혼자 밤길을 걷는 여성이 뒤에 있는 남성을 감지하고 움찔했을 때의 심정과 비슷하다. 달리 말하자면 나는 성적 주체가 아닌 성적 대상의 처지에 놓임으로써, 대다수 여성이 일상적으로 겪는 현실을 몸소 경험한 것이다. 가부장제 사회의 남성은 자신을 성적 주체로만 인식하지 성적 대상이 될 수 있다 생각하지 않는다.

<선교사 체위로 섹스하는 보노보> 오랫동안, 얼굴을 마주 보고 섹스하는 존재는 인간뿐이라고 여겨졌다. 그래서 배와 배를 맞대는 체위는 이름도 '정상위'다. 중세 유럽의 성직자는 정액을 한 방울도 낭비하지 않기 위해 이 체위로만 섹스할 것을 명령했다. 그래서 이 체위의 다른 이름은 '선교사 체위'(missionary position)다. 인간은 섹스를 하면서조차 만물의 영장이길 원했다. 1928년 콩고공화국에서 발견된 보노보는 자연과 문화, 타고난 것과 학습된 것을 구분하면서 후자에 자신을 위치시키려 했던 인간의 기대를 어김없이 무너뜨렸다. 보노보는 암수를 가리지 않고 혼자 혹은 둘 이상 성행동에 참여한다. 보노보는 영장류 중 가장 평등하고 평화로운 사회를 구축하고 있다.

마지막으로 내가 도달한 감정은 그 사내에 대한 미안함이다. 고령에도 불구하고 용기를 내서 시도했는데, 대꾸할 여지도 주지 않고 매몰차게 거절한 건 아닌지 싶었다. 그의 나이와 외모가 못내 안쓰러웠다.

현대 문화를 개괄적으로 다루는 책에서 개인적인 경험을 길게 소개하는 까닭이 있다. 성에 관련된 글을 쓰려면 감정의 문제를 다루어야 하는데, 너무나 주관적인 체험을 하는 개인들에게 말을 건네고 주장을 펼치는 일은 결코 호락호락 하지 않기 때문이다. 어떤 이에게 성은 억제할 수 없는 무소불위의 본능과 쾌락의 원천을 의미한다. 반면, 다른 이에게 성은 공포와 증오, 혐오감을 불러일으키는 것일 수 있다. 이처럼 성의 세계에는 온갖 종류의 감정이 도사리고 있다. 그리고 성은 수시로 가면을 바꾸어 쓰고 우리 앞에 모습을 드러낸다. 우리는 성이 '강렬한 감정들의 요체'라는 사실에만 동의할 수 있다.

그러나 내가 경험한 이 삽화는 성이 개인의 주관적 체험 이상임을 말하고 있다. 성은 근본적으로 자연적 현상이 아니라 사회적·역사적 가치체계에 따라 위계화되어 있다. 통상적으로 성인의 성, 이성애적 성, 생식을 목적으로 한 성만이 보편적이고 나머지 성들은 모두 퇴폐적·변태적이란 신념이 널리 퍼져 있다. 예를 들어, 대다수 사람은 성행위하는 노인을 상상하는 것만으로도 구역질에 휩싸일 수 있다. 정치학의 주제로 '성'에 대해 쓴다는 것은 오늘날 성을 주조하는 기존 가치체계를 상대화시키는 작업이다. 나는 모든 종류의 성적 차별과 억압에 대해 반대한다.

그렇지만 동시에 다음과 같은 격렬한 반대에 부딪히게 되지 않을지 염려스럽다. 당신은 성을 둘러싼 빗장을 젖혀 근친상간, 난교, 수간(獸姦)마저 옹호하는 것은 아니냐고. 이어지는 나의 성정체성이나 성적 행동에 대한 의심어린 눈길 역시 피할 길이 없을 것이다. 미처 주장을 충분히 내세우기 전에, 행여 문란한 사람으로 비치지 않을까, 정체성이 들통날까 싶어 진이 빠질 지경이다. 왜냐하면 다른 지식과 다르게 성에 관한 지식은 글쓴이의 신원을 집요하게 따져 묻기 때문이다. 이렇듯 성에 대해 하나의 주장, 새로운 지식을 추가하는 일은 특별한 용기를 필요로 한다.

먼저, 성은 우리 내면 깊숙한 곳에 들끓고 있는 해방시켜야 할 에너지가 아니다. 그리고 성은 우리를 파괴시키기 때문에 적절히 통제되어야 할 에너지도 아니다. 이와 같은 억압과 해방의 이분법은 성적 행동을 가로지르는 다양한 사회적 실천을 간과하고 있다. 성은 친족과 가족체계, 경제적·사회적 조직체, 사회적·정치적 규제, 저항 문화 등을 통해 복잡하게 조직되는 것이다.

이른바 성해방론자의 주장은 '해방'이라는 구호만을 되뇔 뿐, 실제로 다르게 생각하고 행동할 수 있는 지침을 제공하지 못하기 때문에 공허하다. 그들은 인간관계의 다양한 측면을 오직 '쾌락'으로 환원시킨다. 그러나 잘 알다시피, 우리가 타인에게 매력을 느낄 때조차 **성행위, 성적 호감, 성적 욕망, 정서적 결속감, 애정적 끌림, 결혼 대상, 동거 대상 등이 항상 일치하는 것은 아니다.**

우리는 성의 형태, 신념, 행동들이 사회적으로 얼마든지 달라질수 있다는 점을 인정해야 한다. 성은 사회적 산물이고, 그것은 투쟁과 타협을 통해 잠정적으로 결정된다. 성을 정치적으로 사유한다는 것은, 현재의 관계를 만드는 권력을 인식하고 기존 범주에 의문을 표하며 새로운 가능성에 주목하는 것이다.

2. 섹스, 젠더, 그리고 섹슈얼리티

페미니즘은 성이 자연스런 본능으로 설명될 수 없다는 사실을 제일 먼저 간파했다. 일찍이 페미니즘은 성차(性差)를 설명하기 위해 '섹스' (sex)와 '젠더'(gender)라는 용어를 발명했다. 섹스는 생물학적 성을, 젠더는 사회적 성을 의미한다. 젠더란 생물학적 성이 남성과 여성의 정체성을 결정하는 것이 아님을 주장하기 위해 등장한 개념이다. 인간은 남성과 여성으로 태어나지만, 남성성과 여성성은 사회적으로 만들어진다는 것이다. 그렇다면 수동적이고 유약한 여성성은 가부장제 사회에서 권력을 가진 남성이 여성에게 강제한 역할이라 할 수 있다.

섹스와 젠더는 여성억압이 사회적 조건에서 비롯된다는 사실을 지적할 수 있는 유용한 개념이었다. 여성의 교육기회 확산과 같은 많은 성과를 남기기도 했다. 1970년대까지 페미니즘에서 의심할 여지도 없이 두루두루 사용되었다. 그러나 우리의 주제와 관련하여 다음과 같은 두 가지 사항을 지적할 필요가 있다.

첫째, 생물학적 섹스와 사회적 젠더라는 개념은 애매모호하다. 어디까지 본질적 섹스이고 어디부터 유동적 젠더인지, 그 경계를 확정하기란 쉽지 않다. 생물학적 실체로 간주되는 신체조차 젠더와 결합되어 형성된다. 예를 들어, 여성의 2차 성징을 지지하지 않는 사회에서 가슴이 나오기 시작하는 10대 여성은 몸을 움츠리고 다닌다. 사춘기 여성은 여성의 신체를 성적으로 바라보는 시선과 반복해 접촉하면서 신체를 표현하고 조절하는 능력을 상실한다. 반복되는 수행(performance)을 통해 신체는 안정화되고, 성인 여성은 자주 자신의 몸이 무겁고 말을 안 듣는 걸 경험한다(히스테리!). 젠더는 생리적 차이에도 영향을 미친다. 얼마만큼 섹스에서 기원하고 얼마만큼 젠더에서 기원하는지 어느 누구도 대답할 수 없다. 페미니즘은 사회적으로 만들어진 성차를 설명하기 위해 젠더를 도입했지만, 번번이 접근할 수 없는 태초의 섹스 앞에서 좌절해야 했다.

그러나 생물학적 섹스는 불변하는 진실이 아니다. 섹스도 역사를 갖는다. **섹스는 언어를 통해 명료하게 드러나는데, 언어는 사회적·문화적 가치를 반영한다.** 역사학자 토머스 라커에 따르면, 18세기까지 남녀의 신체는 근본적으로 같다고 생각되었다. 르네상스부터 17세기까지의 해부도를 보면 남성생식기는 몸 바깥으로 돌출되어 있고, 여성은 같은 모양의 생식기가 안쪽으로 함몰되어 있다. 정소와 난소는 같은 것이라 여겨졌고, 난소는 난소(ovaries) 대신 '여성 정소'(female testicle)라는 이름으로 불렸다. 18세기 중엽 이후 과학은 남성과 여성의 신체에 다른 이름을 붙이고 차이를 강조한다. 그러나 이러한 변화를 과학적 발전에 힘입은 결과라고만 볼 수 없다. 프랑스 혁명 이후 신분질서가 무너지면서 권력을 둘러싼 갈등이 일어났는데, 당시 생물학적 차이는 사회적 관계를 정당화하는 데 동원되었다.

현재 생물학도 '자연적 사실'을 있는 그대로 제시하지 않는다. 일례로, 난자와 정자에 대한 서술은 성차의 특징을 따르고 있다. 사정 후 정자가 난자를 향해 '돌진'하고 난자에 '침투'해서 수정이 이뤄진다고 말해진다. 그러나 엄밀히 말하자면, 정자와 난자는 그 자체로 성적 특질을 보유하지 않는다. X염색체를 가진 정자가 X염색체와 만나야 여자가 되는 것이고, Y염색체를 가진 정자가 X염색체와 만나면 남자가 된다. 정자는 결합에 따라 여성이 될 수도 남성이 될 수도 있다. 그런데 정자에 남성성을 부여하는 것은 단지 정자가 남성의 몸에서 나오기 때문이다. 덧붙이자면, 1980년대에 생물학자들은 정자가 스스로 운동하는 게 아니라, 난자에서 분비하는 화학물질이 정자를 끌어당긴다는 사실을 밝혀냈다. 정자는 난자에게 곧장 전진하지 않고 좌우로 바동대면서 엄청난 에너지를 낭비한다.

둘째, 젠더가 사회적으로 구성되는 것이라면 젠더가 굳이 두 개일 까닭이 없다. 젠더는 섹스 위에 단순히 부과되는 것이 아니다. **오히려 젠더를 남성성과 여성성을 가지고 설명하기 때문에 기원으로서 섹스의 효과는 강화된다.** 예를 들어, 성호르몬 연구를 통해 섹스와 젠더가 얼마만큼 연루되어 있는지 알 수 있다. 성호르몬 연구 초기에는 한 가지 성에 한 가지 호르몬만 있다고 여겨졌다. 즉 여성의 신체에 여성호르몬, 남성의 신체에 남성호르몬이 있어서 호르몬이 각 성의 특성을 발현시킨다 생각했다. 1921년 남성의 신체에서 여성호르몬이 발견되고 여성의 신체에서 남성호르몬이 발견되자, 과학자들은 그것이 음식물에서 유래하는 것이며 병을 유발하는 물질이라 주장했다.

그러나 남녀의 신체에는 여러 가지 호르몬이 존재한다. 난소와 고환은 각각 테스토스테론, 에스트로겐, 프로게스테론을 모두 만들어내며 부신은 어느 성별에서든 안드로겐을 분비한다. 그 호르몬들은 구조가 유사하여 간단한 화학반응으로 전환될 수 있다. 또한 호르몬 작용은 어느 한 종류가 하나의 효과를 낳는 것이 아니라 다른 호르몬과 상호작용 속에서 효과를 나타낸다. 그럼에도 불구하고 우리는 여전히 남성호르몬과 여성호르몬이라는 명칭을 고수한다. 비율의 차이는 절대적인 지표를 매개로 설명된다.

물론, 나는 생물학이 갖는 의의를 폄하하고 싶지 않다. 생물학적 요소가 인간의 행동에 여러 가지 영향을 미친다는 사실을 부정할 이유

<사도마조히즘, 가장 민주적인 성행위> 사회가 바람직하다고 간주하
는 성행위에만 도덕적 복잡성이 부여된다. 이성애는 좋을 수도 있고 나
쁠 수도 있으며, 자유로울 수도 강제적일 수도 있다. 이성애는 인간이
경험할 수 있는 모든 범위를 나타낸다. 반대로 가치체계 아래로 내려갈
수록 범위는 협소해지고 나쁜 경험만을 가리키게 된다. 사도마조히즘
은 최악의 사례에 해당될 법하다. 그렇지만 어떤 성행동도 자체로 비난
받거나 단죄되어선 안 된다. 사도마조히즘은 에로틱한 기운을 조절하
기 위한 복잡한 전략적 '게임'(play)일 수 있다. 통념과 달리, 사도마조
히즘은 매순간 양쪽의 합의에 의해 진행되며 주인은 진짜 주인이 아니
다. 왜냐하면 학대가 끝날 시점을 조절하는 것은 '노예'이기 때문이다.
남성과 여성이 한 사람씩 있다는 사실만으로 이성애에 더 높은 지위를
부여할 수 있을까.

는 없다. 유전적 차이는 키, 몸무게, 수명, 눈과 머리카락의 색깔 등에 영향을 미친다. 호르몬 분비의 차이는 체모, 지방층, 근육분포에 영향을 미친다. 하지만 내가 주장하고 싶은 바는 상황은 우리가 생각하는 것보다 훨씬 복잡하다는 것이다. 지금까지 살펴본 것처럼, 생물학은 사회적·문화적 기호를 통해 다듬어지고 의미를 획득하고 일관성 있게 배열된다. 모든 과학이 그러하다. 그렇다면 세포분할 과정에서 통상적인 방식으로 분할되지 않는 XXX, X, XXY, XYY 유형은 남자인가, 여자인가? 또한 XY염색체를 지니고 있지만 호르몬 무감각으로 인해 남성적 외모를 지니지 못하는 사례는 남자인가, 여자인가?

섹스와 젠더의 거친 이분법 대신 등장한 용어가 '섹슈얼리티' (sexuality)다. 섹슈얼리티는 성욕, 성정체성 및 성적 실천을 의미하는 것으로 성적 감정과 성관계를 모두 포괄하는 개념이다. 섹슈얼리티의 관점에서 성욕이나 성정체성은 사회적 배치에 따라 구성되는 일련의 과정에 불과하다. **섹슈얼리티는 성이 섹스와 젠더뿐만 아니라 계급, 인종, 연령, 성적 지향, 규범, 제도 등에 따라서 다양하게 구성된다는 점을 강조한다.** 남성과 여성, 이성애와 동성애, 게이와 레즈비언 같은 성적 범주의 경계도 유동적일 수 있다. 섹슈얼리티의 관점은 성적 억압을 여성 대 남성의 구도로 풀어가기보다 좋은 성과 나쁜 성, 정상적 성과 비정상적 성, 자연적 성과 일탈적 성으로 분할하는 경계에 도전한다. 자신을 남성 혹은 여성으로 쉽게 동일시할 수 없는 성적 소수자의 억압은 섹슈얼리티를 통해 훨씬 풍부하게 설명될 수 있다.

서두에 소개한 일화처럼, 개인은 조건에 따라 스스로를 다르게 인식하고 체험할 수 있다. 나는 퀴어 영화제에서 상관, 선생님, 어르신이 아닌 다른 방식으로 중년 남성과의 관계에 진입했고, 그러한 관계는 사회적 관습 바깥에 놓였기 때문에 당황했던 것이다. 나는 상대방의 행동에 의미를 부여할 수 있는 언어를 가지고 있지 않았다. 그래서 이곳은 퀴어 영화제니, 그는 틀림없이 동성애자일 테고, 동성애자의 접근은 곧 성적 접근이라는 추측을 남발했던 것이다. 그런데 그는 과연 동성애자였을까. 그날 그는 내가 잃어버린 사소한 물건을 줍고서 전해주려 했던 것은 아닐까. 그 역시 동성애자라는 오해를 받기 싫어 망설였던 게 아닐까.

섹슈얼리티는 성정치학의 새로운 지평을 열었으며, 이전의 이분법을 극복하고 다양한 억압과 차별을 중층적으로 다룰 수 있게 되었다는 점에서 의의가 있다. 지금까지 내가 성이라고 두루뭉술하게 사용했던 용어 중 일부는 섹슈얼리티이고, 앞으로는 섹슈얼리티라고 명확히 표기할 작정이다.

3. 커밍아웃 : 미리 있다고 가정된 성적 소수자

트랜스젠더 하리수의 공식 프로필에는 취미가 십자수라 적혀 있다. 성격은 "애교가 많고, 정 많고, 겁이 많다"고 기록되어 있다. 데뷔 초 여느 인터뷰를 들춰봐도, 하리수는 남성의 신체에 갇혀 있었기 때문에 고통스러웠던 과거에 대해 토로한다. 그녀의 이력, 말, 몸짓은 태어나서 한시도 빠지지 않고 그녀가 여성이었음을 증언한다. 그리고 이러한 증언은 사람들에게 공감을 불러일으킬 수 있었다. 실제로 하리수를 수식했던 말 중에 "여자보다 더 여자 같은"이란 표현이 있었다. 동성애자 홍석천의 경우도 크게 다르지 않다. 우리가 대중매체에서 볼 수 있는 성적 소수자들은 어렸을 때 했던 놀이, 사춘기 신체 변화, 학창시절 에

피소드 등을 나열하며 명확하진 않지만 "무언가 달랐다"고 말한다.

'커밍아웃'(comingout)은 성적 소수자가 자신의 성정체성을 당당히 드러내는 것을 말한다. 커밍아웃은 가족이나 친구, 동료들에게 자신의 성정체성을 밝히는 것을 말하지만, 성적 소수자임을 스스로 받아들이는 것 또한 커밍아웃이다. 성적 소수자의 커밍아웃은 얼핏 보기에 개인에게 이미 주어져 있던 성정체성을 드러내는 것처럼 보인다. 그러나 엄밀히 말하자면, 성적 소수자의 정체성은 회고적인 것이다. 한 개인사에 있는 다양한 사건은 단일한 체험으로 매끈하게 수렴될 수 없다. 경우에 따라 그것들은 상호모순적인 의미를 지니고 있기도 하다.

대표적으로 동성애자가 자신의 성정체성을 풀이하는 방식을 들여다보자. 우리는 동성애자가 누구인지 어떻게 동성애자가 되는지 쉽게 정의할 수 없다. 동성애자라는 본원적 정체성은 존재하지 않는다. 예를 들어, 일곱 살 때 자신이 동성애자임을 알았다는 사람이 있다. 결혼과 출산 이후 동성애자임을 아는 경우도 있다. 어렸을 때 여성들만 있는 환경에서 자랐기 때문에 게이가 되었다는 사람이 있는가 하면, 남중·남고·군대 시절의 경험으로 게이가 되었다 주장하는 사람도 있다.

"동성과 성행위만을 즐기는 이가 있고, 동성을 사랑하지만 한 번도 성행위는 해본 적이 없는 이도 있고, 동성에게 인생의 동반자로서의 끌림은 느끼지만 성적 끌림은 이성에게 느낀다는 이도 있다. 이성과의 성경험이 있는 동성애자가 있고, 양성애자라고 하지만 데이트 경험은 이성뿐인 이도 있다. 또 양성 모두에게 성욕을 느낀다고 말하는 10대나, 줄곧 이성과 지내다 어느 날 동성과의 사랑에 빠진 40대 중년의 경우 둘 다 양성애자일까? 이성애자에서 동성애자로 바뀐 것일까? 이성애자로 착각하고 지낸 동성애자일까?"(한채윤, 「어느 비이성애자, 이성

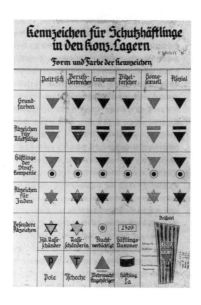

<나치수용소의 분홍색 삼각형> 나치는 유태인뿐 아니라 동성애자도 탄압했다. 순수하게(!) 독일민족의 건강과 복지, 전체 인구의 증식을 위해서였다. 다양한 형태와 색상으로 구분된 다카우(Dachau) 수용소의 '포로 분류 일람표'를 살펴 보자. 분홍색 삼각형으로 표시된 동성애자는 강제수용소 목록에서 유태인 다음 으로 낮은 위치를 차지하고 있다. 그들은 '치유'의 목록으로 야만적 생체실험 에 동원됐다. 다른 포로로부터 경멸을 사기도 했다. 영화 「형법 105조」에서 한 남성 동성애자는 수용소에서 밤만 되면 쇠꼬챙이로 항문을 찔려야 했다고 고백 한다. 살아남은 그는 누구에게 이 같은 고통에 대해 말할 수 있었을까.

애를 묻다」, 355쪽) 그럼에도 불구하고 성적 소수자 각각은 서로 다른 경험을 가지고 동일한 성정체성을 설명하는 서사에 나란히 배치한다.

이런 점에서 보았을 때, 커밍아웃 과정에서 말해지는 일관된 정체성은 애초부터 주어져 있기보다 이성애주의 사회에 기입되기 위해 사후적으로 구성되는 것이다. 성적 소수자는 '아! 내가 동성애자구나. 혹은 양성애자구나'라는 방식으로 자신의 정체성을 깨닫지 않는다. 남들과 다르다는 사실을 거듭 확인하고, 어딘가 잘못된 것은 아닌지 의심하면서 실망, 좌절, 고뇌 등을 거듭하다 마침내 이성애자가 아니라는 사실을 받아들인다. 성적 소수자들은 자신이 이성애자가 될 수 없다는 상태를 합리화해주는 단어로 동성애자, 양성애자, 성전환자, 이성복장착용자 등을 채택한다. 그리고 자신이 속한 성적 소수자 공동체의 다양한 삶의 관습을 자신의 삶과 합체시키며 성정체성을 구성해나간다.

성적 소수자가 커밍아웃 했을 때, 반드시 성정체성을 알게 된 시기를 질문받기 때문에 이러한 서사는 필요하기도 하다. 이성애자는 한결같이 이렇게 묻는다. "언제 자신이 이쪽이란 걸 깨달으셨어요?" 이처럼 이성애자는 동성애자가 어쩌다 동성애자가 되었는지, 왜 이성에게 끌리지 않는지, 제대로 된 연애상대를 만나지 못해 그런 것은 아닌지, 고칠 수는 없는지, 수많은 질문과 의혹의 시선을 던진다. 또한 이것은 성적 소수자가 자신과 같은 성적 소수자를 만났을 때 주고받는 질문이기도 하다. 성적 소수자가 자신을 바라보는 시선도 예외일 수 없다. 그런데 이에 비해 이성애란 무엇이고, 이성애자란 누구이며, 어떻게 만들어지는지와 같은 질문은 제기되지도 유통되지도 않는다.

사실 어느 이성애자의 삶도 철두철미하게 남성 혹은 여성으로 진행되지 않는다. 어렸을 때 소꿉놀이를 즐겨 했다거나, 또래 친구 사이에서 귀여움을 독차지했다거나 하는 사건은 이성애자 남성에게도 흔하다. 사내끼리 어울리며 의리란 말로 표현하기엔 어색한 설렘을 경험하기도 한다. 그러나 그럼에도 불구하고 그들은 성정체성을 의심하거나 불안해하지 않는다. 심지어 이성애자는 자신을 이성애자라고 정의내릴 필요조차 느끼지 않는다. 이성애자는 자신을 '일반인' 내지 '정상인'으로 명명하는 일에만 익숙하다. 이것은 마치 유색인종에 백인이 포함되지 않는다는 사실과 유사하다. 서구중심주의 사회는 백인의 피부를 하얀 도화지처럼 바탕색으로 주어져 있다 가정한다. 이성애주의 사회에서 이성애도 마찬가지다. 일례로, 호모섹슈얼이란 명칭은 1869년에 한 의사에 의해서 만들어졌다. 반면에 이성애에 해당하는 명칭인 헤테로섹슈얼은 뒤늦게 1892년이 되어서야 등장하였다.

어떤 이성애자는 성적 소수자의 성행동이 생식과 무관하고 인류를 재생산하지 못하기 때문에 자연에 위배된다고 주장한다. 그러나 생식기능을 상실한 노인이나 불임인 사람의 사랑과 결혼을 문제 삼는 사람은 거의 없다. 미혼(未婚) 대신 등장한 비혼(非婚)이란 용어는, 결혼이 인간이 반드시 따라야 할 규범인 시대가 지나갔음을 말해준다. 또한 이성애자의 성행동도 생식과 무관하기란 마찬가지다. 이성애자의 성교가 성기 결합이 아닌 경우도 수두룩하다. 이성애에는 선교사 체위(missionary position)라 불리는 근엄한 정상위부터 구강성교와 항문성교까지 다양한 성교 형태가 있다. 자위행위는 생식과도 타인과도 아무런 관련이 없지만 금지목록에 오르지 않는다. 우리가 사용하는 신체기관, 성행위 방식, 어떤 상대방과 얼마나 자주 그리고 언제 성행위를 할 수 있는지 등은 다양할 수 있다.

이성애자의 삶을 추적해보면 곳곳에서 비이성애적 요소를 발견할 수 있다. 이성애라는 단어는 성적 대상에 관한 사실을 제외하면 아무 것도 말해주지 않는다. 아니, 그것조차 제대로 말해주지 않는다. 이성 과 성경험은 물론이고 연애경험조차 없는 사람도 모두 이성애자다. 그들이 이러한 사실에 아무런 불편이나 문제를 느끼지 않을 때조차 말이다. 매번 자신의 존재를 해명해야 하는 것은 성적 소수자의 몫이다. 성적 소수자들은 자신의 존재 근거에 대한 의심과 불안에 시달리기 때문에 대중에게 납득할 만한 존재가 되고자 한다. 예컨대 트랜스젠더는 자신을 '정신적인 성과 육체적인 성이 불일치하는 사람'이거나 '남성(여성)의 몸에 갇힌 여성(남성)'이라고 설명한다.

커밍아웃은 이성애주의를 강제하는 사회에서 협상력을 얻기 위한 성적 소수자의 실천이다. 그러나 우리의 관점에서는 커밍아웃하는 성적 소수자의 진정성과 별개인 성적 소수자의 상호모순적인 체험이 훨씬 흥미롭다. (물론, 이 말이 성적 소수자들의 진정성을 의심하고 오류를 잡아내려는 것처럼 받아들여져선 곤란하다. 이것은 성적 소수자의 성정체성이 허위거나 위장이라는 주장이 아니다.)

커밍아웃이 주는 교훈은 역설적으로 **어느 누구도 하나의 성으로 살아가지 않는다**는 사실이다. 홍석천과 하리수의 처지를 이해하고 공감했을 때조차, 우리가 그것을 자신의 삶을 변화시킬 수 있는 계기로 활용하기란 쉽지 않다. 쉽게 말하자면, 성적 소수자에 대해 인정 내지 관용할 때조차 우리는 그것을 남의 문제로 취급한다. 그러나 우리의 삶이 단일한 성정체성으로 수렴될 수 없다는 사실을 받아들인다면, 이성애주의는 성적 소수자뿐만 아니라 우리 모두를 구속하는 장치로 사고될 수 있다.

'퀴어'(queer)라는 단어는 이러한 문제의식에서 만들어졌다. 게이

(남성 동성애자), 레즈비언(여성 동성애자), 바이섹슈얼(양성애자), 트랜스젠더(성전환자), 트랜스베스타이트(이성복장착용자) 등은 성정체성을 가리키는 이름이다. 그런데 서구에서 1960년대 후반 이래 게이·레즈비언 집단이 채택한 정체성의 정치학은 적지 않은 문제를 노출시켰다. 그들은 게이와 레즈비언이 독특하고 본질적인 정체성을 가지고 있다고 간주했는데, 이것은 같은 정체성을 공유하지 않은 사람을 배제하는 결과를 낳았다. 대표적으로 양성애자는 이성애자와 친밀하게 지내는 교활한 박쥐와 같은 배신자로 취급당했다. 일부 급진적 페미니스트는 트랜스젠더 여성을 여성의 신체를 강탈한 가부장이라고 맹렬히 공격했다.

퀴어 정치학은 정체성의 정치학이 갖는 배타성을 타파하고 이성애주의 바깥에서 이성애자와 성적 소수자 사이의 경계 그리고 성적 소수자 내부의 경계를 넘어서는 소통을 진작시키고자 한다. 퀴어는 이성애주의로 동화될 수 없고 동화되지 않는 차이를 강조하는 이름이다. 퀴어 정치학은 성적 소수자가 이성애자와 똑같은 인간이라 주장하지 않는다. 대신 이성애주의가 해체되면서 발생하는 차이가 더 자극적이고 매력적이라 주장한다. 퀴어 이론의 창시자인 주디스 버틀러는 퀴어에 대해 다음과 같이 말한다. '만일 '퀴어'라는 말이 우리들 논쟁의 지점, 즉 일련의 역사적인 고려 사항들과 미래의 상상을 위한 출발점이어야 한다면, 그것은 현 시점에서 결코 완전히 소유되지 않아야 하고 이전의 어법에서 항상 재조정되고 비틀어지고 낯설게 되어야 하며 긴급하면서 확장되는 정치적 목적들을 추구하는 것으로 계속 존재해야 할 것이다'(버틀러, 『의미를 체현하는 육체』, 424~425쪽).

이렇듯 퀴어는 게이나 레즈비언을 대체하는 새로운 정체성의 이름이 아니다. 퀴어는 이성애주의로 환원되지 않는 관계를 증식시키면서 주어져 있다고 가정된(!) 정체성조차 낯설게 만들고 이를 통해 이성애주의를 전복시키는 '운동'을 의미한다.

4. 이성애주의 : 근대 사회의 산물

이성애주의는 이성애를 자연스럽게 보이도록 만든다. 이성애주의는 남성과 여성, 남성성과 여성성의 이분법적 대립을 견고히 유지시키는 제도, 관습, 의식적, 무의식적 실천을 포함한다. 그러나 이성애주의는 만고불변의 진리가 아니다.

프랑스 철학자 미셸 푸코는 『성의 역사』 연작에서 이성애주의의 탄생이 근대와 밀접하게 관련되어 있다는 사실을 밝혀냈다. 19세기 후반부터 서구에서 섹슈얼리티는 법, 의학, 과학의 관심사가 되었다. 왜냐하면 근대 사회가 형성되면서 섹슈얼리티가 성장, 복지, 위생, 건강, 전체 인구의 증식을 고려할 때 필수적 요소가 되었기 때문이다. 사회가 출생률, 사망률, 수명, 생식력, 건강상태, 식생활, 주거형태 등을 가지고 구성원의 삶에 관심을 쏟으면 쏟을수록, 사회는 섹슈얼리티를 규제하게 되었다. 새로운 직업과 학문도 출현했다. 의사, 심리학자, 생물학자, 유전학자, 정신분석학자, 가족학자, 인구학자, 법의학자, 범죄학자 등이 달려들어 관찰과 감시를 통해 성적 범주들과 그것들을 설명하는 논리를 만들어냈다. 일단 그러한 배치가 형성되고 나자, 근대인에게 '누구와 성행위를 하는가', '어떻게 성행위를 하는가'와 같은 문제가 중요해졌다. 오늘날 우리는 성적 대상과 성적 행동에 따라 정의되는 어떤 사람의 '본성'에 엄청나게 집착한다.

<애도할 수 없는 죽음> 동성애자의 경우, 숨길 수 있다는 점에서 억압과 차별에 덜 노출된다. 그렇지만 반대로 발각될 수 있다는 점 때문에 불안에 시달리기도 한다. 성정체성을 폭로하겠다는 협박 때문에 이성애자 남성에게 강간을 당하고도 신고 못하는 레즈비언이 있다. 1980년대 에이즈는 그리드(Gay Related Immune Deficiency)란 이름을 가졌다. 동성애와 밀접한 관련이 있다고 낙인찍혔기 때문이다. 에이즈 환자의 죽음은 드러낼 수도 애도할 수도 없었다. 1987년 클리브 존스는 슬픔을 집단적으로 표현하기 위해 '네임즈 프로젝트 퀼트'를 창립했다. 하나하나의 퀼트는 에이즈로 죽은 친구나 친척에게 바쳐졌다. 이 퀼트를 전부 펼치면 6만 평방미터가 넘는다.

푸코가『성의 역사 1권―앎의 의지』에서 언급한 '엉긴 우유' 사건(수음手淫을 가리킨다)을 통해 이성애주의가 형성되는 과정을 살펴볼 수 있다. 1867년 어느 날, 랍쿠르 마을에서 정신박약 날품팔이꾼이 조숙한 어린 아이들과 성적인 장난을 했다. 마을 장난꾸러기들이 성적 유희를 즐기기에 만만한 상대로 그를 골랐을 수 있다. 어쩌면 성행위를 할 상대를 찾지 못했던 날품팔이꾼이 아이들을 꼬드겼을지도 모를 일이다. 어찌됐든, 기억해야 할 사실은 이러한 식의 지능이 모자란 사람과 조숙한 어린 아이 사이의 성적 거래는 예전부터 줄곧 있었다는 것이다. 비록 발각됐을 때 전자가 뭇사람의 구타와 함께 마을에서 쫓겨나기는 했겠지만 말이다.

그런데 푸코가 이 사례를 특별하게 취급하는 까닭은 소녀 부모의 고발에서부터 비롯된 일련의 사건이 이전과 완전히 다른 양상을 띠고 있기 때문이다. 일상적 사건이 사법적 소송, 의학적 개입, 임상적 검사, 거창한 이론을 구축하는 데까지 이어졌다. "중요한 것은 그때까지 농촌 생활의 구성요소인 그러한 인물을 대상으로 두개골의 크기를 재고 얼굴의 골격을 조사하며 해부학적 특징을 검사하여 성적 타락이 있음직한 징후를 찾아내려고 했다는 것, 그로 하여금 말하게 했다는 것, 그의 생각·성벽·습관·격한 감정·판단력을 알아내려고 그를 심문했다는 것, 그를 법적으로 혐의에서 벗어난 다음에도 그를 의학과 앎의 순수한 대상, 이를테면 죽을 때까지 마레빌 병원에 감금해야 할 뿐만 아니라 상세한 분석에 의해 학계에 알려야 할 대상으로 삼았다는 것이다"(푸코,『성의 역사 1권―앎의 의지』, 52~53쪽).

이러한 섹슈얼리티의 과학화, 의학화, 법률화는 성적 진실을 밝혀내려는 움직임과는 거리가 멀다. 오히려 그것은 세계를 철저하게 이항 대립적으로 분할하는 이성애주의가 어떻게 공고해졌는지를 알려준다. 동성애, 양성애, 관음증(voyeurism), 물신주의(fetishism), 사디즘(sadism), 마조히즘(masochism) 등 다양한 성적 유형이 분류되었고 이성애와 충분한 거리를 획득했다. 이성애자는 소위 변태를 제외하고 남은 여집합이다. **이러한 활동은 그동안 엄밀히 규정되지 않고 섞여 지냈던 다양한 존재를 더 이상 혼합될 수 없는 상이한 '본성'으로 구분했다.** 과학, 의학, 법률에서 말하는 객관성은 이성애자와 성적 소수자 사이에 불변하는 거리가 존재한다는 선언에 다름 아니다.

예를 들어, 이전만 해도 동물과의 성교와 남성 간 항문성교는 신성모독이란 동일한 죄목으로 처벌받았다. 처벌을 받았지만, 그것은 그가 '누구나' 위반할 법한 죄를 저질렀기 때문이었다. 그의 인성과 같은 내적 특질에 대해서 아무도 궁금해 하지 않았다. 이제 근대인은 그의 동기를 심문하고, 가족관계와 어린 시절을 파헤친다. 동물과의 성교와 남성 간 항문성교는 본질적으로 서로 다른 것이 되었다. 이들은 개별적인 인간형으로서 이름을 획득한다. 비교할 만한 사례가 있다. 통념과 달리 한국에서 병신은 근대 이전 변변치 못한 상태 전반을 지칭하는 누구에게나 적용될 수 있는 말이었다. 그러나 병신을 대체한 장애인이란 용어는 비장애인과 엄격하게 구분되는 특정한 인간형을 가리키게 되었다. 성적 소수자도 마찬가지다. **"남색가는 과오를 반복하는 사람이었지만, 이제 동성애자는 하나의 종(種)이 되었다"**(푸코, 『성의 역사 1권 ─ 앎의 의지』, 65쪽).

그러므로 우리는 어떤 사람이 성적 소수자란 사실을 알았을 때, "그가 유난히 깔끔하든, 신경질적이든, 감상적이든, 말랐든, 근육질이거나 간에 그런 그의 특성은 곧장 그의 성정체성으로 환원"시킨다. 예를 들어, 그는 동성애자이므로 가죽옷에 관심이 많고, 그는 동성애자이므로 느끼한 음식을 좋아한다. 이러한 일련의 목록은 얼마든지 작성될 수 있다. 그런데 그때 우리가 밝혀낼 수 있는 유일한 사실은 동성애자란 단어를 이성애자로 교체해도 아무런 문제가 발생하지 않는다는 점이다. 사실 "거기에는 관찰되어지는 사실로서의 동성애자와 그를 관찰하고 기록하는 순수한 의식으로서의 이성애자가 있는 것이 아니라 그런 수행문적 전략을 통해 자신을 관찰되는 대상과 분리시키려는 이성애자만이 있을 뿐이다"(서동진, 「커밍아웃의 정치학을 다시 생각한다」, 265~266쪽).

그러나 근대인과 대조적으로 고대 그리스인은 성적 대상과 성적 유형에 그토록 집착하지 않았다. 고대 그리스인이 섹슈얼리티를 평가할 때 중요하게 고려했던 요소는 능동적이냐 수동적이냐 였다. 하나의 성행위는 그 자체로 본질적 가치를 지니지 않았다. 섹슈얼리티는 양생술, 가정관리술 등과 더불어 종합적으로 다뤄져야 하는 문제였다. 고대 그리스 성인 남성이 소년과 즐겨 연애했다는 사실은 잘 알려져 있다. 그러나 이때조차도 '소년'과 성행위를 했다는 사실보다, '어떤' 관계를 맺었는지가 훨씬 중요한 관심사였다. 소년애는 허용되었지만, 관계에 집착해서 시민의 덕목을 상실한다면 언제든지 비난받을 수 있었다.

『성의 역사』 2권과 3권의 제목처럼, 고대 그리스인은 '쾌락을 활용'하고 '자기를 배려'하며 존재의 미학을 실천하는 데 관심을 가졌다. 고대 그리스 성인 남성은 소년과 연애하고 여성과 결혼한다는 사실에 아무런 모순도 느끼지 않았다. 그러나 이들은 동성애자도, 양성애자도, 소년애자도, 이성애자도 아니었다.

트랜스젠더의 신체는 이성애주의와 외부 사이의 첨예한 긴장을 읽어낼 수 있는 장소이다. 2006년 9월 '성전환자 성별 변경 및 개명에 관한 특례법'이 발의됐다. 이 법률은 외관의 성별과 호적의 성별이 일치하지 않아 불이익을 겪는 트랜스젠더를 구제하기 위한 것이다. 지금까지 한국의 트랜스젠더는 신분증과 다른 외모와 옷차림, 행동 등으로 인해 취업시장에서 배제되고 있었다.

그러나 트랜스젠더의 삶을 개선시키기 위해 제정된 이 법률은 일정한 한계를 지니고 있다. 특례법은 성전환자를 "상대 성징을 얻기 위해 의학적 조치를 받고 있거나 받는 자"로 규정한다. 법의 성전환자 정의는 의료적 시술을 원하지 않는 트랜스젠더의 존재를 지워버린다. 성전환자 인권연대 활동가 루인은 트랜스젠더는 남성과 여성의 이원론으로 쉽게 파악되지 않는 존재라고 주장한다. "나는 내 몸을 혐오하지 않는다. 성기 재구성이나 호르몬 투여를 아주 안 하고 싶은 건 아니지만 그것이 몸을 혐오해서 그런 것은 아니다. 수술을 하건, 하지 않건 상관없이 나는 '여성'이다. …… 의사는 나를 '남자며 성전환증 환자가 아니'라고 진단한다. …… 법안대로 한다면 나는 가짜 트랜스거나 '정신병자'일 뿐이다."

"어떤 의사는 자신이 매력을 느끼지 않으면 mtf(male to female)가 아니라고 진단하고, 어떤 의사는 상담기간 중 mtf가 치마가 아닌 바지를 입고 왔다고 상담기간을 몇 년 더 연장했고, 한 ftm(female to male)은 자신은 질을 제거하고 싶지 않은데 어떻게 생각하느냐고 의사에게 묻자 의사는 그런 ftm은 없다고 대답했다. 또한 수술 뒤 '이성애' 관계를 형성하지 않으면 수술을 거부하기도 한다"(루인, 「나를 증명할 길은 수술뿐인가」).

남성과 여성의 외부를 상상하지 못하는 이성애주의는 트랜스젠더에게 수술을 유일한 해결책으로 제시한다. 이성애주의는 트랜스젠더에게 자신이 원하는 성별의 전형적 특징을 그대로 따르도록 강제한다. 왜냐하면 주어진 성적 규범을 충실히 이행할수록 시선을 '통과하기'(passing)가 훨씬 용이해지기 때문이다. 2006년 발간된 한국 최초의 『성전환자 인권실태조사 보고서』에 따르면, 트랜스젠더는 일상적 긴장을 피하기 위해서 공중화장실을 이용하지 않는다. 그리고 집 밖에서 물을 좀처럼 마시지 않는다.

그러나 비서구 사회에 존재하는 다양한 집단은 남성과 여성 외에 다른 성이 얼마든지 있을 수 있다는 사실을 증명한다. 인도의 히즈라(hijra), 오만의 한에스(xanith), 북미 인디언의 베르다체(berdache), 타히티 섬의 마후(mahu) 등은 각기 맥락은 다르지만 남성도 여성도 아닌 '제3의 성'으로 살아가는 사람들의 집단이다. 이들은 이성애주의 외부에 대한 상상력을 자극한다. 이러한 집단에서 남성성과 여성성은 철저하게 분화되지 않고 묘하게 포개져 있다. 하지만 이것은 모순으로 파악되지 않는다. 이들은 게이, 레즈비언, 바이섹슈얼, 트랜스젠더, 트랜스베스타이트 등 어떤 개념에도 정확히 맞아떨어지지 않는다.

이러한 점을 염두에 두면서, 다시 퀴어 영화제 사건으로 돌아가 보자. 독자는 이 글을 쓰고 있는 나의 성정체성을 무엇이라 짐작하고 있을까. 반이성애주의를 표방했지만 동성애혐오를 간직했던 위선적인 이성애자? 처음으로 동성 파트너를 물색하다 재수 없게 아저씨와 마주친 서툴렀던 동성애자? 그렇다면 과거 이성과 연애경험은 어떻게 정리될 수 있을지 의문이다. 이성애주의 사회가 정체성을 혼란시켜서 생긴 실수라 불러야 할까. 아니면 동성애자가 아닌 양성애자라 해야 할까. 차라리 꽃미남을 좋아하니까, 동성애자가 아니라 꽃미남애자라 부르

<게이? 레즈비언? 트랜스젠더? 트랜스베스타이트?> 모든 사회는
나름대로의 성을 분류하는 체계를 갖추고 있다. 필리핀의 바클라
(bakkla), 인도네시아의 반치(banci), 와리아(waria), 태국의 케터
이(kathoey) 등은 비서구 사회의 성적 소수자 집단이다. 이들은
게이, 레즈비언, 트랜스젠더, 트랜스베스타이트 어디에도 딱 맞아
떨어지지 않는다. 최근 전 지구적 자본주의화는 비서구 사회에 서
구 사회의 소수적 성정체성을 유입시켰다. 이전 세대 성적 소수자
와 자신을 게이, 레즈비언이라 간주하는 젊은 성적 소수자 사이에
불화가 빚어지기도 한다. 요즘 뉴델라, 리카, 자카르타 등의 중산
층 출신 자칭 게이와 레즈비언은 자기 나라의 '전통적인' 동성애
자보다 서구의 모델에서 자신의 모습을 발견한다. 영화 「왕의 남
자」의 공길이는 어디쯤 위치하고 있을까.(사진은 방글라데시의 성
적 소수자인 히즈라hijras이다.)

는 게 보다 적절하지 않을까. 어디에도 정답은 없다.

내 이야기는, 얼마만큼 자신으로부터 벗어날 수 있는지 고민해보자는 것이다. 동성애자나 트랜스젠더가 문제가 아니라, 다양한 인간을 구분하는 경계선이 누구에 의해 어떤 방식으로 정해지는지가 진짜 질문거리다. 그와 같은 경계선이 인간 사이에 맺어질 수 있는 다양한 감정적, 정서적, 지적, 정치적 관계를 독점하고 있다. 성행동에 본질적 가치를 부여하지 않았던 고대 그리스 사회와 남성과 여성의 외부를 허용할 줄 알았던 비서구 사회의 경험은 이성애주의 바깥을 모색할 수 있는 자원을 제공한다.

5. 글로벌 게이와 퀴어 정치학의 과제

2007년 2월 하리수는 기자회견을 갖고 결혼을 공식발표했다. 아들 둘, 딸 둘, 자녀 네 명을 입양하고 싶다고 2세 계획까지 공개했다. 2000년 일부 언론에 의해 아웃팅(outing) 당해(아웃팅은 성적 소수자가 자신의 의지와 관계없이 성정체성을 폭로당하는 일을 일컫는다) 뭇매를 맞고 방송에서 퇴출된 홍석천의 모습도 다시 공중파에서 볼 수 있게 됐다. 홍석천은 일방적으로 해고를 통보받았지만, 이후 강연을 하고 토론회에 참석하는 등 동성애운동에 적극적으로 관여하였다.

은밀하게 소문만 나돌던 성적 소수자가 대중의 눈앞에 나타날 수 있게 된 것은 여러 성적 소수자 운동가들의 활동에 힘입은 바 크다. 미비한 점도 적지 않지만, 성적 소수자가 평범하게 일상을 영위할 수 있도록 제도적 장치도 정비되고 있다. 물론 해결해야 할 과제는 아웃팅 방지부터 고용권리 보장, 가족구성권, 대중매체 심의 기준 상의 차별

<사이버 섹스? 사이비 섹스!> 사이버 공간이 생겨나자, 인종·연령·성정체
성·질병으로부터 자유로운 새로운 섹스에 대한 기대가 일어났다. 사이버 공
간은 실험적 섹스의 장이 될 수 있을까. 아쉽게도 현재까지 사이버 공간은 업
그레이드된 자위 이상을 제공하지 못하고 있다. 사이버 공간에서 이성애자 남
성이 소비하는 레즈비언, 수간(獸姦) 포르노 등은 이성애를 넘어서는 정치적
실천과 아무런 관련이 없다. 사이버 섹스를 묘사하는 위 도판은 몹시 기괴하
지만, 사이버 섹스는 기실 사정(射精)을 촉진하는 수단에 불과하다는 사실을
말해준다.

시정까지 다양하다. 동성애 코드가 뜬다는 요즘에는 노골적으로 성적 소수자를 차별하고 멸시하는 사람을 적어도 공개석상에서 만나기란 쉽지 않다. 1990년대만 해도 한국에서 성적 소수자에 대해 개방적 태도를 취하는 것이 급진적인 정치적 입장으로 간주되었던 것과 대조적이다.

한편 대중매체를 통해 다양한 성적 소수자가 출현하는 현상은 퀴어 정치학이 직면한 새로운 현실에 대해 환기시킨다. 이제 성적 소수자는 꽤 잘 팔리는 '문화적 아이콘'이 되었다. 그리고 전 지구적 자본주의화가 성적 소수자에 대한 이미지를 장악하고 있다. 마닐라 게이 바에 출현하는 댄서들에 대한 다음과 같은 묘사를 살펴보자. "라이방 선글라스와 리바이스 청바지, 삐삐나 핸드폰을 잘 보이게 벨트에 차고 거들먹거리고 나오는 것이 관습이 되었다. 결국 댄서들은 쇼에서 청바지(모든 클럽에서 공통된 이상한 유니폼이다)를 벗어던질 것이지만, 속에는 캘빈 클라인의 속옷을 입고 있다"(알트만, 『글로벌 섹스』, 133~134쪽). 새로운 이미지의 출현과 현실의 괴리, 그 속에서 퀴어 정치학이 세계화에 어떻게 대응할 것인가가 중요한 과제로 부상하고 있다.

어쩌면 자신의 존재에 대해 끊임없이 질문을 던지던 고독한 성적 소수자는 점차 사라지고 있다 할 수 있다. 성적 소수자들은 인터넷과 대중매체를 통해 성적 소수자에 대한 정보를 예전보다 훨씬 쉽게 접할 수 있게 되었다. 우리는 미국에서 유행하는 레즈비언 시트콤을 케이블 텔레비전에서 볼 수 있다. 샌프란시스코에 거주하는 게이 블로그에 접속할 수도 있다. '글로벌 게이'(global gay)라는 용어는 전 지구화된 세계에서 성적 소수자의 새로운 삶의 형태를 가리키는 용어이다. 상당수의 성적 소수자들이 세계 전역에서 열리는 화려한 파티에 참석하기 위해 비행기를 타고 암스테르담으로, 시드니로, 싱가포르로 이동한다. 성적 소수자를 겨냥한 시장도 갈수록 성장하고 있다.

물론, 우리가 목도하는 현실은 성적 소수자가 변태, 도착, 비정상의 누명을 벗고 있는 과정이기도 하다. 그러나 성적 소수자와 이성애자 사이 그리고 성적 소수자 내부의 상호작용이 상품화된다는 사실은 새로운 정치학의 발명을 요구한다. 현재 성적 소수자에 관련된 시장은 고학력 중산층 남성 동성애자를 중심으로 편성되어 있다. 그들이 이성애주의와 불화하지 않으며 얼마든지 편하게 살 수 있는 조건이 마련되어 있다. 그들은 스타일을 과시하고 쿨한 만남을 즐기는 데 여념이 없다. 그리고 이성애자들은 성적 소수자를 세련된 이미지로 소비한다. 그들은 여타 성적 소수자, 특히 여성 동성애자와 트랜스젠더가 처한 현실에 무지하거나 무관심하다.

의학적·법적 차별과 편견의 개선과는 별개로, 삶의 다른 면면에서 성적 소수자는 개별화되고 파편화되고 있다. 정치경제적인 맥락은 무시된 채, 이미지가 정치학을 대체하고 있다. 현재 에이즈는 죽을병이 아니라 만성질환처럼 취급된다. 왜냐하면 1990년대 중반 효과적인 약제가 개발되었기 때문이다. 그러나 정작 부실한 공중보건 정책이나 고가 약을 조장하는 지적재산권으로 인해 죽어가는 에이즈에 감염된 동성애자의 삶에 주목하는 사람은 드물다. 오늘날 퀴어 정치학의 중요한 과제 중 하나는 전 지구적 자본주의로 재편되는 사회에서 이미지로 상징화되지 않는 이음매들을 발명함으로써 함께 행동할 수 있는 지평을 넓히는 것이라 하겠다.

퀴어 정치학이 의도하는 차이는 수동적으로 주어져 있지 않다. 젖꼭지 모양 귀걸이를 하고 "Queer!"라고 씌어진 티셔츠를 입는 것이 차이를 의미하는 것도 아니다. 퀴어 정치학에서 차이란 자신의 내부와 외부를 만나게 하고 섞음으로써 끈질기게 발명되어야 하는 것이다. 말년의 푸코는 한 인터뷰에서 게이가 된다는 것은 "동성애자의 심리적 특질과 외양에 대한 동일시가 아니라, 삶의 양식을 정의하고 계발하기 위한 노력"이라 말한 적이 있다. **"문제는 자신의 성 속에 있는 진실을 발견하는 것이 아니라, 관계를 다양화(multiplicity)하기 위해 섹슈얼리티를 활용하는 것이다"**(Foucault, "Friendship as a Way of Life", p.135). 성적 소수자의 삶에 주목해야 하는 까닭은 이들이 단지 무고한 편견의 희생양이기 때문이 아니다. 이들이 뛰어난 패션 감각을 지니고 있기 때문도 아니다. 성적 소수자가 상대적으로 이성애주의에 민감하게 반응하고 있고 지금으로 예측할 수 없는 창조적인 '관계'를 실험하고 있기 때문이다. 그것은 이성애자를 남성과 여성의 범주로부터 풀어놓는 일이기도 하다.

작년에도 퀴어 영화제에 갔었다. 딱히 특정한 집단에 소속되어 있지 않은 나는 매년 홀로 그곳을 방문한다. 친구가 없어서 그렇기도 하지만, 혼자 갈 것을 고집하는 까닭은 혼자 갔을 때만 느낄 수 있는 독특한(!) 느낌을 선호하기 때문이다. 같이 온 사람이 없기 때문에 사람들은 나의 성정체성을 쉽게 알아챌 수 없다. 게이일까, 바이일까, 트랜스는 아닌 것 같고, 설마 이성애자 남성이 이런 데 혼자 올리는 없겠지,라고 말하는 표정들. 혼자인데다 젊기까지 한 나는 뜨거운 시선을 많이 받는 편이다. 어느 이성애자 여성의 호기심 어린 핼끔거림부터 나이 지긋한 게이의 노골적인 추파까지를 한 자리에서 맛볼 수 있다. 예전처럼 도망치는 일은 없다.

적어도 그 순간만큼 나는 설렘, 동요, 불안, 긴장, 흥분 등 온갖 감정의 경합을 경험한다. 그렇지만 유쾌함이 가장 지배적이다. 그곳은 내가 지금으로부터 얼마만큼 달라질 수 있는지 그 가능성을 내다볼 수 있는 몇 안 되는 자리처럼 느껴진다. 유쾌함은 이성애주의 문턱에 서서 바라보는 새로운 세계를 향한 낯선 기쁨이다.

물론, 이 말의 의미를 과장해서는 안 된다. 모든 성적 소수자가 나처럼 생각하지는 않는다. 대부분의 성적 소수자에게 성정체성은 실존의 중핵을 차지한다. 오히려 당장 성정체성 구분이 없어질 수 있는 것처럼 주장하는 것은 현실을 도외시한 낭만적 발상에 지나지 않을 수 있다. 인간이 정체성 없이 살아가기란 불가능하다.

하지만 내가 일관되게 하고픈 말은 성정체성은 생의 특정한 시기에 확정되어 고정불변하는 것이 아니라는 점이다. 가령 친구와 연인 사이에서 동요하지 않는 남녀의 친밀성의 관계를 어떻게 작성할 수 있을까. 이것은 이성애자뿐만 아니라 이성애주의를 빌려 자신의 이야기를 각색해야 하는 성적 소수자 커플에게도 해당되는 이야기이다. 퀴어 정치학은 우리에게 다음과 같은 정치 강령을 내린다. 하나, 고정된 성정체성으로 자신을 한정하지 않고, 범주를 민감하게 인식하기. 둘, 끊임없는 문제제기를 통해 범주를 넘어선 관계를 증식시키기. 셋, 그 과정에서 발생하는 혼란과 갈등을 응시하며 새로운 관계를 창출할 수 있는 힘을 길러나가기.

섹슈얼리티와 이성애주의가 성적 소수자를 포함한 모두가 고민해야 할 문제라면 그것은 그와 같은 의미에서다. 퀴어 정치학은 무엇보다 "우리에게 부과된 한계들에 대한 역사적 분석이자 동시에 그 한계들을 넘어설 수 있는 가능성에 대한 실험"에 붙여지는 이름이다(Foucault, "What is Enlightenment?", p.319).

제5부

근대의 이념적 경계들

.14강. 계몽주의와 근대성

1. 들어가며

근대는 이성과 계몽의 시대이다. 역사가들은 근대와 그 이전 시기 사이에 문예부흥과 종교개혁, 프랑스 혁명과 산업 혁명, 과학의 진보와 같은 역사적 사건을 배열하지만, 이 모든 발명과 진보의 정점에는 18세기의 계몽주의가 자리하고 있었다. 주지하듯이 계몽(Aufklärung)이란 신에 의지하는 신학적 세계관과 대비되는 것으로서, 인간 자신의 본성과 능력에 대한 자각, 이성적 능력에 의한 인류의 조화와 자기실현의 정신을 의미한다. 미신이나 권위에서 해방되어 인간 이성의 자율성을 정당화하려는 운동, 그것이 바로 계몽주의의 맨얼굴이었다. 이성과 계몽의 프로젝트로서의 근대는 18세기 서구 계몽주의 사상가들의 고유한 믿음, 즉 인간의 이성이 곧 빛이라는 믿음에서 시작되었다. 데카르

고봉준(bj0611@hanmail.net) | '연구공간 수유+너머' 연구원. 한국 모더니즘 문학(시)으로 박사학위를 받았고, 현재 문학과 인문학의 접점을 모색하는 작업을 하고 있다. 평론집 『반대자의 윤리』(실천문학사, 2006)를 썼다.

14강 계몽주의와 근대성 **441**

트에서 베이컨에 이르기까지 인간에 대한 믿음, 이성에 대한 믿음, 과학에 대한 믿음은 인간과 자연, 그리고 우주에 대한 인간의 이해를 규정짓는 경험의 가능조건들이었다. 근대의 기본 이념으로서의 계몽주의는 크게 세 가지 논점으로 정리할 수 있다. 첫째, 이성에 대한 믿음. 둘째, 새로운 자연관. 셋째, 진보에 대한 믿음. 르네상스의 휴머니즘, 종교 개혁, 근대 합리주의 철학을 계승한 계몽주의는 중세의 질곡에서 인간을 해방시켰지만, 그 해방은 '이성'에 대한 새로운 종속을 의미하는 것이었다. 또한 계몽주의는 이성의 빛에 근거하여 중세의 신학적 세계관을 거부했지만, 곧 스스로가 신화가 되고 말았다. 아래에서는 이상의 세 가지 특징에 주목하여 서구 지성사에서 계몽주의가 갖는 의미에 대해 살펴보겠다.

2. 이성에 대한 믿음 : 지식과 인식의 문제

18세기의 서양인들은 이성의 빛이 인간의 삶을 밝히는 등불이라고 믿었다. 르네상스와 함께 시작된 기독교적 일원론의 붕괴는 18세기에 이르러 인간 이성의 능력에 대한 확신으로 귀결되었고, 계몽주의는 기독교 사회에서의 종교가 수행했던 역할을 과학이 대신할 수 있다고 전제, 이성에 의해 검증될 수 없는 일체의 것들을 우상이나 미신이라고 규정했다. 그리고 초자연적인 세계나 비이성적인 삶의 원리들에 대해 '비합리성'이라는 낙인을 찍어 배제함으로써 인간중심의 세계관을 확립했다. '계몽'은 계산 가능성과 유용성의 척도에 맞지 않는 것을 의심스러운 것, 파멸을 초래하는 원인으로 간주했다. 계몽의 기획은 그 자체로 "세계의 탈마법화"(아도르노)였다. 계몽은 신화를 해체하고, 지식에 의해 상상력을 붕괴시켰고, 계몽주의의 합리화 과정은 "세계의 탈신비화"(베버) 과정이 되었다. 그러나 계몽주의가 성취한 종교로부터의 해방은 동시에 이성에 대한 종속을 의미하는 것이었다. 18세기의 영국 시인 포프는 시 「인간론」(An Eassy On Man)에서 인간 이성에 대한 굳건한 믿음을 표현했다. 1734년경에 쓰여진 이 시에서 포프는 우주 속의 인간 조건을 노래하지만, 그 어디에도 기독교적인 신의 형상은 없다. 그는 사회가 원시 사회에서 문명 사회로 진보하는 과정을 그리는 한편, 인간 이성의 능력은 '오류' 가능성이 있을지라도 정당하다고 주장했다.

> 그대 알지 못하되, 모든 자연은 완전한 예술,
>
> 그대 볼 수 없으되, 모든 우연은 완전한 섭리,
>
> 그대 이해할 수 없다 해도, 모든 부조화는 완전한 조화.
>
> 부분적으로 악이 있다 해도, 전체적으로는 선,
>
> 오류를 범할 수 있는 이성의 교만에도 불구하고,
>
> 하나의 진리는 명백하니, "존재하는 것은 모두 마땅하다"

근대 철학의 아버지로 평가되는 데카르트의 명제 "나는 생각한다. 고로 나는 존재한다"(Cogito ergo sum)는 근대 철학의 '제1원리'이자 계몽주의의 철학적 이념이었다. 이 명제는 칸트가 생각하는 이성, 즉 순수이성을 비판할 때까지 별다른 도전을 받지 않았다. 데카르트에게 '코기토 에르고 숨'은 의심할 수 없는 명제였다. 데카르트의 이 명제는 '나'라는 주체가 존재하는 것이 바로 내가 생각하기 때문이라고 본다는 점에서 중세의 신학적 관념과는 확실히 달랐다. 그는 철학의 출발점은 자명하고 확실한 것이어야 한다고 생각했고, 이를 위해서 '방법적 회의'를 내세워 모든 것을 의심한다. 자연과학의 발전에 자극받은 데카르트는 철학적 사유에서 명료하고 뚜렷한 합리적 원칙들을 발견함으로써 세계에 대한 정확한 정보들을 연역해낼 수 있다고 믿었다. 근대 철학의 대표적 흐름인 합리론이 이성을 사용하여 진리를 발견하려는 추론의 방법이었음은 당연한 일이었다.

그는 모든 것을 의심해도 결국 의심하는 '나'의 존재를 의심하는 것은 불가능하다는 결론에 도달하여 코기토를 주장했다. 라틴어 cogitare의 1인칭 형태인 코기토는 "나는 생각한다"는 뜻이다. 물론 "나는 생각한다"에서의 '생각'이란 단순한 생각이 아니라 이성, 즉 고차원적이고 복합적인 지적 능력을 의미하는 것이다. 중요한 점은, 그가 방법론적 회의를 통해 도달하려 했던 것이 다름 아닌 "확실한 지식"이었다는 것, 그리고 그러한 능력이 인간에게 주어져 있다고 믿었다는 것이다. 데카르트는 확실한 지식에 이르는 능력이 인간에게 미리 주어져 있다고 생각했다. 본유관념(innate idea)이라고 불리는 이 능력이야말로 그에게는 자연에 대한 확실한 지식의 원천이라고 여겨졌는데, 그에게 이 능력은 곧 수학적 지식의 모델을 의미하는 것이었다. 이처럼 방법적 회의의 심문을 이겨낸, 확실한 주체 '나'는 신의 존재 없이도 확실하게 사고하고, 판단할 수 있는 존재로 인식되었다.

데카르트에게 '생각하는 나'는 신의 '은총의 빛'으로부터 독립된 '주체'를 의미하는 것이었다. 근대 철학을 주체 철학이라고 말하는 것, 그리고 근대 철학에서 '주체'가 중심에 놓이는 것은 바로 이 때문이다. 그런데 알다시피 '주체'라는 개념은 항상 객체, 즉 대상을 전제하기 마련이다. 주체가 인간이라면 객체는 무엇일까? 바로 자연세계이다. 그래서 데카르트 이후 근대 철학은 자연을 지배와 개발의 대상으로 사고 하게 된다. 이렇게 18세기 계몽주의의 영향 하에서 휴머니즘은 근대 과학의 합리적 정신과 연관되어 반자연주의적 태도를 형성했다. 생태론적 사유는 바로 인간과 자연을 분리된 것으로 사유하는 이러한 근대 철학의 이분법에 대한 비판과 성찰에서 나왔다.

그런데 만일 '인간-주체'가 '자연-대상'과 명확하게 분리되어 있다면, 인식하는 주체의 사고내용이 인식되는 대상과 일치한다는 것은 무엇이 보장할 수 있을까? 즉 주체 '나'가 들판에 피어 있는 '꽃'이라는 대상에 대해 알고 있는 것이 실제의 '꽃'과 일치한다는 확신은 어떻게 가능할 수 있을까? 여기에서 인식론의 문제가 등장한다. 앞서 지적했듯이, 데카르트는 철학에서 명석판명한 합리적 원칙들을 발견함으로써 세계에 대한 정확한 정보들을 연역할 수 있다고 생각했다. 따라서 대상과 일치하는 올바른 인식에 도달할 수 없다면 세계에 대한 확실한 지식, 즉 진리에 도달할 수도 없다는 결론이 나온다. 서구의 근대 철학이 반복해서 주체와 대상, 정신과 육체의 일치 문제를 고민할 수밖에 없었던 이유도 이 때문이다. 데카르트는 이 문제를 해결하기 위해 두 개의 실체를 가정한다. '사유'와 '연장'이 그것. 사유란 한마디로 생각하는 성질이며, '연장'이란 물질의 공간적 외연을 의미한다. 이 가정에 따르면 인간은 사유(정신)와 연장(육체)의 결합체이다. 물론, 코기토가 말해주듯이 데카르트에게 주체는 정신과 동일한 것이었으며, 이런 점에서 사유와 연장의 가치가 같았던 것은 아니었다. 문제는, 사유와 연장이라는 두 개의 실체를 부정하지 않으면서, 동시에 그것들의 일치를 해명하는 일이었다. 이에 데카르트는 첫째, 이성의 완전성(본유관념)으로 인해 진리를 인식할 수 있으며, 둘째, 근대 과학의 발전으로 대상세

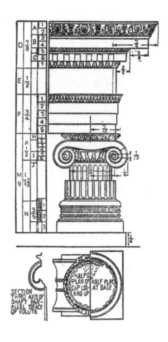

<계산 가능한 예술> 티어쉬(August Thiersch)는 건축 작품의 미가 비율
(proportion)에 의해 결정된다고 주장했다. 수학과 건축의 접점을 보여
주는 그의 저서 『건축에 있어서 프로포션』(1883)은 근대 건축이 추구한
비례의 미가 계산 가능성과 밀접한 관련을 지님을 보여준다.

계에 대한 객관적 진리에 도달하는 것이 가능하다고 주장한다. 산업 혁명기에 일어난 서구의 역사적 변화는 이성과 과학에 대한 계몽주의의 확고한 신념이 없었다면 불가능했을 것이다.

근대 과학은 새로운 자연관의 등장을 예고했다. 후설은 이러한 변화를 "자연의 수학화"라고 정의했다. 계몽주의 시대 서양인들은 자연법칙이 수학적 언어로 구성되어 있으며, 따라서 수량화할 수 있는 것만이 실재한다고 믿었다. 또한 그들은 자연과학의 방식이 인간 삶의 모든 면을 탐구하고 이해함에 있어 사용될 수 있다고 주장했다. 그리하여 계몽주의 시대 '미숙한 자연'은 '성숙한 이성'에 의해 극복되어야 할 존재로 간주되었다. 방황하고 있는 자연을 사냥해서 노예로 만들어 인간의 이익에 봉사하도록 해야 한다는 베이컨의 주장이나 자연이란 수학적, 기하학적 기호들로 가득찬 책이라는 갈릴레이의 말은 이러한 자연관을 전제하고 있다. 뉴턴이 『자연철학의 수학적 원리』에서 만유인력 법칙을 발표했을 때, 사람들은 인간 이성을 활용하여 세상을 설명하는 수학과 과학에 대한 경외심을 숨기지 않았다. 그리고 그 경외심은 곧 자연은 정복과 개발, 그리고 실험의 대상에 불과하다는 자연관으로 귀결되었다. 데카르트는 자연과학을 수학화하는 것이 진리에 도달하는 길이라고 믿었는데, 이러한 믿음은 계몽주의 사상가들에게서 공통점으로 발견된다. 근대의 모든 지식은 스스로가 과학임을 입증할 수 있는 한에서만 정당성을 얻을 수 있었다. 이런 점에서 데카르트는 계몽주의 사상가는 아니었지만, 계몽주의적인 사상가였음은 분명하다.

한편 데카르트의 사상은 흄을 거치면서 붕괴의 위기에 이르는데, 이 붕괴의 지점에서 이성주의 철학을 재건한 철학자가 바로 칸트였다. 칸트의 비판 철학에 관해 널리 알려진 사실은 그가 '인간은 무엇을 알 수 있는가?』(『순수이성 비판』), '인간은 무엇을 할 수 있는가?'(『실천이성 비판』), '인간은 무엇을 바랄 수 있는가?'(『판단력 비판』)라는 세 가지 질문을 통해 인식하고 실천함으로써 역사를 견인하는 인간의 위치와 의미에 대해 사유했고, 이를 통해 근대적 인간상을 완성했다는 것이다. 칸트의 윤리학은 '자유'를 "나는 할 수 있다. 왜냐하면 해야 하기 때문에"로 정의한다. 이는 보편적 입법원리로 받아들여지지 않는 개인의 욕망이 자율성을 위해 억제되어야 한다는 계몽주의적 태도를 보여준다. 그러나 '계몽'이라는 문제의식과 관련하여 칸트의 「계몽이란 무엇인가에 대한 답변」은 흥미로운 사실을 보여준다. 칸트는 계몽을 다음과 같이 정의한다.

> 계몽이란 인간이 자신의 과오로 인한 미성숙 상태에서 벗어나는 것이다. 미성숙 상태가 인간 자신의 과오로 인한 것인 이유는, 이런 상태의 원인이 지성의 결핍이 아니라, 지성을 타인의 지도 없이 사용하려는 결단과 용기가 부족한 데 있기 때문이다. 감히 알려고 하라(Sapere aude)! 네 자신의 지성을 사용할 용기를 지녀라! 이것은 계몽의 구호이다.

칸트에게 계몽은 인간이 스스로에게 책임이 있는 미성숙의 상태에서 벗어나는 것이었다. 그는 이 미성숙의 상태가 오성의 결여에 있는 것이 아니라, 타인의 지도 없이 오성을 사용하겠다는 결단과 용기가 없는 정신적인 상태라고 주장했다. 그렇기 때문에 그는 계몽을 단순히 지식의 전파와 같은 것으로 설명하지 않는다. 말하자면 칸트에게 '계몽'은 지성적으로 사유할 수 있는 타고난 능력을 활성화하는 것이지 지식을 얻는 것이 아니었다. 타인의 도움에 의지하지 않고 스스로 자신의 지성을 사용하는 능력을 습득하는 것, 그것이 바로 칸트가 생각했던 계몽의 핵심이었다. 그러므로 칸트에게 계몽은 몇몇 지식인만이 아니라 모든 사람에게 해당하는 문제였다. 기성의 지식을 다수의 사람들에게 전파하려는 것은 대중이 지닌 지성 능력을 부정한다는 점에서 오히려 반계몽적이라고 평가된다. 그는 인간이 미성숙 상태에서 벗어나 자율적으로 사고하기 위해서는 먼저 사상과 언론의 자유가 전제되어야 하며, 이런 점에서 그는 "계몽을 위해서 가장 요구되는 것은 자유다"라고 주장하기도 했다.

칸트는 이성의 두 가지 사용, 즉 공적(公的) 사용과 사적(私的) 사용을 구분했다. 간략히 말하자면, 이성의 사적 사용이란 직업의 수행을 위해 이성을 사용하는 것이고, 공적 사용이란 세계시민의 일원으로서 이성을 사용하는 것이다. 두 가지 사용법은 이성의 적용 범위가 제한적인가 보편적인가에 따라 결정된다. 칸트는 사적 사용에 관련해서는 복종을, 공적 사용에 관련해서는 무제한의 자유를 주장했다. 즉 인간은 직무를 수행할 때에는 조직의 규정에 철저히 따라야 하지만, 세계시민의 한 사람으로 이성을 사용할 때에는 어떠한 금지도 주어져선 안 된다는 것이다. 그는 이성의 사적인 사용이 마치 공적인 사용처럼 호도될 때 '이데올로기'가 된다고 보았다.

칸트의 계몽 개념은 대중의 몽매를 결단과 용기 부족으로 설명한다는 점에서 이성에 의해 깨우친다는 계몽사상의 수식적 관념과는 다른 모습을 보여주지만, 대중의 비자율적 상태를 미성숙으로 간주하는 한편 오성과 이성의 힘에 따라 사고하고 행동할 것을 주장한다는 점에서 계몽주의 사상에 포함된다. 데카르트가 인간의 정념(pathos), 즉 이

<계산 불가능한 예술> 앙코르와트의 고푸라(성곽을 두르는 담벽의 입구에 탑을 세워 장식한 것)는 인간계와 천상계를 가르는 하나의 문이다. 촘촘히 쌓아 올려진 레고와 접착제의 역할을 하는 나무들은 그 자체로 하나의 훌륭한 예술작품이 된다.

성에 의해 통제되는 상태를 위해 육체와 욕망을 통제할 것을 주장했다면, 칸트는 계몽을 통해 정신의 미성숙 상태에서 벗어나 성년이 될 것을 강조한 것이다. 그러나 미셸 푸코는 칸트의 '계몽'을 비판, 즉 자신의 역사적 시기를 지속적으로 비판하는 철학적 정신의 활성화로 읽는다. 푸코는 계몽주의가 찬반의 대상이 아니며, 계몽주의에 의해 역사적으로 규정된 존재로 우리 자신을 분석하는 것을 철학자의 임무라고 여겼다. 그리하여 그는 「계몽이란 무엇인가」라는 글에서 이성에 대한 계몽주의자들의 믿음은 여타의 담론체계를 비이성적이고 비정상적인 것으로 간주하여 억압하는 하나의 담론체계에 불과하며, 계몽주의가 주장한 보편적 이성의 이념 또한 18세기라는 특정한 권력–지식의 산물에 지나지 않는다고 주장한다. 서구 근대성의 근간이 되었던 계몽주의는 결국 계산 불가능한 것, 이해 불가능한 것, 그리고 예측 불가능한 것들을 이성의 빛을 비추어 계산 가능한 것, 이해 가능한 것, 예측 가능한 것으로 바꿔놓는 기획이었다. 그렇기 때문에 예측, 계산, 통제에서 벗어난 상태인 '자연'은 그 자체로 두려움과 공포의 대상으로 간주됐다.

3. 진보의 역설 : 문명의 빛과 야만의 어둠

근대 계몽주의의 핵심 가치들, 즉 인간(주체), 이성, 과학은 '진보'라는 개념을 낳았다. 19세기에 등장한 역사철학적 개념인 진보는, 오늘날 우리가 종종 사용하고 있는 것처럼, 비단 지식이나 역사학에 국한되지 않고 널리 통용되는 관념의 하나이다. 특정한 시대는 특정한 시공간의 관념에 의지하기 마련이다. 신화의 한 장면처럼 시간이 일정한 주기를 형성하면서 영원히 반복된다고 믿었던 시대가 있었는가 하면, 시간은

<전통적인 세계관> 18세기의 서양인들은 이성의 빛이 인간의 삶을 밝히는 등불이라고 믿었다. 계몽주의는 인간, 사회와 자연에 대한 새로운 사고를 창조했으며, 기독교 정신이 지배했던 전통적 세계관에 뿌리내리고 있는 기성 관념에 도전했다. 계몽, 그것은 세계의 탈마법화이자 탈신비화였다.

물처럼 흘러가버려서 결코 동일한 강물에 두 번 발을 담글 수 없다고 믿었던 시대도 있었다. 서양 고대인들은 지금과는 달리 시간이 순환한다고 믿었다. 원환적 시간관념이라고 말해지는 이러한 고대적 시간관은 기독교의 등장으로 인해 깨졌는데, 그것은 기독교의 종말론이 최후의 심판을 주장하는 한 시간은 결코 원환적인 것이 아니라 시작과 종말, 그리고 목적을 갖는 직선적인 것이어야 했기 때문이다. 서구 근대의 직선적 시간관은 '직선'이라는 특유의 모델을 통해 시간을 사고하는데, 이때 직선의 왼쪽 끝에는 기원의 의미가, 오른쪽 끝에는 목적의 의미가 부여된다. 말하자면 시간은 최초의 순간에서 시작되어 어떤 목적을 향해 나아간다는 것이다. 이처럼 기원에서 출발하여 종말을 향해 치닫는 이러한 시간관념의 전형은 서구의 기독교적인 시간관에서 찾을 수 있다. 직선적 시간관에서 '현재'라는 시점은 과거와 미래를 전체적으로 조망할 수 있는 중요한 지점인데, 현재적 시간에 관한 인식과 직선적 시간관의 등장은 서구적 진보 관념의 기초가 된다.

볼테르나 튀르고 같은 계몽주의자들은 역사를 발전이라는 개념으로 이해하고, 그것을 인간 이성의 진보과정과 동일한 것으로 간주했다. 사회의 변화가 곧 과거에 누적된 변화의 불가피한 결과라고 정의했던 튀르고는 1750년 「인간 정신의 진보에 대한 철학적 도표」에서 "마침내 모든 그림자는 사라지고, 어디서나 찬란한 빛이 비친다! 지상의 모든 종류의 피조물 가운데 인간은 얼마나 위대한 존재인가! 인간의 이성은 얼마나 완전한가!"라고 말했다. 또한 콩도르세는 『인간 정신의 진보에 관한 역사적 개요』에서 진보를 "인간 지성의 무한한 자기완성능력"이라고 정의했고, 그 진보를 가능하게 하는 원동력이 과학과 기술의 힘이라고 주장했다. 이처럼 계몽정신이란 곧 인간의 자유의지로 성취되는

<계몽의 빛과 어둠> 18세기 계몽의 빛은 서구의 바깥에서 살아가는 사람들에게 문명이라는 새로운 옷을 강제했다. 티에라 델 푸에고(Tierra del Fuego) 인디언들에 대한 세 가지 재현은 비서구 사회에 문명의 빛을 투사하려는 서구인들의 욕망을 고스란히 담고 있다. 계몽주의자들에게 문명화, 그것은 곧 서구화였다.

진보의 합리성을 믿는 것에 다름 아니었다. 진보에 대한 믿음은 학문적 태도에도 큰 영향을 끼쳤다. 서구의 역사철학자들은 서구 사회를 역사의 목적 내지 종말로 간주하고, 서구와의 유사성·동일성의 정도에 따라 개별 사회들을 배열함으로써 인류가 일정한 발전 단계를 거쳐 결국에는 서구화에 도달한다는 믿음을 창조했다. 그들은 서구를 목적 내지 척도로 간주함으로써 비서구 사회가 서구화되는 것이 역사의 필연적 진보인 것처럼 주장했는데, 이는 곧 문명화·서구화가 절대적 선(善)이라는 잘못된 관념을 낳았다. 계몽주의의 영향 아래에서 성장한 인류학이 비서구 사회를 미개나 야만으로 간주한 것도 이러한 관념의 결과물이었다.

시간이 직선 위의 시간으로 인식될 때, 그것은 '발전'과 '진보'를 최고의 가치로 평가하는 근대적 역사관으로 이어진다. 물론, 그렇다고 해서 18세기 계몽주의 사상가들의 '진보' 관념이 19세기 이후의 역사철학적 개념으로서의 '진보'와 완전히 동일하다고 말하기는 힘들다. 그러나 사회가 신학적·형이상학적 단계를 거쳐 실증적·과학적 단계로 발전한다고 주장했던 콩트나 절대정신의 외화라는 도식을 통해 역사를 합목적적 자기발전의 과정으로 개념화한 헤겔의 논리 속에서 계몽주의의 흔적을 발견하기란 어렵지 않다. 헤겔의 절대정신이 그렇듯이, 다윈의 진화론은 진화와 발전이라는 개념에서 '신'이라는 관념을 제거해버렸다. 그는 '적응'과 '자연선택'이라는 개념을 통해 생물의 역사적 변이가 '신'이나 '목적'이라는 관념 없이도 얼마든지 가능하다는 것을 보여주었다. 이처럼 시간이 시작과 끝을 지닌 직선으로 인식될 때, 거기에서 '진보'와 '발전'은 가치평가의 개념이 되기 마련이다. 직선의 왼쪽에 가까울수록 사회/역사는 원시적이며, 직선의 오른쪽에 근접할수록 사회/역사는 진보적으로 인식된다. 그러므로 직선적 시간관에서 오른쪽 끝, 즉 역사의 종착지는 척도의 기능을 수행한다. 어떤 사회가 얼마나 발전된 사회인가를 알기 위해서는 그 사회가 종착지에 얼마나 가까이 다가가 있는가를 확인하기만 하면 되기 때문이다. 이처럼 사회/역사가 시간의 끝을 향해 나아가는 합목적적 운동으로 인식될 때, 그 방향을 거스르거나 제자리에 멈춰 있으려는 성질을 지닌 사회/역사에게 부여되는 이름이란 뻔하다. 그것은 "과연 인간을 변증법으로 정의하고 변증법을 역사에 의해 정의할 때 '역사 없는' 민족은 어떤 취급을 받게 되는가"(레비-스트로스, 『야생의 사고』, 356쪽)라는 물음의 답과 같다. 문명과 야만이라는 계몽의 논리는 바로 여기에서 나온다.

에드워드 사이드의 지적처럼 18세기는 오리엔탈리즘이 대두한 시점이다. 계몽주의로 대표되는 유럽 문화의 탈신학적 경향은 오리엔탈리즘의 발생과 무관하지 않다. 실제로 계몽주의자들이 중시했던 이성은 그들이 속했던 '유럽-중산층-백인' 사회의 가치를 대변하는 것이었으며, 이는 계몽주의와 식민주의의 공모관계에서도 뚜렷하게 확인된다. 계몽주의자들은 이성의 중요성을 강조하고 자유와 평등의 가치를 옹호했지만, 그것은 비서구인들에겐 서구적 가치의 중요성·우월성을 강조하는 것에 불과했다. 인간 이성의 능력과 과학, 진보에의 믿음은 이처럼 식민주의자들의 식민지 개척을 정당화하는 허구적인 논거였고, 역으로 식민지 개척의 경험은 문명과 야만이라는 계몽주의적 도식에 풍부한 사례를 제공했다. 우리는 계몽주의 시기의 저작들에서 계몽이 야만으로, 보편이 배제로, 평등이 차별로 작용한 사례들을 확인할 수 있다. 계몽주의 이전, 즉 중세와 르네상스 시기에 유럽과 비유럽을 구분 짓는 기준은 종교였다. 그러나 18세기에 접어들어 이 기준은 언어·문화·인종 등으로 다양해졌고, 이에 '이교도'나 '이방인'처럼 종교적 시선에 의해 규정되어오던 비유럽인들은 연구의 대상으로 부상했다. 그러므로 '이교도'에서 '미개인'으로의 변화는 단순한 변화가 아니었다. '이교도'가 유럽의 바깥을 종교적 시선으로 바라보는 데서 비롯된 것인 반면, '미개인'이나 '야만인'에는 이미 종교적 색채가 투영되어 있지 않다. 오히려 그것들은 문명과 야만이라는 이분법, 즉 계몽주의 특유의 사고체계에서 고안된 개념이었다.

과학적 이성의 능력을 절대시했던 계몽주의자들은 '이성'과는 거리가 먼 존재들에게 미개와 야만이라는 낙인을 찍었고, 그렇게 낙인찍힌 존재들은 계몽의 대상일 뿐이었다. 주지하듯이 계몽주의는 인간의 문제를 인간의 이성적 능력에 의해 해결할 수 있다는 인간중심주의, 즉 휴머니즘적 입장을 견지했다. 그러나 계몽주의가 주장했던 '보편적 인간'(the Universal Man)에는 유색인, 노예, 여성 등이 포함되지 않았다. 유럽의 보편주의가 그렇듯이, 보편적 인간에 대한 그들의 이해 역시 타자를 배제한 가운데 성립된 유럽적 범주에 불과했다. 식민지 지배와 정복의 경험은 당시 유럽인들이 '인간'이라는 개념을 설정함에 있어 필수적인 거울이었다. 유럽과 유럽의 바깥이 동시에 만들어졌듯이, 식민주의는 야만이라는 거울을 통해서만 자신에게서 '보편적 인간'의 형상을 발견할 수 있었다. 탈식민주의에 관련된 파농과 로버트 영의 저작은 유럽인들의 휴머니즘이 지닌 두 얼굴을 분명하게 보여주는데, 그들에 따르면 '보편적 인간'을 창조하기 위해 '비인간'을 먼저 창조해야 했던 유럽의 휴머니즘은 그 자체가 비서구인을 '비인간'으로 간주하는 딜레마를 지니고 있었다. 유럽의 식민주의자들은 계몽의 빛으로 야만의 어둠을 밝힌다는 미명 하에 자신들의 식민지 정복과 착취를 정당한 행위로 간주했다. 18세기 영국 연극에서 빈번하게 등장하는 식민지형 졸부들, 그리고 다니엘 디포의 『로빈슨 크루소』(1719)로 대표되는 모험소설의 주인공들은 모두 식민주의의 경험을 반영한다. 파농의 말처럼 식민주의자들은 계몽주의의 인간적인 가치를 내세우면서 지구의 곳곳에서 인간을 학살했다.

4. 20세기의 계몽 : 푸코와 하버마스

"진보적 사유라는 포괄적 의미에서 계몽은 인간에게서 공포를 몰아내고, 인간을 주인으로 세운다는 목표를 추구해왔다. 그러나 완전히 계몽된 지구에는 재앙만이 승리를 구가하고 있다"(아도르노·호르크하이머, 『계몽의 변증법』, 23쪽). 아도르노와 호르크하이머가 쓴 『계몽의 변증법』에 등장하는 한 구절이다. 오늘날 계몽은 "지식의 수준이 낮거나 인습에 젖은 사람을 가르쳐서 깨우침"이라는 사전적 의미에 국한되지 않고, 이성에 대한 신뢰에 바탕을 둔 인간중심주의, 양화와 계산 가능성으로 대표되는 과학에 대한 신뢰, 그리고 문명과 야만이라는 근대적 수사를 통해 발현되는 진보에 대한 믿음 등 근대성 전체를 떠받치는 이념으로 기능한다. 아도르노에 따르면 18세기에 등장한 계몽주의는 과학과 기술의 경이적인 발전을 통해 인간 이성의 가능성을 확인시켰지만, 도구적 이성의 성과들은 20세기에 접어들어 전쟁과 생태의 위기라는 치명적인 문제를 불러일으킴으로써 파탄의 운명에 처해 있다. 자유롭고 인간적인 생활을 위해 요청되었던 '이성'은 자연을 오직 유용성의 관점에서만 사고하는 왜곡된 결과를 낳았고, 나아가 인류절멸의 위험이 가시화되는 핵전쟁으로 귀결되었다. 한편으로는 정복과 전쟁이, 다른 한편으로는 개발과 정복으로 인한 자연파괴가 계산·통제 가능성의 결과물로 가시화된 것이 20세기의 역사였다.

자연을 유용성의 관점에서 사고하는 계몽주의적 태도는 인간과 자연 사이에 새로운 관계를 성립시켰다. 자연은 오직 개발의 대상일 뿐이며, 자연의 일부인 인간 또한 이용과 착취의 대상으로 인식되기에 이른 것이다. 아도르노와 호르크하이머는 이러한 이성을 '도구적 이성'이라고 명명하는데, 그들은 산업 사회, 특히 제2차 세계대전은 도구적 이성의 폐해가 가장 극명하게 드러난 사건이라고 평가한다. 그들에 따르면 서구 근대성이 파탄에 이르는 장면은 곧 계몽의 궁극적인 이념이 배반당하는 것이라고 할 수 있다.

'계몽'에 관한 최근의 논의는 하버마스와 푸코의 논쟁으로 요약된다. 하버마스는 '합리성'에 관한 프랑크푸르트학파의 이해가 지나치게 편협하다고 지적하면서 도구적 합리성과 대비되는 의사소통적 합리성 개념을 제안한다. 그는 서구 근대가 도구적 합리성의 영향권 아래에 있었음을 부인하진 않지만, 도구적 합리성은 오직 경제와 행정에만 국한될 뿐, 일상생활을 지배하는 것은 의사소통적 합리성이라고 주장한다. 그는 도구적 합리성이 일상세계를 침범하는 현상을 '생활세계의 식민화'라고 명명하는데, 그의 주장에 따르면 서구의 근대는 의사소통적 합리성에서 출발하였고, 경제와 행정에서의 도구적 합리성 또한 여기에서 출발하였다. 그러나 비정상적으로 비대해진 도구적 합리성은 급기야 생활세계를 침범하는 '근대의 역설'을 낳았으며, 산업 사회의 위기는 바로 그 역설이 현실화된 현상이라는 것이다. 그는 1980년 아도르노상의 수상 연설 「근대성-미완의 과제」에서 이 과정을 이렇게 설명한다. "문화적 전통의 계승과 사회적 통합, 그리고 사회화는 의사소통적

<백과전서(*Encyclopaedia*)> 계몽사상가에게 과학은 가장 우월한 지식의 유형이었다. 그들은 관찰과 실험에 기반한 과학만이 확실한 진리를 만든다고 보았다. 계몽주의 시대의 발명품인 백과사전은 과학을 실제에 적용하여 얻은 모든 지식을 알파벳 순서로 나열하고 그것들을 보편적 진리로 간주했다. 위 그림은 근대 백과사전 발전에 큰 영향을 준 베이컨의 저서 『위대한 부흥』(*Instrauratio magna*, 1620)의 속표지.

합리성이 방해받지 않을 때 이루어진다. 경제적·행정적 합리성에 의해 인도된 근대화의 형태가, 가치와 규범의 재생산·전승에 전념하는 의사소통행위의 영역을 침범할 때 저항운동과 불만이 발생하는 것이다"(윤평중, 『푸코와 하버마스를 넘어서』, 332쪽).

하버마스의 의사소통적 합리성이란 한마디로 언어 및 행위능력이 있는 주체들이 어떤 것에 관해 서로 소통과 합의를 시도할 때 성립하는 합리성이다. 그는 이 의사소통적 합리성 개념을 바탕으로 권력, 화폐와 같은 비언어적 매체에 의해 행위조정이 이루어지는 '체계'와, 언어적 의사소통을 통해 행위 조정이 이루어져야 하는 '생활세계'를 구분한다. 그리고 이런 맥락에서 그는 "근대성의 과업"은 아직 완성되지 않았으며, 따라서 소통과 합의에 의해 공통의 규범적 기초를 만들어 나감으로써 근대는 완성되어야 한다고 주장한다. 그러나 하버마스의 의사소통행위이론은 어떤 공유된 담화규칙, 즉 패러다임을 전제해야만 하며, 이때 담화행위 자체는 결코 담화규칙의 정당성을 질문할 수 없다는 난제를 낳는다. 정치적인 차원에서 말하자면, 이러한 소통과 합의는 오직 담화규칙 내에서만 유용하다는 점에서 보수적이라는 평가를 피하기 어렵다.

하버마스가 (의사소통적) 합리성을 통해 계몽주의의 이념을 현재화하려 했다면, 푸코는 서구인들의 경험 및 인식체계에서 이성과 비이성의 구별이 무엇을 의미하는가를 추적함으로써 이성과 합리성의 이념 자체를 해체하려는 시도를 보여주었다. 주지하듯이, 그는 보편적 이성의 정당성을 인정하는 하버마스와 달리 이성주의 자체의 정당성을 신뢰하지 않는다. 아울러 이성이 도구화되었다는 아도르노의 주장에도 동의하지 않는다. 도구적 이성은 이성 자체의 붕괴와 등치될 수 없

<보편적 인간의 외부> 계몽주의 이전 유럽과 비유럽을 구분하는 기준은 종교였다. 그러나 18세기에 접어들어 이 기준은 언어, 문화, 인종 등으로 다양해졌고, 이에 '이교도'나 '이방인'처럼 종교적 시선에 의해 규정되어 오던 비유럽인들은 연구의 대상으로 등장했다. 불행(?)하게도, 계몽주의가 주장했던 '보편적 인간'(the Universal Man)에는 유색인, 노예, 여성 등이 포함되지 않았다.

다는 것이다. 푸코는 「계몽이란 무엇인가」라는 글에서, 칸트에 기대어 계몽을 '비판'과 '태도'로 요약한다. 그는 계몽에 관한 칸트의 논의에서 "현재와 우리 자신에 대한 비판적 탐구"라는 문제의식을 이끌어낸다. "우리의 모습에 대한 비판은, 동시에 우리에게 부과된 제한의 역사적 분석이며, 그 제한들을 초월할 수 있는 가능성에 대한 실험인 것이다"(푸코, 「계몽이란 무엇인가」). 푸코에게 '비판적 탐구'는 단순한 비판이나 해체가 아니다. 오히려 그의 비판적 탐구는 우리를 형성하게 만든 역사적 사건들에 대한 미시적이고 구체적인 탐구이고, 우리 스스로를 행동하고 말하는 주체로 인식하게 만든 역사적 배치에 대한 권력의 미시 물리학적 접근이라는 시각에서 계몽주의의 이념을 분석한다.

푸코는 권력을 소유물이 아니라 수행과 전략으로 이해한다. 권력은 점유가 아니라 사람들을 배치하고 조작하는 기술과 기능에 의해 효과를 발휘하는 것이기 때문이다. 그는 권력의 움직임이 새로운 지식의 대상을 생산/형성한다는 점을 인식하는 것의 중요성을 강조한다. 권력의 움직임은 끊임없이 지식을 생산하며, 역으로 지식은 권력의 효과를 유도한다는 것이다. 이런 관점에서 그는 계몽주의가 주장한 보편적 이성이라는 이념은 특정한 시대의 권력-지식 연계가 만들어낸 효과이며, 이러한 이성중심주의의 담론은 결국 다른 담론체계를 비정상적이고 열등한 것으로 구별함으로써 억압하게 된다고 보았다. 푸코는 특정한 규범과 진리 놀이가 보편성과 절대성의 외양을 지니고 역사에 나타나는 방식에 대한 계보학적 분석을 '권력의 미시 물리학'이라고 불렀다. 이 권력의 미시 물리학을 통해 그는 이성과 비이성, 정상과 병리라는 분할이 특정한 역사의 구성물에 불과하다는 것을 밝히고, 그러한 역사적 제한들을 넘어설 수 있는 가능성을 사고하려 했다. 그는 계몽주의의 신화가 역사적으로 특정한 시대의 관념을 절대화하는 한갓 이데올로기에 불과하다는 사실을 보여주었다.

5. 나오며

유럽의 지성사에서 18세기는 계몽주의와 세속적 이성의 시기로 기억된다. 이성, 과학, 진보에 대한 믿음으로 요약되는 계몽주의 사상은 서구 근대의 핵심적인 가치들의 모태이기도 하다. 신앙과 지식, 계시와 이성의 대립에서 승리는 항상 후자의 몫이었다. 19세기의 사상사 또한 계몽주의의 가치들을 자신의 출발점으로 삼았다. 19세기, 인간 이성에 대한 믿음은 천부인권과 자연권, 그리고 보편적 인권이라는 개념으로 바뀌었고, 양화에 근거한 자연과학의 눈부신 발전은 상상을 현실로 만들어주었으며, 산업 혁명은 중간 계급에게 막대한 경제적 부를 안겨주었다. 19세기에 등장한 낭만주의는 인간 이성의 한계를 직관을 통해 극복하려 했지만, 고전주의와 달리 인간을 무한한 가능성의 존재로 간주했다는 점에서 세속적 이성의 능력을 신봉했던 계몽주의자들과 근본적으로 다르지 않았다. 19세기 사상사의 다른 한 축이었던 공산주의 (사회주의) 역시 역사의 물질주의적 진보성을 부정하고 이상주의를 선택했지만, 그들의 역사관이 보다 나은 세계, 즉 진보에 대한 기대를 포기한 것은 아니었다. 근대의 바깥을 사유하려는 사람들이 과학과 진보에 대해, 혹은 인간과 이성에 대해 신랄하게 비판하는 까닭은 그 모든 것들이 서구의 근대성을 떠받치고 있던 핵심적인 가치들이었기 때문이다.

계몽의 기획 하에서 새로운 주인으로 등장한 인간, 즉 통일된 이

성적 주체는 세계를 각성시키려 했지만, 자연 및 사회에 대한 인간의 지배는 인간 자신에 대한 전체주의적 지배라는 역설적인 결론으로 되돌아오고 말았다. 이성에 의해 추동된 기획이 이성에 의해 통제될 수 없는 것으로 나타나고, 계몽주의가 그 출발부터 합리주의적 독재의 경향을 내포하고 있었음이 확인되기에 이른 것이다. '무의식'과 '욕망'의 발견은 '생각하는 자아'라는 계몽주의의 주체, 특히 이성이 거주하는 전체로서의 주체라는 통일성이 욕망의 진리를 왜곡하거나 억압함으로써만 가능했던 허구적 진리임을 증명했다. 그렇기에 인간 이성을 통한 역사의 진보라는 계몽주의의 환상은 그 자체가 억압적 이데올로기에 불과하다. 이성과 계몽의 기획으로서의 근대는 이제 황혼기에 접어들었다. 이 황혼기에서 포스트모더니스트들은 이성에 대한 비판을 비이성적인 것에 대한 맹목적 찬양으로 전도시켰다. 그러나 이성에 대한 비판이 곧 광기에 대한 예찬을 의미하는 것은 아니다. 그것은 조셉 폰타나가 『거울에 비친 유럽』에서 말했듯이 야만, 기독교, 악마, 미개, 진보라는 왜곡된 '거울들'에 자신을 비춰보면서 자신들을 정의해왔고, 자신들이 비유럽인들, 비기독교들보다 우월하고, 그렇기 때문에 그들을 지배하는 것이 당연하다고 생각해온 유럽인들의 자기 합리화적인 세계관을 해체하는 것이다. 또한 그것은 개발과 개척이라는 이름으로 자연파괴를 일삼았던 서구화와 문명화의 가치에 대해 다시 성찰하는 일이며, 보편적 이성이라는 이름으로 은폐된 숱한 폭력들을 계보학적인 방법을 통해 재발견함으로써 이성의 보편성이 권력-지식의 전략적 효과에 불과하다는 사실을 올바로 깨닫는 것이다.

.15강. 휴머니즘과 근대 문화

이진경

1. 휴머니즘의 신화

근대는 '휴머니즘의 시대'다. 모든 것을 창조하고 지배하는 신의 자리를, 신을 대신해 인간이 차지한 시대, 그리하여 신을 대신하여 '인간'이 추앙되고 '인간'이 모든 행동의 목적이 되며, '인간'이 모든 것의 척도가 된 시대. 문화라는 것이 삶의 한 표현형식이라면, 근대적 삶은 휴머니즘이란 표현형식으로 특징지어진다고 말해도 좋을 것이다. 이런 이유에서 근대는 종종 서구의 '고전적 휴머니즘'을 재발견했다고 하는 '르네상스' 시대로까지 거슬러 올라가곤 한다.

상식적인 차원에서 휴머니즘이란 모든 것을 인간을 척도로 평가하고, 모든 것을 인간을 중심으로 사고하며, 모든 것을 인간을 위해서 이용하려는 태도, 역으로 인간을 위해서 행해진 것이라면 모든 것이 정당화되는 사고방식을 의미한다. 이런 관점에서 본다면 휴머니즘이란 모든 것은 인간을 위해 존재하는 것이고, 인간을 위해 이용할 수 있도록 인간의 손 안에 장악하는 것이란 의미 또한 함축한다.

휴머니즘의 가장 소박한 형태는 이 세상은 인간을 위해 만들어진 것이고, 모든 자연은 인간이 사용하라고 있는 것이라는 식의 생각이다. 이런 생각은 우리 자신의 신화보다 더 익숙하게 된 『성서』의 창조신화를 통해 아주 명료하게 표현된 바 있다. 신이 세상 만물을 창조하신 뒤에 아담과 이브라는 한 쌍의 인간을 창조하셨다. 그리곤 이렇게 말씀하셨다는 것이다. "생육하고 번성하여 땅에 충만하라. 땅을 정복하라. 바다의 고기와 공중의 새와 땅 위에서 살아 움직이는 모든 생물을 다스려라"(「창세기」 1 : 28).

따라서 만물을 정복하는 정복자, 세상 만물을 다스리고 지배하는 지배자, 그것이 저 창조신화가 제공하는 인간의 지위다. 따라서 인간은 신의 위임에 따라 세상에 대한 처분권을 가지며, 세상을 자신의 의지에 따라 다스리고 자신을 위해 이용할 근거가 있다는 것이다. 너무도 인간적인 신이고, 너무도 인간적인 신화다. 하지만 '절대자'인 신께서 어째서 자신이 창조한 것들에 대해 공평하지 못하고 인간만을 이토록 특별히 사랑하여 특별한 권리를 내리실 수 있었는지를 묻는 것은 바보 같은 짓이다. 이것은 어차피 논리나 이유를 따질 이야기가 아니라 그저 믿는 것으로 충분한 신화이기 때문이다. 사실 이 신화가 인간적이고 휴머니즘적인 이유는 아주 분명하다. 그것은 인간이 만들어낸 신화이기 때문이다. 물론 인간이라고 모두 이런 식으로 신화를 만들지는 않지만 말이다. 그것은 휴머니즘적인 신화라기보다는 휴머니즘이 만들어낸 신화, 휴머니즘의 신화인 것이다.

그러나 만약 숲 속의 개미가 사유를 한다면, 아니 개미들이 신화를 만든다면 어떻게 만들까? "이 숲은, 아니 이 세상은 세상을 만든 개미신이 우리를 위해 선물한 것이야. 이 숲의 중심은 당연히 우리 개미

<인도의 정복, 자연의 정복> 인도 총독이었던 커즌과 그 약혼자의 기념사진이
다. 인도의 정복자, 동시에 그는 자연의 정복자라는 이중의 정복자로 여기 등장
한다. 야성적인 힘의 상징이 호랑이였다면, 그것을 이처럼 잡아서 발 아래, 더
구나 '약한' 여성의 발 아래 둠으로써 자연 전체에 대한 자신의 지배력을 확인
하고 과시할 수 있다고 생각했던 것일 게다. 근대 문명은 이처럼 자연을 정복하
고자 했다. 여기서 위대한 인간의 힘을 느낄 수 있었다면, 여러분도 휴머니스트
임이 틀림없다.

고, 이 숲의 모든 것은 우리 개미를 위해 존재하는 것이지." 이 말을 여러분이 들었다면 어떨까? 깔깔깔 웃어버리고 말았을 거다. 그런데 우리 인간이 '성스러운' 기록이라며 떠받들고 있는 저 신화를, 만약 개미들이 안다면 어떨까? 그들 역시 킥킥대며 웃어버리지 않을까? "세상에, 신이 자기랑 똑같다고 생각하는 거야?" 천문학에 대한 지식이 조금 있다면 이렇게 말할지도 모른다. "더구나 숲이나 도시도 아니고 천지만물을? 몇 천 광년을 빛의 속도로 달려야 도달할 수 있는 은하수 저 끝의 별들을 인간을 위해, 인간들 쓰라고 만들었다구? 겨우 백 년을 살면서?"

누구나 자기 중심으로 생각하는 것은 어쩌면 자연스런 것인지도 모른다. 개미가 인간이나 다람쥐를 생각하며 살 순 없는 일이고, 인간이 다른 동물을 중심으로 생각할 순 없는 일이니 말이다. 그러나 모든 사유가 인간을 중심으로 사고하고 있다는 말은 진실이 아니다. 모든 인간이 휴머니즘적으로 사고하고 있다는 것도 사실이 아니다. 그것은 누구나 자기를 중심에 두고 사유하며, 자기를 위해서만 행동한다고 믿는 특정한 인간의 태도 속에서만 그렇다.

가령 불행한 역사 덕분에 '인디언'이라고 불리는 아메리카 원주민들은 세상의 중심이 인간이라고 믿지 않으며 인간을 위해 다른 것들이 존재한다고도 믿지 않는다. 인간도 들소도 호수 저편의 나무들도 모두 '위대한 정령'(자연의 힘)의 평등한 산물로서 서로 형제라고 믿는다. 다코타 족의 추장이었던 오히예사의 연설은 이를 아주 잘 보여준다.

우리 인디언들은 이 세상과 우주 전체를 시작도 없고 끝도 없는 하나의 영원한 순환으로 이해하고 있다. 이 순환 속에서 인간 역시 하나의 동물에 지나지 않는다. 물소와 코요테는 우리의 형제들이고 새들은 우리의 사촌들이다. 작은 개미와 벼룩조차, 그리고 당신이 발견할 수 있는 가장 작은 들꽃조차도 우리의 친척들이다. 우리는 기도를 드릴 때 항상 '미타쿠에 오야신'이라는 말로 끝을 맺는다. 그것은 '우리의 모든 친척들'이란 뜻이다. 그 속에는 이 대지 위에서 자라고 기어다니고 달려가고 뛰고 날아가는 모든 것이 포함된다. 백인들은 인간을 자연의 정복자와 주인으로 생각하지만 자연에 가까운 우리 인디언들은 더 많은 것을 안다.(오히예사, 「미타쿠예 오야신」, 104~105쪽.)

그래서 심지어 들소나 사슴을 사냥할 경우에도, "미안하게도 살기 위해 너희들을 죽여야 한단다. 그러나 우리도 나중에 죽어서 대지에 묻히면 식물을 키우는 양분이 되어 너희에게 돌아갈 거야"라고 양해의 인사를 하고 시작한다(시튼, 『인디언의 복음』, 169~170쪽). 우리가 아주 익숙한 동양의 오래된 사유 역시 그렇다. 노자나 장자의 철학에서 '인간'이나 그에 해당하는 개념을 찾기는 쉽지 않으며, 있다고 해도 무위의 힘으로 움직이는 장대한 도의 세계에서 모든 것을 통합하는 중심적인 범주라고 말하기는 불가능하다. 축생과 귀신, 천인과 인간이 사는 세계가 서로 인접하여 존재하는 불교의 우주에서도 인간은 결코 중심적 위치를 갖지 않는다.

그러나 우리가 익숙해져 있는 서구적 휴머니즘의 연원을 그저 『성서』의 창조신화만으로 소급한다면 너무 소박한 것이고, 그것에 대한 비판으로 휴머니즘 비판이 충분하다고 믿는다면 너무 안이한 것이다. 더구나 베버 말을 빌리면 '탈신화화'(demystification)로 특징지어지는 시대인 근대야말로 휴머니즘이 더없이 강력한 힘을 발휘하는 시대란 점을 고려한다면, 창조신화로 근대의 휴머니즘을 해명하려 한다는 것은 어쩌면 무의미한 일일 수도 있기 때문이다. 그래서 우리는 다시 질문해야 한다. 휴머니즘의 근대적 형태란 대체 어떤 것인가? 인간은 어떻게 근대적 사유의 중심에 자리 잡게 되었던가? 그것은 대체 어떤 방식으로 작동하며 어떤 결과를 야기하는가?

2. 휴머니즘과 자연

1) 인간의 자리

데카르트는 '나'라는 주체에게 세계 전체와 대면하는 중심적인 자리를 넘겨주었고, 그것이 모든 확실한 지식, 올바른 진리의 출발점임을 선언했다. 이로써 인간은 세상의 '주체'(subjectum)가 되었고, 자연이든 우주든, 혹은 인간의 눈앞에 있는 사물이든 표상의 형식으로 그 주체의 '대상'(objectum)이 되었다. 데카르트 이전에도 주체와 대상은 있었지만, 주체는 세상을 창조하고 움직이는 신이었고, 인간은 그 신에 의해 만들어지고 움직여지는 대상에 지나지 않았다. 데카르트는 그 신의 자리를 은근슬쩍 인간에게 넘겨주었고, 이제 주체가 된 '나'는 대상인 우주 전체와 같은 무게를 갖는 주체의 자리에 서게 된 것이다. 이 얼마나 놀라운 전환인가! '나' 하나가 우주 전체와 동일한 비중을 갖는 존재라니! 이러한 '나'란 주체가, 모든 가치의 중심이고 다른 무엇으로 환원할 수 없는 중요성을 갖는다고 선언된 근대의 개인과 정확하게 일치한다는 것을 다시 설명할 필요가 있을까?

근대적 형태의 휴머니즘은 전체 우주가 주체와 대상이라는 두 개의 대립적인 범주로 양분된 이 지점에서 탄생한다. 인간에게 할당된

'주체'의 자리란 이전에는 신에게 할당되었던 자리다. 이 자리를 통해서 이제 인간은 신처럼 모든 것을 창조하지는 못한다고 하더라도 각각의 대상을 자신의 사유능력에 의해 사고하고 판단하며 적절한 위치를 부여하는 존재로 부상한다. "나는 생각한다, 고로 존재한다"는 명제에서 "내가 생각한다"는 사실은 단지 존재한다는 것을 기초짓는 것일 뿐 아니라 생각 안에 들어올 수 있는 모든 대상의 확실성을 기초짓는, 대상적 진리의 근거인 것이다.

생각하는 능력은 이처럼 주체에게 고유한 것이며 주체인 인간을 특징짓는 능력이다. 그 능력에 '이성'이라는 이름이 부여된다. 인간은 '생각하는 동물'이니 '이성적 동물'이니 하는 오래된 정의들이 정확하게 이러한 사태의 직접적 산물이라는 것은 길게 말하지 않아도 좋을 것이다. 반면 대상은 그런 능동적 능력을 가질 이유가 없다. 혹여 갖는다고 해도 그것은 대상이기에 고려되지 않고 추상되어버린다. 즉 대상의 자리에 들어선 것은, 그게 무엇이든 간에, 사유하는 존재가 아니라 사유되는 존재로만 고려된다. 대상은 정의상 사유의 대상일 뿐이다. 이런 점에서 주체와 대상의 개념은 '이성'과 '비이성', '사유하는 존재'와 '사유하지 않는 존재'의 이분범주로 변환된다. 그래서 데카르트는 말한다. "우리는 동물에게 영혼이 있다고 생각하는 습관이 있다. 그러나 그것은 잘못된 것이다. 영혼 없는 존재라는 점에서 동물은 기계다."

따라서 사유하는 존재와 사유되는 대상 간에는 일종의 비대칭적 관계가 만들어진다. 사유하고 인식하는 주체와 사유하지 못하는 대상, 대상이 된 것을 대신하여 말하는 주체와 그 주체에 의해 말해지고 인식되며 사유되는 대상, 자신이 사유한 바에 따라 대상을 통제하고 이용하는 주체와 그렇게 통제되고 이용당하는 대상. 여기서 대상은 주체가 자신의 목적을 위해 이용하는 대상이요 수단이다. 즉 모든 대상은 주체의 자리에 선 인간, 아니 주체인 개인을 위해 이용되고 통제되어야 할 수단인 것이다. 가령 우리가 아는 자연과 인간 간의 관계가 정확하게 이에 상응한다는 것을 다시 말할 필요가 있을까?

이제 남은 문제는 그 주체가 대상에 대해 얼마나 정확한 지식을 갖고 있는가다. 그것이 부족하다면 자연은 예전에 그랬듯이 예측할 수 없는 방식으로 거대한 힘으로 닥쳐오는 재해와 재앙의 원천이 되겠지만, 지식이 충분하다면 인간을 위해 적절하게 통제하고 변형시켜 이용할 수 있는 대상이 될 것이다. "아는 것이 힘이다"라는 베이컨의 유명한 말은 이러한 관계를 정확하게 표현하는 말이었다. 지식, 그것은 자연을 통제하고 이용하기 위해 필요한 힘이요 능력인 것이다. 갈릴레이에게서 본격적으로 시작된 근대의 과학 혁명은 이러한 인간의 능력이 비약적인 성장을 이루게 되는 결절점이었다.

2) 인간이라는 척도

여기서 사유하고 판단하는 주체인 인간이 대상들 사이에서 비교하고 분류하며 관계짓는 척도의 자리를 차지하게 되는 것은 아주 자연스런 것처럼 보인다. 인간은 이제 인간만이 아니라 모든 자연, 모든 사물의 가치척도가 된다. 이는 인간이란 개념이 단지 주체일 뿐만 아니라 대상으로서 연구되어 대상들의 세계 안에서 고유한 위치를 차지하게 되는 19세기에 아주 명확하게 가시화된다. 가장 두드러진 예는 아마 진화론과 정치경제학일 것이다.

진화론은 단지 특정한 생물학 이론이 아니라 생물들에 대한 연구 전체를 포괄하는 생물학의 일반이론이었고, 나아가 인간이나 사회, 정치와 경제 등 모든 것을 포괄하는 거대한 일반이론이었다. 지금은 다른 면모를 흔히 강조하지만, 아직도 다윈의 진화론은 대개 진화에 관한 19세기적 관념 안에서 이해되고 있다. 즉 생물들은 그것이 분화된 정도에 따라 좀더 진화된 것과 그렇지 못한 것으로 비교되고 나누어질 수 있으며, 그러한 진화의 정도에 따라 배열될 수 있다.

이 경우 진화란 진보 내지 발전을 뜻하는데, 그 진화의 종점에는 당연히 '인간'이 있다. 진화란 그 인간을 척도로 하여 인간과 비슷한 정도에 따라 배열되는 것이다. 즉 인간과 좀더 비슷한 것이 좀더 진화된 것이 된다. 왜냐하면 가장 진화된 종의 자리에 인간이 있기에, 그것과 거리가 멀수록 덜 진화된 것이고, 거리가 가까울수록 더 진화된 것이 되기 때문이다. 어류보다는 양서류가, 그보다는 파충류가, 조류가 더 진화된 것이며, 가장 진화된 것은 포유류고, 그 중에서도 영장류며, 영장류 가운데서도 인간이다.

그러나 정말 그런가? 진화가 마치 능력의 위계라도 되는 것이라면, 인간은 물 속에서 숨쉬지 못하지만 물고기들은 숨쉴 수 있지 않은가? 육지에 사는 게 더 진화된 거라고 한다면, 양서류나 파충류는 육지에서도 살 수 있고 물 속에서도 살 수 있지 않은가? 그렇다면 그게 더 진화된 거라고 해야 하지 않을까? 만약 물에서 육지로 가는 과정이 진화의 과정이라고 한다면, 물을 완전히 벗어났지만 인간과 달리 하늘을 날기까지 하는 조류가 훨씬 더 진화된 것 아닌가? 그런데 어째서 인간이 가장 진화된 종의 자리를 차지하고 있는가? 생각하는 능력 때문에?

생존에 필요한 수많은 능력 가운데 그 능력이 유일한 척도가 될 만큼 중요한 이유는 무언가? 그건 진화라는 관념, 진화론이라는 이론을 만든 것이, 그 순서와 위계에 따라 동물들을 배열한 것이 인간이기 때문이다. 자기가 갖고 있는 능력을 다른 동물들의 능력 전체를 평가하는 잣대로 쓰기 때문이다. 키 큰 놈이 키로 사람의 능력을 위계화하여 진화의 순서라고 주장하는 것과 뭐가 다를까? 요컨대 인간은 모든 생물들을 분류하고 배열하는 중심이며 진화의 정도를 평가하는 척도다. 여기서 생물학적 휴머니즘을 발견하지 못하는 사람이 있다면 그 사유능력을, 그의 인간됨을 의심하지 않을 수 없다.

사실 정확하게 말하자면 다윈조차 그런 종류의 진화 관념에는 동의하지 않는다. 그가 보기에 진화란 살아남는 능력과 관련되어 있고, 생각하는 능력이나 하늘을 나는 능력이 생존에 일반적으로 우월하다거나 그 반대라고 말할 수 없다. 생각하는 능력이나 하늘을 나는 능력은, 마치 몸집이 큰 게 어떤 때는 생존에 유리하지만 어떤 때는 그 반대이듯이 조건에 따라 생존에 유리할 수도 불리할 수도 있기 때문이다.

결과론적으로 볼 때, 가장 탁월한 생존능력을 갖고 있다고 할 수 있는 것은 인간이나 공룡이 아니라 인간들이 '하등동물'이라고 부르는 박테리아다. 박테리아는 그것이 탄생한 이래 35억 년 이상을 죽지 않고 생존해왔기 때문이다. 따라서 생존능력으로 진화의 순서를 매긴다면 당연히 박테리아가 가장 뒤에 와야 한다. 하지만 앞서 말한 인간중심적 진화론을 비판하는 사람들도 이렇게는 하지 않는다. 그들 역시 인간이기 때문일까? 분명한 것은 19세기의 생물학이나 진화론은 물론 지금까지도 진화론은 이런 휴머니즘적 성격을 벗어난 적이 없다는 사실이다. 호랑이와 사자를 고양이의 일종('고양이과'!)으로 만들고 늑대를 개의 일종('개과'!)로 만드는 분류학 역시 인간이 자기가 가까이 두고 기르는 동물을 분류학적 기준으로 삼는다는 점에서 휴머니즘의 다른 한 형태임을 추가해두자.

    18~19세기 정치경제학은 노동이 부의 일반적 본질이라는 애덤 스미스의 명제를 통해 시작되었다. 스미스는 상품들 간의 등가교환이 과연 어떻게 가능한가, 교환의 등가성을 측정하는 가치척도는 무엇인가를 질문한다(스미스, 『국부론』). 스미스의 대답은 어떤 상품을 생산하는 데 필요한 인간의 노동시간이 그 상품의 가치를 결정한다는 것이다. 가령 토끼 1마리를 잡는 데 2시간이 걸리고 노루 1마리를 잡는 데 8시간이 걸린다면 노루 1마리와 토끼 4마리가 교환되리라는 것이다. 가령 토끼 2마리와 노루 1마리가 교환된다면 노루를 잡는 사람은 줄어들 것이고, 그러면 토끼 잡는 사람은 늘어날 것이다. 그러면 토끼값은 하락할 것이고, 반대로 노루값이 올라서 토끼 5마리와 노루 1마리가 교환된다면 다시 토끼 잡으러 가는 사람이 줄어 결국 토끼 4마리와 노루 1마리가 교환되는 지점에서 균형가격이 성립될 것이란 것이다. 생산에 필요한 인간의 노동시간이 상품의 가치를 결정한다는 점에서 이를 흔히 '노동가치론'이라고 부른다.

    그러나 만약 토끼가 이런 사태를 안다면 어떨까? "아니 내 가치가 어째서 노루의 1/4 밖에 안 된다는 거야. 한 목숨이긴 마찬가진데!" 그러나 그들 입장에서 좀더 곤혹스러운 것은 토끼든 노루든 자신의 가치가 자신을 잡아 죽이는 데 필요한 인간의 노동시간에 의해 결정된다는 사실 아닐까? 정말 인간이야말로 "만물의 척도", 모든 가치의 척도인 것이다! 이는 노동가치론이 철저하게 인간중심적인 이론임을 보여준다. 동시에 휴머니즘이 뜻하는 바가 무엇인지를 아주 잘 보여준다. 그것은 중심이자 주체인 인간에겐 더없이 자명한 태도일지는 모르지만, 그 '대상'이 된 모든 동물이나 식물, 개체의 입장에선 더없이 곤혹스럽고 끔찍한 사상이요 태도일 것이다.

휴머니즘은 이처럼 인간을 중심으로 세상을 보는 태도고, 인간을 위해 대상을 파악하고 장악하려는 태도며, 인간을 모든 것의 가치척도로 삼아 평가하는 태도고, 그런 만큼 인간의 가치는 언제나 한없이 지고한 곳으로 올라가지만 그와 비교되는 모든 대상의 가치는 한없이 저하하게 만드는 그런 태도의 집합이다. 광물도, 식물도, 혹은 대기나 물도, 나아가 동물도, 아니 지구 전체가 인간을 위해 사용되어야 하고 개발되어야 한다는 경제적 및 사회적 생각, 인간의 질병을 치료하기 위해서 멀쩡한 동물에 에이즈 바이러스나 암세포를 투입하기도 하고 돼지를 인간의 신장을 배양하는 배양기로 사용하려는 과학자들의 생각이 대체 무슨 잘못이란 말인가? 그들의 고통 때문에 인간의 질병이나 고통을 치료하는 시도를 포기해야 한단 말인가? 이 얼마나 '비인도적인' 발상인가? 그렇다. 이런 점에서 과학도 휴머니즘에 입각해 있음이 틀림없다. "인간적인, 너무나 인간적인!"

3. 휴머니즘과 인간 : 누가 인간인가?

1) 인간의 얼굴

영화 「미션」은 인간의 문제, 휴머니즘의 문제가 단지 자연과 인간 사이에서만 문제되는 것이 아님을 보여준다. 스페인이나 포르투갈의 '사냥꾼'들은 원주민들을 잡아서 노예로 팔고, 백인들은 그들의 몸에 낙인을 찍어 집에서나 광산에서, 농장에서 노예로 부려먹는다. 그 만행의 정도가 지나치자 그것을 비난하는 사람들이 나타나게 되고, 이로 인해 원주민을 세워놓고 재판 같은 논쟁을 벌인다. 아름다운 노래를 부르는 원주민 소년. "이렇게 아름다운 노래를 부르는 이들이 어찌 인간이 아니라

<인간으로 길들이기> 영국인들은 서구의 문명화된 '인간'들을 대표해서 전 세계를 돌아다니며 여러 비서구 지역을 점령하고 그 지역의 야만적 '짐승'들을 '인간'으로 길들이는 작업을 수행했다. 이 사진은 자신들의 지배나 통치에 비협조적이었던 버마인들을 거대한 쳇바퀴에 줄지워 올려놓고 발을 맞추어 그것을 돌리게 하는 장면이다. 이런 식의 훈련을 거쳐 지배자들에 순종하며, 그들의 요구에 맞추어 동일하게 집단으로 움직이며 노동하는 사람들이 될 때, 그들은 비로소 '인간'의 한 구석에 간신히 들어갈 수 있었다.

고 할 수 있겠습니까?" 원주민 속에서 선교하는 신부의 이 말에 스페인 관리가 답한다. "노래라면 숲 속의 새들이 더 잘한다." 이런 식으로 이들이 인간인가 아닌가를 둘러싸고 논쟁과 설전이 벌어진다. 그리고 그들이 인간임을 입증하기 위해 신부들은 그들과 미사를 보는 곳으로, 그들의 아름다운 성가곡을 들을 수 있는 곳으로 파견된 '판관'을 인도한다. 물론 그렇다고 해서 그들이 인간이기에 그들의 삶이나 그들의 땅이 존중되어야 한다는 판결을 기대한다면 세상을 너무 순진하게 보는 것이다.

사실 이런 논란은 그 논쟁 이전부터, 식민주의의 초기부터 있었다. 1517년, "아메리카 원주민이 그들 자신의 사회를 유지해 나갈 수 있다고 생각하는가?"라는 성 제롬 수도승단의 질문에 백인 식민주의자들은 이렇게 대답했다.

원주민들의 손자 대에 가서나 자립생활이 가능할지 몰라도 현재의 원주민들은 악덕에 깊이 물들어 있기 때문에 불가능하다. 그 증거로 그들은 에스파냐 사람들을 회피하려고 하며, 보수 없이 일하기를 거부하지만 때로는 그들 자신의 소유물들을 남에게 모두 주어버리기도 한다. 그리고 우리가 그들 가운데 어떤 자들의 귀를 잘라 버렸을 때도 그들은 그 친구들을 버리는 법이 없다. 따라서 원주민들은 자유로운 동물로 남아 있기보다는 인간의 노예가 되는 편이 더 낫다.(레비-스트로스, 『슬픈 열대』)

이에 대해 인류학자 레비-스트로스는 이렇게 말한다. "백인들은 원주민들이 동물이기를 바랐지만, 원주민들은 백인들이 신은 아닐 것이라고 의심하는 데 만족했던 것이다."

원주민이 인간인가를 둘러싼 논쟁 역시 「미션」에서 다루는 시기보다 훨씬 이전인 16세기에 유럽과 소위 '신대륙'에서 실제로 벌어졌던 역사적 사실이기도 하다. 수천만 원주민들이 모두 맹인이라도 되는 양, 자신들이 신대륙을 '발견'했다고 하고는, 탐험자들의 목숨을 구해주고 그들에게 음식과 땅을 내준 원주민들을 죽이고 약탈하거나 노예로 은 광에 처박아 넣은 백인들 자신이 보기에도 만행이 "해도 너무한" 수준에 이르자, 이들 '인디언'도 인간이라고 주장하는 사람들이 나타났던 것이다. 휴머니즘의 시대로 불리는 '르네상스' 시대의 유명한 휴머니스트들, 그리고 양심적인 일부 신부들이 그들이었다.

그러나 이 영화에서도 그렇듯이, 원주민이 '인간'이라고 주장하는 사람이나 그렇지 않다고 주장하는 사람은 모두 백인들이었다. 원주민들은 자신이 인간인가 아닌가에 대해 말할 자격이 없었다. 그저 그 논란의 대상으로서 두 편의 백인들이 처분하는 바에 따라 운명이 갈리는 자리에 서 있었을 따름이고, 이런 점에서 이미 인간이라고 할 수 없는 처지에 있었던 것이다. 인간인가 아닌가를 판정하는 자는 오직 백인들 뿐이며, 그 판정의 기준은 백인 자신과 얼마나 비슷한가 여부였다. 다시 말해 인간인가 아닌가의 판단기준은 '백인'이었던 것이고, 그런 한에서 '인간'이란 사실 백인의 다른 이름이었던 것이다!

따라서 '인간'이 되기 위해선, 자신이 백인들과 비슷하다는 사실을 입증해야 했다. 백인들의 풍으로 노래를 부르고 백인들의 악기를 만들며, 백인들처럼 미사를 보고 백인들처럼 글씨를 배워 쓸 수 있어야 했다. 이것이 「미션」에서 저 '인간적인' 신부들이 원주민들에게 가르쳤던 것이고, 원주민들이 인간임을 주장한 근거였다. 그들은 원주민을

'인간'으로, 즉 백인의 일종으로 만들고 있었던 것이다. 휴머니즘에도 원주민이 원주민으로 살아갈 길은 없었다. 결국 선택지는 두 가지뿐이었다. 백인들을 따라 하고 그들의 모습과 동일화됨으로써 '인간'임을 인정받거나, 아니면 인간 아닌 동물로 간주되어 노예나 동물의 처참한 운명을 받아들이는 것. 열등한 백인이 되거나 노예가 되는 것. 어느 것도 원주민에겐 죽음을 뜻할 뿐이다.

단지 이것만은 아니다. 또 하나 지적해야 할 것이 있다. 저 "위대한 휴머니즘의 시대"에, 위대한 휴머니스트들이 인디언도 인간임을 역설하던 그 논쟁 속에서 흑인이 인간일 수 있으리란 생각을 했던 사람은 단 한 사람도 없었다는 사실이다. 얼굴이 검은 인간, 그것은 애시당초 어불성설이고 근본적으로 있을 수 없는 일이었다. 왜냐하면 '인간'이란 백인이고, 인간의 얼굴은 희어야 하기 때문이다. 인디언의 벌건 얼굴이 인간의 얼굴인가 아닌가야 논란의 여지가 있다고 해도, 흑인의 검은 얼굴이 어떻게 인간의 얼굴일 수 있단 말인가!

이런 점에서 휴머니즘은 '인간중심주의'지만, 그것은 얼굴이 흰 인간중심주의, 즉 백인중심주의의 다른 이름이었다. 뿐만 아니라 그것은 처음부터 항상-이미 성인 남자의 얼굴이었다. 그래서 가령 인간의 보편성을 깊이 신뢰했으며 철학적 '인간학'을 완성했던 칸트도 여자나 어린이에게는 올바른 판단능력이 없기 때문에 선거권을 주어선 안 된다고 말했다. 그들은 인간이란 말에 값하는 보편성을 결여하고 있기에, 다시 말해 '생각하는 주체'의 자격을 갖고 있지 못하기에 '인간'에게만 주어져야 할 저 권리들이 주어져선 안 된다는 것이다.

휴머니즘을 모든 가치의 중심에 두고 스스로 인간이 되고자 하는 우리 자신의 모습은 어떤가? 없는 쌍꺼풀을 억지로 만들고, 낮은 코는 높이 세우며, 튀어나온 광대뼈는 깎아내어 몽골인의 흔적을 지우고 흰 분으로 얼굴을 희게 칠하며 화장하는 자신의 모습에서 '인간'이 되기 위해 백인의 노래를 따라하고 백인처럼 미사를 보는 저 영화의 원주민의 운명을 반복하고 있는 건 아닐까? 나보다 검은 얼굴의 동남아시아인들은 거리낌 없이 '아래로 보며' 쉽사리 "개새끼"라고 욕을 하지만, 자기보다 흰 얼굴의 백인을 보면 괜히 기가 죽거나 그게 아니면 영어 한마디 걸어보려고 슬그머니 다가서는 자신의 모습에서 이미 이류의 백인이 서 있는 자리를 확인해야 하는 건 아닐까? 어쩌면 우리가 휴머니즘을 쉽게 버리지 못하는 것은 이래서인지도 모른다.

2) 인간과 노동

이미 말했듯이 휴머니즘은 인간을 모든 것의 잣대로 삼는다. 그런데 그 인간은 모든 사람들을 지칭하는 말이 아니다. 그것은 인간을 인간답게 하는 것, 인간을 다른 것들과 구별해주는 어떤 본질을 통해 정의되는 존재다. 즉 휴머니즘이 잣대로 세우는 '인간'은 사람들에게 '인간적 삶'의 모델을 제공할 수 있는 인간, 인간에 대해 잣대가 되는 인간이다. 그 정의에 부합하는 사람만이 휴머니즘을 통해 최고의 대접을 받을 수 있는 '인간'인 것이다. 이런 점에서 그 '인간'은 인간들을 평가하고 분류하여 다르게 대하게 만드는 잣대요 척도다. 이 경우 그 잣대를 누가 정의하는가가 이후의 모든 사태를 결정한다. 방금 말했듯이 '인디언'이 인간인가 아닌가가 문제가 되고, 흑인들이 인간의 범주에서 처음부터 제외되었던 것은 백인들이 자신을 모델로 삼아 '인간'을 정의하고 잣대로 삼았기 때문이었다.

그런데 '인간'이란 잣대는 백인들이라고, 혹은 백인화된 사람들이라고 해서 모두 그대로 받아들이지 않는다. 그 가운데에도 '인간다운' 인간이 있고 그렇지 못한 인간이 있다. '생각하는 동물'이 인간의 본질이라면 생각 없는 인간은 본질을 결여한 인간, 즉 인간이라고 말할 수 없는 인간이 된다. '놀이하는 동물'이 인간의 본성이라면 놀 줄 모르는 인간은 인간에서 제외되어 마땅하다. '언어를 사용하는 동물'이 인간의 본성이라면 언어를 사용할 줄 모르는 존재, 가령 늑대들 속에서 자란『정글북』의 모글리 같은 인간이 있다면, 그는 결코 인간이라고 할수 없다(사람들이『정글북』에서처럼 그를 멋진 존재로 다루어줄 거라고 생각한다면 아직 세상을 너무 모르는 것이다).

사실 이런 종류의 정의로 인해 배제되는 인간을 우리의 일상에서 만나기는 힘들 것이다. 아무리 생각 없는 사람이라도, 설마 생각할 수 없는 존재일 거라곤 생각하기 어렵고, 아무리 놀 줄 모르는 사람이라도 놀이가 불가능한 존재라고 생각할 순 없으며, 어떤 식으로든 언어를 전혀 사용할 수 없는 사람은 아주 특별한 사고가 아니라면 생각할 일이 없기 때문이다.

그러나 이와 달리 우리의 일상적 삶에 빈번하게 작용하며 큰 영향을 미치는 '본성'의 관념이 있다. 인간의 본질은 노동이라는 관념이 그것이다. 호모 파베르(Homo Faber). 이를 가장 명확하게 개념화했던 사람은 19세기 독일 철학자 헤겔이었다. 그에 따르면 인간을 다른 동물과 구별해주는 것은, 합목적적으로 행동한다는 사실이다. 합목적적 활동, 그것이 바로 노동이다. 예컨대 거미나 개미도 집을 짓지만 그것은 집을 짓겠다는 목적을 갖고 하는 게 아니라 자신도 생각지 못한 사이에 하는 본능적인 행동이다. 반면 인간은, 그가 아무리 재주가 없고 무능한 사람이라도 어떤 집을 지을 것인지, 그건 뭐에 쓸 것인지를 알고 행동한다. 이런 생각을 훗날의 맑스는 좀더 명료하게 이렇게 표현했다. "아무리 빈약한 건축가일지라도 인간이 거미나 벌과 다른 것은 시작할 때 이미 끝(목적)을 갖고 시작한다는 점이다"(맑스, 『자본론』 1권, 236쪽).

'노동', 이것이 여기에서는 인간의 본질을 정의해주는 요소가 되고 있는 것이다. 맑스마저 적극적으로 받아들인 적이 있기에 비판적인 지식인들조차 크게 의심하지 않았던 이러한 인간과 노동의 관념은 앞서 언급했던 것들과 달리 우리의 일상적 삶과 매우 밀접하게 연결되어 있다. 왜냐하면 우리는 먹고살기 위해서는 노동을 해야 하는데, 실제로는 노동을 하고 싶어도 하지 못하는 경우가 너무도 많기 때문이다. 가령 실업자들이 그렇다. 그들 가운데 일하기 싫어서 실업자가 된 사람은 거의 없다. 일을 하고 싶어도 못 하는 사람들이 대부분이다. 혹은 일을 하다가 타의에 의해 쫓겨나 실업자가 된 사람이 대부분이다. 그렇다면 이들 노동할 수 없는 사람들, 혹은 노동하지 않는 사람들은 인간이 아닌가?

아마도 그렇다고 쉽사리 대답하진 않을 것이다. 그러나 과연 그들은 인간으로 대우받고 있는가? 사실은 별로 그렇지 않다. "일하지 않는 자는 먹지도 말라"라는 슬로건을 굳이 끌어들이지 않더라도, 벌이가 없는 그들이 인간으로서 살아가는 데 필요한 것들을 줄 사람은 발견할 수 없다. 그들의 발언을 진지하게 경청하고 그들의 요구를 '인간'의 요구로서 들어주는 사람도 찾기 어렵다. 그들의 의사에 따라 그들이 하고 싶은 것을 하도록 해주는 곳이 있을 거라곤 누구도 믿지 않는다. 그런데도 그들이 정말 인간으로서 대우받고 있다고 말할 수 있을까?

이는 자본주의에서라면 어디에서나 찾아볼 수 있는 일반적 현상이다. 자본주의 이전에는 생산이나 삶이 공동체 단위로 이루어졌기 때문에, 일하고 싶은데 일할 수 없는 경우도 없었거니와 일할 능력이 없는 사람들은 공동체가 먹여 살렸다. 노인들을 생각해보면 알겠지만, 일하지 않는다고 해서 그들의 말을 안 듣거나 무시하는 경우도 없었다. 그러나 자본주의에선 일하는 데 필요한 생산수단(도구, 기계, 재료)은 돈이 있는 자본가들이 소유하고 있다. 돈이 없으면 생산수단을 가질 수도, 사용할 수도 없다. 따라서 일할 수 없다. 일하려면 그 생산수단을 가진 자본가들에게 고용되어야 한다. 즉 그들이 고용하지 않거나 해고해버리면 일을 하고 싶어도 할 수가 없다. 게다가 일을 해서 임금을 받지 않으면 생계수단도 구입할 수 없다. 일할 수 없다는 것은 생존할 수 없음을, 죽음과 대면해야 함을 뜻한다. 일할 수 없는 사람의 생존이나 생활을 책임져주는 공동체는 자본에 의해 이미 해체되어버린 지 오래다(그걸 해체해버리지 않는다면, 대체 누가 자본가에게 노동력을 팔려고 할 것인가!). 유일하게 살아남은 공동체인 가족만이 그것을 책임질 뿐이다. 그러나 문제는 노동하는 사람, 해고되거나 해서 문제가 되는 사람은 대개 가족을 책임져야 할 가장이란 사실이다. 즉 해고란 가족 전체의 생존과 생활이 근본적인 위협에 처하게 됨을 뜻한다는 것이다.

이로 인해 실업이란 직접 닥치기 이전부터 노동자들의 목을 죄는 절대적 위협이다. "자네 그만두고 싶나?" 이 한마디면 어떤 하기 싫은 일도 해야 한다. 아니 그 소리를 듣고 싶지 않으면 자본가에게 알아서 복종하고 그가 바라는 것을 알아서 미리 해야 한다. 실업은 그 가능성만으로도 노동자를 자본가의 종복(從僕)으로 만들어버리는 압력이고 위협인 것이다. "노동하며 인간으로 살아갈 것인가, 그렇지 않고 일자리와 더불어 인간다운 삶을 잃게 될 것인가?" 이것은 자본주의 사회에

<인간이 아닌 자를 정복하는 방법> 야만적 '짐승'들을 인간으로 길들여주겠다
는 '인간'의 호의를 거절하고 제국주의에 저항하던 자들은 이제 길들일 수 없
는 짐승을 사냥하듯 이렇게 잡아서 이렇게 다루었다. 형틀에 묶고 체벌과 고문
을 가한 끝에 가두거나 죽이는 것. 비서구인들이 '인간'이 되기란 얼마나 힘들
고 고통스런 일인지!

서 모든 노동자들에게 가해지는 권력의 벡터다. 더욱 나쁜 것은 실업이 자본의 사정에 따라 해고하는 것인 경우에조차(이게 대부분인데도), 해고되는 개인의 무능 탓으로 돌려버린다는 것이다. 모든 사람이 해고되는 게 아니기에, 결국 해고되는 것은 나의 무능력 때문이라고 믿게 되는 것이다.

그래서 많은 이들이 직장을 잃고 노동할 수 없게 되었을 때, 그것을 자신의 가족에게도 말하지 못한다. 이미 'IMF 시절' 해고된 많은 사람들이 해고되었다는 말을 못한 채 양복을 입고 공원이나 산자락을 헤매다 집으로 돌아가곤 했다는 것을 우리는 잘 알고 있다. 영화 「풀 몬티」는 이런 경우를 아주 잘 보여준다. 일자리를 잃었지만 6개월이 지나도록 아내에게 말 못하는 남자, 그것도 모른 채 백화점에서 카드를 긁어대고 스키장 갈 꿈에 부푼 아내의 얘기는 결코 남의 얘기가 아니다. 그 사실을 말한다는 것은 자신이 무능한 사람임을 고백하는 것인 동시에, 자신이 '인간'——노동하는 인간——의 자리에서 배제되게 되었다는 사실을 인정하는 것이기 때문이다. 그 경우 아마도 그는 자신의 아내나 가족에게도 인간으로서 대우받고 살기 힘들 것이다. "벌이도 없는 주제에 뭔 말이 그리 많아!" 이런 점에서 '인간'이 된다는 것, '인간'으로 살아간다는 것은 적어도 자본주의 사회에선 결코 쉬운 일이 아니다. 인간의 자리에서 축출된다는 것은 모든 자격을 잃고 모든 능력을 상실하게 되는 끔찍한 사태를 뜻한다. 그걸 인정하기보다는 차라리 죽음(!)을 선택하는 사람들이 적지 않다는 것 역시 IMF 시절의 신문이나 영화 「풀 몬티」는 잘 보여준다.

휴머니즘은 인간을 항상 목적으로서 대우하며 수단으로 삼지 말 것을 가르친다. 인간을 위해서 행해지는 모든 것이 정당하다고 말하고 인간을 위한 것이라면 어떤 끔찍한 실험이나 살해조차 쉽사리 받아들이라고 가르친다. 그러나 그것은 모두 '인간'을 위한 것인 한에서고, 우리가 '인간'의 자리에 서 있는 한에서다. 그 '인간'의 자리에서 배제되고 축출되는 순간, 우리는 자신의 어떤 '비인간적' 상황도, 어떤 끔찍한 불행도 호소할 곳이 없게 된다. 그 '인간'의 자리에서 배제되거나 축출된 것이 동물이나 식물, 혹은 흑인이나 '인디언'뿐이라고 믿는다면, 아직도 자신이 사는 자본주의 사회에 대해 전혀 모르는 것이라고 해야 한다. 여기서 어떤 대가를 치르고서라도 다시 '인간'이 되려고 해야 하는 것일까? 전 인구의 80%가 실업자가 되는 '20대 80의 사회'가 머지 않은 미래라고 널리 예견되는 지금.

혹인이 인간일 수 있다고 아무도 생각하지 못했던 휴머니즘 시대의 휴머니즘, '인디언'이 인간인가 아닌가를 둘러싸고 논쟁을 벌이던 사태, 그리고 노동하는 사람만이 '인간'이 될 수 있는 현금(現今)의 사태를 보면서 정작 던져야 했던 질문은 이게 아닐까? 정말 '인간'이 아니라면 저렇게 마구 노예로 부려먹어도 좋은 것일까? '인간'이 아니라면 저렇게 마구 죽이고 실험해도 좋은 것일까? '인간'이 아니라면 그들이 굶어죽든 말든 방치해둔 채 "일하지 않는 자는 먹지도 말라"고 말해도 좋은 것일까? 그런 것이 휴머니즘이라면 휴머니즘은 정말 흔히 생각하듯 '좋은 것'일까?

4. 휴머니즘의 황혼?

근대는 휴머니즘의 시대였다. 그런데 근대가 저물어간다는 진단을 진지하게 받아들인다면, 근대와 더불어 휴머니즘 역시 저물어가고 있다고 말해야 할까? 탈근대의 시대, 혹은 근대 이후의 세계란 휴머니즘이 사라진 시대, 휴머니즘 없이 살아야 하는 시대라고 할 수 있을까?

사실 이미 적지 않은 사람들이 휴머니즘에 대해 비판한 바 있다. 가장 먼저 휴머니즘을 명시적으로 비판한 사람은 하이데거였다. 그는 야만적 인간과 대비되는 인간다운 인간이란 말로 '교양을 체득하여 덕을 닦은 인간'을 지칭했던 로마적 전통 속에서 휴머니즘을 이해한다. 인간의 구원을 내세우며 그 구원의 상을 명명하는 휴머니즘은 이와 달리 역사를 '인간의 영혼을 구원하려는 역사'로 이해하는 기독교적 휴머니즘에 속한다고 본다. 이처럼 휴머니즘은 그것이 내세우는 목표와 실현방식, 수단, 이론적 형식에 따라 다양하다. 하지만 어디나 공통되게 인간성을 근거로 삼는다는 점에서 모든 휴머니즘은 형이상학적이다(형이상학이란 하나의 최초의 근거로 소급하여 모든 것을 설명하려는 태도를 말한다). 즉 모든 휴머니즘은 인간의 보편적 본질을 자명한 것으로 가정하고 있으며, 그것을 통해 모든 것을 설명하려 한다는 점에서 공통된다는 것이다. 거기서 인간의 본질은 통상 '이성(logos)을 가진 동물'이다.

이런 형이상학적 관념 안에서는 그가 중요하게 여기는 '인간과 존재의 관계'가 제대로 사유되지 않는다. 이것이 그가 휴머니즘을 비판하는 가장 중요한 이유였다. 더구나 인간을 '이런저런 동물'(그게 '이성을 가진 동물'이든 '노동하는 동물'이든 간에)로 규정하는 것은 인간을 그저 생물들 가운데 하나로만 취급하려 한다는 점에서 인간에 대해 사실 매우 낮은 평가를 하는 것이라는 게 그의 생각이다. 인간이란 다른 어떤 동물과도 다르게 '존재가 건네는 소리'를 들을 수 있는 존재고, 그것을 통해 존재의 의미를 추구할 수 있는 존재며, 따라서 특별한 능력을 갖는 동물의 하나로 보는 것으로는, 그 무엇도 대신할 수 없는 그 특별한 '존엄성'을 담아낼 수 없다는 것이다. 즉 휴머니즘이 인간의 인간성을 충분히 높게 평가하지 않기에 그는 휴머니즘에 반대한다는 것이다(하이데거, 「휴머니즘에 관하여」, 104~112쪽).

인간에 고유한 존엄성을 좀더 높이 평가하기 위해 휴머니즘을 비판한다는 점에서 하이데거는 차라리 울트라-휴머니스트인 셈이다. 물론 그것이 그의 말대로 휴머니즘 비판을 통해서 다른 전망을 열려는 것임을 인정한다고 해도, 그의 휴머니즘 비판이 휴머니즘에 반하는 것이라기보다는 다른 종류의 휴머니즘이라는 것을 부정할 수 있을까? 적극적인 이념으로서의 형이상학적 휴머니즘을 넘어서 탈형이상학적 휴머니즘을 창안하려는 것이란 점에서 휴머니즘의 통념과 생각보다 가까이 있는 셈이다. 더구나 그가 비판하는 휴머니즘이 단지 형이상학적 사고방식으로 국한되어 고대적 형태로 소급되기에, 이른바 '휴머니즘의 시대'가 본격적으로 선언된 르네상스 이후의 휴머니즘이 야기한 끔찍한 사태들은 그 비판의 전망에서 사라져버리고 만다. 더구나 서구와 비서구를 가르며 작동한 휴머니즘의 역사적 만행은, 그리스적 전통으로 빈번하게 되돌아가는 이 전형적인 서구중심주의자의 눈에는 보이지 않는다. 백인의 눈, 백인의 얼굴을 인간이란 말에서 지우지 않고 재창안되는 또 다른 휴머니즘이 우리에게 보여줄 새로운 전망이란 대체 어떤 색일까?

서구에서 또 다시 '안티-휴머니즘'의 깃발을 들었던 사람은 프랑스 맑스주의자인 알튀세르였다. 비인간적 이념의 상징이 되었던 스탈린 시대의 맑스주의에 반대하여 '휴머니즘적 맑스주의'가 고창되던 시절이었다. 인간의 본질은 노동이지만, 자본주의에서 그 본질은 '소외'

되어 노동의 산물이 노동자와 적대하게 되는 관계, 노동 자체가 노동자가 아닌 자본가의 의지에 의해 행해지기에 노동 자체가 소외된 형태로 진행되는 관계, 그리하여 인간의 본질 자체가 망실된 소외의 시대에 대한 청년 맑스의 분노와 비판을 통해 많은 사람들이 맑스주의가 휴머니즘임을 새로이 발견하던 시대였다. 그 시기에 알튀세르는 그 휴머니즘에서 '인간'이라는 모호한 말로 자본가와 노동자를 하나로 묶는 새로운 이데올로기를, 역사적으로 달라지는 생산양식 내지 사회적 관계를 인간과 그 대상의 관념론적 변증법으로 뭉뚱그리는 이데올로기를 발견한다. 맑스주의자가 자신이 하고 있는 활동이 좀더 인간성을 구현하기 위한 것임을 믿게 해주는, 맑스주의자 자신을 위한 이데올로기를(알튀세르, 『맑스를 위하여』).

물론 이데올로기 없는 시대란 있을 수 없으리라는 생각이 있었음에도 불구하고, 알튀세르는 맑스주의를 다른 과학과 다름없는 하나의 과학으로 정립하기 위해, 이 휴머니즘이란 이데올로기와 대결한다. 이런 이유에서 그는 단언한다. 인간의 본질이 노동임을 주장하고 그것의 소외로서 자본주의를 이해하며, 소외의 극복으로서 공산주의를 말하던 청년 맑스의 사상은 맑스주의에 속하지 않는다고. 맑스주의는 '이론적 반(反)-휴머니즘'이라고. 그러나 휴머니즘의 시대에 그의 이런 휴머니즘 비판은 그가 속해 있던 프랑스 공산당 내부에서의 많은 비판을 야기했고, 그 비판에 대해 알튀세르는 이론적 반-휴머니즘이야말로 노동자와 자본가의 적대관계를 극복하여 해방된 사회로 나아가게 할 것이란 점에서 '실천적 휴머니즘'이라고 대답한다. 이보전진을 위한 일보후퇴일까? 아니면 진정 그는 실천적 휴머니즘을 꿈꾸고 있었던 것일까? 아무튼 휴머니즘 비판이 결코 쉽지 않았으며, 또한 결코 쉽지

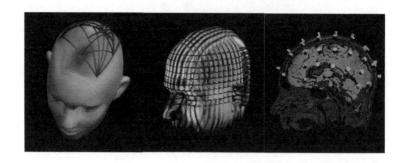

<인간을 정복하는 방법> 인간은 인간 아닌 것을 정복하는 다양한 방법을 집요하게 추구했다. 인간 아닌 인간을 인간으로 만드는 방법도 만들어냈다. 이제는 인간인 인간, 인간 그 자체를 정복할 차례다. 인간을 대상으로 연구하는 많은 지식들이 이를 제공한다. 생물로서의 인간을 다루고 연구하는 생물학과 유전학, 신경학 등뿐만 아니라, 인간의 심리를 연구하는 심리학, 인간의 동작을 연구하고 관리하는 생체공학, 인간의 논리적 추론방법을 연구하는 논리학과 사이버네틱스 등. 이는 사실 인간이 인간에 대해 질문하기 시작했을 때, 인간학 내지 인간과학이란 것이 만들어졌을 때 이미 시작된 것이다.

않으리라는 것을 보여주는 것 같다.

　아마도 어떠한 유보없이 휴머니즘과, 혹은 그것의 중심에 자리잡고 있는 '인간'이란 관념과 전면적으로 대결했던 사람은 푸코였다고 해야 할 듯하다. 그는 서구인들의 사유 자체를 한계지운 인식론적 배치의 역사적 변화를 무의식의 층위에서 탐구한다. 그러한 탐구를 통해서 그는 표상 내지 관념으로 환원불가능한 어떤 객관적 실체가 있다는 식의 무의식적 사고방식(이를 그는 '에피스테메'라고 부른다)이 좁은 의미에서 '근대'라고 불리는 18세기 말~19세기에 출현한다는 것을 보여준다. 모든 부의 본질인 노동, 모든 기관들의 활동을 통해 유지되는 생명, 그리고 우리의 생각보다 먼저, 그리고 그 생각보다 깊은 심층에 자리 잡은 언어가 그것이다. 이 노동, 생명, 언어란 사실 노동하는 생물, 언어를 사용하는 생물로서 인간이 자신을 선험적인 준거(척도!)로 삼아 찾아낸 것이며, 동시에 그것을 통해 인간은 하나의 경험적인 존재로 개념화된다. 이런 점에서 '인간'이란 19세기의 근대적 사유를 근저에서 떠받치고 있는 선험적 토대인 동시에, 생물학이나 경제학, 언어학 등을 통해 구성되는 경험적 대상이다. 이러한 선험적-경험적 이중체로서 '인간'이야말로 근대의 모든 사유를 그 토대에서 규정하고 있으며, 그 모든 사유의 방향을 이끌고 있는 목적이기도 했다. "인간은 무엇을 알 수 있는가? 인간은 무엇을 할 수 있는가? 인간을 무엇을 바랄 수 있는가?"를 묻는 칸트의 '인간학적 질문'의 원형적 모델이 되었다(푸코, 『말과 사물』).

　이런 점에서 '인간'이란 태고 이래 불변의 어떤 실체가 아니라 18세기 말 이래 이런 방식으로 형성된 특정한 역사적 관념의 산물이다. 모든 사유의 출발점을 인간으로 삼고, 모든 것을 인간을 위한 것이란 이름으로 정당화하는, 근대적 사유의 도처에서 발견되는 '인간학적 사유'는 근대의 인식론적 배치의 이름일 뿐이다. 따라서 그것은 근대를 넘어서는 또 다른 종류의 사유와 활동이 시작된다면, 마치 해변의 모래 사장에 써놓은 이름처럼 머지 않아 들어올 바닷물에 의해 지워질 이름일 뿐이다. 이런 점에서 푸코는 명시적으로 '인간의 죽음'을 선언한다. 그렇게 '인간'이 죽은 이후에도, 그렇게 인간학적 사유가 죽어버린 이후에도 어떤 종류의 휴머니즘이 결코 다시 출현하지 않을 거라고 누가 말할 수 있을까? 그러나 그러한 사유는 이미 자신의 시간(시대)을 잃어버린 것임을, 따라서 지배적인 사유로서 다른 모든 사유를 지배할 순 없을 것임을 또 누가 대체 부정할 수 있을까?

마이크로 프로세서가 인간의 사유를 대신하기 시작한 시대, 그리하여 '인공지능'이나 '인공생명'이 기계적으로 만들어지고 작동하는 시대, 생명의 중심에 '유전 메커니즘'이라고 불리는 기계적 과정이 자리잡고 있음이 분명해진 시대, 그리고 그 유전 메커니즘에 인간의 공학적 기술이 관여하여 생명 자체를 기계적으로 통제하고 변형시키기 시작한 시대, 혹은 자동화된 기계가 인간의 육체노동은 물론 정신노동마저 대체해가고 있는 시대, 그리고 인터넷을 비롯한 정보 통신기술의 발전으로 지적인 과정이 네트워크를 통해 전 지구적 규모에서 진행되고 소통되는 시대, 그로 인해 인간의 노동이 기계의 노동으로 대체되지만 그렇기에 80%의 사람들이 노동하고 싶어도 노동할 수 없으며 따라서 노동을 통해 생존하고 노동을 통해 '인간'임을 확인하는 게 불가능하게 된 시대. 이것이 지금 우리가 살고 있으며 앞으로 살아가게 될 시대라면, 이런 시대에조차 '인간'이란 범주 속에서 자신을 발견하고 안심하거나 거기서 배제될 위험에 불안해 해야 할까? 이런 시대에조차 여전히 우리는 '인간'을 중심으로 모든 것을 생각하고, '인간을 위한 것'이란 명목으로 자연이나 사람들에 대한 자신의 모든 행동들을 정당화하려고 해야 할까? 그보다는 차라리 인간의 죽음 이후에 우리에게 다가올 세계에 대해 어떻게 사유할 것이고, '인간'이란 근거 없이, '휴머니즘'이란 이념 없이 어떻게 적절하게 행동하고 살아갈 것인가를 고심해야 하는 건 아닐까?

.16강. 식민주의와 탈식민주의

오선민

어떻게 하면 이 세계에 '입장'(入場)과 '소속'(所屬)을 허용받을까—철든 이래, 언제부터인가 자신 속에 둥지를 튼 정체를 알 수 없는 불안의 근원도 따지고 보면, 결국 여기에 있었음을 깨닫는다. '살아갈 수 있을까'라는 불안을 어린 마음에도 느꼈던 것이다. '나 같은 인간이 과연 이 사회에서 살아가는 것을 허용받을 수 있을까? 즉, '입장권', '소속권'이 주어질 것인가 하는 불안이다.(김학영, 「입장권」, 유숙자, 『재일한국인 문학연구』, 196쪽)

0. 들어가며

식민지 하에서 일본으로 자의반 타의반 이주하여 해방 이후에도 계속 일본에서 거주하며 활동하는 사람들을 재일(在日) 조선인이라 부른다.

오선민(dalmanim@yahoo.co.kr) | '연구공간 수유+너머' 연구원. 근대 초기 동아시아 유학생들의 행보에 관심이 많고 언젠가는 이들을 주인공으로 하는 소설을 쓰리라 마음먹고 있다. 친구들과 함께 『국민국가의 정치적 상상력』(소명, 2003)을 썼다.

작가로 데뷔하기 이전에 김학영(金鶴泳 ; 본명은 廣正, 1938~1985)은 명문 도쿄(東京)대학, 대학원에서 화학을 전공하던 이공학도였다. 재일 작가로서 문단에 데뷔하면서부터 유고에 이르기까지 말더듬, 민족 문제, 정체성의 혼란, 아버지의 폭력, 연애의 파탄, 조모의 죽음과 같은 모티프 등은 지속적으로 그의 작품 안을 출렁였다고 한다. 입장권에 대한 불안함을 철든 이래 한시도 떨쳐버릴 수 없었다는 그의 고백은 안타깝다. 그를 평생 괴롭혔던 것은 말할 것도 없이 재일(在日)이라는 자격이다.

일본에 살고 있는 사람을 굳이 재일이라고 불러야 할까? '재일 작가'라는 타이틀은 일본어로 썼다고는 하나, 그의 소설이 일본문학은 될 수 없으리라는 기분을 던져준다. 김학영은 자기 평생의 불안의 이유를 일본으로도 조국으로도 온전히 소속될 수가 없는 자신의 처지에서 찾았다. 그가 일본에서 살 수밖에 없었던 가족사 이면에는 식민지 조선의 현실이 도사리고 있었다. 김학영의 위의 고백은 그가 죽기 2년 전, 해방이 된 지는 40년이 되어가던 시점에서 나왔다. 조선은 더 이상 식민지가 아니며, 그도 더 이상 일본에 사는 식민지인이 아니다. 식민지로 살게 된 것이 그의 책임도 아니다. 그럼에도 불구하고 그는 왜 이렇게 질기고 강퍅한 시달림에서 벗어날 수가 없는 것일까?

디아스포라(Diaspora)는 본래 '이산'(離散)을 의미하는 그리스어이자 팔레스타인 땅을 떠나 세계 각지에 거주하는 이산 유대인과 그 공동체를 가리키는 말이었다. 오늘날 이 말은 유대인뿐 아니라 아르메니아인, 팔레스타인인 등에 대한 다양한 이산 경험을 의미하는 좀더 일반적인 의미로(diaspora) 사용되고 있다. 근대가 시작되자마자 제국주의 국가들에 의한 세계 분할과 식민지 쟁탈전으로 인해 수많은 사람들이 자신의 땅에서 쫓겨났다. 게다가 이들 이산자들은 이주당한 땅에서도 언제나 이방인 취급을 받아야 했다(서경식, 『디아스포라 기행』). 김학영의 상처는 이러한 디아스포라의 아픔을 공유하고 있다.

삶의 터전에서 강제적으로 밀려나는 일. 그리고 억압과 폭정에 시달리는 사태들은 인류의 역사 속에서 차고 넘친다. 디아스포라라는 말이 탄생한 그리스에는 노예제도가 있었다. 이때 시민의 광장 아고라에 들어갈 수 있는 사람은 집과 농장에 더하여 반드시 가족을 소유한 자유인 남자여야 했다. 노예나 여성이 변변한 취급을 받지 못하던 일이 다반사였다. 과연 역사 속에서 무수히 출몰하는 주인과 노예의 불평등한 관계와 근대의 제국주의적 압박에 따른 이산의 피해는 동일한 폭력의 반복에 불과한 걸까? 제국주의는 다 사라졌고, 핍박받는 식민지도 더 이상 없는데 왜 김학영과 같은 슬픔을 토로하는 디아스포라들의 목소리가 끊이질 않는 걸까?

1. 제국과 식민주의의 근대 사회

1520년부터 '어떤' 지배가 시작되었다. 16세기 초 몇 십 년 동안 유럽은 인도양을 이용해 무역을 확장했다. 동시에 이들은 아메리카에 대한 정복을 시작했다. 멕시코에서 스페인이 식민체제를 건설하고 나서, 17세기에는 카리브 제도에 플랜테이션 생산이 대규모로 기획되었다. 나아가 18세기에 유럽은 드디어 아시아 영토에 대한 지배를 구상했다. 유럽의 경제적·정치적 팽창의 과정은 점차 지구적 차원의 일이 되어갔다. 하지만 그럼에도 1798년 나폴레옹의 이집트 원정을 제국주의적 확장이라고 보기는 어렵다. 나폴레옹은 프랑스 국가 권력을 이집트에 이식시키려 하지는 않았기 때문이다.

프랑스가 본격적으로 제국으로 변신하는 것은 1830년 알제리 점령 이후이다. 영국도 1840년부터는 뉴질랜드와 인도 등에서 자신의 입지를 굳히기 시작했다. 이 시기 유럽의 식민지 개척은 자국의 경제와 정치적 이해를 도모하기 위해서만은 아니었다. 세계 경제와 세계 국가 체제의 구조가 급속히 변하여 19세기 말 마지막 20년 동안 유럽의 이해가 고스란히 아프리카 영토 분할이라는 문제를 통해 구체화되었다. 1870년 알제리에는 27만 명 이상, 남아프리카에는 24만 5천 명 가량의 백인이 거주했고, 1868년 다이아몬드 광산과 1886년 금광의 발견으로 인해 남아프리카는 자본주의 성장의 중심에서 국제적 자본의 흡수처로 변신했다. 이러한 일련의 사태를 거쳐 만 개가 넘는 아프리카의 정치 단위가 단 40개로 축소되어버리는 가차 없는 정치적 통합 행위가 벌어졌다.[*] 지금까지도 그 흔적을 고스란히 안고 있는 격자식 아프리카 지도를 보라. 분할이라는 말이 실제로 뜻하는 것은 무차별하고 전혀 자연스럽지 않은 통합이었다.[**]

제국주의에 의한 폭력과 근대 이전의 주종관계에서 나타나는 일반적인 억압의 관계가 다른 것이듯, 근대의 제국주의들도 똑같지는 않았다. 벨기에의 콩고 지배와 영국의 뉴질랜드 지배 사이에는 공통점보다 차이점이 많았고, 영국과 프랑스가 그들의 각 식민지에서 보여준 통치 방식과 지배 태도는 또한 달랐다. 김학영을 괴롭혔던 일본 제국주의

---

[*] 식민지의 시기 구분과 역사적 전개에 관해서는, 로버트 J. C. 영의 『트리컨티넨탈리즘』(김택현 옮김, 박종철 출판사, 2005)과 위르겐 오스터함멜의 『식민주의』(박은영·이유재 옮김, 역사비평사, 2006)를 참고하라.
[**] 아프리카 분할에 관한 자세한 정보는, 존 아일리프의 『아프리카의 역사』(이한규·강인황 옮김, 가지않은 길, 2002)를 참고하라.

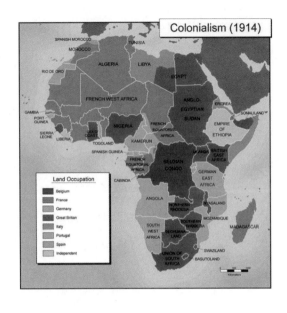

Colonialism (1914)

SPANISH MOROCCO
MOROCCO
TUNISIA
ALGERIA   LIBYA
RIO DE ORO
EGYPT
FRENCH WEST AFRICA
ANGLO-
EGYPTIAN   ERITREA
SUDAN   SOMALILAND
GAMBIA
PORT
GUINEA
SIERRA   GOLD   NIGERIA   FRENCH   EMPIRE
LEONE   COAST   EQUATORIAL   OF
LIBERIA   AFRICA   ETHIOPIA
TOGOLAND   KAMERUN
SPANISH GUINEA
FRENCH   UGANDA   BRITISH
EQUATORIAL   BELGIAN   EAST
AFRICA   CONGO   AFRICA
CABINDA   GERMAN
EAST
AFRICA
ANGOLA
NORTHERN   NYASALAND
RHODESIA
MOZAMBIQUE
SOUTH   SOUTHERN   MADAGASCAR
WEST   BECHUANA   RHODESIA
AFRICA   LAND
SWAZILAND
UNION OF   BASUTOLAND
SOUTH
AFRICA

Land Occupation

Belgium
France
Germany
Great Britan
Italy
Portugal
Spain
Independent

<식민지 시대 아프리카 지도> 위의 지도는 직선으로 영토를 구획짓고 있다. 사람이 사는 땅이 저렇게 평범하게 제국주의의 시선 아래에 절단되어 있다.

도 서양 제국주의에 대항하자며 아시아의 다른 나라들을 동원하는, '제국주의에 대항하는 제국주의'라는 형태였다. 지배와 착취의 형태가 이렇게 달랐던 만큼, 복종과 굴욕으로 인해 상처받는 지점도 식민지들마다 다 달랐을 것이다. 그럼에도 불구하고 우리는 몇 가지 기준에 의해 19세기 말부터 진행되어온 억압의 형태를 묶어 이름붙일 수 있을 것 같다. 그것은 **식민주의**다.

'식민'(植民 ; colonization)이란 말 그대로 사람을 심는다는 뜻이다. 조금 더 구체적으로 말하자면, 정복에 의해 땅을 빼앗고 그곳에 본국의 정치·경제 질서, 그리고 시스템을 가동시킬 수 있는 본국인을 정착시키는 형태를 의미한다. 대부분의 근대 식민지는 본국과 지리적으로 아주 먼 곳에 위치해 있었다. 여기에 '제국주의'는 식민지에 대한 배타적 소유권을 다른 제국주의에게 주장하고, 제국 본국을 모국(母國)이라 하며 식민지인들에게 강제적으로 복종하도록 힘을 행사했다. 이것은 단순한 주인과 하인의 관계를 넘어선 것이었다. 하나의 사회 전체가 자기가 전승하던 전통의 역사 전개를 완전히 무시당하면서, 무엇보다 경제적인 필요와 이해관계에 의해서만 평가받고 이용되었다. 게다가 새로운 지배자는 종속된 사회의 문화를 전혀 배려하지 않았다. 뛰어난 문화에 대한 동경, 그리고 자연스러운 동화는 물론 있을 수 있는 일이다. 그러나 근대의 식민주의는 상호적이거나 자발적 문화 융합을 기대한 적이 없었다. 지배자 문명의 인수만이 강제되었고, 식민자들이 역으로 문화적 동화를 일으키게 되는 경우란 아예 상상되지도 않았다. 지배받는 것이 당연한 열등한 '식민지'의 문화를 우등한 지배자, 즉 유럽 제국주의가 본받을 까닭이 없다는 것이다.

식민주의를 작동시켰던 것은 제국주의자들 자신의 문화적 우월성에 대한 확신이었다. 이 우월성에 대한 믿음이 비문명을 문명화시키는 사명을 낳았다. 이것은 중국의 중화주의와 비교해보아도 확연히 다른 형태의 우월감이다. '문명'을 강조하기는 해도, 중화주의는 야만의 이민족들에게 자신의 문명을 강제하지는 않았다. 야만과 중화 사이에 문화적 위계는 있을지언정 그것은 지리적으로도 신체적으로도 본질적인 것이 아니었다. "학이지성인지도야"(學以至聖人之道也, 주희·여조겸 엮음, 「위학爲學」, 『근사록近思錄』) 즉, 누구나 배우고 익히면 성인이 될 수 있었다. 하지만 근대 식민주의에서는 종족 중심적 오만이 사용되어, 한 번 노예는 영원한 노예로 취급되어버린다. 육체적으로는 강할지 모르지만 지적으로는 그다지 신뢰할 수 없다는 식으로, 흑인에 대한 이미지가 좀처럼 역전되지 않는 것이 좋은 예다. 이렇게 식민주의가 행사하는 지배는 주먹의 힘에 의해서뿐만 아니라 정신적 멍에를 들고서 피식민자를 제압했다.

'제국주의'와 '식민주의' 모두 지배하는 자의 무도한 행위를 강조하는 말이다. 그러나 두 말이 지시하는 바는 조금 다르다. '제국주의'라는 용어는 초식민지적 제국 건설과 그 유지를 위한 모든 노력과 활동들을 다 포함한다. 제국주의자들은 무정부 상태인 국제체제 안에서 자국의 이익을 전 세계적으로 실현시키려고 달려든다. 이때 식민지가 이런 제국주의의 목적이자 방법으로 사용되었다. 19세기 마지막 3분의 1 동안 열강들은 아무렇지 않게 식민지를 교환할 수 있다고 생각했으며, 국제 세력 균형, 특히 유럽 내에서의 정치적 긴장 완화를 위해 식민지를 '획득'하거나 '위탁'하는 일이 가능하다고 여겼다. 실행의 차원에서 제국주의와 식민주의는 보다 뚜렷이 구별될 수 있다. 전자가 총리실, 외무부, 혹 국방부에서 계획되고 수립되는 동안, 후자가 식민지의 관청과 현지 관리들을 통해 이루어지기 때문이다. 그리고 식민지에서 살아가는 피지배자들, 그리고 제국 본국으로 끌려가 이용되는 디아스포라들이 실제로 피해를 입고 고통을 받는 차원은 '식민주의'에 있다.

2. 오리엔탈리즘

영미 학술계에서는 1970년대 후반부터 1990년대에 걸쳐 하나의 연구 경향이 급속하게 조성되어 나갔다. 포스트콜로니얼 연구가 그것이다. 포스트콜로니얼리즘(Post colonialism)이라 불리는 이 경향은 제국주의 시대의 지배/피지배 관계에서 생산된 상처의 흔적을 더듬으며 그것을 치유하려고 노력한다. 영미 학술계의 새로운 동향은 전 세계적으로 큰 반향을 일으켰다. 포스트콜로니얼리즘이라는 말은 있는 그대로 몇 가지 암시를 던진다. 'Post', 즉 식민 이후이기는 하지만, 아직까지도 'colonialism'이라는 용어를 버릴 수 없다는 점에서 어떤 식의 식민주의적 지배가 계속됨이 느껴지는 것이다. 우리는 이 말을 '탈식민주의' (脫植民主義)라고 번역한다. '정치적 지배보다 더 강한 흔적이 식민지 인의 몸에는 각인되어 있다!', '무의식의 영역에서 여전히 작동하는 주인과 노예의 심상구조를 해체하기 전까지는 그 누구도 식민지배가 종식되었다고, 제국이 사라졌다고 말할 수는 없을 것이다!' 라는 통찰을 적극적으로 받아들여 여전히 작동하고 있는 식민주의를 벗어버리기 (脫) 위해서다.

　학교나 출판 인쇄물들, 텔레비전과 같은 방송 매체들을 통해 받아들이게 되는 지식 중에는 검증되지 않은 것도 상당히 많다. 때때로 더 다양하게 해석될 수 있는 사건들도 이와 같은 공적인 교육·문화 공간에서는 단일하게 이해되기도 한다. 지식이란 언제나 새로운 사실의 발생과 이전 사실의 재해석 속에서 항상 변하면서 구성된다. 심지어 과학의 영역에서도 그러하다. 따라서 어떤 시점에 또, 누군가가 주장한 그 어떤 지식도 한번쯤은 의심해볼 만하다. 세상에 대한 정보들을 진리처럼 뼛속 깊이 간직할 이유란 전혀 없다. 게다가 그것이 지배자가 배포한 정보이자 지배자의 관습에 바탕을 둔 지식인 바에야. 그러나 근대 식민주의가 배포한 지식은 상상 이상으로 배타적이었고 견고했다. 식민주의를 뒷받침해준 지식은 철저히 백인종의 우월감에 기반한 것이었다.

에드워드 사이드는 이러한 인종적 우월감 저변에서 작동하는 지식과 문화의 역할을 깊이 고찰하여 식민주의의 또 다른 차원을 발굴했다. 그는 동양을 지배하고 재구성하며 동양에 대해 권위를 갖는 데 봉사하는 유럽의 지식과 문화를 '오리엔탈리즘'으로 명명했다.* 오리엔트(Orient)란 라틴어의 오리엔스(oriens)에서 기원한다. '해돋이', '해가 뜨는 방향'이라는 뜻에서 나아가 '동방' 또는 '동양'(the East)을 가리킨다. 여기에 대하여 해가 지는 서방을 옥시덴스(occidens)라 했는데, 이것이 옥시덴트(Occident)로 되어 '서방' 또는 '서양'(the West)을 가리키게 되었다. 서양인들에게 오리엔트란 지중해를 경계로 하여 그 동쪽을 가리키는 말이었고, 중국과 인도를 중심으로 지리적으로 더 동쪽을 향해 확장된 것은 18세기 전후였다. 고대로부터 오리엔트와 옥시덴트는 대극적으로 서로를 구상하고 있었다.

---

* 오리엔탈리즘에 대해서는 사이드의 『오리엔탈리즘』(박홍규 옮김, 교보문고, 2000)과 정진농의 『오리엔탈리즘의 역사』(살림, 2003)를 참고하라.

15~16세기 유럽에서는 전 지구적 탐험 여행이 열풍처럼 불었다. 이 시기에 인도와 중국, 일본에 침투했던 가톨릭 교회, 제수이트 선교 사들은 동양에 대한 서양의 호기심을 조금씩 충족시켜 주었다. 계몽시대에는 이렇게 유입된 중국의 문화가 널리 퍼져 중국풍과 중국 애호벽 (sinophilism)이 부유한 귀족들의 호사취미로 정착하기도 했다. 하지만 18세기 후반부터 계몽주의자들 가운데에서는 중국을 비하하는 목소리가 서서히 나타났다. 디드로는 중국의 문화와 문명이 유럽과 대등한 수준이라고 생각했다가 나중에는 중국민의 도덕이나 종교적 관습에 대한 보고가 과장되었다고 비난했다. 1776년 프리드리히 그림은 중국을 미개한 전제국가라고 선언했다. 이 중에서도 가장 중국을 미워한 사람은 루소였다. 그는 소설 『신 엘로이즈』에서 중국을 타락한 문명의 한 전범으로 다루었다.

　　오리엔트에 대한 유럽인들의 열정은 중국에 이어 점차 인도로 넘어갔다. 인도문학과 사상에 대한 관심은 먼저 낭만주의자들에 의해 촉발되었다. 19세기 초 독일의 프리드리히 슐레겔의 노골적 찬양에 이어 나중에는 '오리엔탈 르네상스'라는 말까지 나돌게 되었다. 18세기 말부터 산스크리트어 문헌과 함께 유럽으로 유입된 인도 사상은, 콘스탄티노플 함락(1453년) 이후 그리스어 원전과 비잔틴 주석자들이 들어옴으로써 일어났던 15세기 이탈리아의 르네상스를 방불케 했기 때문이다. 당시 인도는 무굴제국이 몰락하여 영국과 프랑스의 상업적 시선에 완전히 노출되어 있었다. 무방비 상태의 인도에서 상인들에 의해, 때로는 군인과 정치인들의 손을 거쳐 본국으로 유입된 산스크리트어 문헌은 유럽 학자들에 의해 열정적으로 번역되었다.

　　계몽주의 시대에도 그랬지만 오리엔트에 대한 호기심과 애호는 유럽 지성에 대한 환멸 때문이기도 했다. 계몽사상의 물질주의와 반종교적 태도는 유대-기독교 전통과는 다른 차원에서 세계를 바라보려 했고, 그런 의도에서 동양을 해석하려 했다. 낭만주의자들은 인간과 세계의 완전함에 대한 환상을 품으며, 이미 붕괴해버린 종교와 철학, 예술의 통일을 꿈꾸었기에 오리엔트로부터 그 정신적·영적 영기를 흡수하고자 했다. 이처럼 자신의 사유가 봉착한 난제(難題)를 풀기 위해서 다른 사람의 현안을 빌리는 것은 지혜로운 일이 될 수도 있다. 그러나 중국과 인도는 계몽주의자들과 낭만주의자들을 위해 존재하는 땅이 아니다. 동양 고유의 지혜와 풍요로운 문화의 향취를 유럽식으로 읽을 수는 있으나, 유럽식으로만 읽을 수는 없기 때문이다.

인도에 대한 서구인들의 열풍 뒤에는 동인도 회사의 역할이 컸다. 1780년대 캘커타에는 영국 관리들이 도착하기 시작했는데, 이들 중 많은 이들이 동인도 회사에서 봉급을 받고 있었다. 여기에는 윌리엄 존스와 같이 법률가이자 언어학자이며 또한 시인인 사람도 포함되어 있었다. 그는 산스크리트에 대한 해박한 지식으로 지금도 힌두교를 연구한 최초의 학자로 평가받는다. 존스는 1873년 캘커타의 대법원 판사로 임명되었고, 벵갈 아시아 학회(The Asiatick Society of Bengal)를 창립했으며, 최초로 이 학회 주간으로 동양학 연구 학술지인 『아시아 연구』를 발행했다. 그는 힌두학 자체를 유럽에서 뿌리 내리게 만들었다. 그리고 존스를 뒤이어 많은 인도학자들이 나왔다. 인도의 언어, 인도의 철학이 인도와 유럽에서 함께 번역되고 연구되어 나갔고, 이렇게 해석된 인도에 대한 이해를 바탕으로 셸리, 사우디, 바이런과 같은 시인들은 인도의 상상력에 자극 받아 자신의 시세계를 깊고 넓게 확장해갔다.

유럽식 인도 해석에는 어떤 문제가 있었을까? 그것은 인도를 오해했던 것일까? 그렇다면 '진짜' 인도는 어디에 있는가? 상대방을 내 식으로 이해할 수밖에 없는 것이 인간 지성이 가진 한계다. 그럼에도 인도 총독 커즌 경의 다음과 같은 말은 지식이 정치와 경제의 이해를 위해 어떻게 봉사하는지를 보여준다.

> 동양인의 언어뿐만 아니라 그들의 관습과 그들의 감정, 그들의 전통, 그들의 역사와 종교를 제대로 아는 것, 이른바 동양의 진수를 이해하는 우리의 능력은, 우리가 획득한 위치를 미래에서 유지할 수 있게 하는 유일한 토대이며, 그런 의미에서 동양 연구는 지적인 사치가 아니라 위대한 제국의 의무이다.(정진농, 『오리엔탈리즘의 역사』, 18쪽에서 재인용)

상대방에 대한 해석을 독점하고 자기 식으로 전유(appropriation)하는 것 자체가 지배의 한 형태가 될 수 있다. 결국, 유럽인의 시선에 의해 인도를 비롯한 동양이 재현(representation)되었다. 항상 '동양을 대신해서', 그 '동양에 대해' 말한다는 것. 이러한 방식의 재현이야말로 재현되는 대상을 소외시키고 복종시키는 결정적 장치가 된다.

3. 문화와 제국 지배

앞 장에서 인용한 글에서 커즌 경이 동양을 제대로 이해하는 것을 하나의 지적 의무로까지 생각했다는 점은 중요하다. 이러한 은혜로운 자세는 심지어 대상에 대한 애정을 수반할 때조차 위험하다. 1889년 도쿄에서 태어나 1913년 도쿄제국대학 문과대 철학과를 졸업하고, 1920년

대부터 식민지 조선에 대한 애정과 조선민예에 대한 감탄의 저술을 계속한 야나기 무네요시(柳宗悅)의 경우가 그것을 잘 보여준다.

조선 역사의 운명은 슬픈 것이었다. 그들은 억압에 억압을 받으며 3천 년의 세월을 보냈다. 그들은 힘도 원하고 돈도 원할 것이다. 그러나 학대받고 구박받은 처지에서는 무엇보다도 **인정**이 필요하다. 사랑이 필요하다. 아마 그들만큼 애정을 갈구해온 국민도 드물 것이다. 기독교가 그들에게 환영을 받은 것도 극히 자연스러운 일이다. 깊은 사색과 돈독한 신앙이 그들을 움직이게 하는 주요인이 아니다. 사랑의 가르침이 그들에게는 기쁨에 넘치는 복음이다. 군정에 그들은 침묵할지도 모른다. 그러나 그 차가움을 어떠한 마음이 기뻐할 수 있겠는가? 나는 **조선의 예술, 특히 그 요소로 볼 수 있는 선(line)의 아름다움은 실로 사랑에 굶주린 그들 마음의 상징**이라 생각한다. 아름답고 길게 길게 여운을 남기는 조선의 선은 진실로 끊이지 않고 호소하는 마음 자체이다. 그들의 원한도, 그들의 기도도, 그들의 요구도, 그들의 눈물도 그 선을 타고 흐르는 것같이 느껴진다. 도기(陶器)를 하나 택해보아도 이 조선의 선과 맞닥뜨리지 않는 경우가 없다. 눈물로 넘쳐흐르는 갖가지 호소가 이 선에 나타나 있다. 그들은 그 적막한 심정과 무엇인가를 동경하는 괴로운 정을 아름답고도 잘 어울리는 길고 우아한 선에 담아낸 것이다. 강대하고 태연한 중국의 형태(form)의 아름다움 앞에 그 선의 아름다움은 참으로 좋은 대비가 될 것이다. 그들은 아름다움에서 적막함을 이야기하고, 적막함 속에 아름다움을 포함시킨 것이다.(야나기 무네요시, 「조선 사람을 생각한다」, 18~19쪽. 강조는 인용자)

야나기 무네요시는 피지배 민족 조선인의 아픔과 상처에 대해 마치 눈물이라도 흘릴 듯이 글을 써내려가고 있다. 실제로 그는 조선의 아름다움에 반해 여러 차례 조선 여행을 했으며 아내와 함께 음악회를 열며 조선 민중과 소통하려는 시도를 여러 차례 했다. 그가 진술하려는 것은 단지 조선의 아름다움이었으며, 이 아름다움은 '선'으로 적막하게 표현되어 조선의 도자기에서 흘러내리는 것으로 묘사되었다. 이러한 진술은 대상에 대한 깊은 애정과 그것에 기반한 주관적인 감상에 불과한 것일까? 그 이전에 누구도 조선의 아름다움을 '비애미'(悲哀美)로 정의하지 않았다는 점에서, 야나기를 통해 비로소 조선의 아름다움을 설명할 수 있는 언어가 획득되었다고 할 수도 있다.

그러나 조선 민족이 지닌 많은 아름다움 중에 슬픔에 관한 것을 이야기한다는 것과 그것으로 민족의 정서적 특수성을 설명한다는 것은 전혀 다른 문제다. 곡선의 유려한 흐름과 그 자취 속에서 확인되는 문화의 산물들을 억압에 억압을 받으며 살아온 조선의 슬픈 운명과 연결시킴으로써 야나기는 조선의 피식민적 위치를 자연스러운 역사의 한 전개 속으로 포장해버렸다. 진실로 슬픈 일은 조선미에 대한 그의 이해가 해방 이후에 조선 민족예술의 아름다움으로 예술학계에 정식화되어 받아들여졌다는 사실일 것이다.

어떤 대상에 대해 대신해서 말한다는 것에 함축된 지적 지배력은 물리적으로 상대를 제압하는 것 이상으로 힘을 발휘한다. 특정한 방식으로 재단된 지식과 그것을 뒷받침하는 학술적 인프라의 힘이 관념과 상식을 객관적인 것으로 상상시키기 때문이다. 르네상스 이후, 특히 18세기 이래 제국주의의 확산과 함께 유럽의 문학, 사회학, 자연과학, 역사학, 언어학, 인류학, 정치학, 심지어 심리학은 그들의 지배를 정당화하는 방식으로 유럽 이외의 지역을 그려내었다. 이들의 시선 속에서 비유럽은 유럽과는 다른 열등하고 미개한 것인 채, 시간적으로 유럽을 최우선에 두는 스펙트럼 안에 배분되었다. 그리고 이렇게 이해된 비유럽을 미국과 유럽의 학문들은 식민지배를 종식한 이후에도 여전히 사용하고 있다. 심지어 동양에 있는 구 식민지의 지식인들조차 이렇게 해석된 자기 모습을 자명한 것으로 받아들이곤 했다. 그리고 이처럼 유럽과 비유럽에 대한 고착된 상상은 우월감과 열등감이라는 심성을 지배자와 피지배자의 정신에 심어놓았다.

샤토브리앙은 그의 동방 여행기(『파리에서 예루살렘으로, 예루살렘에서 파리로의 여행 ; 1810~1811』)에서 자신이 만난 아랍인들은 참으로 저속하고 야만적이어서 유럽이 그들을 정복하는 것은 당연하며, 십자군전쟁은 '침략'이 아니라 '반격'이며 '해방'이었다고 말한 적이 있다. 또 그들은 자유의 의미를 모르기 때문에 유럽이 동양에 자유의 의미를 가르쳐주어야 한다며, "동양인은 정복될 필요가 있으며, 서양인에 의한 동양 정복은 정복이 아니라 해방"이라는 논리를 자연스럽게 펼쳤다.

그저 한 편의 여행기일 뿐이지만, 이렇게 소소한 독서물에까지 비유럽에 대한 우월감이 각인되어 나갔던 점을 주목할 필요가 있다. 유럽 팽창주의와 함께 가능해진 여행과 탐사 이야기가 유럽의 독자들에게 어떤 이야기를 전해주었는지, 여기에 따라 상대적으로 유럽인들 자신을 어떻게 받아들이게 했는지가 중요하다. 제국주의의 팽창이 여행 이야기를 가능하게 하고, 동시에 탐험의 감동이 제국주의를 당연한 것으로 만들면서 응원했던 것이다.

4. 가면의 제국주의, 검은 피부 하얀 가면

프랑스 식민지 앙틸레스에는 고등교육기관인 대학이 없었다. 젊은 지식인 파농은 의학공부를 위해 프랑스 리옹에 가야 했다. 하지만 앙틸레스에서는 모두가 부러워하던 고급 불어 사용자이자 똑똑한 이 청년이 제국의 수도 파리와 대학이 있던 리옹에서는 좌절해야 했다. 백인만의 제국, 프랑스 본국에서는 그 어떤 환자도 그에게 치료받기를 원하지 않았기 때문이다. "저거 저 검둥이 의사 있지. 저놈이 만약 나를 스치기라도 하면 뺨을 갈겨버릴 거야. 당신들이 잘 몰라서 그렇지. 저놈들은 손도 크고 게다가 거칠기까지 하다구." 이와 같은 야유의 시선이 하얀 가운을 입은 그를 향해 쏟아졌던 것이다. 파농은 프랑스에 오기 전에 단 한 번도 자신을 흑인으로 생각하지 않았다. 그의 지성과 교양은 문화인인 백인의 것이었기 때문이다. 의학이라는 당시 최고의 과학을 습득하고도 백인화된 상식의 불평등을 조금도 벗어날 수 없다니! 흑인에게는 칭찬할 수 있는 그 어떤 지적 능력도 없다고 하는 근본주의적 태도가 파농은 의아했다. 근대의 정신의학 안에는 백인과 흑인의 이러한 강박관념을 살피고 치유할 그 어떤 지식도 없었다.

나는 세계를 합리적으로 이해했다. 그러나 그 세계는 나를 끊임없이 밀어냈다. 내가 흑인이라는 이유 때문이었다. 합리성이라는 측면에서 이것을 이해하기가 힘들었다. 고로 나는 비합리성에 내 몸을 맡기기로 결심했다. 나보다 더 불합리한 백인 때문이었다. 투쟁의 필연성 때문에 퇴행이라는 방법을 선택하기로 했다. 그러나 그 방법이 익히 낯익은 무기가 아니어서 좀 께름칙하긴 했다. 그러나 마음은 편했다. 나

<프란츠 파농> 구릿빛 피부는 아름답다. 파농의 정직한 눈매와 강
직하게 다문 입술은 식민주의에 시달린 흑인과 백인의 정신세계를
돌파하려 한다.

는 비합리성으로 똘똘 뭉친 인간이기 때문이다. 나는 물이 목까지 차는 비합리라는 여울을 건너고 있다."(파농, 『검은 피부 하얀 가면』, 156~157쪽)

그리하여 파농은 자신의 메스를 백인과 흑인의 정신을 향해 들이대게 되었다. 백인에게는 흑인에 대한 무의식적인 공포증이 있었다. 흑인들에게는 엄청난 성적 능력이 있을 것이라는 환상. 이것은 흑인을 생식기 이상의 차원에서 생각하지 못하도록 만들었고, 성적인 능력에 고착화된 인간 이해는 흑인의 지능을 유아의 수준에 늘상 머물게 만들었다. '아무리 똑똑한 흑인도 백인 아이의 지능을 넘지 못하기 마련이며, 그들은 검고 더럽다.' 파농은 자신의 정신과 상담실에서 흑인에 관한 근거 없는 소문과 편협한 인종지식들이 낳은 백인만의 철저한 환상에 의해 너무도 많은 흑인들이 괴로워하고 있음을 보았다. 이 흑인 공포증은 흑인 스스로 백인이 되고자 욕망하는 한 결코 사라질 수 없는 것이었다.

'타잔 영화'를 보는 앙틸레스 흑인 아이들은 흑인과 싸우는 타잔을 보면서 자신을 그와 동일시한다. 파농도 그렇게 커왔다. 검은 피부를 가졌으나 하얀 가면을 쓴 채. 그러나 부르주아 백인 남성의 모습을 이상화하며 성장한 흑인에게 "네 본바탕은 미개해서 어쩔 수 없어!"라고 백인이 말해버린다. 도대체 흑인은 어떻게 살아갈 수 있는가? 스스로를 흑인으로 인정할 수 없게 하는 문화들 속에서, 그렇다고 백인은 더더구나 될 수 없는 사태 속에서! 이러한 편견은 백인조차 병들게 했다. 많은 백인들이 흑인과의 성적 접촉이나 상호적 만남을 공포스러워하며 두려움에 떨고 있었다. 흑인과는 그 어떤 '인간적' 관계도 맺을 수 없을 거라는 그들 자신의 편협한 세계관이 백인들의 삶의 상상력을 구속하고 흑인과 같은 이국의 사람들과 함께 보다 나은 생활을 구상할 수 없도록 그들을 옭아매었던 것이다. 노예 없이는 주인이 될 수 없다면, 그 주인 역시 노예에게 종속되어 있는 셈이다. 열등감의 노예가 된 흑인이나 우월감의 노예가 된 백인이나 모두 신경증의 증후를 드러내고 있었다(파농, 『검은 피부 하얀 가면』, 75쪽).

유색인의 불행은 그가 한때 노예로 부려졌었다는 데 있다.
백인의 불행과 백인의 비인간성은 그가 한때 어디선가 인간을 살육했다는 데 있다.(파농, 『검은 피부 하얀 가면』, 290쪽)

"백인만의 세계란 없다. 백인만의 윤리도 없다. 백인만의 지성이라는 것은 더더욱 없다"(파농, 『검은 피부 하얀 가면』, 289쪽). 그럼에도 불구하고 식민주의는 흑인과 백인을 서로가 한 인간으로서 바라보지 못하게 한다.

흑인에 대한 공포스런 불쾌감은 백인 제국주의자들에게 흑인과 함께 무시당했던 아시아의 구 식민지에서도 똑같이 나타나고 있다. 아시아인들 사이에서도 흑인에 대한 이런 선입견이 종종 횡행한다. '그래도 흑인보다는 우리가 백인에 가깝지 않은가!' 라고 하는 황인종 찬가는 백인들이 황인종과 흑인종을 열등화시켰던 것을 황인종의 입장에서 재해석하고 반복하는 것에 불과하다. 근본적으로 백인의 위상은 월등하게 확보되어 있으며 그 아래서 열등한 인종들이 상상적 경쟁을 하게 되는 형국. 이 모든 것이 식민주의의 횡포라 할 수 있다. 다음은 임영빈이 1951년에 쓴 소설의 일부분이다. 인종적 편견에 가득한 "뿌라운 목사"가 미국 유학 중인 조선학생과 나누는 대화는 황인종을 미개하게 바라보는 백인의 시선으로 가득 차 있다.

"그래 거기서는 무엇들을 먹우. 우리들처럼 먹우?"

이것은 뿌라운 목사의 이야기다.

"여기와 다르지요. 우리의 주식물은 밥입니다."

"밥만 먹어요. 아이, 띠클래아(I declare). 그것만 먹고 산단 말이요?"

뿌라운 목사는 어디까지든지 멸시의 어조다. (……)

"내가 들으니 거기서는 손가락으로 음식을 먹는다니 그 말이 옳소?"

"손가락으로 먹지 않습니다. 젓가락으로 먹지요." (……)

"그래야, 그것들은 다 인피델이지. 우리 백인종을 따를 수가 있어요?"

하고 뿌라운 목사는 말하였다.(……)

"그런 말은 고만두고, 여보 미스터 박, 조선 혼인풍속은 어떻소?"

(……)

뿌라운 목사는 이것도 좋지 못하게 비평을 한다.

"그 인피델도 무슨 혼인법이 있나? 개 도야지처럼 만나는 게 아니고?"

빱은 볼이 부루퉁하여서

"목사님은 무슨 말씀을 그렇게 하서요. 짜니 같은 저런 신사를 옆에 앉히고 그런 말씀이 나와요?"

"웰, 빱, 자네는 모르는 소릴세. 이 미스터 박도 우리게 와 있지 않았다면 별 수 없었지. 별 수 없었어."

(이경훈, 『대합실의 추억』, 292~293쪽에서 재인용)

"애초에 우리 앵글로 쌕손의 딸을 이런 인피델에게 줄 이치가 없습니다. 만일 그런 일이 있다면 앵글로 쌕손족의 명예를 위하여 샷건(샷 껀) 세례를 주어야지요. 미스터 마호니, 나는 당신이 너무도 자유주의적인데, 좀 불쾌합니다. 당신에게 커다란 딸이 있는데 동양인을 갖다두고, 또 그 동양인이 그 딸과 데이트하는 것도 금하지 아니하니, 그럴 수가 어디 있습니까?"(이경훈, 『대합실의 추억』, 313쪽에서 재인용)

뿌라운 목사를 비롯한 백인의 인종적 우월감에 질려버린 주인공의 다음 선택은 어떻게 될까? 그러나 때는 1941년. 대동아공영권의 기치를 내걸며 제국 일본이 서양을 향한 전면전을 선언하고 나서는 시점이기도 했다. 서양에 의해 가해지는 열등한 동양인종의 굴레를 어떻게든 벗어나고 싶었던 이 작가의 또 다른 주인공은 곧바로 동양인종의 진실과 의리로 직행한다.

이럴 때처럼 동양인은 동양인끼리 살아야 한다는 의식이 강하여지는 때는 없었다.
그들은 그들이요 우리는 우리다. 그들이 아무리 묘하고 아름답게 굴어도 그들은 그들이요 우리는 우리다! 동양인은 동양인끼리 의좋게 살 것이다.(이경훈, 『대합실의 추억』, 305쪽에서 재인용)

그러나 이 동양인종의 행복한 공존은 일본 제국주의의 손에 의해서만 가능한 프로젝트였다. '동양'이란 서로 평등하게 만나서 화합을 도모하는 중국, 대만 등 아시아의 다양한 동양인들의 합집합이 아니라, 오직 제국 일본으로 대표될 수 있는 정신의 정수에만 붙여질 수 있는 이름이었다. 이것은 중국인과 일본인을 구별하지 못하는 서양인을 불쾌하게 여기는 소설의 대목에서 잘 드러난다.

> 웬 젊은 축이 탄 차가 지나더니 나를 보고
> "쨉!(일인=日人)" 하고 소리친다. 그들은 나를 놀리는 것이었다. 나는 불쾌하였다. 나는 그들에게 향하여 이름 없는 (분)노가 치밀었다. 그런데 또 한 패가 지나가면서 "차이나맨!" 하고 부르짖는다. 그들의 눈에는 일본인이나 지나인의 분별이 없다. 그들의 눈에는 똑같이 보이고 또 똑같이 멸시한다.(……) 대개는 나를 쨉이라, 차이나맨이라 놀린다. 그러니까 그놈들의 코가 납작하도록 때려줄 필요가 있다. 일본의 국위를 알려 주어 그런 건방진 행위를 못 하게 할 필요가 있다.(이경훈, 『대합실의 추억』, 296쪽에서 재인용)

주인공이 지나인으로 불릴 때 느끼는 불쾌감과 일본인으로 취급받을 때 느끼는 불쾌감은 그 종류가 다르다. 전자가 동양인 내부에서도 열등한 지나인과 조선인인 자신을 동일화한 것 때문이라면, 후자는 일본인과 같이 훌륭한 동양인을 알아보지 못하는 백인의 어리석음 때문이다. 여기서 서양식의 백인주의가 극복되었다고 말할 수는 없을 것이다. 동양인종에 대한 자긍심 내부에서 지나인에 대해 작동하는 또 다른 열등주의는 본질적으로 서양인 우월주의와 다르지 않다. 흑인을 무시하거나 심지어 백인을 무시하는 것은 결코 열등화된 심상을 극복할 방법이 될 수 없다.

서양인의 편견에 대항하는 그 어떤 대항도 그것이 어떤 식으로든 우월과 열등의 이분법을 포기하지 않는다면 백인 우월주의가 감행했던 똑같은 종류의 차별을 재생산하게 될 것이다. 제국주의의 지배는 식민지 없이는 불가능했다. 이상화시키든 열등화시키든 간에, 동양 없이는 서양도 그 자신의 모습을 구축할 수 없었던 것처럼. 백인도 흑인 없이는 백인이 될 수 없다. 그가 하얗다는 사실은 오직 검거나 노란 다른 색의 피부빛과의 대조 속에서만 가능할 것이기 때문이다. 파농은 말한다. 세상엔 흑인도 백인도 없다고. 흑인이 있다면 그것은 피부가 까만 흑인이 아니라, 백인이 말한 흑인, 악의 상징으로서의 흑인이 아니라 한 인간으로서의 흑인이 있을 뿐이다. 오직, 신이 주신 아름답고 까만 피부의, 거친 피부를 지닌 자들의 질투와 시기의 대상이 될 매끄러운 피부의 흑인이 있다.

5. 전통의 굴레 VS 식민의 굴레

지배와 착취의 역사는 길고도 깊다. 동서양을 막론하고 고래로부터 이어지는 그 하나의 형태가 남성에 의한 여성의 지배에서도 발견된다. 근대 페미니즘은 그 동안 가정의 안과 밖에서 구속받았던 여성들의 자아 회복을 향한 줄기찬 시도였다. 이와 관련하여 한 가지 흥미로운 사실은 제국주의가 식민지를 지배할 때 그 전체 관계가 종종 남성에 의한 여성 지배로 유비되어 기술되고 있다는 점이다. 이상화의 시, 「빼앗긴 들에도 봄은 오는가」에서 빼앗긴 땅에 대한 이미지가 여성의 육체가 지닌 풍만함을 중심으로 그려지는 것을 떠올려 보자. 식민지의 작가에 의해서 식민지 자체가 여성화될 때, 여기에는 그것을 탈취한 제국주의의 남성적 권력이 보이지 않는 형태로 그 힘을 행사하고 있다.

(전략)

내 손에 호미를 쥐어다오

살진 젖가슴과 같은 부드러운 이 흙을

발목이 시도록 밟아도 보고 좋은 땀조차 흘리고 싶다.

강가에 나온 아이와 같이

짬도 모르고 끝도 없이 닫는 내 혼아.

무엇을 찾느냐 어디로 가느냐 우스웁다 답을 하려무나.

나는 온몸에 풋내를 띠고

푸른 웃음 푸른 설움이 어우러진 사이로

다리를 절며 하루를 걷는다 아마도 봄 신명이 지폈나보다.

그러나 지금은 들을 빼앗겨 봄조차 빼앗기겠네.

비슷한 수사학은 식민주의를 조장하는 이야기들 속에서 얼마든지 찾아볼 수 있다.

벵골인의 신체 조직은 여성 같다고 할 정도로 유약하다. 그는 언제나 한증탕 속에서 생활한다. 그는 앉아서 일하며, 그의 수족은 가냘프고, 그의 움직임은 힘이 없다. 여러 시대 동안 그는 행동이 더 용감하고 대담한 남자들에게 짓밟혀왔다. 용기, 독립, 정직과 같은 특질들은 그의 체격과 상황에는 한결같이 적합지 않다. (로셀리, 1980, 릴라 간디, 『포스트 식민주의란 무엇인가?』, 126쪽에서 재인용)

<「바빌론의 결혼 시장」, 1882년> 바빌론의 결혼 시장은 오리엔트를 신비하고 이국적으로 성애화시키고 있다. 그림 하단에 결혼에 팔려질 여인들이 오른쪽에서 왼쪽으로 쭈그리고 앉아 있는데, 가장 왼쪽에 거울을 보고 있는 여성의 얼굴은 거의 백인에 가깝다. 식민지 전체가 노예처럼 팔려가는 여성 이미지로 재현되고 있다.

로셀리는 남성 여성 할 것 없이 벵골인 전체를 여성적인 모습으로 그려내고 있다. 가냘픈 수족과 유약한 신체의 모습이 여성의 그것과 같다는 말 속에 그것을 여성적인 것으로 보고 있는 남성적 시선이 들어 있다. 앞 장에서 살펴보았던 것처럼, 로셀리의 시선으로 벵골인은 재단된다. 벵골인에 대한 위와 같은 여성화된 재현 속에서 벵골인의 정체성과 특이성은 갇혀버리고 만다.

그렇다면, 유럽 제국 내부에서 남성들에 의해 억압당하는 여성들과 식민지에서 남성들에 의해 구속되어 있는 여성들은 어떤 관계에 놓여 있는 것일까? 여성 작가의 자아찾기 과정을 드라마틱하게 펼쳐 보이는 샬럿 브론테의 소설 『제인 에어』는 특히 여학생들에게 유익한 성장소설의 세계적 고전으로 평가받으며 출판 시장에서 아직까지 그 영향력을 행사하고 있다. 그러나 제인 에어가 로체스터 백작과 결혼하기 위해 죽어야 했던 다락방의 미친 여자인 버사 메이슨을 기억하는 사람은 아무도 없다. 『소공녀』의 불쌍한 소녀가 마침내 되찾게 되는 부(富)와 명예는 저 먼 인도의 다이아몬드 광산으로부터 온 것이었다. 한 여성이 자신의 개성과 능력을 활짝 펼칠 수 있기 위해서는 어떻게든 당시 제국주의의 부산물들의 덕을 보지 않을 수 없었던 셈이다.

페미니즘처럼 사회로부터 소외된 자들에 대한 관심을 최우선의 정책으로 삼는 이론들조차 때로는 식민지의 상황, 특히 식민지 여성의 상황을 간과할 수 있다는 사실로부터 식민주의의 뿌리 깊은 병폐를 다시 한번 확인할 수 있다. 과연 식민지 여성에게 부여된 억압의 굴레는 도대체 몇 겹이나 되는 것일까? 남성으로부터, 그리고 제국주의로부터 가해진 폭력이 더해졌을 때 그녀들은 무엇을 할 수 있었을까? 만약 그녀에게 신체적·정신적 장애라도 있다면 불행은 끝을 모르고 그녀를 나락으로 밀어 떨어뜨릴지도 모른다.

전통 사회에서 남성이 여성을 구속하는 일은 근대 제국주의와 만나 거대한 폭력을 낳았다. 제국주의의 지배에 저항하기 위해, 그 대항으로 전통의 가치를 내세운 식민지의 민족주의자들은 종종 여성에 대한 전래의 억압을 전통의 이름으로 포장하려 든다.

1926년 부바네스와리라는 인도 여성이 자살을 한 일이 있었다. 아버지의 아파트에서 목매달아 죽은 그녀의 자살은 인도 독립을 위한 무장투쟁에서 그녀가 맡은 역할에 대한 부담 때문인 것으로 이후에 밝혀졌다. 이 사건에서 주의를 끄는 것은 그녀가 월경을 기다렸다 자살했다는 점이다. 이는 혼외임신 때문에 자살했다는 억측을 막기 위한 것이기도 했지만, 동시에 순장(殉葬) 관습과 관련된 가부장적 이데올로기('더러운' 생리 중에는 순장할 수 없다)에 저항한 것이기도 했다. 결국 부바네스와리는 자살을 통해 제국주의와 가부장적 억압에 동시에 저항한 것이었다.*

전통의 부정적 유산과 식민주의의 횡포에 대응할 수 있는 길은 죽음이라고 하는 극단적인 방법뿐일까? 부바네스와리의 죽음은 식민주의로부터 벗어나는 일이 상상 이상으로 절박하고 어려운 일임을 보여주고 있다. 지금도 이어지고 있는 인도의 사티가 여성들에게 가하는 무언의 압력은 전통 고수와 식민주의에 의해 이중적으로 구조화되어 있다. 이 사이에서 죽어가는 여성들의 목소리는 휘발되기 일쑤이다.

1980년대 초부터 인도를 중심으로 이처럼 차별받고 억압받은 사

---

* 부바네스와리에 대한 평가는 박경화의 「탈식민주의와 페미니즘—제3세계 페미니즘을 중심으로」(고부응 외, 『탈식민주의—이론과 쟁점』, 문학과지성사, 2003), 탈식민주의와 페미니즘에 관한 성찰은 가야트리 스피박의 『다른 세상에서』(태혜숙 옮김, 여이연, 2003)를 참고하라.

람들을 '하위 주체'(Subaltern)**라고 이름 붙이며, 인도에 대한 식민주의적 역사 해석과 오랫동안 인도 역사학의 주류를 형성해온 민족주의적 역사 해석을 비판하는 연구가 진행되고 있다. 이들을 '하위주체 연구회'라 한다. 하지만 이들의 연구들도 하위 주체를 성적 주체로 형성할 때 여성성을 고려하지는 못했다.*** 상처받는 제3세계 여성들의 현실을 유럽의 페미니스트들이나 탈식민을 외치는 하위 주체 연구의 언어가 온전히 표현하지 못하고 있는 현실, 억압과 상처를 극복하고자 하는 이론들에게서조차 발견되는 여성성의 간과. 이 속에서 식민지 여성은 소외된 채, 출구 없는 지식의 미로를 계속 헤매고 있다.

가야트리 스피박은 이러한 문제의식에서 '하위 주체는 말할 수 있는가?'라고 질문하며, 남성화된 이론들 공략에 나섰다. 우리는 앞에서 동양을 재현하는 서양의 지적 지배, '오리엔탈리즘'을 살펴보았다. 이러한 재현 폭력은 서양과 동양 사이에서뿐만 아니라 여성에 대한 남성적 시선이 미치는 곳이면 어디에나 존재한다. 스피박은 재현되기만 하는 대상들의 입장과 처지란 단 한 번도 제대로 말해지지 않았다는 점을 환기했다. 그리고 소외되고 억압받은 타자들을 도와주려는 시혜적 시선을 통해서는 결코 타자들의 다친 마음을 치료할 수 없다고 주장했다. 그렇지만 이 질문은 곤란한 난점을 포함하고 있다.

하위 주체와 그들을 도우려는 다양한 이론들 간에 필요한 최소한의 공통 언어는 무엇인가? 하위 주체 스스로 자신의 이야기를 하기 위

** 하위 주체(Subaltern)는 원래 영국 군대의 하급 간부를 뜻했던 용어로 통상적으로는 '하층민'을 가리킨다.
*** 페미니즘의 입장에서 하위 주체 연구에 대한 비판은, 가야트리 스피박의 「하위 주체 연구: 역사기술을 해체하기」(태혜숙 옮김, 『다른 세상에서』, 여이연, 2003)를 참고하라.

<흑백에 대한 연구, 1908년> '흑백에 대한 연구' 라는 제목의 기독교 복음 엽
서다. 옷을 다 벗은 두 흑인 남자아이들이 흰 레이스 드레스를 입은 백인 여자
아이의 손을 쥐고 있다. 인종에 대한 연구가 흑백의 대립 속에서 이루어지고
있다.

해서는, 그것도 '지배-피지배' 관계를 해소하기 위해서는 어쩔 수 없이 지배자의 언어로 말하지 않으면 안 될 것이다. 인도 하층민 여성이라면 인도 상류층 남성의 언어를 익히거나 제국 영국의 말을 배워야만 한다. 이것은 엄청난 돈과 시간이 드는 일이다. 게다가 지배자의 언어는 하층 여성의 경험을 표현할 그 어떤 말도 갖고 있지 못하다. 결국 지배자가 하층 여성의 언어를 익힐 수밖에 없다. 그러나 하층 여성의 말을 배워 그들과 소통하게 된다고 해도, 여전히 '지배적' 지위에 서서 그들을 바라볼 수밖에는 없다. 스피박은 그렇기 때문에 '하위 주체는 말할 수 없다'라고 주장한 것이다. 그러나 이렇게 '하위 주체가 세상으로 나올 가능성이 봉쇄되어 있다'고 한다면 어떻게 이들과의 대화 가능성, 이들의 자율적 해방 같은 것을 기약할 수 있겠는가?

이 글의 2절에서 우리는 어떤 대상에 대한 특정한 방식의 시선과 그에 따른 해석이 끼치는 한계에 대해서 이야기했다. 아무리 인도나 중국에 대해 잘 이해하려고 해도 그것이 무수한 해석 가능성들 중의 하나일 수 있다는 것과 대상에 대한 재현이란 어떤 순간에도 온전할 수 없다는 점을 잊지 않는 것은 '하위 주체'들과 만나는 핵심 방법이 될 수 있다.

고통받고 상처입은 자가 자신의 이야기를 알아듣게 말하기란 쉽지 않다. 상흔 자체가 그의 언어를 크게 뒤흔들어 파괴해버리곤 하기 때문이다. 평생 '말더듬'을 그의 소설 속 인물들을 통해 표현해온 김학영도 그러한 상처에 기인한 글쓰기를 한 것이다. 죽음 직전까지 내몰리는 인도의 전통 여성이 선진국 페미니스트들이 알아들을 만한 유럽어로 자신의 상황을 토로할 것을 기대할 수는 없다. 그렇다면, 피해자의 상처를 제대로 진단할 수 없는 하위 주체 연구란 무슨 소용이 있을까?

흑인들을 정신분석할 수 있었던 앙틸레스의 파농은 그래도 행복했던 셈일까? 재현의 폭력은 지배와 피지배의 이항 대립을 벗어날 때 비로소 해결될 것이다.

6. 탈식민주의와 저항의 문화

식민주의를 넘어서는 일에서 중요한 것은 지배의 상처를 포함해서 두 세력 간에서 발생하는 여러 접촉 효과들을 지배자의 시선을 뚫고 새롭게 해석해내는 일이다. 지배와 피지배의 고착화된 형태 속으로 밀려들어가는 와중에도 문화의 접촉 지대에서는 많은 일들이 일어난다는 것에 주의할 필요가 있다. 많은 경우에 피지배인들은 지배하려는 폭력적 의지에 굴복당하게 되지만, 때로는 식민지의 반응이 유럽 제국의 정체성을 뒤흔드는 일도 일어난다. 제국의 여러 식민지들이 자신의 문화를 섞는 일도 벌어졌음을 잘 살필 수 있어야 할 것이다.

호미 바바는 『문화의 위치』에서 혼종성(hybridity)을 강조했다. 자아와 타자의 대립을 제거함으로써 탈식민주의를 향한 또다른 접근을 기획한 것이다. 그는 유럽 식민모국의 언어가 현지에 유럽어 방언의 혼종성을 파종하고 그 현지 방언이 다시 역으로 식민자 언어의 가상된 완전성을 풍자하게 되는 이산적(diasporic) 상황에 주목했다. 바바는 살만 루시디의 S. S. 시소디아(Sisodia)를 즐겨 인용하는데, 그의 말더듬이가 이러한 형편을 잘 보여주기 때문이다. "The trouble with the Engenglish is that their hiss hiss history happened overseas, so they dodo don't know what is means"(영 영국인들의 곤혹은 바로 그들의 역역 역사가 해외에서 일어났기 때문에 그것이 무엇을 의미하는지

저들이 모모 모른다는 것이지). 여기에서 영어는 더듬더듬 말해지고 그 제국적 권위는 말의 떨림 속에 희석되고 있다.

실제로 지구상의 상당히 넓은 지역에서 유럽 식민모국의 언어는 자신의 지배력을 제대로 실행시키지 못했다. 원주민 언어를 물리치거나 그 안에서 지배적 지위를 획득하는 것은 칼과 총으로 땅을 빼앗는 일보다 훨씬 어려웠다. 또 유럽 언어가 동양으로 들어와 그 전통적 지배 구조에 균열을 일으키기도 했다. 일례로, 유럽의 지식을 처음으로 흡수하기 시작했던 중국인들은 자신들의 언어에 영어나 불어에서 발견되는 삼인칭 여성 대명사와 같은 것이 없다는 사실을 처음으로 발견하게 되었다. 실로 중국어의 대명사 '타'(他)는 원래 성별이 없는 부수 '인'(人)을 가지고 만들어진 단어였고 몇 천 년 동안 중국인들은 여기에 불편함을 느끼지 않았던 것이다.

그리하여 중국 사람들은 유럽어에 비춰진 자신들의 말이 부족하다고 느끼기 시작하여 이러한 결핍을 메울 수 있는 신조어를 만들고자 노력했다. 마침내 오(吳)나라 방언의 '이'(伊)와 같은 지방적 형식을 가지고 작가와 언어학자들의 실험 속에서 '여'(女)변이 붙은 여성형 '타'(她)가 탄생한다. 루쉰(魯迅)은 자신의 초기 작품 『내일』(明日, 1920)에서는 여성 등장인물들을 가리킬 때 '他'와 '伊'를 번갈아 썼다. 1924년 『복을 비는 제사』(祝願) 이전의 그의 작품에는 '她'가 등장하지 않는다. 그런데 흥미롭게도 他가 她와 분리됨으로 해서 원래 성별이 없었던 중국어 他가 남성형이 되었다. 동시에 여성의 존재가 중국어의 문면(文面)에 상징적으로 도입되기 시작했다. 제국주의 영향 아래 이입된 유럽 언어가 중국어를 변화시켜 중국 여성의 존재를 대명사가 전하는 상징적 차원에서 이야기될 수 있도록 한 것이다. 이런 현상은 분명 제국

<식민지의 백인(위)과 유럽의 흑인(아래)> 유럽에서나 식민지에서나 백인들의
정갈하고 깔끔한 매너 주변을 장식하는 것은 흑인이다. 아무리 백인의 옷을 걸
쳤어도, 흑인의 얼굴에는 자긍심과 여유로운 미소가 나타나지 않는다.

주의의 문화 전파가 일으킨 수많은 효과들 중 하나다.

이렇게 지배와 피지배의 이분법 사이에서 발생하는 일에 관심을 기울인다면 지배자의 문화를 재전유할 가능성을 발견할 수 있다. 제국주의의 확장 아래에서 식민주의를 전파하며 쓰여진 영문학의 고전들도 얼마든지 다시 읽을 수 있을 것이다. 제인 에어를 위해 다락방에서 울고 있었던 여인 버사는 진 리스의 다시 쓰기를 통해 『드넓은 사가소 바다』(*Wide Sargasso Sea*, 1965년)에서 비로소 자신의 목소리를 갖게 되었다. 리스는 로체스터에 의해 앙투아네트라고 억지로 이름 붙여진 원주민 여인의 이야기를 침착하게 풀어냄으로써 버사와 제인 에어를 마주보게 만든다. 영문학의 정전(canon)들은 영어로 다시 쓰는 이러한 글쓰기들을 통해 영문학 내부에서 전복되기도 했다. 제국의 언어라고 해서 영어 자체를 폐기할 필요는 없을 것이다. 셰익스피어의 작품 『폭풍』(*Tempest*)에서 주인의 언어를 배운 캘리번은 말한다. "당신이 제게 말을 가르쳤지요. 제게 좋은 것은 아니었으나 저는 이제 저주할 줄 안답니다"라고.

제국에 의한 지배에 미묘하게 균열을 내면서 제국주의에 저항할 수 있다. 식민주의적 해석으로부터 쪼개져 나와, 식민주의자들의 여러 가지 지배들의 경계에 달라붙어 이들을 교묘하게 오독하고 비틀어버리는 일이 얼마든지 가능할 것이다. 가장 급진적인 탈식민주의 작가들은 이런 모방꾼들로부터 나오곤 했다. 왜곡하고 전유하는 일이 그들의 자질이었다. 인도식 영어 사용, 아프리카식 불어 사용을 통해 만들어진 문학 작품들이 주는 울림이 식민주의를 극복하는 사례들로 계속해서 주목받는 까닭이 여기에 있다.

7. 나오며

제국주의에 의해 강제된, 문화와 인종에 대한 고착화된 정체성들이 전지구적으로 혼합되는 현상에서 발견되는 혼성성(hybridity)에 주목한다면 '주인과 노예', '우등과 열등', '문명과 야만'의 이분법으로 설명되지 않는 문화의 영역을 발견할 수 있을 것이다. 흑인도 백인도 될 수 없었던 파농의 정신분석을 다른 시각에서 접근하면, 그가 흑인의 것과 백인의 것을 넘어선 인간에 대한 정신분석을 시도했음을 알게 된다.

> 악착같이 배운 빈틈이 없는 일본어의 아집을 어떻게 하면 싸그리 없앨 수 있을까. 더듬거리는 일본어로 끝까지 철두철미하게 일관하여, 익숙해진 일본어와 공모하지 않는 자신일 것. 그것이 내가 품고 있는 일본어를 향한, 나의 보복입니다. 나는 끝까지 일본에 보복하고 싶다고 언제나 생각하고 있습니다. 일본에 익숙해진 자신에 대한 보복이, 궁극적으로 일본어의 용적을 조금이라도 넓혀, 일본어에 없는 언어 기능을 나는 가져올 수 있을지도 모릅니다. 그때, 나의 보복은 이루어졌다고 생각하고 있습니다.(김시종, 「내 안의 일본과 일본어」)

식민지 시기에 일본에서 태어나, 일본어를 국어로 배우며 자란 황국소년 김시종은 해방과 함께 돌연 조선인이 되어야 했다. 이후 일본어는 문학가로서의 자신과 재일 조선인으로서의 자신 사이에 서 있었던 그를 곤란에 빠트리곤 했다. 문학의 언어 일본어는 재일 조선인의 영혼과 화해할 수 없는 지점을 너무나도 많이 갖고 있었고, 동시에 조선어는 그가 일본에서 살아온 경험과 맞지 않았다. 그럼에도 김시종은 "나는 / 이 땅을 모른다. / 그러나 / 나는 / 이 땅에서 자란 / 지렁이다. 지렁이의 습성을 / 배게 한 / 최초의 / 나라다. / 이 땅에서야말로 / 나의 / 인간 부활은 / 이루어져야 한다. / 아니 / 성취되어야 한다. / (중략) / 숙명의 위도를 / 나는 이 나라에서 넘는 것이다"(김시종, 「니가타」 중에서)라고 읊으며 일본어에서 출발하지만 일본어에는 갇히지 않는 차원의 언어를 발견하기 위한 노력을 멈추지 않았다.

그의 일본어 시 쓰기를 제국주의에 협력하는 문학으로 평가할 수는 없다. 우리는 김시종처럼 일본어로 창작하지만 그 지배자의 언어를 지배자의 것으로 남겨두지 않는 복수를 계획해볼 수 있다. 그러나 이것이 노예가 주인에게 복수하고, 그를 노예로 삼으며 자신이 주인이 되는 기획일 수는 없다. 탈식민주의란 인종적 불평등과 성적 차별에 지금도 시달리고 있는 사람들, 여전히 착취하고 지배하는 것에서만 만족을 구하는 사람들, 이 모두가 사로잡혀 있는 '문화적 굴레'를 벗어던지려는 노력이어야 한다. 우리는 이제 새로운 윤리적 관계를 함께 구상해가야 할 것이다.

.17강. 공동체주의와 코뮨주의

이진경

1. 공산주의와 코뮨주의

소비가 의무가 된 사회에서 소비는, 비록 소비의 순간을 우리가 즐기게 되었다고 해도, 어떤 만족이나 충족을 주지 못한다. 옷을 잔뜩 갖고 있어도 어느새 "입을 옷이 없네"라고 느끼게 만들고, 자동차를 산 지 오래 되지 않아도 어느새 새로 나온 자동차에 눈길이 쏠리게 만드는 시대, 이를 위해 인위적으로 결핍을 생산하는 시대, 그리하여 많은 것을 갖고 있어도 우리는 무한한 결핍감을 채우기 위해 돈을 벌어야 하는 시대다. 앞서 말했다시피 그 시대는 미디어에 의해 모든 것이 구경거리가 된 시대, 미디어를 통해 먹고 입고 행동하는 모든 것이 복제되는 시대, 그리하여 미디어의 시선으로 자기 자신을 보며, 그 시선의 권력에 자신의 삶을 복속시킨 시대기도 하다. 삶만이 아니라 생물학적 생명 자체도 판매되기 위해 복제되고 변형되는 시대. 결국 생산물만이 아니라 우리의 일상적 삶, 나아가 생명력 자체까지도 상품화된 시대, 그런 시대를 우리는 살고 있으며 살아내야 한다.

모든 것이 계산되고 모든 것이 상품이 된 시대의 삶은 피곤하고 힘겹다. 항상 손해와 이익을 계산해야 하는 것도 피곤한 일이고, 자신의 신체와 능력의 상품성을 유지하는 것도 힘들고, 상품으로서 다른 사람들, 심지어 가까이 있는 동료들과 끊임없이 경쟁적 관계 속에서 살아가는 것도 힘들다. 해고라는 죽음 같은 위협 앞에서 나 아닌 모든 것을 경쟁자로 대면하는 삶은 끝 없는 경계와 긴장 속으로 삶을 몰아넣는다. 당연시되어 있으면서도 결코 편안할 수 없는, 의식되지 않은 채 신체를 맴도는 피곤함과 지루함, 각박한 삶의 긴장 …… 그런 삶에서 벗어난 관계, 그런 경쟁적이고 계산적인 삶의 외부를 꿈꾸는 것은 차라리 자연스럽다. 삶을 긍정적으로 보지 못하게 하는 저 피곤한 무의식적 감정에서 벗어나려는 욕망과 의지가 다른 종류의 삶을 꿈꾸게 하는 것일 게다. 좀더 나은 삶, 상생적인 삶에 대한 욕망과 꿈, 그것이 나아가려는 곳을 우리는 통칭하여 '코뮨주의'(commune-ism)라고 부른다.

한때는 근대적인 역사관념의 지배 아래서 자본주의 내지 근대 이후에 오는 세계로 이해되었고, 이를 위해 자본주의 전복이라는 전 사회적 혁명으로 대중들을 밀고 갔던 이념으로서 '공산주의'(commun-ism)는 이러한 코뮨주의의 19세기적 판본이라고 해야 할지도 모른다. 자본주의의 외부(물론 여기서 '외부'라는 개념의 공간성이 그저 공간적인 표상으로 이해되어선 안 된다)를 자본주의 이후에 오는 세계라는, 19세기의 지배적인 역사철학적 형식으로 치환해서 만들어낸 이념이라는 점에서. 많은 사람들이 이 꿈과 희망에 과학적 근거를 제공하고자 했고, 이를 위해 공상과 대비되는 과학으로서 공산주의에 다가가고자 했다. 그러나 하나의 사회, 하나의 시점에 오직 하나의 생산양식이나 사회구성체를 대응시키는 19세기 역사철학의 직선적 시간 관념을 벗어나지 못하는 한, 공산주의는 무한히 연기되는 미래가 되거나(이건 차라리 좀 낫다), 그게 아니면 좀더 나은 삶의 꿈을 허용하지 않는 봉쇄의 빗장이 되고 말 것이다(공산주의가 '현재'라고 선언되는 순간, 좀더 나은 삶을 향한 희망은 반공산주의적 불온성을 갖게 될 수밖에 없을 것이기 때문이다).

여기서 공산주의란 일차적으로 자본주의 생산양식을 대체하는 하나의 물질적 생산양식으로서, 혹은 경제적 사회구성체로서 정의되었다. 그것은 임노동관계가 사라지고 '자유로운 개인들의 자발적 연합'에 의해 능력에 따라 일하고 필요에 따라 분배받는 사회관계라고 이해되었고, 그렇기에 그것을 물질적으로 뒷받침하는 생산력의 발전이, 고도의 생산성이 존재할 때만 가능한 하나의 생산양식이라고 간주되었다. 그것은 경제적 심급의 일차성을 상정하고 그것으로 사회적 관계의 양상들이 환원될 수 있다고 보았던 오래된 맑스주의의 경제학적 관념, 아니 경제주의적 사고방식과 과연 무관한 것일까? 공산주의란 개념에서 공동체를 고려하는 경우에조차 경제적 생산조직으로서 상정하는 식의 태도 역시 그와 무관한 것일까? communism이란 말을 '함께 생산한다'는 것을 지칭하는 '공산주의'로 번역했던 것 역시 이런 경제주의적 관념의 한 징표라고 할 수 있지 않을까?

공산주의가 하나의 실패한 꿈, 이미 붕괴된 헛된 희망의 대명사가 되어버린 지금이라면, 이런 종류의 개념으로서 '공산주의'와, 피곤하고 힘겨운 삶의 외부를 꿈꾸고 좀더 나은 삶을 구성하려는 우리의 희망을 명확하게 구별하는 것은 중요한 일이다. 사실 '코뮨주의'란 코뮨(commune)이란 말에 ism을 붙인 것이다. 코뮨이란 '함께', '묶음' 등을 뜻하는 com과 '선물'을 뜻하는 munis가 결합된 것이다. 즉 선물을 주는 방식으로 결합된 관계가 바로 코뮨인 것이다. 선물의 본질은 '타인에 대한 배려'고, 선물을 주는 사람은 그러한 배려를 통해 자신의 기쁨을 얻는다. 또한 그것은 그러한 배려를 통해 타인과의 관계로서 자신을 배려한다. 코뮨주의란 이처럼 타인과의 상호적인 배려, 아니 심지어 되돌아오는 결과에 대한 계산 없이 일방적으로 선물을 줌으로써 상생적인 삶을 추구하는 관계를 지칭한다.

혹은 communism이란 말조차 다르게 이해하고 정의할 필요가 있을 것이다. 그것이 '공동의'를 뜻하는 형용사 코뮨(commun)에 '주의'(ism)를 결합하여 만든 말임을 안다면, 그것은 무언가를, 가령 생산은 물론 생활이나 활동, 그리고 그것을 위한 조건 등 모든 것을 함께 하고 함께 나눈다는 의미일 것이고, participation이라는 말이 뜻하듯 '참여'와 '분유'(分有, 나누어 가짐)라는 말처럼 어떤 집합적 과정에 참여하고 그것을 나눔으로써 그 집합체의 일부(part)가 되는 그런 의미일 것이다. 따라서 이는 함께 생산하는 생산양식이라는 경제학적-경제주의적 공산주의 개념으로 환원불가능한 아주 다양한 공유와 공속, 공생의 양상을 갖는다.

2. 공동체의 존재론

맑스가 제시한 바 있는 코뮨주의의 고전적 정의는 "자유로운 개인들의 자발적인 연합체"다. 통상적인 우리의 관념으로 볼 때, 이는 개인들이 자신의 자유로운 선택에 의해 구성하거나 해체하는 어떤 것으로 보인다. 하지만 코뮨이 단지 '자유로운' 내지 '자발적인'이란 형용사에 의해서만 구별되는, 개인들의 합으로 정의될 수 있을까? 그것은 확장된

<몸 속의 공동체, 몸 밖의 공동체> 맨위는 쓸개의 속면을 덮고 있는 세포들의 사진이고, 그 아래는 바위의 표면을 덮고 있는 이끼들의 사진이다. 여기서 그저 형태적인 유사성만 본다면, 세상을 너무 피상적으로 보는 것이다. 바위 위의 이끼들이 저렇게 집합적으로 모여 사는 하나의 공동체인 것처럼, 쓸개 역시 수많은 세포들로 이루어진 하나의 공동체인 것이다.

개인주의, 혹은 연합적인 개인주의라고 해야 할까?

번역된 말로서 '개체'(個體)는 단지 낱개로서 존재하는 어떤 것을 지칭한다. 그것은 낱개로서 존재한다는 어떤 상태를 표시한다. 그러나 서양철학이나 과학에서 개체(individual)란 '더 이상 분할할 수 없는 것'(in-dividual)을 지칭한다. 다시 말해 그것은 더 이상 분할불가능한 최소단위를 지칭한다. 그러나 칸트가 이미 철학적으로 보여주었듯이 분할할 수 없는 최소단위를 설정하는 순간, 그것은 다시 그것을 구성하는 또 다른 요소들로 논리적으로 분할될 수 있게 된다. 비슷하게 과학은, 가령 환원주의적 태도를 명시적으로 취하고 있는 물리학은 '원자'를 최소단위로 설정했지만, 그것의 움직임과 성질을 설명하기 위해서는 양성자, 중성자, 전자 등의 구성요소로 다시 분할해야 하며, 각각의 입자들 역시 또 다시 다른 소립자들로 재분할되어야 했다는 것을 보여준다.

생물학 역시 동일한 경로를 밟아왔다. '생명체'가 특권적 연구대상이 되면서 탄생했던 19세기의 '생물학'(biology)에서 개체란 곧 유기체를 뜻하는 것이었다. 분할하면 최소한 한 부분은 죽어버리는 유기적 통일체로서 유기체, 그것은 생명이란 실체의 분할할 수 없는 최소단위였던 것이다. 그러나 유기체를 최소단위로 설정하는 데서 멈춘다면, 그 유기체가 생명을 유지하고 활동하는 메커니즘을 대체 어떻게 설명하고 서술할 수 있을 것인가! 따라서 그것을 설명하기 위해 '조직'(tissue)이나 '세포' 같은 구성요소들로 다시 분할하게 된다. 특히 세포는 유기체를 구성하는 기본단위, 생명활동의 기본단위가 됨으로써 원자론적 욕망에 값하는 진정한 '개체'의 자리를 차지하게 된다. 분할할 수 없던 유기체는 새로운 최소단위로 분할된 것이다. 그러나 이후 세포들은 그 내부를 들여다볼 수단을 획득함에 따라 세포 내 다른 기관들로 재분할되고, 설명의 기본단위에서 설명되어야 할 대상으로 이전된다. 핵, 미토콘드리아, 세포질, 리보좀, 염색체 ……. 개체들은 다시 하위의 다른 개체들로 분할된 것이다. 유전자는 유기체를 대신해 생물학의 새로운 '원자'가 되었다.* '유전자'가 이 분할을 멈추게 할 수 있을까? 유전자는 다시 뉴클레오티드로 분할되고, 그것들은 다시 산소, 탄소, 질소, 인 등의 원소로 분할된다. 산소나 다른 원소 역시 또 다른 분할을 피할 수 없다.

이렇게 사물의 기본단위로 환원하여 분석하려는 태도를 '개체론'(individualism)이라고 부른다. 문맥에 따라 '개인주의'라고도 번역된다. 굳이 구별하자면 개인주의란 개인들을 분할할 수 없는 근본단위로 설정하고 그것의 어떤 성질을 통해 사회적 현상이나 활동을 설명하려는 것이란 점에서 개체론적 사고의 사회학적 형태라고 말해도 좋을 것이다. 원자론적 단위들이 다시 분할되고 다시 또 분할되는 과정은 이러한 원자론적 실체에 도달할 수 없음을 보여준다. 도달한다고 해도 그것은 정작 설명해야 할 것을 설명할 수 없는 것이 되고 만다. 가령 산소나 탄소로 유전자나 세포에 대해 설명할 수는 없는 것이다.

근본적인 '개체'에 도달하려는 시도들의 이러한 실패들을 통해서 우리는 개체론의 불가능성을 확인할 수 있는 것만은 아니다. 그것은 거꾸로 '개체'의 본성에 관한 중요한 사실을 보여준다. 즉 개체란 어느

---

* 사회생물학은 동물들의 행동조차 유전자로, 자신의 존속과 번식을 추구하는 '이기적 유전자'로 환원하여 설명한다. 대표적인 책으로 리처드 도킨스의 『이기적 유전자』(홍영남 옮김, 을유문화사, 2002), 조지 윌리엄스의 『진화의 미스터리』(이명희 옮김, 두산동아, 1997), 에드워드 윌슨의 『사회생물학』(이병훈 옮김, 민음사, 1992) 등이 있다.

층위에서 설정되든 간에 그것을 구성하는 하위-개체(sub-dividual)들의 집합체라는 것이다. 예컨대 분자는 원자들의 집합체고, 원자는 소립자들의 집합체며, 유기체란 기관이나 세포들의 집합체고, 세포란 세포기관들의 집합체다. 다시 말해 모든 층위에서 '개체'란 분할불가능한 최소단위가 아니라, 분할가능한 것들(the dividuals)의 집합체란 것이다. 이런 의미에서 분할불가능한 개체는 없다. 오직 분할가능한 것들로 구성된 '공동체'만이 있을 뿐이다. 따라서 이렇게 말해야 한다. "모든 개체는 항상-이미 코뮨적 존재다."

여기서 분명한 것은 개체의 본성을 이해하기 위해선 개체론이나 개인주의가 아니라 역으로 일종의 '집합주의'를 취해야 한다는 것이다. 개인주의에 반하여 설정되는 '코뮨주의'라는 개념은 이런 점에서 보자면 '개체론'에 반하는 일종의 사유의 방법론으로서 이해되어야 한다. 이를 일단 코뮨주의나 공동체주의와 구별하여, 요소들이 모여서 사물을 산출하는 양상을 보려 한다는 의미에서 '집산주의'(集産主義)라고 부르자(방법론적 코뮨주의?).

'집산주의'에서 사물을 구성하는 요소들 이상으로 중요한 것은 그것들의 배열 내지 결합의 양상이다. 이를 들뢰즈/가타리의 개념을 빌려서 '배치'라고 명명할 수 있을 것이다. 이 개념을 사용하면 '집산주의'란 사물의 본성은 그것을 구성하는 요소들의 배치에 따라 달라진다고 보는 방법론적 입장이라고 다시 정의할 수 있을 것이다. 그런데 여기서 하나 더 추가해두어야 할 것은, 사물을 구성하는 요소들이 동일한 층위의 성분일 필요가 없으며, 사전에 어떤 하나의 측면으로 고르게 균질화될 필요가 없다는 점이다. 즉 그것은 아주 이질적인 것들이 모여서 하나의 집합체를 이룰 경우에 대해서도 마찬가지로 적용된다.

<공산주의적 공동체?> 낫과 망치, 펜이 하나로 모인 것처럼 공산주의는 농민과 노동자, 지식인이 하나로 모인 공동체 국가가 되리라고 믿었다. 그것은 저 세 개가 모인 중심처럼, 확고한 하나의 중심을 갖고 있었다. '당'이 바로 그것이었다. 그러나 중심은 여러 부분이 모여드는 곳이기도 하지만, 모든 곳으로 무언가가 퍼져나가고 확산되는 점이기도 하다. 공산주의는 그렇게 여러 인민들의 의사가 하나로 모여 집중된 후, 다시 그게 전체로 퍼져나가 유기적 통일성을 갖고 움직일 거라고 믿었지만, 대표가 인민을 대신하는 체제는 대표들이 대신하는 게 인민의 의지라고 쉽게 믿음으로써 인민의 의사가 모이는 경로는 사라졌고, 그렇게 모인 조직들은 모든 대표들을 다시 대표하는 당 중앙의 의사가 그저 확산되는 '전달벨트'가 되고 말았다. 계획적 생산 역시 중앙의 통제가 생산대중을 대신하여 생산을 명령하는 이 국가적 모델의 또 다른 축이었다.

예컨대 하나의 코뮨은 복수의 요소들이 모여 만들어진 집합적 존재다. 하지만 이를 마치 사람들로만 구성되기라도 하는 양, 사람들 간의 관계 내지 배치로 이해하면서 그것을 구성하는 사물이나 공간, 시간 등의 요소들은 쉽게 잊혀진 채 정의하는 경우가 많다. 그래서 코뮨을 구성하는 활동을 하면서 사람들의 관계에는 지극히 관심을 기울이지만 사람과 사물과의 관계, 사물에 대한 태도가 어떻게 달라져야 하는가 하는 점은 별로 관심을 갖지 않게 된다. 이와 관련해서 이른바 '자연주의'라는 관념에 대해 특별히 언급해둘 필요가 있다.

알다시피 19세기를 통과하면서 근대적인 산업문명에 의해 자연과 공동체가 파괴되는 것을 무력하게 지켜보면서 그러한 파괴의 주범으로서 과학과 기술 및 기계에 대한 적대감을 이론화하고, 그에 반하여 자연과 생명, 공동체의 소중함을 상기시키려는 입론들이 만들어지고 확대되어 왔다(빌 & 스타우든마이어, 『에코파시즘』). 대개는 사라진, 혹은 사라져가는 공동체적 세계에 대한 향수를 바탕에 깔고 있게 마련인 이런 입론들은, 많은 경우 과학적 사고방식과 기술적 지배방식에 대한 비판 속에서 자연주의적 성향을 바탕으로 하고 있었다.

이는 많은 경우 자연과 기술의 대비나 생명과 기계의 대립을 통해 표현되지만, 목적과 수단이라는 관계와 그것의 역전(소외!)이라는 상태를 비판하면서 도구적 합리성에 대한 비판이나 과학기술에 대한 비판으로 펼쳐진다. 그러나 목적과 수단이라는 관념이 일차적으로 인간과 자연을 관계짓기 위해 사용된 것임을 안다면, 대개 '자연주의적' 성향을 띠는 이러한 입장이 사실은 자연에 대한 인간중심주의적 태도의 연장이며 정확하게 자연을 도구로 간주하는 '반자연주의적' 태도의 변형임을 이해하는 것은 결코 어려운 일이 아니다.

자연에 대한 존중과 기술이나 기계에 대한 비판, 이러한 대립 속에서 '자연'이란 기계화되지 않은 것, 인위적으로 변형시키지 않은 것을 뜻한다. 이러한 태도를 가장 소박하고 명료한 형태로 확인할 수 있는 것은 "자연으로 돌아가자!"는 루소주의적 슬로건에서일 것이다. 그러나 숲 속의 산책로가, 숲 속에 만들어진 나무로 지은 집이, 장작을 태우는 불이, 그리고 그 향수 어린 시골풍경을 떠올리는 인간 자신이 과연 손대지 않은 자연 그대로의 것이라고 말할 수 있을까? 반대로 나무 대신 공장굴뚝의 연기를 피워 올리는 석탄이나 석유는 자연 아닌 인공물이라고 말할 수 있을까?

자연은 '인간이 아닌 것'이란 의미에서 인간의 바깥이 아니며, 기계 역시 마찬가지다. 인간이 자연 안에 있는 만큼 기계 역시 자연 안에 있는 것이고, 그런 만큼 자연의 일부다. 손대지 않은 자연과 손댄 반-자연이 있는 게 아니라 '만들어내는 자연'(natura naturans)과 '만들어지는 자연'(natura naturata)이 있을 뿐이다(스피노자, 『에티카』, 47쪽〔제1부 정리 29의 주석〕). 분자생물학자들 말처럼 우리의 세포조차 '화학적으로 작동하는 기계'라면(모노, 『우연과 필연』, 273~275, 302쪽), 역으로 인간의 손으로 만든 기계조차 저 거대한 자연의 일부인 것이다. 이런 의미의 자연주의란 이 모든 것을 동등하게 자연으로 파악하는 일의적 관점이고, 따라서 그 모든 것을 '기계'라고 부를 수 있는 한 '기계주의'와 정확하게 동일한 외연을 가질 것이다(이진경, 『노마디즘』 2권, 184, 439쪽). 이러한 '일의성'을 잊는다면, '자연주의'란 자연과 기계, 생명과 비생명, 인간과 사물, 좀더 근본적으로는 목적과 수단이라는 식으로 만들어진 흔한 선험적 위계의 일종에 불과할 것이다.

코뮌주의가 인간에 대한 인간의 태도에서 상생적인 관계를 추구하는 것만큼이나 인간 아닌 모든 것에 대해서, 그것이 '자연물'이든 '기계'든 간에 새로운 상생적 관계를 추구해야 한다. 자연이란 한여름의 개나 멸종 위기의 호랑이, 혹은 숲길이나 갯벌만이 아니라 인간이 함께 살아가는 사물 전체를 포함하는 것이다. '자연물'에 대한 극진한 애정이, 기계나 인공물 혹은 통상의 사물들에 대해 무관심하고 '무자비한' 태도('쉽게-버림'!)의 짝을 이루는 것인 한, 자연과의 상생적 관계를 구성하는 것은, 혹은 긍정적 자연을 구성하는 것은 불가능한 일일 것이다. 인공물과 대비되는 자연의 관념에서 벗어나 모든 기계나 인공물조차 포함하는 거대한 일의적 자연 안에서 '자연과의 상생적 관계'를 사유하는 것, 그리하여 자연물이나 사물들 사이에 설정된 존재자들 사이의 모든 선험적 위계를 벗어나 자연과의 긍정적 관계를 구성하는 것, 그것이 바로 코뮨주의에 합치하는 자연주의의 개념일 것이다.

3. 공동체와 순환계

모든 개체들은 항상-이미 집합체고 코뮨적 존재다. 그런데 우리는 통상적인 개체나 사물과 구별해서 '생명체'란 개념을 사용한다. 그리고 생명체의 활동을 서술하기 위해 '생명'이란 개념을 사용한다. 그러나 생명의 요체로 간주되는 유전 메커니즘에 대한 분자생물학적 연구는, 유전이나 단백질 합성과 같은 생명의 메커니즘이 아데닌, 구아닌, 시토신, 티민이라는 화합물의 결합에 의한 기계적 효과를 통해, 그리고 그것의 전사라는 기계적 활동을 통해 이루어진다는 것을 알려준다. 생명과 기계를 분할하는 경계는 이로서 해체되고, 생명이 기계적 성분에 의해 정의되고, 따라서 기계적으로 조작가능한 프로세스로 변형되게 된다. 이런 의미에서 생명이란 단지 생명체로 환원될 수 없는 확대된 외연을 갖게 된다.

그렇다면 '생명'이란 개념을 개체 일반과 동일한 의미로 사용해야 할 것인가? 양자를 가르는 경계가 사라진다고 해도, 살아 있는 것과 살아 있지 않은 것을 동일시하는 것은 개념적 사고를 너무 느슨하게 만드는 건 아닐까? 상호의존적인 개체들이 공존하거나 병존하는 상태와, 그것들이 어떤 질료적 순환의 과정을 진행시키면서 '살아 있다'고 말하게 만드는 상태는 구별되어야 하지 않을까? 가령 러브록이 화성이나 금성과 지구의 대기를 비교하면서 말하듯이(제임스 러브록, 『가이아 : 생명체로서의 지구』, 69~76쪽), 열역학 법칙에 따라 활성이 없는 상태로 귀착된 상태로서의 열역학적 평형과 활성이 있는 기체를 끊임없이 생산하면서 기체들의 안정적 상태를 유지하는 비평형적 안정성을 구별해야 하지 않을까? 마찬가지로 집합적 존재라고는 해도 '공동체'를 이루는 요소들이 서로 기대어 '살아가는' 생태적 상태와, 그 상호의존적 순환이 절단되어 '죽어가는' 생태적 상태를 구별해야 하지 않을까? 단순한 개체들의 지속과 구별되는 살아 있는 개체들의 지속이 정의되어야 하지 않을까? 그럴 때에만 코뮨주의는 "모든 개체는 코뮨적 존재다"라는 존재론적 선언이 아니라 좀더 나은 삶에 대한 꿈이 될 수 있는 게 아닐까?

이런 이유에서 우리는 개체 일반으로 환원될 수 없는 생명의 개념을 정의해야 한다. 즉 어떤 개체나 공동체를 구성하는 요소들이 열역학적 프로세스로 환원될 수 없는 하나의 순환계를 구성할 때, 그리고 그 순환적인 과정을 안정적으로 지속할 때, 우리는 그 개체나 공동체에 대해서 '살아 있다'는 말을 사용할 수 있다. 다시 말해 생명이란 복수의 개체들이 열역학적 과정으로 환원될 수 없는, 물질대사를 수반하면서 어떤 안정적인 상태로 순환계를 스스로 조직하고 지속시키는 능력을 지칭한다.* 그러한 과정이 지속되지 못한 채 열역학적 과정에 따라 이른바 '평형' 상태에 도달하게 될 때, 그것을 '죽는다'고 말할 수 있고, 그 귀착점을 '죽음'이라고 명명할 수 있다.** 요컨대 생명이란 '비평형적 안정성'(homeostasis)을 유지하는 어떤 순환계의 능력을 지칭한다. 물론 어떤 순환계가 생명이라는 능력을 갖는다는 것이 반드시 그 순환계 내부에 존재하는 요소들 각각이 생명을 가져야 함을 뜻하진 않는다는 점을 추가해 두자.

이런 관점에서 본다면, 서로 다른 세포나 기관들이 영양소나 배설물, 산소와 이산화탄소, 혈액과 림프액 등의 질료들을 순환시키며 비평형적 안정성을 유지하는 우리의 신체는 물론, 다양한 식물들과 미생물, 균류, 그리고 곤충들이 하나의 순환계를 구성하면서 만들어지는 숲의 생태계, 나아가 식물과 미생물이 이산화탄소를 사용하여 산소를 생산하고, 동물과 인간들은 산소를 사용하여 이산화탄소를 생산하는 순환계를 통해 산소의 비율을 일정하게 유지하는 지구 또한 생명의 개념 안에 포함된다.

그 자체로 하나의 개체인 이 요소들이 언제나 서로 기대어 하나의 순환계로서 집합적으로 존재한다는 점을 표시하기 위해, 아주 익숙한

---

* 이에 관해서는 에리히 얀치의 『자기조직하는 우주』(홍동선 옮김, 범양사, 1989)와 프리초프 카프라의 『생명의 그물』(김용정·김동광 옮김, 범양사, 1998)를 참고하라.
** 이런 의미에서 우리는 생명을 엔트로피를 감소시키는 방식으로 자신을 유지하는 메커니즘으로 이해했던 슈뢰딩거의 정의를 이해할 수 있을 것이다(에르빈 슈뢰딩거, 서인식·황상익 옮김, 『생명이란 무엇인가』, 한울, 1992, 115~116쪽). 물론 그것의 물리학적 생물학적 근거는 그대로 받아들이기 힘들지만 말이다.

단어를 약간 변형시켜 '衆-生'이라고 명명해도 좋지 않을까? 즉 모든 생명체는 항상-이미 중-생이다(이진경, 「생명과 공동체」, 『미-래의 맑스주의』, 350~360쪽 참조.). 나의 신체는 100조 개의 세포들이 모여서 조성된 '중-생-체'고, 각각의 세포는 항상-이미 수많은 세포기관들로 조성된 '중-생-체'며, 나의 유전체는 수많은 유전자들로 구성된 '중-생-체'다. 복수의 요소들이 모여서 하나의 자기조직하는 순환계로서 살아가는 존재, 그것이 생명체고 중-생이다.

4. 순환계와 선물

이런 생명의 순환계에서 각각의 요소들은 자신이 갖지 못한 질료를 이웃한 요소들에게 받으며, 자신이 갖고 있지만 이웃이 갖고 있지 않은 질료를 그 이웃에게 준다. 즉 각각의 요소들은 상호의존하면서 이웃한 타자에게 없는 것을 그에게 주고 자신에게 없는 것을 타자에게서 받는다. 이런 주고받음 속에서 질료들이 변환되며 안정적인 흐름을 형성함으로써 순환계는 '살아 있는' 것이 되고 생명을 갖는다고 할 수 있다.

　타자들에게 없는 것을 주고 또한 자신에게 없는 것을 타자에게서 받는 이러한 관계를 '선물'이라고 명명할 수 있을 것이다. 가령 지구라는 순환계 안에서 식물이나 미생물들은 동물들에게 산소를 주고, 동물들은 식물들에게 필요한 이산화탄소를 준다. 다시 말해 산소는 식물이나 미생물들이 우리에게 주는 선물이고, 이산화탄소는 우리가 그들에게 주는 선물인 셈이다. 물론 다른 측면에서 보면 산소는 식물들의 '배설물'이지만 우리에겐 없어선 안 될 필수적인 것이다. 그것은 식물들이 우리들 먹으라고 주는 것이 아니기에 식물들로선 준다는 생각도 없이

주는 선물이고 우리 역시 대개는 받는다는 생각 없이 받는 선물이다. 꽃들은 벌들에게 꿀을 선물하고 벌들은 그들을 수정시켜 주는 관계 역시 준다는 생각 없이 주는 선물의 순환이 아주 두드러지게 드러나는 경우일 것이다.

하지만 순환계의 선물은 명시적으로 상호부조하는 이런 관계로 국한되지 않는다. 거칠게 선택해서 말해도 좋다면, 식물들이 주는 영양소로 자라는 들소와 그 들소를 먹고 살아가는 인디언들, 인디언의 분해된 신체를 먹고 사는 미생물, 그 미생물로 인해 질소를 합성하는 식물들로 이어지는 생태적 순환계는 정확하게 하나에서 다른 하나로 주어지는 선물의 순환에 의해 유지되고 살아가는 것이다. 따라서 열역학의 법칙에 반하는 비평형적 순환계로서 생명이란 이런 선물의 순환을 통해 발생하고 유지되는 능력이라고 말해야 한다.

선물의 '순수 이념'은 '준다는 생각도 없이 주는 선물'이다. 그것은 '아무런 대가도 바라지 않고 주는 선물'보다 훨씬 더 근본적이다. 왜냐하면 준다는 생각을 하는 순간, 아무리 대가를 바라지 않아도 답례하지 않는 상대방에 대해 서운해 하거나 불쾌해 하게 될 가능성이 발생하기 때문이다. 물론 사회적 연대나 유대를 유지하기 위해 선물의 순환을 만들어내는 경우, 선물이나 답례를 의무화하는 이유 또한 쉽게 이해할 수 있는 것이다. 그러나 그보다 훨씬 일차적인 선물은, 억지로 유지하려 하지 않아도 서로 기대어 함께 살아가는 관계들 안에 내재하는, 선물이란 의식도 없는 선물이다.

따라서 선물 아닌 선물보다 선물의 '순수 이념'에 더 근접한 것은 없다. 우리의 삶은, 우리가 속한 순환계의 생명은 바로 이런 선물에 의해, 선물의 연쇄에 의해 유지되고 있는 것이다. 중-생적인 삶에, 서로 기대어 사는 삶에 민감한 사유 속에서만 이 선물을 선물로 알고 받았던 듯하다. 바람은 대기의 선물, 그늘은 나무의 선물, 옥수수는 대지의 선물 ……. 여기서 우리가 받는 모든 것은 자연의 선물, 능산적 자연의 선물이었다. 어디서나 선물을 받을 수 있다면, 아니 어디서도 자신이 향유하는 것이 선물임을 느낄 수 있다면, 삶이란 매 순간 얼마나 기쁘고 고마운 것일 수 있을 것인가!

코뮨이 그 어원에서 선물(munis)을 통해 결합되는(com) 관계를 지칭하는 것임을 안다면, 우리는 아무런 주었다는 생각 없이 주고 받는 이 선물들의 순환을 통해서 살아가는 생명의 순환계야말로 강한 의미에서 항상-이미 코뮨적 존재임을 다시 한번 확인할 수 있다. 인디언들이, 혹은 근대 이전의 많은 공동체들이 선물을 일종의 '의무'로서 규정한 것이나, 그에 대한 답례를 의무로서 규정한 것은, 이러한 선물의 순환을 의무로라도 유지함으로써 사람들 간의 코뮨적 관계를, 혹은 공동체적 연대를 유지하기 위한 방법이었을 것이다. 인디언들이 추장을 남들에게 필요한 것을 증여할 능력에 의해, 즉 선물할 수 있는 능력에 의해 뽑으려 했던 것이나(클라스트르, 『폭력의 고고학』, 191쪽), 축적된 부를 선물의 증여 형태로 소모하려 했던 것 역시 자신들이 속한 집단을 하나의 코뮨적 세계로 유지하고 반복하여 만들어가는 방법이었을 것이다. 뿐만 아니라 근대 이전의 모든 공동체에서 사람들 간의 선물은 물론 자연이나 '귀신' 같은 타자들의 세계에 대해서 선물을 증여하는 관계를 다양한 형태로 만들고 유지했던 것 역시 이런 이유에서 이해할 수 있을 것이다.

그러나 여기서 선물의 증여를 교환이라는 개념으로 파악하는 이론적 전통에 대해서 잠시 언급해두어야 한다. 마르셀 모스의 『증여론』

이나 그에 대한 레비-스트로스의 '찬사', 그리고 최근의 데리다에 이르기까지 선물과 더불어 답례가 의무로서 강제된다는 점을 강조하면서, 의무화된 답례를 수반하는 한 선물을 교환의 한 형태로 간주한다. 그러나 그것은 교환밖에는 사물의 순환을 알지 못하는 근대의 서양인의 시선이, 교환의 외부에 있는 것을 교환의 일종으로 포획하는 방법에 지나지 않는다. 일단 이항적인 선물조차 선물과 답례는 두 번의 선물이지 교환이 아니다. 교환이 어떤 식으로든 등가성을 원리로 하는 반면 의무화된 선물은 그런 등가성을 원칙으로 하지 않으며, 많은 경우 받은 것보다 더 주라고 요구하기 때문이다. 그리고 가령 추장에게 필요한 물건을 받고 그 대신 '존경'을 주거나 '권위'를 제공하는 경우에 대해서조차 어떤 것들이 교환된다는 점에서 교환이라고 말하고자 한다면, 우리는 그 교환이라는 말이 모든 것을 지칭하는 만큼 아무것도 지칭할 수 없는 무의미하고 무능한 단어가 됨을 지적해야 한다. 그러나 그때에도 교환이라는 단어가 선물을 선물로 보지 못하게 눈을 가리고, 선물의 순환을 교환의 상업적 활동으로 변환시키고 있다는 점을, 이로써 생명의 순환적 흐름은 소유자를 표시하는 한 점에 귀속되고 소유될 어떤 사물의 집합으로 오해되며, 그 결과 코뮨적 순환계는 화폐의 권력에 의해 파괴될 위험에 처하게 된다는 것을 더불어 지적해야 할 것이다.

5. 공동체주의와 코뮨주의

앞서 공산주의와 대비하여 코뮨에 대해 말한 바 있지만, 이제 우리는 다시 이 일반적인 '공동체'와 구별해서 코뮨을 정의해야 한다. 일반적인 공동체와 마찬가지로 코뮨 역시 경제적인 의미에서 생산조직의 형

<파밀리스테르 중정에서의 집회> 고댕은 양은공장으로 성공한 사업가다. 자신이
고용한 노동자들의 기숙사를 지으려는 과정에서 푸리에주의자들과 알게 된 그는 기
숙사가 아니라 '가족궁전' (파밀리스테르)를 만들고 그것을 중심으로 생산과 생활이
결합된 하나의 코뮨을 만든다. 이후 그는 자신이 포함된 '조합' 을 만들어 파밀리스
테르는 물론 원래의 공장까지 그 조합에게 넘기고, 조합원 자신이 모든 것을 관리하
게 한다. 파밀리스테르의 내부정원(中庭)에는 유리로 지붕을 덮어 사람들이 모이는
공동의 공간으로 만들었다. 고댕은 이처럼 파밀리스테르 내부의 중정에서 열리는
집회나 축제, 잔치 등을 매우 좋아했다고 한다. 그만 좋아했을 것 같지는 않다. 무질
서해 보이지만 결코 그렇다고만 할 수 없는 장면이 편하게 느껴진다. 아, 이 공간
은 건물로 둘러싸여 있었지만, 폐쇄되어 있지 않았고, 사람들이 끊임없이 드나들었
다. 1850년경에 만들어진 이 코뮨은 1930년대까지 지속되었다고 한다.

태로서만이 아니라, 개체들 간의 미시적 관계에서조차 항상 작동하는 실질적 관계를 의미한다. 그것은 생산과 분배의 척도를 무엇으로 삼을 것인가를 따지는 교환적인 경제의 관념과 다른 차원에서, 일상적 삶의 구성방식으로 이해되어야 한다. 선물의 증여, 많은 경우 증여와 답례의 의무라는 형태로 강제되며 확산되고 유지되지만, 가장 근본적인 층위에서는 준다거나 받는다는 생각도 없이 주고받는 잉여의 이득 속에서 순환되는 선물에 의해 형성되고 유지되는 관계.

이런 종류의 공동체는 근대 이전의 수많은 생산의 공동체나 지역 공동체들, 혹은 생태적인 공동체들을 포함하여 공동체적 존재 전반을 포괄한다. 그런데 이런 종류의 공동체를 실천적인 지향점으로 삼아 '공동체주의'를 제창하는 경우도 빈번하게 있었다. 그래서 종종 '공동체'는 개인주의적 지향과 반대되는 모든 실천적 성향을 지칭하는 것으로 이해되기도 한다. 개체들이 모여서 스스로 강한 귀속감을 갖는 어떤 공동체, 경쟁과 계산, 개인주의가 판을 치는 자본주의와 대비되는 세계로서 공동체를 구성하려는 시도 전반이 공동체주의라는 말로 지칭되기도 한다.

그러나 이러한 공동체주의에서 말하는 공동체는 대개, 근대와 자본주의의 끔찍한 물결이 휩쓸고 지나가 버리기 전의 고향과도 같은 어떤 세계, 친밀하고 동질적인 어떤 세계를 내포한다. 우리가 통상 지역적 공동체나 농촌-공동체, 혹은 근대 이전의 공동체를 떠올릴 때, 혹은 퇴니에스가 사회(Gesellschaft, 흔히 '이익 사회'로 번역된다)와 대비하여 공동체(Gemeinschaft, 흔히 '공동 사회'로 번역된다)라는 개념을 사용할 때, 혹은 하이데거가 잃어버린 고향에 대한 향수 속에서 타인과 함께 하는 세계로서 공동세계(Mitwelt)와 공동존재(Mitsein) 등을 통

<국가로 통합된 공동체> 나치의 뉘른베르크 집회 장면이다. 나치는 숲과 자연, 사람들이 통합된 구래의 공동체를 국가장치의 힘을 통해 회복하기를 꿈꾸었다. 이를 위해 그 공동체를 위협하는 이질적 요소들을 제거하고자 했고, 공동체 파괴의 모든 책임을 자신의 외부로 돌렸다. 그러나 파괴의 주범인 자본주의에 대해서는 어느새 타협을 해, 국민들이 모두 자가용을 갖는 세상을 선전하기 시작했고, 그 파괴에 대항하겠다면서 거대한 무기들을 만들어 지구 전체를 전쟁으로 몰고 갔다. 뿐만 아니라 그들은 공동체의 성원들을 저렇게 끔찍하게 줄세우고 기하학적 질서 속에 편입시켰다. 바로크 시대 절대군주들이 자연에 대한 자신의 힘을 과시하기 위해 나무들을 줄세웠던 것과 똑같은 방식으로. 소련도 이와 같은 장면을 매년 연출한 걸 보면, 국가가 끼어들면 공동체는 줄서서 행진하는 군대의 일종이 되는 게 분명한 것 같다.

해 존재의 목소리에 귀를 기울이고자 할 때, 우리는 이런 종류의 공동체 관념이 작용하고 있음을 안다. 좀더 난감한 경우는 개인주의와 자유주의를 비판하며 공동체 개념을 앞장세워 사람들을 몰아세우고 있는 미국의 '공동체주의'(communitarianism)이다. 이들은 가족이나 지역 공동체들에 확실한 정체성을 부여하고 유지하는 데 관심을 갖고 있으며, 이를 통해 국가적 공동체의 정체성을 확보하려고 한다.

그러나 고향, 지역, 인종, 가족 등과 결부된 모든 공동체는 사실 대개는 참여자가 태어나기 이전부터 항상-이미 존재하던 세계며, 그것의 정체성 또한 그러하다. 그곳은 어떤 사람에겐 상실와 동요로부터 보호해야 할 고향이지만, 다른 사람에게는 싫어도 소속되어 있어야 하는 곳이고, 그 외부의 사람들로서는 끼어들 수 없는 그들만의 세계다. 친숙함과 친밀함, 내밀함, 편안함, 그리고 그것과 밀접하게 결부되어 있는 내부성과 동질성은, 외부에서 끼어드는 친숙하지 않은 요소들에 대해 강한 배타성을 보여준다. 미국의 공동체주의자들이 백인들의 공동체를 유지하기 위해 흑인들의 유입을 방지하는 강력한 제한을 만들어 사용한 것은 아주 비근한 사례일 것이다. 가령 그들은 자기들의 지역 공동체에 속한 사람들에게 흑인이나 유색인종에게 집을 임대해주지 말도록 종용한다.

좀더 심각한 경우는 친숙하고 내밀한 자신들의 동질적 세계를 파괴한 것이 자기 주변에서 자신들에게 다가왔던 외부자들이라고 생각하는 경우다. 가령 하이데거나 나치에 속했던 많은 사람들은, 기실은 자본주의와 산업 혁명, 이윤에 대한 욕망에 의해 행해진 것이었음에도, 자신들이 속해 있던 평화롭고 친밀한 공동체와 생태계의 파괴가 집시나 유대인, 혹은 자기들 주변에 접근했던 다른 인종들 탓이라고 생각했다. 그래서 그들은 자연과 공동체를 지키기 위해, 상실의 위험에서 자신의 고향을 지키기 위해 그들을 축출하거나 제거해버리고자 했다. 그것이 인종말살이나 거대한 전쟁으로 귀착되었다는 것은 잘 아는 바와 같다.

이런 점에서 공동체주의란 많은 경우 그 외부의 이질적 요소들에 대해 배타적이고 적대적이다. 이질적 요소의 유입을 차단하여 동질성을 유지하려 하고, 외부자를 배제하여 친숙하고 친밀한 자기들만의 '천국'을 만들고 싶어 한다. 코뮨주의는 이런 점에서 공동체나 공동체주의와 근본적으로 다른 관계, 다른 삶의 방식을 추구하며, 그런 만큼 다른 원리를 작동시킨다. 무엇보다도 그것은 자유로운 개인들의 자발적인 결사체며, 보호되고 보존되어야 할 어떤 정체성/동일성에 스스로 고정하지 않으며, 외부적 요소에 대해 항상 열려 있을 뿐 아니라 오히려 외부적 요소를 통해 스스로를 끊임없이 갱신하고 변이시켜 가는 연합과 연대의 집합체다. 따라서 코뮨주의는 분명하게 공동체주의가 아니다. 따라서 코뮨주의가 어떤 긍정적이고 적극적인 개념이 되기 위해선 친숙함과 편안함, 안정감의 유혹에 대해, 그리고 그 유혹에 수반되는 폐쇄성의 욕망에 대해 충분히 거리를 두어야 한다.

노벨문학상을 받은 흑인 여성 작가 토니 모리슨의 『파라다이스』는 이처럼 내부자만으로 폐쇄된 동질적인 공동체와, 외부자에게 항상 열린, '공동체'를 추구한다고 말조차 하지 않는 공동체(코뮨!)의 차이를 아주 극명하게 대비하여 보여준다. 공동체주의와 코뮨주의가 갖는 차이를 아주 잘 보여준다는 점에서 이 소설을 간단히나마 언급할 필요가 있다.

그 소설에 등장하는 것은 두 개의 '파라다이스'다. 그 하나가 억압과 고통을 뜻할 뿐인 저 백인들의 나라에서 자신들만의 공동세계를 꿈꾸는 강한 염원에 따라 만들어진 흑인 공동체 '헤이븐'과 '루비'였다면, 다른 하나는 공동체도 공동세계도 따로 꿈꾸지 않았지만 다가오는 모든 외부자들에게 열린 채 들어온 모든 사람들을 있는 그대로 받아들이며 만들어진 수녀원의 (수녀 없는) '공동체'다. 전자가 자신들이 백인들에게서 받은 상처와 악몽을 하나도 잊지 못한 채 내면의 기억 속에 남겨두었다면, 후자는 그곳 역시 상처받은 소수자들이 모인 곳이었지만, 그 상처를 밖으로 표출할 기회를 찾아 지우고 벗어버린다. 그래서 전자는 자신들 외부의 모든 것들을 적대자로 간주하고 그에 대한 원한과 미움으로 그에 대해 높고 견고한 벽을 쌓았다면, 후자는 심지어 싸우고 충돌하는 경우에도 원한을 남기지 않았고, 있던 것은 풀어버릴 수 있게 했으며, 모든 외부에 대해 자신을 열면서 자기만의 벽을 낮추고 없애려 했다.

두 개의 공동세계에서 보이는 이러한 차이는 동질성과 이질성의 차이로, 순수성과 혼혈성의 차이로 이어진다. 전자에게는 자신들만의 친숙함이 중요했고, 그랬기에 공동체를 창건했던 가족들 간의 친숙함은 더더욱 중요했으며, 그들이 갖고 있는 흑색의 순수한 혈통은 그 모든 외부에 대해 스스로 결속하게 하는 내부적 동인이었다. 따라서 그것을 흐리거나 그것에 끼어드는 모든 이질성과 혼혈을 거부하면서 새로운 차별을 만들어냈다. 백인의 피가 섞인 자, 피부가 덜 검은 자는 그 차별의 희생자가 되었다. 반면 후자로서는 어차피 모여드는 사람이 한결같이 낯선 외부자들이기에, 친숙함을 뜻하는 내부성은 전혀 중요하지 않았고, 필요한 친숙함이란 그때마다 새로 만들어내면 될 것이었으며, 아무리 가까워져도 새로운 외부자가 언제든지 끼어들 여백-거리를 남겨두고 있었다. 따라서 먼저 온 사람과 나중에 온 사람, 코니와 가까운 사람과 덜 가까운 사람이 구별되지 않았다. 그렇다고 새로운 어떤 순수한 내부를 만들어내지도 않았다. 따라서 여기선 차별을 할 어떤 척도도 있지 않았다.

또한 내부성과 외부성의 차이는 정체성과 변이, 존재와 생성의 차이로 이어진다. 전자는 자신들의 흑인 '임'에 머물며 그것을 지키고 고수하려 한다. 따라서 자신들이 어떤 공동체인가 하는 '정체성'의 문제는 이들에게 매우 결정적인 의미를 가졌다. 그것을 유지하고 지키기 위해 외부로부터든 내부로부터든 어떠한 변화의 요인도 받아들이지 않으려 했고, 불가피하게 나타나는 변화에 대해서는 가리고 봉합하려 했으며, 그래도 터져 나오게 되었을 땐 외부의 탓으로 돌렸다. 멈추어 있는 것, 순수한 어떤 상태에 영원히 멈추어 있는 것, 그것이 이들의 암묵적 이상이었던 것이다.

반면 후자는 지켜야 할 어떤 정체성도 없으며, 반대로 새로운 외부자들이 들어올 때마다 끊임없이 자신들의 세계 자체를 변화시켰다. 그것은 여성들로 이루어진 세계였지만, 굳이 여성들만으로 제한하려는 뜻도 없었고, 그러려고도 하지 않았다. 심지어 "이 여자들은 그들이 아는 대부분의 여자들이 믿고 따르는 가치체계에 감히 반기를 들었던"(모리슨, 『파라다이스』, 23쪽) '암말'들이다. 다시 말해 기존의 여성적인 어떤 상태나 여성성이라고 불리는 어떤 지녀야 할 또 다른 순수성 내지 정체성을 갖고 있지 않다. 무언가 추가될 때마다 다른 것이 '되는' 끊임없는 변이와 생성만이 이들의 세계를 특징짓는 것이다.

따라서 전자에게는 인근에 후자와 같은 세계가 존재한다는 것만으로도 불편하고 불안하다. 그것은 자신들이 이해할 수 없는 곳이고,

용납할 수 없는 사람들이며, 수긍할 수 없는 삶의 방식인 것이다. 더구나 자신들 내부에, 강하게 뭉쳐 있는 그 순수성의 내부에 사고가 발생하고 금이 가고 균열이 가시화됨에 따라, 그 모든 것은 내부에서 발생할 수 없어야 하기에, 외부에서, 저 더러운 암말들의 지저분한 배설물들이 묻어들어와서 생겨난 것이 분명하다고 보았고, 그래서 "한때 진정한 이웃이었던" 수녀원의 이상한 여자들을 처단하기 위해 총을 들고 나선다. "안팎으로 그 무엇도, 단 하나 남은 흑인들만의 마을을 부패시키도록 내버려둘 수는 없었다. 마을을 지키기 위해서라면 이 정도의 고통은 감수할 가치가 있다"(모리슨, 『파라다이스』, 19쪽). 그리하여 자신들의 공동의 세계를 만들려던 시도는, 그리고 그것을 지키고 보호하려는 시도는 이제 외부의 또 다른 소수자를 향한 억압과 단죄, 파괴의 선을 그리게 된다.

요약하면, 우리가 코뮨을 공동체로부터 구별하려고 할 때, 그것은 단지 '공동체'라는 말의 소박함이 싫어서도 아니고, 그것과 결부된 낭만적 뉘앙스를 피하기 위한 것도 아니다. 그것은 하이데거 식의 철학적 개념을 빌리면 '내부성'과 '외부성'이라는 공간성의 차이, 혹은 그것과 결부된 것으로 동질성과 이질성, 순수성과 혼혈성, 정체와 변이, 존재와 생성의 차이라는, '공동세계'를 구성하고 만들어가는 근본적으로 다른 원리의 차이를 명확히 하기 위해서다. 이는 단지 공동체라는 말을 사용하는가 아닌가의 문제는 아닐 것이다. '공동체'라고 명명되든, '코뮨'이라고 명명되든, 중요한 것은 그것이 외부적인 것, 이질적인 것에 대해 열려 있는가, 그로 인해 야기되는 변화에 대해 열려 있는가 하는 것이다. 그것이 공동체주의와 코뮨주의를 본성상 다르게 만드는 요인이다.

·참고문헌·

1강 근대 이후의 근대, 혹은 포스트모던 어드벤처

강내희·정정호 편저(1989), 『포스트모더니즘론』, 터.

김성기 외(1994), 『모더니티란 무엇인가?』, 민음사.

김용운·김용국(1989), 『집합론의 기초』, 우성문화사.

김욱동 편저(1990), 『포스트모더니즘의 이해』, 문학과지성사.

김욱동(1992), 『포스트모더니즘의 이론 : 문학, 예술, 문화』, 민음사.

김진균(1993), 「육체노동, 그 자본주의적 의미」, 『문화과학』(통권4호/가을), 문화과학사.

윤수종(1997), 「안또니오 네그리의 정치경제학 비판」, 『비판』(제1호/봄), 박종철출판사.

이진경(2002), 『필로시네마, 혹은 영화의 친구들』, 소명.

_____(2005), 『철학과 굴뚝청소부』(개정2판), 도서출판 그린비.

Althusser, Louis(1997), *Pour Marx*, Paris : Maspero. 〔이종영 옮김, 『맑스를 위하여』, 백의, 1997.〕

Barthes, Roland(1984), "La mort de l'auteur"(1968), *Le bruissement de la langue: Essais critiques IV*, Paris : Seuil. 〔김희영 옮김, 「저자의 죽음」, 『텍스트의 즐거움』, 동문선, 1997.〕

_____(1981), "L'analyse structurale du récit"(1966), *L'aventure sémiologique*,

Paris : Seuil. 〔김치수 옮김, 「이야기의 구조적 분석 입문」, 『구조주의와 문학비평』, 기린원, 1989.〕

Baudrillard, Jean(1970). *La Société de consommation : Ses mythes, ses structures*, Paris : Denoël. 〔이상률 옮김, 『소비의 사회 : 그 신화와 구조』, 문예출판사, 1991.〕

_____(1972). *Pour une critique de l'économie politique du signe*, Paris : Gallimard. 〔이규현 옮김, 『기호의 정치경제학 비판』, 문학과지성사, 1992.〕

_____(1981). *Simulacres et Simulation*, Paris : Galilée. 〔하태환 옮김, 『시뮬라시옹 : 포스트모던 사회문화론』, 민음사, 1992.〕

Călinescu, Matei(1987). *Faces of Modernity : Modernism, Avant-garde, Decadence, Kitsch, Postmodernism*, Durham : Duke University Press. 〔이영철 외 옮김, 『모더니티의 다섯 얼굴 : 모더니티, 아방가르드, 데카당스, 키치, 포스트모더니즘』, 시각과언어, 1998.〕

Debord, Guy(1967). *La Société du spectacle*, Paris : Buchet-chastel. 〔이경숙 옮김, 『스펙타클의 사회』, 현실문화연구, 1996.〕

Deleuze, Gilles(1962). *Nietzsche et la philosophie*, Paris : Presses Universitaires de France. 〔신범순·조영복 옮김, 『니체, 철학의 주사위』, 인간사랑, 1993.〕

Deleuze, Gilles, et Félix Guattari(1972). *L'Anti-OEdipe : Capitalisme et schizophrénie*, Paris : Minuit.

_____(1975). *Kafka : Pour une littérature mineure*, Paris : Minuit. 〔이진경 옮김, 『카프카:소수적인 문학을 위하여』, 동문선, 2001.〕

_____(1980). *Mille plateaux : Capitalisme et schizophrénie 2*, Paris : Minuit. 〔이진경·권혜원 옮김, 『천의 고원』 I/II, 연구공간 수유+너머, 2000.〕

Derrida, Jacques(1972). *La Dissémination*, Paris : Seuil. 〔Barbara Johnson, trans., *Dissemination*, Chicago : Chicago University Press, 1981.〕

_____(1972). *Marges de la philosophie*, Paris : Minuit. 〔Alan Bass, trans., *Margins of Philosophy*, Chicago : Chicago University Press, 1982.〕

_____(1972). *Positions*, Paris : Minuit. 〔박성창 옮김, 『입장들』, 솔, 1992.〕

Dickens, David R., and Andrea Fontana, eds.(1994). *Postmodernism and Social Inquiry*, New York : Guilford Press. 〔김시완 옮김, 『포스트모더니즘과

사회논쟁』, 현대미학사, 1996.〕

Foucault, Michel(1961). *Histoire de la folie à l'âge classique : Folie et déraison*, Paris : Gallimard. 〔이규현 옮김, 『광기의 역사』, 나남, 2003.〕

_____(1969). "Qu'est-ce qu'un auteur?", *Bulletin de la societe française de philosophie* 63, Paris : Gallimard. 〔장진영 옮김, 「저자란 무엇인가?」, 김현 편, 『미셸 푸코의 문학비평』, 문학과 지성사, 1989.〕

_____(1969). *L'archéologie du savoir*, Paris : Gallimard. 〔이정우 옮김, 『지식의 고고학』, 민음사, 1992.〕

_____(1975). *Surveiller et punir. Naissance de la prison*, Paris : Gallimard. 〔오생근 옮김, 『감시와 처벌 : 감옥의 역사』, 나남, 1995.〕

Guattari, Félix(1977). *La révolution moléculaire*, Paris : Recherches. 〔윤수종 옮김, 『분자혁명 : 자유의 공간을 향한 욕망의 미시정치학』, 푸른숲, 1998.〕

Guattari, Félix, et Antonio Negri(1985). *Les nouveaux espaces de liberté*, Paris : Dominique Bedou. 〔조정환 옮김, 『자유의 새로운 공간』(개정증보판), 갈무리, 2007.〕

Habermas, Jürgen(1981), "Modernity versus Postmodernity", trans. Seyla Ben-Habib, *New German Critique*, no.22, Winter. 〔홍유미 옮김, 「모더니티와 포스트모더니티」, 『포스트모더니즘의 이해』, 문학과지성사, 1990.〕

_____(1985). *Der philosophische Diskurs der Moderne : Zwölf Vorlesungen*, Frankfurt am Main : Suhrkamp. 〔이진우 옮김, 『현대성의 철학적 담론』, 문예출판사, 1994.〕

Harvey, David(1989). *The Condition of Postmodernity : An Enquiry into the Origins of Cultural Change*, Oxford : Blackwell. 〔구동회 · 박영민 옮김, 『포스트모더니티의 조건』, 한울, 1994.〕

Hobbes, Thomas(1651). *Leviathan, or The Matter, Forme and Power of a Common Wealth Ecclesiasticall and Civil*, London : Andrew Crooke. 〔한승조 옮김, 『리바이어던』, 삼성출판사, 1990.〕

Jakobson, Roman, et Claude Lévi-Strauss(1962). "'Les Chats' de Baudelaire", *L'Homme : Revue française d'anthropologie, tome II*, n° 1, janvier-avril, Paris, La Haye : Mouton. 〔신문수 옮김, 「보들레르의 '고양이들'」, 『문학 속의 언어학』, 문학과지성사, 1989.〕

Jameson, Fredric(1984). "Postmodernism and Consumer Society", *Amerikastudien/American Studies*, vol.29, no.1, Spring. 〔임상훈 옮김, 「포스트모더니즘과 소비사회」, 『포스트모더니즘의 이해』, 문학과지성사, 1990.〕

Jencks, Charles(1977). *The Language of Post-Modern Architecture*, New York : Rizzoli. 〔백석종·송종석 옮김, 『현대 포스트모던 건축의 언어』, 태림문화사, 1991.〕

Lacan, Jacques(1966). *Écrits*, Paris : Seuil. 〔권택영 외 편역, 『자크 라캉의 욕망 이론』, 문예출판사, 1994.〕

Laclau, Ernesto, and Chantal Mouffe(1995). *Hegemony and Socialist Strategy : Towards a Radical Democratic Politics*, London : Verso. 〔김성기 외 옮김, 『사회변혁과 헤게모니』, 터, 1990.〕

Lyotard, Jean-François(1979). *La condition postmoderne : Rapport sur le savoir*, Paris : Minuit. 〔이현복 옮김, 『포스트모던의 조건』, 문예출판사, 1992.〕

Marx, Karl(1964). "Das Kapital I"(1867), *Karl Marx/Friedrich Engels Werke*, Bd.23, Berlin : Dietz Verlag. 〔김수행 옮김, 『자본론』 I(상/하), 비봉출판사, 2001.〕

Negri, Antonio(1988). *Fine secolo : Un manifesto per l'operaio sociale*, Milano : SugarCo. 〔장현준 옮김, 『전복의 정치학 : 21세기를 위한 선언』, 세계일보, 1991.〕

_____(1979). *Marx oltre Marx : Quaderno di lavoro sui Grundrisse*, Milano : Feltrinelli. 〔윤수종 옮김, 『맑스를 넘어선 맑스』, 새길, 1994.〕

_____(1992). "Sur Mille plateaux", *Chimères*, n° 17, Automne. 〔윤수종·문아영 옮김, 「『천(千)의 고원』에 관하여」, 『탈주의 공간을 위하여』, 푸른숲, 1997.〕

Nietzsche, Friedrich(1886). *Jenseits von Gut und Böse*, Leipzig : Druck und Verlag. 〔김정현 옮김, 『선악의 저편/도덕의 계보』, 책세상, 2002.〕

Ryan, Michael(1982). *Marxism and Deconstruction : A Critical Articulation*, Baltimore : Johns Hopkins University Press. 〔나병철·이경훈 옮김, 『해체론과 변증법』, 평민사, 1994.〕

_____(1989). *Politics and Culture : Working Hypotheses for a Post-Revolutionary Society*, London : Macmillan. 〔나병철·이경훈 옮김, 『포스트모더니즘 이후의 정치와 문화』, 갈무리, 1996.〕

Saussure, Ferdinand de(1916). *Cours de linguistique générale*, éds. Charles Bally, et Albert Sechehaye, Lausanne-Paris : Payot. 〔최승언 옮김, 『일반언어학 강의』, 민음사, 2006.〕

Venturi, Robert(1977). *Complexity and Contradiction in Architecture*, New York : Museum of Modern Art. 〔임창복 옮김, 『건축에서 복합성과 대립성』, 동녘, 2004.〕

Weber, Max(1920). *Die protestantische Ethik und der Geist des Kapitalismus*, Tübingen : Mohr. 〔박성수 옮김, 『프로테스탄티즘의 윤리와 자본주의 정신』, 문예출판사, 1990.〕

Welsch, Wofgang(1988). "Neuzeit-Moderne-Postmoderne", *Unsere postmoderne Moderne*, Weinheim : VCH, Acta Humaniora. 〔주은우 옮김, 「근대, 모던, 포스트모던」, 『모더니티란 무엇인가』, 민음사, 1994.〕

Wittgenstein, Ludwig(1953). *Philosophical Investigations*, trans. Gertrude Elizabeth Margaret Anscombe, Oxford : Basil Blackwell. 〔이영철 옮김, 『철학적 탐구』, 책세상, 2006.〕

_____(1969). *On Certainty*, eds. Gertrude Elizabeth Margaret Anscombe, and Georg Henrik von Wright, Oxford : Basil Blackwell. 〔이영철 옮김, 『확실성에 관하여』, 책세상, 2006.〕

2강 생산의 사회에서 소비의 사회로?

이진경(2002). 『필로시네마, 혹은 영화의 친구들』, 소명.

_____(2002). 『노마디즘』(전2권), 휴머니스트.

Adorno, Theodor, und Max Horkheimer(1947). *Dialektik der Aufklärung : Philosophische Fragmente*, Amsterdam : Querido Verlag N.V. 〔김유동 옮김, 『계몽의 변증법』, 문학과지성사, 2001.〕

Baudrillard, Jean(1970). *La Société de consommation : Ses mythes, ses structures*, Paris : Denoël. 〔이상률 옮김, 『소비의 사회 : 그 신화와 구조』, 문예출판사, 1991.〕

Benjamin, Walter(1983). *Das Passagen-Werk(1927~1940)*, 2 Bande, hrsg. Rolf Tiedemann, Frankfurt am Main : Suhrkamp. 〔조형준 옮김, 『아케이드 프

로젝트』(전2권), 새물결, 2005~2006.〕

Bourdieu, Pierre(1979). *La Distinction : Critique sociale du jugement*, Paris : Minuit. 〔최종철 옮김, 『구별짓기 : 문화와 취향의 사회학』, 새물결, 2005.〕

Braverman, Harry(1974). *Labor and Monopoly Capital : The Degradation of Works in the Twentieth Century*, New York : Monthly Review Press. 〔이한주·강남훈 옮김, 『노동과 독점자본 : 20세기에서의 노동의 쇠퇴』, 까치, 1987.〕

Clastre, Pierre(1974). *La société contre l'État : Recherches d'anthropologie politique*, Paris : Minuit. 〔홍성흡 옮김, 『국가에 대항하는 사회』, 이학사, 2005.〕

Hall, Stuart, et als.(1992). *The Formations of Modernity*, Oxford : Polity. 〔김수진 외 옮김, 『현대성과 현대문화』, 현실문화연구, 2001.〕

_____(1992). *Modernity and Its Futures*, Oxford : Polity. 〔김수진·전효관 옮김, 『모더니티의 미래』, 현실문화연구, 2000.〕

Simmel, Georg(1908). *Soziologie*, Leipzig : Duncker und Humblot. 〔김덕영·윤미애 편역, 『짐멜의 모더니티 읽기』, 새물결, 2005.〕

Weber, Max(1920). *Die protestantische Ethik und der Geist des Kapitalismus*, Tübingen : Mohr. 〔김상희 옮김, 『프로테스탄트 윤리와 자본주의 정신:금욕과 탐욕 속에 숨겨진 역사적 진실』, 풀빛, 2006.〕

3강 미디어와 스펙터클

Ariés, Philippe, et Georges Duby, dir.(1987). *Histoire de la vie privée, Tome. V. De la Première Guerre mondiale à nos jours*, Paris : Seuil. 〔김기림 옮김, 『사생활의 역사 5 : 제1차 세계대전부터 현재까지』, 새물결, 2006.〕

Baudrillard, Jean(1970). *La Société de consommation : Ses mythes, ses structures*, Paris : Denoël. 〔이상률 옮김, 『소비의 사회 : 그 신화와 구조』, 문예출판사, 1991.〕

Benjamin, Walter(1983). *Das Passagen-Werk*(1927~1940), 2 Bande, hrsg. Rolf Tiedemann, Frankfurt am Main : Suhrkamp. 〔조형준 옮김, 『아케이드 프로젝트』(전2권), 새물결, 2005~2006.〕

Bolter, J. David, and Richard A. Grusin(1999). *Remediation : Understanding New Media*, Cambridge, Mass. : MIT Press. 〔이재현 옮김, 『재매개 : 뉴미

디어의 계보학』, 커뮤니케이션북스, 2006.〕

Crary, Jonathan(1990). *Techniques of the Observer : On Vision and Modernity in the Nineteenth Century*, Cambridge, Mass. : MIT Press. 〔임동근 옮김, 『관찰자의 기술 : 19세기의 시각과 근대성』, 문화과학사, 2001.〕

Debord, Guy(1967). *La Société du spectacle*, Paris : Buchet-chastel. 〔이경숙 옮김, 『스펙타클의 사회』, 현실문화연구, 1996.〕

Eco, Umberto(1987). *Über Gott und die Welt : Essays und Glossen, übersetzt von Burkhart Kroeber*, München : Deutscher Taschenbuch Verlag. 〔조형준 편역, 『철학의 위안』, 새물결, 2005.〕

McLuhan, Marshall(1964). *Understanding Media : The Extensions of Man*, New York : McGraw Hill. 〔박정규 옮김, 『미디어의 이해 : 인간의 확장』, 커뮤니케이션북스, 1999.〕

_____(1967). *The Medium Is the Massage :An Inventory of Effects*, London : Random House. 〔김진홍 옮김, 『미디어는 맛사지다』, 커뮤니케이션북스, 2001.〕

4강 문화복제와 생명복제

Benjamin, Walter(1980). "Das Kunstwerk im Zeitalter seiner technischen Reproduzierbarkeit"(1936), *Gesammelte Schriften*, I-2 (Werkausgabe Band 2), Frankfurt am Mein : Suhrkamp. 〔반성완 옮김, 「기술복제시대의 예술작품」, 『발터 벤야민의 문예이론』, 민음사, 1983.〕

Dyson, Freeman(1999). *Origins of Life*, 2nd Ed., Cambridge : Cambridge University Press.

Gould, Stephen Jay(1988). "Dolly's Fasbion and Louis's Passion", *Flesh of My Flesh : The Ethics of Cloning Humans*, ed. Gregory E. Pence, Lanham, Md. : Rowman & Littlefield. 〔류지한 외 옮김, 「돌리의 유행, 루이의 비애」, 『인간 복제, 무엇이 문제인가』, 울력, 2002.〕

Kass, Leon(1988). "The Wisdom of Repugnance", *Flesh of My Flesh : The Ethics of Cloning Humans*, ed. Gregory E. Pence, Lanham, Md. : Rowman & Littlefield. 〔류지한 외 옮김, 「혐오감의 지혜」, 『인간 복제, 무엇이 문제인가』, 울력, 2002.〕

Lewontin, Richard Charles(1988). "The Confusion over Cloning", *Flesh of My Flesh : The Ethics of Cloning Humans*, ed. Gregory E. Pence, Lanham, Md. : Rowman & Littlefield. 〔류지한 외 옮김, 「복제에 관한 혼동」, 『인간 복제, 무엇이 문제인가』, 울력, 2002.〕

Nicholson, Geoff(2002). *Andy Warhol : A Beginner's Guide*, New York : Headway. 〔권경희 옮김, 『30분에 읽는 앤디 워홀』, 랜덤하우스중앙, 2005.〕

Watson, James D.(1968). *The Double Helix*, New York : Atheneum. 〔최돈찬 옮김, 『이중나선』, 궁리, 2006.〕

5강 전자감시의 시대, 혹은 통제 사회의 도래

홍성욱(2002). 『파놉티콘 : 정보사회 정보감옥』, 책세상.

Deleuze, Gilles(1990). *Pourparlers, 1972~1990*, Paris : Editions de Minuit. 〔김종호 옮김, 『대담 1972~1990』, 솔, 1994.〕

Dyer-Witheford, Nick(1999). *Cyber-Marx : Cycles and Circuits of Struggle in High-technology Capitalism*, Urbana : University of Illinois Press. 〔신승철·이현 옮김, 『사이버-맑스』, 이후, 2003.〕

Foucault, Michel(1975). *Surveiller et punir. Naissance de la prison*, Paris : Gallimard. 〔오생근 옮김, 『감시와 처벌 : 감옥의 역사』, 나남, 1995.〕

Jensen, Derrick and George Draffan(2004). *Welcome to the Machine : Science, Surveillance, and the Culture of Control*, White River Junction : Chelsea Green. 〔신현승 옮김, 『웰컴 투 머신 : 머신토피아 또는 권력의 비밀에 관한 보고서』, 한겨레출판사, 2006.〕

Negri, Antonio, and Michael Hardt(2000). *Empire*, Cambridge, Mass. : Harvard University Press. 〔윤수종 옮김, 『제국』, 이학사, 2001.〕

6강 근대적 시간 : 시계, 화폐, 속도

이진경(2002). 『근대적 시·공간의 탄생』, 푸른숲.

_____(2004). 『자본을 넘어선 자본』, 도서출판 그린비.

_____(2006). 『미-래의 맑스주의』, 도서출판 그린비.

Bakhtin, Mikhail(1990). *Tvorchestvo Fransua Rable i narodnaia kultura srednevekovia i Renessansa*(1965), Moskva : Khudozhestvennaia Literatura. 〔이덕형·최건영 옮김, 『프랑수아 라블레의 작품과 중세 및 르네상스의 민중문화』, 아카넷, 2001.〕

Bloch, Marc(1939). *La Société féodale, Tome I. La formation des liens de dépendance*, Paris : Albin Michel. 〔한정숙 옮김, 『봉건사회 I : 인적 종속관계의 형성』, 한길사, 1986.〕

Braudel, Fernand(1979). *Civilisation matérielle, économie et capitalisme, XVe~XVIIIe siècles, Tome II. Les jeux de l'échange*, Paris : Armand Colin. 〔주경철 옮김, 『물질문명과 자본주의 II : 교환의 세계』(1/2), 까치, 1996.〕

Deleuze, Gilles, et Félix Guattari(1980). *Mille Plateaux : Capitalisme et schizophrénie 2*, Paris : Minuit. 〔이진경·권혜원 옮김, 『천의 고원』 I/II, 연구공간 수유+너머, 2000.〕

Engels, Friedrich(1972). "Die Lage der arbeitenden Klasse in England : Nach eigner Anschauung und authentischen Quellen"(1844), *Karl Marx/ Friedrich Engels Werke*, Bd.2, Berlin : Dietz Verlag. 〔박준식 외 옮김, 『영국 노동자계급의 상태』, 두리, 1998.〕

Foucault, Michel(1969). *L'archéologie du savoir*, Paris : Gallimard. 〔이정우 옮김, 『지식의 고고학』, 민음사, 1992.〕

_____(1975). *Surveiller et punir. Naissance de la prison*, Paris : Gallimard. 〔오생근 옮김, 『감시와 처벌 : 감옥의 역사』, 나남, 1995.〕

Goff, Jacques Le(1964). *La Civilisation de l'Occident Médiéval*, Paris : Arthaud. 〔유희수 옮김, 『서양 중세 문명』, 문학과지성사, 1992.〕

_____(1986). *La bourse et la vie : Économie et religion au Moyen Âge*, Paris : Hachette. 〔김정희 옮김, 『돈과 구원 : 고리대금업자에서 은행가로』, 이학사, 1998.〕

Hobsbawm, Eric(1987). *The Age of Empire, 1875~1914*, London : Weidenfeld and Nicolson. 〔김동택 옮김, 『제국의 시대』, 한길사, 1998.〕

Kern, Stephen(1983). *The Culture of Time and Space, 1880~1918*, Cambridge, Mass. : Harvard University Press. 〔박성관 옮김, 『시간과 공간의 문화사, 1880~1918』, 휴머니스트, 2004.〕

Lippincott, Kristen, ed.(1999). *The Story of Time*, London : Merrell Holberton. 〔김석희 옮김, 『시간 박물관』, 푸른숲, 2000.〕

Virilio, Paul(1977). *Vitesse et Politique : Essai de dromologie*, Paris : Galilée. 〔이재원 옮김, 『속도와 정치』, 그린비, 2004.〕

Weber, Max(1920). *Die protestantische Ethik und der Geist des Kapitalismus*, Tübingen : Mohr. 〔박성수 옮김, 『프로테스탄티즘의 윤리와 자본주의 정신』, 문예출판사, 1990.〕

Welsch, Wofgang(1988). *Unsere postmoderne Moderne*, Weinheim : VCH, Acta Humaniora. 〔박민수 옮김, 『우리의 포스트모던적 모던』(전2권), 책세상, 2001.〕

今村仁司(1994). 『近代性の構造 : '企て' から '試み' へ』, 東京 : 講談社. 〔이수정 옮김, 『근대성의 구조』, 민음사, 1999.〕

眞木悠介(1981). 『時間の比較社會學』, 東京 : 岩波書店. 〔최정옥 외 옮김, 『시간의 비교사회학』, 소명, 2004.〕

7강 근대의 공간, 혹은 공간의 근대

고병권(2005). 『화폐, 마법의 사중주』, 도서출판 그린비.

이진경(2000). 『근대적 주거공간의 탄생』, 소명.

_____(2000). 『수학의 몽상』, 푸른숲.

_____(2002). 『근대적 시·공간의 탄생』(개정판), 푸른숲.

_____(2004). 『자본을 넘어선 자본』, 도서출판 그린비.

Anderson, Benedict(1996). *Imagined Communities : Reflections on the Origin and Spread of Nationalism*, rev. ed., London : Verso. 〔윤형숙 옮김, 『상상의 공동체』, 나남, 2002.〕

Deleuze, Gilles, et Félix Guattari(1972). *L'Anti-OEdipe : Capitalisme et schizophrénie*, Paris : Minuit.

_____(1980). *Mille Plateaux : Capitalisme et schizophrénie* 2, Paris : Minuit. 〔이진경·권혜원 옮김, 『천의 고원』 I/II, 연구공간 수유+너머, 2000.〕

Foucault, Michel(1969). *L'archéologie du savoir*, Paris : Gallimard. 〔이정우 옮김, 『지식의 고고학』, 민음사, 1992.〕

_____(1975). *Surveiller et punir. Naissance de la prison*, Paris : Gallimard. 〔오생근 옮김, 『감시와 처벌 : 감옥의 역사』, 나남, 1995.〕

Heidegger, Martin(1977). "Die Zeit des Weltbildes"(1938), *Gesamtausgabe*, Bd. 5 : Holzwege. Frankfurt am Main : Klostermann. 〔최상욱 옮김, 『세계상의 시대』, 서광사, 1995.〕

Kern, Stephen(2003). *The Culture of Time and Space, 1880~1918*, Cambridge, Mass. : Harvard University Press. 〔박성관 옮김, 『시간과 공간의 문화사 1880~1918』, 휴머니스트, 2004.〕

Weisman, Alan(1998). *Gaviotas : A Village to Reinvent the World*, White River Junction, Vt. : Chelsea Green Pub. 〔황대권 옮김, 『가비오따쓰』. 월간말, 2002.〕

Wertheim, Margaret(1999). *The Pearly Gates of Cyberspace : A History of Space from Dante to the Internet*, New York : W. W. Norton. 〔박인찬 옮김, 『공간의 역사』, 생각의나무, 2002.〕

若林幹夫(1995).『地圖の想像力』, 東京 : 講談社. 〔정선태 옮김, 『지도의 상상력』, 산처럼, 2006.〕

李孝德(1997).『表象空間の近代 : 明治日本のメディア編制』, 東京 : 新曜社. 〔박성관 옮김, 『표상 공간의 근대』, 소명, 2002.〕

8강 집합적 기억과 역사의 문제

이진경(2002).『노마디즘』(전2권), 휴머니스트.

_____(2006).『미-래의 맑스주의』, 도서출판 그린비.

Anderson, Benedict(1996). *Imagined Communities : Reflections on the Origin and Spread of Nationalism*, rev. ed., London : Verso. 〔윤형숙 옮김, 『상상의 공동체』, 나남, 2002.〕

Borges, Jorge Luis(1944). "Funes el memorioso", *Ficciones*, Buenos Aires : EMECÉ Editores. 〔황병하 옮김, 「기억의 천재 푸네스」, 『픽션들』, 민음사, 1994.〕

Freud, Siegmund(1917). *Vorlesungen zur Einführung in die Psychoanalyse*, Leipzig und Wien : Heller. 〔임홍빈·홍혜경 옮김, 『정신분석 강의』, 열린책들, 2004.〕

Marcos, Subcomandante(2002). *Our Word is Our Weapon, ed. Juana Ponce de Leon,* Toronto : Seven Stories Press. 〔윤길순 옮김, 『우리의 말이 우리의 무기입니다』, 해냄, 2002.〕

Nietzsche, Friedrich(1887). *Zur Genealogie der Moral,* Leipzig : Verlag von C.G. Naumann. 〔김정현 옮김, 『선악의 저편/도덕의 계보』, 책세상, 2002.〕

Renan, Ernest(1887). "Qu'est-ce qu'une nation?"(1882), *Discours et Conferences,* Paris : Calman-Levy. 〔신행선 옮김, 『민족이란 무엇인가』, 책세상, 2002.〕

9강 근대적 시선의 체제 : 투시법에서 시선과 주체

김용운·김용국(1973). 『공간의 역사 : 유클레이데스에서 토폴로지까지』, 전파과학.
_____(1986). 『수학사 대전』, 우성문화사.
이진경(2002). 『근대적 시·공간의 탄생』(개정판), 푸른숲.
_____(2005). 『철학과 굴뚝청소부』(개정2판), 그린비.

Alberti, Leone Battista(1980). *De Pictura.*(1435), Roma : Laterza. 〔노성두 옮김, 『알베르티의 회화론』, 사계절, 1998.〕

Damisch, Hubert(1987). *L'Origine de la perspective,* Paris : Flammarion. 〔John Goodman trans. *The Origin of Perspective,* Cambridge, M.A. : MIT Press, 1994.〕

Edgerton, Samuel Y. Jr.(1975). *The Renaissance Rediscovery of Linear Perspective,* New York : Basic Books.

Foucault, Michel(1966), *Les Mots et les choses,* Paris : Gallimard. 〔이광래 옮김, 『말과 사물』, 민음사, 1986.〕

Frankl, Paul(1973). *Principles of Architectural History, Principles of Architectural History: The Four Phases of Architectural Style, 1420~1900,* Cambridge, M.A. : MIT Press. 〔김광현 옮김, 『건축 형태의 원리』, 기문당, 1989.〕

Giedion, Sigfried(1967). *Space, Time and Architecture,* Cambridge, Mass. : Harvard University Press.

Gombrich, Ernst H.(1950). *The Story of Art,* London : Phidon. 〔백승길·이종숭 옮김, 『서양미술사』, 예경, 1994.〕

Jay, Martin(1992). "Scopic Regime of Modernity", ed. Scott Lash and

Jonathan Friedman, *Modernity and Identity*, Oxford : Blackwell.

_____(1993). *Downcast Eyes: The Denigration of Vision in Twentieth-century French Thought*, Berkeley : University of California Press.

Norberg-Schulz, Christian(1977). *La signification dans l'architecture occidentale*, Bruxelles : Mardaga.

Panofsky, Erwin(1991). *Perspective as Symbolic Form*, New York : Zone Book.

Pevsner, Nikolaus(1943). *An Outline of European Architecture*, Baltimore : Penguin. 〔김복지 외 옮김, 『유럽 건축사 개관』, 태림문화사, 1993.〕

Wittkower, Rudolf(1949). *Architectural Principles in the Age of Humanism*, London : University of London. 〔이대암 옮김, 『르네상스 건축의 원리』, 대우출판사, 1997.〕

Wölfflin, Heinrich(1915). *Kunstgeschichtliche Grundbegriffe*, Müchen : F. Bruckmann. 〔박지형 옮김, 『미술사의 기초개념』, 시공사, 1994.〕

Zevi, Bruno(1973). *Il linguaggio moderno dell'achitettura*, Torino : Einaudi. 〔이해성 옮김, 『건축의 현대언어』, 세진사, 1982.〕

10강 얼굴의 정치학

김두영(2004). 「외모가 입사면접에 영향」, 『동아일보』(10월 6일자).

이진경(2002). 『노마디즘』(전2권), 휴머니스트.

이현옥·구양숙(2006). 「여성의 외모관리 행동의 동기연구」, 『한국의류산업학회지』(8권/1호), 한국의류산업학회.

임인숙(2004). 「외모차별 사회의 성형 경험과 의향」, 『한국여성학』(20권/1호), 한국여성학회.

Deleuze, Gilles, et Félix Guattari(1980). *Mille plateaux: Capitalisme et schizophrénie 2*, Paris : Minuit. 〔이진경·권혜원 옮김, 『천의 고원』 I/II, 연구공간 수유+너머, 2000.〕

Ekman, Paul(2003). *Emotions Revealed: Recognizing Faces and Feelings to Improve Communication and Emotional Life*, New York : Times Books. 〔이민아 옮김, 『얼굴의 심리학』, 바다출판사, 2006.〕

11강 근대 가족과 프라이버시의 탄생

국제문화재단 엮음(2005), 『한국의 규방문화』, 박이정.

김혜경(2006). 『식민지하 근대가족의 형성과 젠더』, 창작과비평사.

이진경(2005). 『근대적 주거공간의 탄생』, 소명.

Arendt, Hannah(1958). *The Human Condition*, Chicago : University of Chicago Press. 〔이진우·태정호 옮김, 『인간의 조건』, 한길사, 2001.〕

Ariès, Philippe(1960). *L'enfant et la vie familiale sous l'Ancien Régime*, Paris : Plon. 〔문지영 옮김, 『아동의 탄생』, 새물결, 2003.〕

Ariès, Philippe, et Georges Duby, dir.(1985). *Histoire de la vie privée, Tome. III. De la Renaissance aux Lumières*, Paris : Seuil. 〔이영림 옮김, 『사생활의 역사 3 : 르네상스에서 계몽주의까지』, 새물결, 2002.〕

_____(1987). *Histoire de la vie privée. Tome IV. De la Révolution à la Grande Guerre*, Paris : Seuil. 〔전수연 옮김, 『사생활의 역사 4 : 프랑스 혁명부터 제1차 세계대전까지』, 새물결, 2002.〕

Donzelot, Jacques(1977). *La Police des familles*, Paris : Minuit.〔Robert Hurley, trans., *The Policing of Families*, Baltimore : Johns Hopkins University Press, 1997.〕

Flandrin, Jean-Louis(1986). *Le Sexe et l'Occident : Evolution des attitudes et des comportements*, Paris : Seuil.〔편집부 옮김, 『성의 역사』, 동문선, 1994.〕

Lévi-Strauss, Claude, et als. eds.(1986). *Histoire de la famille*, Paris : Armand Colin. 〔정철웅 옮김, 『가족의 역사』, 이학사, 2002.〕

Sarsby, Jacquie(1983). *Romantic Love and Society*, Harmondsworth : Penguin. 〔박찬길 옮김, 『낭만적 사랑과 사회』, 민음사, 1985.〕

Shorter, Edward(1975). *The Making of the Modern Family*, New York : Basic Books.

藤目ゆき(1997). 『性の歷史學』, 東京 : 不二出版. 〔김경자·윤경원 옮김, 『성의 역사학』, 삼인, 2004.〕

上野千鶴子(1990). 『家父長制と資本制』, 東京 : 岩波書店. 〔이승희 옮김, 『가부장제와 자본주의』, 녹두, 1994.〕

김민정 외(2006). 「국제결혼 이주여성의 딜레마와 선택 : 베트남과 필리핀 아내의 사례를 중심으로」, 『한국문화인류학』(제39집/1호), 한국문화인류학회.

김민정(2006). 「이주·여성·인권의 함정, 국제결혼」, 『인권오름』(8월 2일). [http://sarangbang.or.kr/bbs/view.php?board=hrweekly&id=141]

김민정(2006). 「이주 여성, 아이들과의 소통에도 언어의 편견이」, 『인권오름』(9월 27일). [http://sarangbang.or.kr/bbs/view.php?board=hrweekly&id=215]

박희정(2006). 「"나 많이 답답해, 나 친구가 필요해"」, 『일다』(9월 6일). [http://www.ildaro.com/Scripts/news/index.php?menu=ART&sub=View&idx=2006090600003&art_menu=1&art_sub=1]

설동훈 외(2005). 『국제결혼 이주여성 실태조사 및 보건·복지 지원 정책방안』, 보건복지부. [mohw.korea.kr/mohw/jsp/mohw1_branch.jsp?_action=news_view&_property=p_sec_1&_id=80056719]

이혜경 외(2006). 「이주의 여성화와 초국가적 가족:조선족 사례를 중심으로」, 『한국사회학』(제40집/5호), 한국사회학회.

정희진(2005). 『페미니즘의 도전』, 교양인.

조이승미(2006). 「불임시술은 여성의 선택인가」, 『일다』, 8월 9일자. [ildaro.com/Scripts/news/index.php?menu=ART&sub=View&idx=2006080900002&art_menu=1&art_sub=1]

통계청(2006). 『2005년 혼인 이혼 통계 결과』, 통계청.

편집부 엮음(2006). 『여/성이론』(제14호/여름), 여성문화이론연구소.

한건수(2006). 「농촌 지역 결혼 이민자 여성의 가족생활과 갈등 및 적응」, 『한국문화인류학』(제39집/1호), 한국문화인류학회.

Franklin, Sarah(1997). *Embodied Progress: A Cultural Account of Assisted Conception*, London : Routledge.

Franklin, Sarah, and Helena Ragone, eds.(1998). *Reproducing Reproduction*, Philadelphia : University of Pennsylvania Press.

Haraway, Donna J.(1991). *Simians, Cyborgs, and Women: The Reinvention of Nature*, New York : Routledge. [민경숙 옮김, 『유인원, 사이보그, 그리고 여자 : 자연의 재발명』, 동문선, 2002]

Phoca, Sophia(1999). *Introducing Postfeminism*, Cambridge : Icon Books. 〔윤길순 옮김, 『포스트페미니즘』, 김영사, 2001.〕

Rubin, Gayle(1984). "Thinking Sex : Notes for a Radical Theory of the Politics of Sexuality", ed. Carole S. Vance, *Pleasure and Danger:Exploring Female Sexuality*, London : Routledge.

Stalker, Peter(2001). *The No-nonsense Guide to International Migration*, Oxford : New Internationalist Publications. 〔김보영 옮김, 『국제 이주』, 이소, 2004.〕

Thompson, Charis(2005). *Making Parents:The Ontological Choreography of Reproductive Technologies*, Cambridge, M.A. : MIT Press.

Watkins, Susan Alice(1999). *Feminism for Beginners*, Cambridge : Icon Books. 〔이소영 옮김, 『페미니즘』, 이두, 1995.〕

13강 섹슈얼리티 : 이성애주의와 퀴어 정치학

루인(2006). 「나를 증명할 길은 수술뿐인가」, 『한겨레21』(제626호), 한겨레신문사.

루인(2006). 「젠더를 둘러싼 경합들 : 트랜스/젠더정치학을 모색하며」, 『여/성이론』(제15호/겨울), 여성문화이론연구소.

서동진(1996). 『누가 성정치학을 두려워하랴』, 문예마당.

＿＿＿(2003). 「커밍아웃의 정치학을 다시 생각한다」, 『탈영자들의 기념비』, 생각의 나무.

＿＿＿(2003). 「히스테리의 집 : 게이 가족 이야기」, 『누구와 함께 살 것인가』, 또하나의문화.

＿＿＿(2004). 「성적 시민권과 비이성애적 주체」, 『한국 소수자, 실태와 전망』, 한울.

＿＿＿(2005). 「인권, 시민권 그리고 섹슈얼리티」, 『경제와 사회』(제67호/가을), 한울.

＿＿＿(2006). 「성적 소수자의 삶과 인권의 전망」, 『편견을 넘어 평등으로 : 인권을 위한 강의』, 창작과비평사.

성전환자 인권실태조사 기획단(2006). 『성전환자 인권실태조사 보고서』, 국가인권위원회.

운조(2005). 「트랜스젠더」, 『여/성이론』(제12호/여름), 여성문화이론연구소.

정고미라·하정옥(1999). 「성차를 어떻게 이해할 것인가」, 『새여성학강의』, 동녘.

정희진(2005). 『페미니즘의 도전』, 교양인.

조여울(2005). 『국가인권정책기본계획 수립을 위한 성적소수자 인권 기초현황조사』, 국가인권위원회.

조영미(1999). 「한국 페미니즘 성연구의 현황과 전망」, 『섹슈얼리티 강의』, 동녘.

하정옥(1999). 「남녀의 생물학적 차이, 그 역사와 함의」, 『남성의 과학을 넘어서』, 창작과비평사.

한채윤(2002). 「동성애—결혼과 가족의 획일성 깨기」, 『사회비평』(제33권/가을), 나남.

_____(2003). 「어느 비이성애자, 이성애를 묻다」, 『당대비평』(제22호/여름), 생각의 나무.

_____(2006). 「벽장 비우기」, 『섹슈얼리티 강의 두번째』, 동녘.

Altman, Dennis(2001). *Global Sex, Crows Nest*, New York : Allen & Unwin. [이수영 옮김, 『글로벌 섹스』, 이소, 2003.]

Bristow, Joseph(1997). *Sexuality*, London : Routledge. [이연정·공선희 옮김, 『섹슈얼리티』, 한나래, 2000.]

Butler, Judith(1993). *Bodies That Matter: On the Discursive Limits of Sex*, London : Routledge. [김윤상 옮김, 『의미를 체현하는 육체』, 인간사랑, 2003.]

Foucault, Michel(1976). *Histoire de la sexualité, Tom.1: La volonté de savoir*, Paris : Gallimard. [이규현 옮김, 『성의 역사 1권: 앎의 의지』, 나남, 2004.]

_____(1984). *Histoire de la sexualité, Tom.2: L'usage des plaisirs*, Paris : Gallimard. [문경자·신은영 옮김, 『성의 역사 2권 : 쾌락의 활용』, 나남, 2004.]

_____(1984). *Histoire de la sexualité, Tom.3: Le souci de soi*, Paris : Gallimard. [이혜숙·이영목 옮김, 『성의 역사 3권 : 자기 배려』, 나남, 2004.]

_____(1997). "Friendship as a Way of Life"(1981), *Essential Works of Foucault 1954~1984*, New York : The New Press.

_____(1997). "Sex, Power, and the Politics of Identity"(1982), *Essential Works of Foucault 1954~1984*, New York : The New Press.

_____(1997). "What Is Enlightenment?"(1984), *Essential Works of Foucault 1954~1984*, New York : The New Press. [장은수 옮김, 「계몽이란 무엇인가」, 『모더니티란 무엇인가』, 민음사, 1994.]

Keller, Evelyn Fox(1989). "The Wo/Man Scientist: Issues in Sex and

Gender in the Pursuit of Science", eds. Richard Bjornson and Marilyn R. Waldman, *Rethinking Patterns of Knowledge: Papers in Comparative Studies*, vol.6, 1988~89, Columbus: Ohio State University, Center for Comparative Studies in the Humanities. 〔오조영란 옮김, 「과학의 성 역구」, 『남성의 과학을 넘어서』, 창작과비평사, 1999.〕

Laqueur, Thomas W.(1990). *Making Sex*, Cambridge, Mass.: Harvard University Press. 〔이현정 옮김, 『섹스의 역사』, 황금가지, 2000.〕

Scott, Joan Wallach(1999). "Some Reflections on Gender and Politics", *Revisioning Gender*, eds. Myra Marx Ferree, Judith Lorber, and Beth B. Hess, London: Sage. 〔배은경 옮김, 「젠더와 정치에 대한 몇 가지 성찰」, 『여성과 사회』(제13호/겨울), 창삭과비평사, 2001.〕

Serena Nanda(1989). *Neither Man Nor Woman: The Hijras of India*, Belmont: Wadsworth. 〔김경학 옮김, 『남자도 여자도 아닌 히즈라』, 한겨레신문사, 1998.〕

Spargo, Tamsin(1999). *Foucault and Queer Theory*, Cambridge: Icon Books. 〔김부용 옮김, 『푸코와 이반이론』, 이제이북스, 2003.〕

Weeks, Jeffrey(1986). *Sexuality*, London: Routledge 〔서동진 · 채규형 옮김, 『섹슈얼리티: 성의 정치』, 현실문화연구, 1999.〕

14강 계몽주의와 근대성

김현(1989). 「계몽주의, 현대성, 성숙성」, 『사회비평』(제3호/겨울), 나남.

Condorcet, Marquis de(1795). *Esquisse d'un tableau historique des progrès de l'esprit humain*, Paris: Vrin. 〔장세룡 옮김, 『인간 정신의 진보에 관한 역사적 개요』, 책세상, 2002.〕

Descartes, René(1637). *Le Discours de la méthode pour bien conduire sa raison et chercher la vérité dans les sciences*, Leyde: Ian Maire. 〔이현복 옮김, 『방법서설: 정신지도를 위한 규칙들』, 문예출판사, 1997.〕

Fontana, Joseph(1994). *Europa ante el espejo*, Barcelona: Crítica. 〔김원중 옮김, 『거울에 비친 유럽』, 새물결, 1999.〕

Foucault, Michel(1997). "What Is Enlightenment?"(1984), *Essential Works of*

Foucault 1954~1984, New York : The New Press. 〔장은수 옮김, 「계몽이란 무엇인가」, 『모더니티란 무엇인가』, 민음사, 1994.〕

Habermas, Jürgen(1985). *Der philosophische Diskurs der Moderne: Zwölf Vorlesungen*, Frankfurt am Main : Suhrkamp. 〔이진우 옮김, 『현대성의 철학적 담론』, 문예출판사, 1994.〕

Horkheimer, Max, und Theodor W. Adorno(1947). *Dialektik der Aufklä-rung: Philosophische Fragmente*, Amsterdam : Querido. 〔김유동 외 옮김, 『계몽의 변증법』, 문예출판사, 1995.〕

Lévi-Strauss, Claude(1962). *La Pensée sauvage*, Paris : Plon. 〔안정남 옮김, 『야생의 사고』, 한길사, 1996.〕

15강 휴머니즘과 근대 문화

오히예사(2003). 「미타쿠예 오야신」, 류시화 편역, 『나는 왜 너가 아니고 나인가?』, 김영사.

Althusser, Louis(1965). *Pour Marx*, Paris : Maspero. 〔이종영 옮김, 『맑스를 위하여』, 백의, 1997.〕

Bear Heart(1998). *The Wind My Mother*, New Yor: Berkley Trade. 〔형선호 옮김, 『인생과 자연을 바라보는 인디언의 지혜』, 황금가지, 1999.〕

Foucault, Michel(1966), *Les Mots et les choses*, Paris : Gallimard. 〔이광래 옮김, 『말과 사물』, 민음사, 1986.〕

Heidegger, Martin(1949). *Über den Humanismus*, Frankfurt am Mein : V. Klostermann. 〔최동희 옮김, 「휴머니즘에 관하여」, 『철학이란 무엇인가』, 삼성출판사, 1982.〕

Lévi-Strauss, Claude(1955). *Tristes tropiques*, Paris : Plon. 〔박옥줄 옮김, 『슬픈 열대』, 한길사, 1998.〕

Marx, Karl(1964). "Das Kapital I"(1867), *Karl Marx/Friedrich Engels Werke*, Bd.23, Berlin : Dietz Verlag. 〔김수행 옮김, 『자본론』 I(상/하), 비봉출판사, 1992.〕

Seton, Ernest T.(1937). *The Gospel of the Redman*, London : Methuen. 〔김원중 옮김, 『인디언의 복음』, 두레, 2000.〕

Smith, Adam(1904). *An Inquiry into the Nature and Causes of the Wealth of Nations*(1776), ed. Edwin Cannan, London : Methuen. 〔김수행 옮김, 『국부론』, 비봉출판사, 2003.〕

16강 식민주의와 탈식민주의

고부응 외(2003). 『탈식민주의 : 이론과 쟁점』, 문학과지성사.

김택현(2003). 『서발턴과 역사학 비판』, 박종철출판사.

박종성(2006). 『탈식민주의에 대한 성찰』, 살림.

유숙자(2000). 『재일한국인 문학연구』, 월인.

_____(2002). 「재일 시인 김시종의 시세계」, 『실천문학』(제68호/겨울), 실천문학사.

정진농(2003). 『오리엔탈리즘의 역사』, 살림.

Bhabha, Homi K.(1994). *The Location of Culture*, London : Routledge. 〔나병철 옮김, 『문화의 위치』, 소명, 2002.〕

Césaire, Aimé(1955). *Discours sur le colonialisme*, Paris : Presence Africaine. 〔이석호 옮김, 『식민주의에 관한 담론』, 동인, 2004.〕

Ehlen, Patrick(2000). *Frantz Fanon: A Spiritual Biography*, New York : Crossroad. 〔곽명단 옮김, 『프란츠 파농 평전 : 나는 내가 아니다』, 우물이있는집, 2001.〕

Fanon, Frantz(1952). *Peau noire, masques blancs*, Paris : Seuil. 〔이석호 옮김, 『검은 피부, 하얀 가면』, 인간사랑, 1998.〕

_____(1961). Les Damnés de la terre, Paris : Maspero. 〔남경태 옮김, 『대지의 저주받은 사람들』, 도서출판 그린비, 2004.〕

Gandhi, Leela(1998). *Postcolonial Theory: A Critical Introduction*, Edinburgh : Edinburgh University Press. 〔이영욱 옮김, 『포스트 식민주의란 무엇인가?』, 현실문화연구사, 2000.〕

Iliffe, John(1995). *Africans: The History of a Continent*, Cambridge : Cambridge University Press. 〔이한규 · 강인황 옮김, 『아프리카의 역사』, 가지않은길, 2002.〕

Liu, Lydia He(1995). *Translingual Practice: Literature, National Culture, and Translated Modernity: China, 1900~1937*, Stanford : Stanford University Press. 〔민정기 옮김, 『언어횡단적 실천』, 소명, 2005.〕

Moore-Gilbert, Bart J.(1997). *Postcolonial Theory: Contexts, Practices, Politics*, London: Verso. 〔이경원 옮김, 『탈식민주의:저항에서 유희로』, 한길사, 2001.〕

Osterhammel, Jürgen(1995). *Kolonialismus: Geschichte, Formen, Folgen*, München: C. H. Beck. 〔박은영 · 이유재 옮김, 『식민주의』, 역사비평사, 2006.〕

Said, Edward W.(1978). *Orientalism*, New York: Pantheon Books. 〔박홍규 옮김, 『오리엔탈리즘』, 교보문고, 2000.〕

_____(1993). *Culture and Imperialism*, New York: Alfred A. Knopf. 〔박홍규 옮김, 『문화와 제국주의』, 문예출판사, 2005.〕

Spivak, Gayatri(1987). *In Other Worlds: Essays in Cultural Politics*, New York: Methuen. 〔태해숙 옮김, 『다른 세상에서』, 여성문화이론연구소, 2003.〕

_____(1990). *The Post-colonial Critic: Interviews, Strategies, Dialogues*, London: Routledge. 〔이경순 옮김, 『스피박의 대담』, 갈무리, 2006.〕

Young, Robert(2001). *Postcolonialism: An Historical Introduction*, Oxford: Blackwell. 〔김택현 옮김, 『포스트 식민주의 또는 트리컨티넨탈리즘』, 박종철출판사, 2005.〕

姜尙中(1996), 『オリエンタリズムの彼方へ: 近代文化批判』, 東京: 岩波書店, 1996. 〔이경덕 · 임성모 옮김, 『오리엔탈리즘을 넘어서』, 이산, 1997.〕

柳宗悅(1984). 『朝鮮を想う』, 東京: 筑摩書房. 〔심우성 옮김, 『조선을 생각한다』, 학고재, 1996.〕

徐京植(2005). 『ディアスポラ紀行』, 東京: 岩波新書. 〔김혜신 옮김, 『디아스포라 기행』, 돌베개, 2006.〕

小森陽一(2001). 『ポストコロニアル』, 東京: 岩波書店. 〔송태욱 옮김, 『포스트콜로니얼』, 삼인, 2002.〕

17강 공동체주의와 코뮌주의

이진경(2002). 『노마디즘』(전2권), 휴머니스트.

_____(2006). 『미-래의 맑스주의』, 도서출판 그린비.

한국사회사학회(2004). 「조선 세시기 세시풍속의 사회적 시간구조」, 『사회와 역사』(제66호/겨울), 문학과지성사.

Biehl, Janet, and Peter Staudenmaier(1995). *Ecofascism: Lessons from the German Experience*, Edinburgh : AK Press. 〔김상영 옮김, 『에코파시즘』, 책으로만나는세상, 2003.〕

Dawkins, Richard(1976). *The Selfish Gene*, New York : Oxford University Press. 〔홍영남 옮김, 『이기적 유전자』(개정판), 을유문화사, 2002.〕

Deleuze, Gilles, et Félix Guattari(1980). *Mille Plateaux: Capitalisme et Schizophrénie II*, Paris : Minuit. 〔이진경 · 권혜원 옮김, 『천의 고원』 I/II, 연구공간 너머, 2000.〕

Derrida, Jacques(1991). *Donner le temps. 1. La fausse monnaie*, Pars : Galilée. 〔Peggy Kamuf, trans., *Given Time: I. Counterfeit Money*, Chicago : The University of Chicago Press, 1992.〕

Capra, Fritjof(1996). *The Web of Life: A New Scientific Understanding of Living Systems*, New York : Anchor Books. 〔김용정 · 김동광 옮김, 『생명의 그물』, 범양사, 1998.〕

Clastre, Pierre(1999). *Archéologie de la violence*, Paris : Aube. 〔변지현 · 이종영 옮김, 『폭력의 고고학』, 울력, 2002.〕

Jantsch, Erich(1980). *The Self-Organizing Universe: Scientific and Human Implications of the Emerging Paradigm of Evolution*, New York : Pergamon Press. 〔홍동선 옮김, 『자기조직하는 우주』, 범양사, 1989.〕

Lévi-Strauss, Claude(1950). "Introduction à l'oeuvre de Marcel Mauss", *Marcel Mauss, Sociologie et anthropologie*, Paris : PUF. 〔Felicity Baker trans., *Introduction the Work of Marcel Mauss*, London : Routledge, 1997.〕

Lovelock, James(1979). *Gaia: A New Look at Life on Earth*, New York : Oxford University Press. 〔홍욱희 옮김, 『가이아 : 생명체로서의 지구』, 범양사, 1990.〕

Mauss, Marcel(1950). "Essai sur le don : Forme et raison de l'échange dans les sociétés archaïques"(1924), *Sociologie et anthropologie*, Paris : PUF. 〔이상률 옮김, 『증여론』, 한길사, 2002.〕

Monod, Jacques(1970). *Le hasard et la nécessité: Essai sur la philosophie naturelle de la biologie moderne*, Paris : Seuil. 〔김용준 옮김, 『우연과 필연』, 삼성출판사, 1990.〕

Morrison, Toni(1997). *Paradise*, New York : Alfred A. Knopf. 〔김선형 옮김, 『파라다이스』, 들녘, 2001.〕

Schrödinger, Erwin(1944). *What Is Life?: The Physical Aspect of the Cell*, Cambridge : Cambridge University Press. 〔서인식 · 황상익 옮김, 『생명이란 무엇인가』, 한울, 1992.〕

Spinoza, Benedict(1999). *Ethica/Éthique*(1677), texte latin, trad. Bernard Pautrat, Paris : Seuil. 〔강영계 옮김, 『에티카』, 서광사, 1990.〕

Williams, George(1997). *The Pony Fish's Glow: And Other Clues to Plan and Purpose in Nature*, New York : Basic Books. 〔이명희 옮김, 『진화의 미스터리』, 두산동아, 1997.〕

Wilson, Edward(1975). *Sociobiology: The New Synthesis*, Cambridge, Mass. : Harvard University Press. 〔이병훈 옮김, 『사회생물학』, 민음사, 1992.〕

·찾아보기·